Christiane Dienel
Familienpolitik

Grundlagentexte
Soziale Berufe

Christiane Dienel

Familienpolitik

Eine praxisorientierte Gesamtdarstellung
der Grundlagen, Handlungsfelder und Probleme

Juventa Verlag Weinheim und München 2002

Die Autorin

Christiane Dienel, Jg. 1965, Dr. phil., ist Professorin für Europäische Politik und Gesellschaft am Fachbereich Sozial- und Gesundheitswesen der Fachhochschule Magdeburg-Stendal. Sie ist verheiratet und Mutter von zwei Kindern.
Ihre Arbeitsschwerpunkte sind Familien-, Frauen- und Sozialpolitik, auch in europäisch vergleichender und in historischer Perspektive.

Bibliografische Information Der Deutschen Bibliothek

Die Deutsche Bibliothek verzeichnet diese Publikation in der Deutschen Nationalbibliografie; detaillierte bibliografische Daten sind im Internet über http://dnb.ddb.de abrufbar.

© 2002 Juventa Verlag Weinheim und München
Umschlaggestaltung: Atelier Warminski, 63654 Büdingen
Umschlagfoto: Ulrich Arndt, Berlin
Printed in Germany

ISBN 3-7799-0730-5

Meinem Mann

Zu diesem Buch

Die Familie ist - in ihren verschiedenen Formen - eines der zentralen Arbeitsfelder für alle, die im Bereich Sozialpädagogik, Sozialarbeit, Pädagogik und auch Politik praktisch tätig sind oder forschen. Familienpolitik umfasst zum einen die unmittelbaren Leistungen für Familien: Kindergeld, Steuerfreibeträge, Elternzeit, Mutterschutzregelungen und vieles mehr. Aber zugleich ist Familienpolitik eine „Querschnittaufgabe" der Sozialpolitik, die in viele unterschiedliche Politikbereiche hinein ragt, von der Wohnungs- und Verkehrs- bis zur Bildungspolitik.

Im Rahmen meiner Lehrveranstaltungen zur Familienpolitik an der Hochschule Magdeburg-Stendal habe ich das große Interesse an Familienpolitik erlebt, aber auch die Schwierigkeiten, sich in diesem zerklüfteten, wenig systematisierten Bereich einen Überblick über wichtigste Diskussionen und praktische Maßnahmen zu verschaffen. Dabei ist gerade das Thema Familienpolitik sehr geeignet, eine Einführung in grundlegende Strukturen und Handlungslogiken der Sozialpolitik überhaupt zu bieten. Gleichzeitig stellt die aktive Umgestaltung der Familienpolitik in der Bundesrepublik Deutschland spätestens seit der Wiedervereinigung eine der größten politischen Herausforderungen dar und gewinnt als Wahlkampfthema zunehmend tagespolitische Bedeutung.

Das Buch wendet sich an Studierende und Berufstätige in den Fächern Sozialpädagogik, Sozialarbeit, Politikwissenschaft und Pädagogik. Es möchte in praxisnaher Weise in alle für die Gestaltung von Familienpolitik wichtigen Politikbereiche einführen. Dabei geht es nicht nur um die Vermittlung von Faktenwissen, sondern auch um die Darstellung dessen, wie Sozialpolitik gemacht wird, welchen Bedingungsgefügen sie ausgesetzt ist und in welcher Weise sie auf den verschiedenen Ebenen praktisch mitgestaltet werden kann. Ziel ist, eine kritische Reflexion familienpolitischer Handlungsoptionen zu ermöglichen. Der Band ist damit sowohl ein Lehrbuch als auch ein Nachschlagewerk für Praktiker und eine Handlungsanleitung für politisch Aktive.

Wenn mein Buch dazu beitragen kann, dass mehr kreative Köpfe sich auf allen Ebenen aktiv an der Weiterentwicklung der Familienpolitik in Deutschland beteiligen und die Lebensbedingungen für Familien verbessern helfen, hat es sein Ziel erreicht.

Berlin, im April 2002
Christiane Dienel

Inhalt

1. Familie heute

Das Objekt der Familienpolitik ist die Familie - also soll am Anfang unserer Beschäftigung mit Familienpolitik die Frage stehen, wie überhaupt „Familie" zu definieren ist, wie sie sich im historischen Ablauf verändert hat und auf welche familiären Konstellationen Familienpolitik heute zu reagieren hat. Im ersten Teil dieses Kapitels soll daher ein kurzer Überblick über vergangene Familienformen gegeben und mit statistischen Eckdaten über Familien in der Bundesrepublik Deutschland vertraut gemacht werden. Im zweiten Teil sollen mögliche Definitionen von Familie und Haushalt untersucht und Funktionen und Funktionsverluste von Familien beschrieben werden. Dieser knappe Aufriss kann zwar das Studium der Familiensoziologie nicht ersetzen, stellt aber eine notwendige Grundlage zur kritischen Diskussion familienpolitischer Maßnahmen dar.

1.1 Familienformen im Wandel

Die Diskussion über Familienformen folgt häufig einem Muster, das als „Degenerations-Mythos" bezeichnet werden kann. Familienformen der Vergangenheit werden als heiles Idealbild geschildert, gegenwärtige Entwicklungstrends als Verfalls- oder Auflösungserscheinungen. Für das Verständnis moderner Familie ist es aber entscheidend, Einsicht in die grundsätzliche Vielfalt von Familienformen zu gewinnen. Weder lässt sich historisch nachweisen, dass etwa die Zahl Alleinerziehender heute größer sei als „früher", wobei unter „früher" die traditionelle, vorindustrielle Lebensweise verstanden werden soll; noch ist die Zahl Unverheirateter „früher" kleiner als heute gewesen. Im Gegenteil: In den traditionellen europäischen Gesellschaften vor der bürgerlichen und der industriellen Revolution finden wir sehr vielfältige Familienformen (Böhnisch/Lenz 1999, S. 11-16).

Dort, wo Eltern mit ihren leiblichen Kindern zusammen lebten, waren zumeist auch nicht Verwandte Teil des Haushalts: Knechte und Mägde auf dem Bauernhof, Lehrlinge und Gesellen beim Handwerker, Hausmädchen und Hauslehrer im bürgerlichen Haushalt. Sehr häufig finden wir Stieffamilien, Auswirkung einer hohen Muttersterblichkeit bei der Geburt (Ariès 1978, Mitterauer/Sieder 1982, Wunder 1992). Grimms Märchen legen noch heute beredt Zeugnis ab von den existenziellen Konflikten und Belastungen, denen Kinder durch die schnelle Wiederverheiratung der Eltern nach dem Tode eines Ehepartners ausgesetzt waren. In einer Gesellschaft, in der aufgrund der unterschiedlichen Heiratsverbote für alle nicht wirtschaftlich Selbstständigen ein großer Teil der Erwachsenen lebenslang ledig bleiben musste, z.B. Soldaten, Knechte ohne eigenen Hof oder Gesellen ohne Aussicht auf eine Meisterstelle, sind naturgemäß uneheliche Geburten auch sehr häufig gewesen, Alleinerziehenden-Familien, auch wenn man sie nicht so nannte, eine Selbstverständlichkeit. Um Amme zu werden, war die Geburt eines außerehelichen Kindes Voraussetzung; und das Ammenwesen war eine der verbreitetsten sozialen Dienstleistungen der vormodernen Gesellschaften.

Sehr viel seltener, als man es gemeinhin vermuten möchte, war hingegen die Großfamilie oder Mehrgenerationenfamilie. Schon angesichts der niedrigen durchschnittlichen Lebenserwartung lernten nicht viele Enkel ihre Großeltern kennen; das Zusammenleben von drei Generationen in einem Haushalt kam daher nur sehr selten und über kurze Zeitabschnitte vor (Segalen 1998, 52). Zum zweiten ist es eine Besonderheit gerade der mitteleuropäischen Familien gewesen, dass die Alten - auf dem Bauernhof - nicht bis zum Tode Oberhaupt eines Familienclans blieben, wie wir es in Osteuropa und vielen anderen Teilen der Welt finden, sondern dass sie die Leitung des Familienbetriebes mittels eines Vertrages an einen Nachkommen abgaben und selbst das Altenteil bezogen. Auf historischen Bauernhöfen hat dieses Altenteil einen definierten Raum, bei größerem Wohlstand in Form eines eigenen Häuschens, bei geringerem Wohlstand in Form einer separaten Kammer. Diese Übergabe erforderte häufig harte Verhandlungen - bestimmte sie doch den Lebensstandard der Alten ebenso wie die Unterhaltslasten für den Hoferben. Unzählige Altenteiler-Verträge legen Zeugnis ab von den massiven Auseinandersetzungen, mit denen diese Staffelübergabe häufig verbunden war.

Und schließlich ist es auch historisch nicht zu beweisen, dass Familie naturgemäß auf bestimmte emotionale Beziehungen zwischen Eltern und Kindern sowie zwischen den Ehegatten gebaut sein muss. Die Liebe als Grundlage der Ehe wurde in der moderneren historischen Forschung als Erfindung des 18. Jahrhunderts dargestellt, während sie bis dahin im Wesentlichen ein künstlerisch beschworenes Ideal gewesen sei. Sicher ist, dass Ehe sich nicht allein auf Liebe gründete. Sich zu verheiraten, bedeutete in der vormodernen Gesellschaft, einen „Stand" zu wählen, also eine definierte soziale und wirtschaftliche Rolle zu übernehmen, die für das Funktionieren der Lebens- und Wirtschaftsgemeinschaft des sogenannten „Ganzen Hauses" unverzichtbar war. Der bäuerliche Familienbetrieb erforderte notwendig einen Bauern, der für Großvieh und Getreideanbau zuständig war, und eine Bäuerin, die das Kleinvieh, Gemüse und die Hauswirtschaft besorgte. Deshalb war eine sofortige Wiederheirat bei Tod eines Ehegatten unumgänglich. Ähnliches gilt für die Frau des Handwerkers. Liebe und Ehe zusammen zu denken, war eine bürgerliche Erfindung, die sich erst im Laufe des 19. Jahrhunderts in alle Schichten ausbreitete (Ronsin 1990). Gleiches gilt für das Eltern-Kind-Verhältnis. Der französische Historiker Philippe Ariès hat gezeigt, wie erst mit der Aufklärung überhaupt ein Konzept von

Kindheit entwickelt wurde, das den Kindern eine von den Erwachsenen geschiedene Identität zuschrieb und entsprechend emotionale Unterstützung von den Eltern verlangte (Ariès 1978). Erziehungspraktiken sahen die strikte Trennung schon junger Kinder von ihren Eltern vor, indem sie als Knechte und Mägde auf den fremden Hof, als Lehrling in den fremden Haushalt oder als Knappe auf die fremde Burg geschickt wurden. Solche Praktiken reichen bis in die Gegenwart und erleben in der Form des überaus beliebten „High School Year" in den USA gerade ein Revival.

Zusammenfassend lässt sich feststellen: Die Familie der Vergangenheit ist kaum geeignet, als Vergleichspunkt einer vorgeblich gefährdeten Familie der Gegenwart gegenüber gestellt zu werden. Sie war außerordentlich vielfältig, von zahlreichen harten Konflikten geprägt, jederzeit in Gefahr, durch Tod und Wiederheirat ihre Zusammensetzung zu ändern, und beruhte mehr auf einer wirtschaftlichen und sozialen als auf einer emotionalen Basis. Die durchschnittliche Kinderzahl der vormodernen Familien war niedriger, als allgemein angenommen wird. Zwar hatten Frauen in der Regel mehr Geburten als heute, aber wegen der enormen Kindersterblichkeit war die endgültige Kinderzahl pro Familie nur selten höher als drei oder vier. Zudem sorgte im alten Europa ein fein ausbalanciertes System von Heiratshemmnissen - geheiratet werden konnte erst, wenn eine bestimmte soziale Position erreicht war - für ein generell hohes Heiratsalter bei Frauen und Männern und reduzierte damit die Kinderzahl weiter (Rosenbaum 1982, Hettlage 1992, 41-55).

Die nach wie vor vorherrschende Vorstellung einer Normalfamilie, gebildet aus miteinander verheirateten gegengeschlechtlichen Eltern mit ihren leiblichen Kindern, die zusammen wohnen und emotional eng miteinander verbunden sind, findet ihren Ursprung in der bürgerlichen Familie. Die Struktur dieser Familienform ist gekennzeichnet durch die Trennung von Erwerbsarbeit und Familie, durch eine scharfe geschlechtsspezifische Arbeitsteilung (Mann als Alleinverdiener, Frau als Hausfrau) und Sozialisation der Kinder als ihre Hauptaufgabe. Dieses Familienmodell stellt jedoch nur einen einzelnen, im 19. Jahrhundert von den oberen Schichten her langsam, aber nie vollständig in mittlere und untere vordringenden Typus dar, der die Besonderheiten des sich industrialisierenden und prosperierenden 19. Jahrhunderts spiegelt (König 1974).

Hinzu kommt eine weitere Verzerrung mit Blick auf die 50er und 60er Jahre des vergangenen Jahrhunderts. Die Zeit des Wirtschaftswunders war auch eine der Familien und des Babybooms. In der unreflektierten Erinnerung werden die zahlreichen alleinerziehenden Mütter leicht ausgeblendet, die ihren Mann entweder auf den Schlachtfeldern des zweiten Weltkriegs verloren hatten oder wegen des kriegsbedingten „Frauenüberhangs" kaum eine Chance auf Heirat hatten. So erscheinen die „heilen", restaurativen Jahrzehnte nach dem zweiten Weltkrieg in Westdeutschland als Epoche einer Familiennormalität verheirateter Paare mit Hausfrau und zwei bis drei Kindern, während in Wirklichkeit diese Normalität nur für einen kleinen Teil der Familien und für eine kurze Zeit in der Geschichte der Bundesrepublik Deutschland galt.

Familie „früher"

war keine harmonische, auf emotionalen Bindungen beruhende heile Gemeinschaft, sondern durch wirtschaftliche Notwendigkeiten und existenzielle Konflikte geprägt

war keine Großfamilie, sondern durch hohe Mortalität eher mäßig groß und nur selten Dreigenerationenfamilie

Familie „früher" eignet sich nicht als ideales Modell, um einen angeblich bedrohlichen Funktions- oder Bedeutungsverlust der heutigen Familie zu skandalisieren.

Was sind nun die typischen Charakteristika der modernen Familie, also der Form menschlichen Zusammenlebens, die heute in Deutschland und Mitteleuropa das Objekt familienpolitischer Bemühungen bildet? Beginnen wir mit einen kurzen quantitativen Analyse: In der Bundesrepublik Deutschland gab es im Jahr 2000 rund 12 Millionen Familien, in denen ledige Kinder lebten (Statistisches Bundesamt 2001, Tab.2.1.1). In 11,6 Millionen Haushalten lebten Kinder unter 27 Jahren, in 9,2 Millionen Haushalten Unter-18-Jährige. Wichtig ist dabei zweierlei: Familie ist ein Massenphänomen; familienpolitische Maßnahmen, auf die jede Familie Anspruch hat, kommen den Staat folglich sehr teuer. Aber andererseits: Zusammenleben mit Kindern ist eine Minderheits-Lebensform. Von den insgesamt rund 38,1 Millionen Haushalten in der Bundesrepublik sind in weniger als einem Viertel (nämlich nur in 9,3 Millionen Haushalten) Kinder unter 18 Jahren zu finden (Statistisches Bundesamt 2001, Tab. 1.1.1, 2.1.1). Dem stehen 16,8 Millionen Haushalte gegenüber, deren Bezugsperson (früher: „Haushaltsvorstand") 55 Jahre und älter ist (Statistisches Bundesamt 2001, Tab. 1.1.1). Politisch bedeutet dies, dass Maßnahmen zur Förderung von Familien nicht über eine automatische Mehrheit in der Bevölkerung verfügen, sondern sich gegenüber anderen Schwerpunktsetzungen behaupten müssen.

Pointiert kann man formulieren, dass die moderne, marktorientierte Gesellschaft in ihrer Organisation den familien- und ehelosen, unbegrenzt mobilen und flexiblen Menschen zum Modell gemacht hat, so wie im vergangenen bürgerlichen Zeitalter die Normalfamilie mit männlichem Ernährer und Hausfrau den gesellschaftlichen Erfordernissen am besten angepasst erschien. Die bundesdeutsche Familienentwicklung ist deshalb, neben dem auch vorhandenen, aber im Vergleich zu anderen europäischen Ländern schwachen Trend zur Pluralisierung von Familienformen vor allem gekennzeichnet durch die Polarisierung der Lebensformen: ein kleiner Familiensektor und ein größerer Nicht-Familien-Sektor stehen sich in der Gesellschaft gegenüber (Strohmeier 1995, S. 17-19).

Die demographische Entwicklung, d.h. der Trend zu weniger Geburten und gleichzeitig immer höherer Lebenserwartung, führt automatisch zu einer Marginalisierung der Lebensform Familie und auch zu einer Marginalisierung von Kindern. Stellten diese früher (und heute noch in Ländern der Dritten Welt) die Bevölkerungsmehrheit, so ist heute der Anteil der Unter-15-Jährigen erheblich geringer als der Anteil der 65-Jährigen und Älteren. Man kann diese Entwicklung an sogenannten Alterspyramiden besonders deutlich erkennen:

Abb. 1: Altersaufbau der Bevölkerung im Deutschen Reich, 1. Dezember1910
    Datenquelle: Statistisches Bundesamt

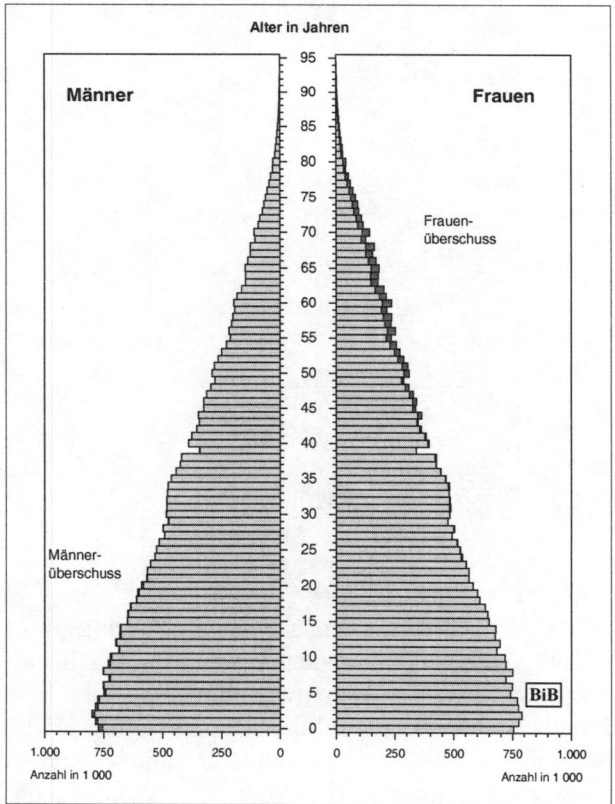

Im Deutschen Reich von 1910 lässt sich der Altersaufbau der Bevölkerung nach Geburtsjahrgängen und Geschlecht in Form einer gleichmäßigen Pyramide abbilden - obschon gerade damals unsere Urgroßeltern anfingen, die Zahl ihrer Nachkommen zu beschränken, wie die leicht reduzierten jüngsten Jahrgänge zeigen! Nicht mehr als Pyramide, sondern vielmehr als Pilz zeigt sich der Altersaufbau der deutschen Bevölkerung im Jahre 1999: Zerklüftet durch die Bevölkerungsverluste in zwei Weltkriegen, aber stärker

15

noch an der Basis ausgedünnt durch den Wunsch nach kleineren Familien. Deutlich ist - als Beule - der Babyboom der 60er und vor allem der scharfe „Pillenknick" der 70er Jahre zu erkennen.

Abb. 2: Altersaufbau der Bevölkerung in Deutschland, 31.12.1999
    Datenquelle: Statistisches Bundesamt

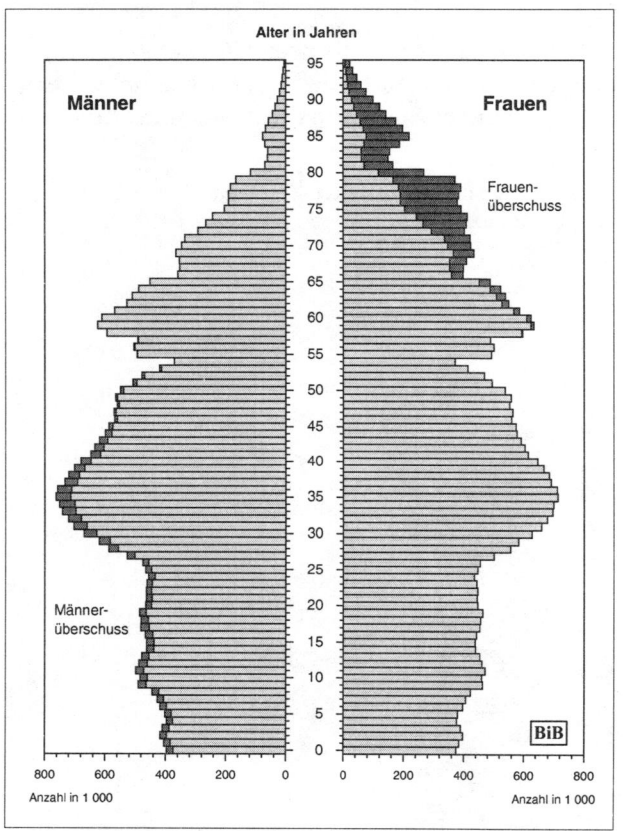

Demographische Entwicklungen gehen langsam, scheinbar unmerklich voran, aber gleichzeitig sind sie so unumkehrbar wie nur wenige andere Faktoren der Sozialpolitik. Die wahrscheinliche Alterspyramide für das Jahr 2030 zeigt die gewaltige Hypothek, mit der zukünftige Familienpolitik in der Bundesrepublik Deutschland leben muss: Kinder und Jugendliche werden deutlich in die Minderheitsposition gerückt, die dritte Generation, die der Älteren, nicht mehr beruflich Aktiven, ist klar in der Mehrheit.

Diese Tendenzen spielen aber nicht nur für die Langfristperspektive planender Sozialpolitik eine Rolle, sondern genauso für die Lebenswirklichkeit von Kindern heute. Die Tendenz zur Beschränkung der Geburtenzahl ist begleitet von einer Tendenz zur immer späteren Erstgeburt: Kinder haben heute seltener und weniger Geschwister, aber immer ältere Eltern. Heute sind rund ein Fünftel aller Kinder Einzelkinder. Aus der geschwisterlosen

16

Kindheit der Gegenwart wird in der Folgegeneration eine onkel- und tan-tenlose, cousinen- und vetternlose Kindheit werden (Elfter Kinder- und Ju-gendbericht 2002, S. 124).

Abb. 3: Altersaufbau der Bevölkerung in Deutschland, 1.1.2030.
Datenquelle: Statistisches Bundesamt

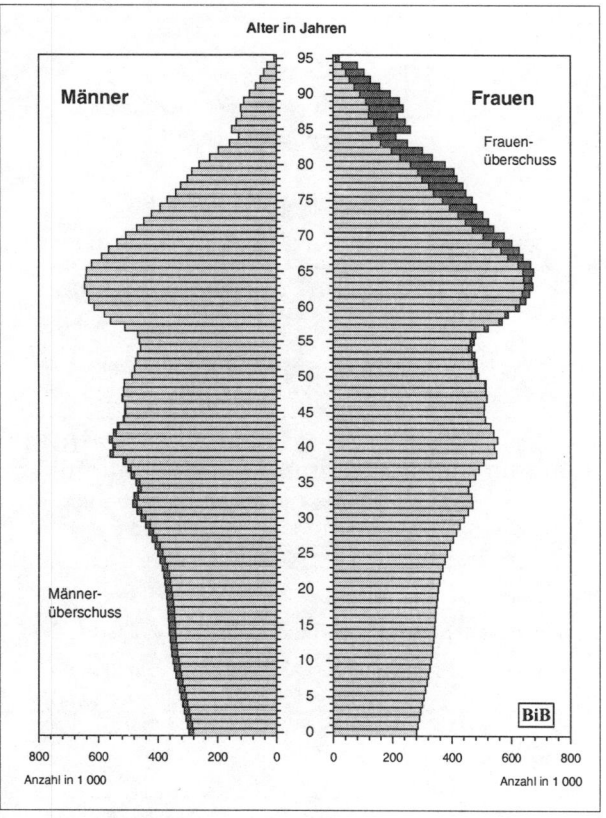

Der Grund dafür ist doppelt: Zum einen die Beschränkung der Geburten-zahl, zum anderen aber auch der Rückgang der Eheschließungen. Zwar werden in wachsender Zahl Kinder auch außerhalb der Ehe geboren, den-noch haben unverheiratete Paare erheblich seltener Kinder, so dass eine Reduzierung der Eheschließungen sich deutlich auf die Geburtenziffer aus-wirkt. Ebenso wirkt eine späte Eheschließung und eine späte Erstgeburt mindernd auf die Zahl der Kinder ein, weil mit steigendem in fortgeschrit-tenerem Alter der Mutter seltener ein zweites oder weiteres Kind geboren wird und der Anteil von Paaren zunimmt, die aus biologischen Gründen ungewollt kinderlos bleiben. Der Trend zur späten Eheschließung und spä-ten Erstgeburt zeigte sich zunächst in Westdeutschland, während in der DDR bis 1990 frühe Eheschließung und frühe Erstgeburt die Regel war. Mit der Wende jedoch hat sich das Heirats- und Geburtenverhalten jedoch schnell angeglichen, die Geburtenziffer ist im Osten Deutschlands sogar deutlich unter das West-Niveau gesunken - der Schock der Wende wird hier in der Bevölkerungspyramide einen ebenso starken Einschnitt hinterlassen wie die Weltkriege.

Abb. 4: Zusammengefasste Geburtenziffern in Deutschland, 1901/10 - 1999

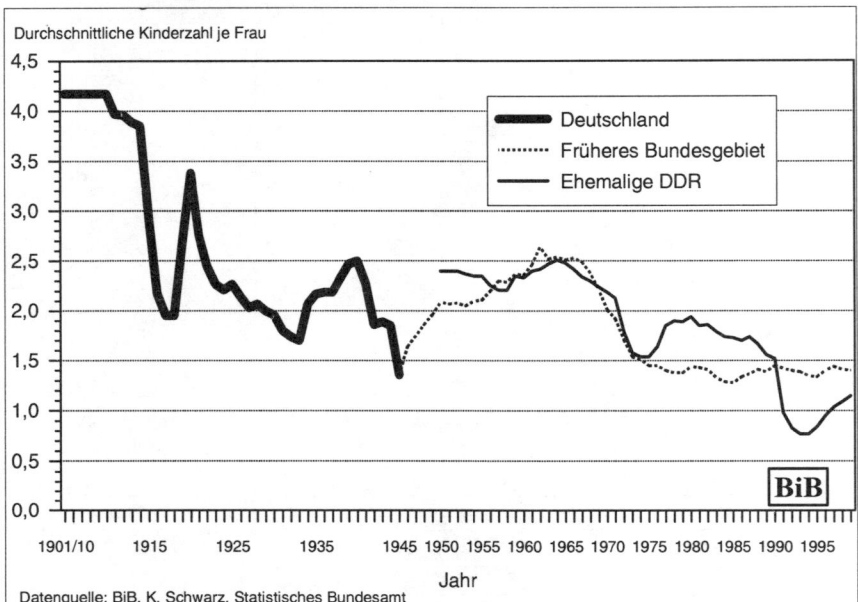

Tab. 1: Geschwisterkonstellationen
Quelle: Eigene Berechnung nach Statistisches Bundesamt 2001, Tab. 4.1, 2,2

Zahl der Geschwister	0 (=Einzelkind)	1 (=2 Kinder)	2 (=3 Kinder)	3 und mehr (= 4+ Kinder)
Anteil an allen Familien mit Kindern	50,5%	37,1%	9,5%	2,1%
Anteil an allen Kindern unter 18 Jahren	24,5%	47,5%	19,3%	8,7%

Der Rückgang der Geburtenzahlen beeinflusst auch die Lebenswirklichkeit von Kindern: Die vorstehende Tabelle zeigt aber, dass zwar mittlerweile in der Hälfte aller Familien nur noch ein Kind lebt, aber aus Sicht der Kinder immer noch das Aufwachsen mit einem oder mehr Geschwistern den häufigsten Fall darstellt.

Die Alterung der Bevölkerung ist der eine große Trend der Familienentwicklung, der andere große Trend ist die Pluralisierung von Familienformen. Konnte man im Deutschland der 50er und 60er Jahre noch von dem deutlich vorherrschenden Modell einer „Normalfamilie" aus Vater, Mutter und leiblichen Kindern sprechen, so sind seit den 1970er und -80er Jahren neben diese - immer noch häufigste - Form der Familie zahlreiche weitere

18

Lebensformen von Erwachsenen mit Kindern getreten. 76,9 Prozent aller Kinder lebten im Mai 2000 bei verheirateten Eltern, wobei hier Stiefeltern mit erfasst sind; 23,1 Prozent lebten bei alleinerziehenden Eltern, davon 4,2 Prozent beim Vater, 19,0 Prozent bei der Mutter (Statistisches Bundesamt 2001, Tab. 2.2). Vor allem die Zahl von Kindern, die bei nichtehelich zusammenlebenden Paaren wohnen, nimmt Jahr für Jahr zu, gleiches gilt für die aufgrund von Scheidung bei nur einem Elternteil aufwachsenden Kinder.

Typisch ist zugleich das Auseinanderfallen von biologischer und sozialer Elternschaft. Im früheren Bundesgebiet ist heute mehr als jeder vierte Minderjährige mit den sozialen Eltern, mit denen er aufwächst, nur noch zur Hälfte oder überhaupt nicht mehr leiblich verwandt, im Osten Deutschlands gilt dies sogar für mehr als ein Drittel aller Kinder (Peuckert 1999, S. 33).

Typische Ausprägungen der sich wandelnden Familienrealitäten sind:

– Zunahme der nichtehelichen Partnerschaften: Die starke Zunahme dieser Lebensform umfasst unterschiedliche Typen; am häufigsten ist nichteheliche Partnerschaft ein voreheliches Zusammenleben, eine Ehe auf Probe. Relativ häufig handelt es sich um Folgefamilien nach einer Scheidung, bei der sowohl die weitgehenden finanziellen Folgen als auch das in der Erstehe als bedrückend erfahrene Gewicht der Institution vermieden werden können. Schließlich finden sich nichteheliche Partnerschaften auch bei älteren Paaren, die Renteneinbußen und Erbteilungen vermeiden wollen. Noch ist in Deutschland die nichteheliche Partnerschaft mit Kindern als frei gewählte Alternative zur auf Ehe gegründeten Familie die große Ausnahme, aber im Osten häufiger als im Westen.

– Egalisierung der familiären Arbeitsteilung: Während das Modell der bürgerlichen Familie durch eine strikte geschlechtsspezifische Arbeitsteilung geprägt war und der Frau die Sorge um Haushalt und Kinder zuwies, beginnen Väter - wenn auch zögerlich - einen Teil dieser vormals weiblichen Aufgaben zu übernehmen.

– Egalisierung der Berufstätigkeit: Mit großem Engagement haben Frauen dagegen vormals männliche Rollen übernommen und realisieren ein Parallelmodell von außerhäuslicher Erwerbstätigkeit und Familienarbeit, eine Doppelorientierung auf die beiden Lebensthemen Beruf und Familie (Keddi u.a. 1999).

– Fortsetzungsfamilien: Im Unterschied zu den Stieffamilien früherer Jahre, die vor allem durch den Tod eines Partners und die Wiederheirat des überlebenden Elternteils gekennzeichnet waren, entstehen moderne Fortsetzungsfamilien zumeist durch Scheidung und sind durch die Dynamik des Weiterbestehens unterschiedlicher Familienbindungen gekennzeichnet: zu den eigenen Kindern kommen die des Partners hinzu, alle Kinder unterhalten Beziehungen zu ihren leiblichen Eltern, deren neuen Partnern und ihren (Halb-)Geschwistern sowie den unterschiedlichen Großeltern-Konstellationen (Bernstein 1990).

- **Auflösung des engen (zeitlichen und institutionellen) Zusammenhangs von Ehe und Familie:** Ehe ist für die Familiengründung nicht mehr zwingend notwendig; sie unterbleibt oder erfolgt erst nach der Geburt des ersten oder zweiten Kindes. Dies bedeutet nicht nur den Verzicht auf rechtliche Absicherung, sondern häufig auch die bewusste Abgrenzung der individuellen Beziehung von institutionellen Mustern und traditionellen Rollenverteilungen (Wingen 1984).

- **Alleinerziehende Frauen und Männer:** In den 50er Jahren als unvollständige Familien beschrieben, sind sie inzwischen keine Randgruppe mehr, auch wenn diese Lebensform nur im Ausnahmefall frei gewählt wurde (Napp-Peters 1985, Matzner 1998). Nur ein Fünftel aller alleinerziehenden Mütter sind ledig, die anderen geschieden, getrennt lebend oder verwitwet (Zehnter Kinder- und Jugendbericht 1998, S. 27).

- **Veränderung des Generationenverhältnisses:** Im Zuge der Demokratisierung unserer Gesellschaften blieb auch das Eltern-Kind-Verhältnis nicht unberührt, sondern entwickelte sich von einer hierarchischen zu einer zunehmend partnerschaftlich geprägten Beziehung. Autoritäts- und gewaltgeprägte Erziehungsstile verlieren an Akzeptanz; intensive Förderung und Aufbau enger Beziehungen werden zunehmend erwartet. Die Rolle der Eltern wird dadurch zunehmend komplizierter; mehr Eltern als früher können diesen gestiegenen Ansprüchen an die Sozialisation ihrer Kinder nicht mehr genügen (Wilk/Beham 1990).

Die ganze Vielfalt der Scheidungs- und Stieffamilien, der Folgefamilien und Patchworkfamilien zu schildern, ist Aufgabe der Familiensoziologie. Für familienpolitische Zwecke muss dieser kurze Abriss genügen, wobei aber nicht vergessen werden darf, dass in Deutschland nach wie vor die deutliche Mehrheit aller Kinder (83% in West- und 75% in Ostdeutschland) mit ihren verheirateten leiblichen Eltern aufwächst, also in einer traditionell zu nennenden Familienform.

1.2 Was macht eine Familie aus?

Bisher haben wir Familien betrachtet, ohne überhaupt zu fragen, wie wir sie definieren. Für den Mikrozensus werden auch Ehepaare als Familien gezählt. Dies ist offensichtlich für familienpolitische Zwecke nicht sehr sinnvoll. Als Arbeitsinstrument genügt für politische Zwecke häufig eine sehr rudimentäre Definition: Familie ist dort, wo Kinder leben. Im Elften Kinder- und Jugendbericht wird Familie verstanden „als Lebensform von Personensorgeberechtigten mit Kind oder Kindern" (2002, S. 122).

Definitionen haben in den Sozialwissenschaften den Zweck, den Gegenstand der Diskussion zu klären. Zugleich aber richten sie eine Diskussion auch aus, sie strukturieren den Diskurs anhand von vorab getroffenen Festlegungen. So können auch unterschiedliche Definitionen von Familie unterschiedliche familienpolitische Schwerpunktsetzungen hervorrufen.

Für statistische Zwecke werden z.B. kinderlose Ehen bzw. Ehen, deren Kinder nicht mehr im elterlichen Haushalt leben, auch als Familien gezählt. Begründet ist dies in der gemeinsamen Haushaltsführung und gemeinsamen steuerlichen Behandlung. Wir werden weiter unten sehen, dass eine der kostspieligsten familienpolitischen Maßnahmen, das Ehegattensplitting, genau dieser Definition folgt und implizit Ehe und Familie gleichsetzt. Darin spiegelt sich ein überkommenes Verständnis von Ehe, zu der Kinder quasi naturgemäß hinzu gedacht wurden. Bei der Formulierung des Grundgesetzes für die Bundesrepublik Deutschland wurde lange gerungen, ob „Ehe und Familie" oder „die auf Ehe gegründete Familie" unter den Schutz der staatlichen Ordnung gestellt werden sollten.

Eine rein biologische Auffassung von Familie würde auf die Blutsverwandtschaft und das Generationenverhältnis abstellen. Familie wäre dann vor allem bestimmt durch zwei Partner unterschiedlichen Geschlechts mit ihren leiblichen Nachkommen. Wenn überwiegend diese Aspekte einer Familiendefinition in den Blick genommen werden, würde sich die Familienpolitik der Bevölkerungspolitik nähern, d.h. hauptsächlich auf Quantität und Qualität des Nachwuchses zielen.

Andere Definitionen betonen den institutionellen Charakter der Familie, d.h. ihre Absicherung durch Formen öffentlicher Anerkennung. Hierbei kann es sich um eine rechtliche Normsetzung handeln, z.B. den grundgesetzlichen Schutz von Ehe und Familie oder die familienrechtlichen Bestimmungen des Bürgerlichen Gesetzbuches (siehe dazu weiter unten Kapitel 3). Ebenso wichtig sind Formen sozialer Anerkennung (z.B. die Vergabe von Wohnungen, Erbpacht-Grundstücken oder Versicherungen vorrangig an Familien). Hierzu gehören auch informelle Regelungen, z.B. die Tatsache, dass verheiratete Männer mit Familie in der Regel leichter Karriere machen als Junggesellen oder Geschiedene; oder dass bestimmte Ämter in Politik, Verein, Kirche oder Ehrenamt und viele Formen der Geselligkeit für Ehepaare und Menschen mit Familie leichter zugänglich sind als für Alleinstehende. Eine institutionenbezogene Definition von Familie würde die Bedeutung der Ehe und rechtlicher Regelungen betonen und nicht auf die Ehe gegründete Formen von Familie als abweichende oder reduzierte Familien ansprechen. Eine solche Sichtweise kennzeichnete den familienpolitischen Diskurs bis Ende der 60er Jahre.

Am häufigsten werden heute Familien über ihre Funktionen definiert; es wird also danach gefragt, was Familien leisten. Die Familiensoziologie unterscheidet eine ganze Reihe von Familienfunktionen:

Tab. 2: Funktionen von Familie
  Vgl. z.B. Wingen 1997, S. 41-44, Gerlach 1996, S. 20-30

Funktionen von Familie	Beschreibung
Reproduktionsfunktion	Erzeugung, Pflege und Versorgung von Nachwuchs (auch: generative Funktion)
Sozialisationsfunktion	Erziehung der Kinder und Eingewöhnung in gesellschaftliche Rollen (Platzierungsfunktion)
Haushaltsfunktion	gemeinsames Wirtschaften in einem Haushalt, Versorgung der Familienmitglieder mit grundlegenden Haushaltsgütern und -dienstleistungen (Nahrung, Wohnung, Kleidung, Hygiene)
Regenerations- und Unterstützungsfunktion (oder auch: Solidaritätsfunktion)	emotionale, praktische und finanzielle gegenseitige Unterstützung der Haushaltsmitglieder, Basisleistungen zur Gesunderhaltung und Erholung, Solidaritätsleistungen gegenüber älteren und schwächeren Familienmitgliedern

Auch die Funktionen von Familie sind gesellschafts- und zeitgebunden; sie können sehr weitgehend oder nur teilweise wahrgenommen werden. Entsprechend verschieben sich die Aufgaben der Familienpolitik. Die einzige Funktion, die bisher ausschließlich Familien wahrnehmen können, ist die Reproduktionsfunktion. Noch immer braucht es einen Mann (mindestens temporär) und eine Frau, damit ein Kind entstehen kann. Noch immer braucht es Eltern, zumindest einen Elternteil, mit der Bereitschaft, sich einem Säugling intensiv zuzuwenden, damit ein Kind seelisch und körperlich gesund aufwachsen kann. Es ist nicht ausgeschlossen, dass zukünftig reproduktionsmedizinische Verfahren die künstliche Erzeugung von Menschen ermöglichen werden, doch bisher bleibt die Reproduktion eine Domäne der Familien.

Sehr viel variabler stellt sich die Wahrnehmung der Sozialisationsfunktion in unterschiedlichen historischen und politischen Kontexten dar. Dass Erziehung ausschließlich durch die Eltern stattfinden dürfe, ist eher die Ausnahme. In den vormodernen Gesellschaften war die frühe Ablösung der

Kinder von den Eltern und das Aufwachsen außer Haus zumindest für Jungen ab dem 7. bis 11. Lebensjahr eine Selbstverständlichkeit, sei es als Knecht auf dem fremden Hof, als Handwerkslehrling oder ritterlicher Knappe. Aber auch die Sozialisation der kleinen Kinder erfolgte keineswegs überwiegend durch die Eltern, wie das ausgedehnte Ammenwesen, das Aufwachsen mit Knechten und Mägden, oder, in gehobenen Schichten, die unzähligen Kindermädchen, Gouvernanten und Hauslehrer beweisen. Wieviel elterliche Prägung für ein Kind wünschenswert erscheint, unterliegt auch heute unterschiedlichen gesellschaftlichen Definitionen. Während in Frankreich ein frühes Einsetzen der ganztägigen vorschulischen Erziehung in der „Ecole maternelle" als pädagogisch und sozial wünschenswert angesehen wird, bietet Westdeutschland bis heute eher ein ambivalentes Bild hinsichtlich der frühzeitigen aushäusigen Sozialisation von Kleinkindern. Auch in der ehemaligen DDR wurde eine ausschließlich häusliche Erziehung und Sozialisation kleiner Kinder für defizitär gehalten. Mehr oder weniger große Teile der Sozialisationsfunktion können also durch gesellschaftliche Einrichtungen anstelle der Familie übernommen werden; und zwar je nach familienpolitischem Leitbild in sehr unterschiedlicher Weise.

Gleiches gilt für die Haushaltsfunktion: Stellte der vormoderne Haushalt noch praktisch alle seine Konsum- und Bedarfsgüter selbst her, war der Haushalt der 50er Jahre zumindest hinsichtlich der Ernährung noch teilweise autark (Gemüse- und Obstanbau im Kleingarten, Einkochen, Vorratshaltung), ist die Haushaltsfunktion heutiger Familien oft stark reduziert und beschränkt sich auf die Gestaltung des Wohnraumes, die Beschaffung und Instandhaltung von Kleidung sowie wenige gemeinsame Mahlzeiten pro Woche, die zudem aus Halbfertig- oder Fertigprodukten bereitet werden. Dies kann nur dann funktionieren, wenn gesellschaftliche Institutionen diese Funktionen teilweise übernehmen, z.B. durch die Bereitstellung von warmen Mittagsmahlzeiten.

Die Regenerations- und Solidaritätsfunktion ist einerseits, was die emotionale Unterstützung betrifft, kaum zu ersetzen. Was aber die finanziellen Unterstützungen und die gegenseitige Hilfeleistung betrifft, so wirkt der weitgehende Ausbau des Wohlfahrtsstaates mit seinen vielfältigen monetären Unterstützungen und sozialen Dienstleistungen funktionsmindernd auf die Familie - auch wer keine Kinder hat, braucht im Alter oder bei Krankheit nicht unversorgt zu bleiben. An dieser Stelle hat die Familie also seit dem Ende des 19. Jahrhunderts einen erheblichen Funktionsverlust erlitten. Es ist aber möglich, dass auf der anderen Seite, angesichts wegbrechender sozialer Gewissheiten und Regeln (wie Zünfte oder Dorfgemeinschaften), die emotionale Unterstützung in den Familien immer wichtiger geworden ist und einen der wenigen stabilen sozialen Anker des „anomischen", sozial wurzellosen (Emile Durkheim) modernen Menschen darstellt.

Je nach politischer oder ethischer Überzeugung werden also unterschiedliche Familiendefinitionen greifen, und die Pluralisierung der familialen Lebensformen und Realität des Familienlebens verändert normative Auffassungen. Unstrittig ist sowohl in der Forschung wie in der Politik, dass die Familie in den letzten Jahrzehnten und in der Gegenwart starke Veränderungen erlebt. Wichtigster Aspekt dieses Wandels ist, dass Familie nicht mehr als von der Gesellschaft vorgegebene Institution gelebt wird, deren mehr oder weniger festgelegte Rollen oder biographische Muster (Vater, Mutter, Kind) nur noch ausgefüllt werden müssen, sondern dass Menschen Familie in ihren jeweils anderen Lebensumständen neu erschaffen müssen, ebenso wie sie zu Baumeistern ihrer eigenen „Bastel-Biographie" werden. Damit ist auch die Ehe und Familiengründung nicht ein notwendiger Schritt, sondern eine individuelle Entscheidung, die auch wieder rückgängig gemacht werden kann. Familie wird zu so einem dynamischen Prozess (Vaskovics 1994, S. 13), den Ereignisse wie Zustandekommen oder Auflösung einer Partnerschaft oder die Gründung von Folgefamilien strukturieren.

2. Familienpolitik - Geschichte und sozialpolitische Bedeutung

2.1 Geschichte der Familienpolitik in Deutschland

Familienpolitik ist ein Teilbereich der Sozialpolitik, der historisch vergleichsweise spät entstand. Älter als die Familien- ist die Bevölkerungspolitik. Die Sorge um die Anzahl und Gesundheit der Untertanen beschäftigte schon die absolutistischen Landesherrn. Durch die Verbesserungen in Hygiene und Ernährung und die nachfolgende Bevölkerungsexplosion traten diese Sorgen jedoch in Europa im Laufe des 19. Jahrhunderts in den Hintergrund. Das änderte sich fundamental, als etwa seit 1900 sich die Kenntnis von Verhütungsmitteln rasch ausbreitete und in der Folge die Geburtenzahl überall in Europa sank. Frankreich machte hier den Vorreiter - dort hatte der tiefe mentale Bruch der Französischen Revolution bereits die Voraussetzungen für eine selbstbestimmte Wahl der Familiengröße geschaffen, das Jahr der Bastille-Erstürmung 1789 markiert auch das Jahr, von dem an die Geburtenzahl westlich des Rheins langsam, aber stetig sinkt. Deutschland und die anderen europäischen Länder folgen diesem Trend erst zwei Generationen später, ab 1870 unmerklich, ab 1900 rasch aufholend (Dienel 1995).

Der erste Weltkrieg 1914-1918 markiert in bevölkerungs- und familienpolitischer Hinsicht einen Wendepunkt: Waren vorher Familie und Kinder kaum jemals Gegenstand fördernder Sozialpolitik gewesen, so änderte sich dies unter dem Einfluss der enormen Menschenverluste in den Schützengräben und der gleichzeitig schnell sinkenden Geburtenrate. 1914 wurde als erste familienpolitische Maßnahme die Kriegswochenhilfe für Ehefrauen von Soldaten eingeführt, 1918 stellte die Weimarer Verfassung die Mutterschaft unter den Schutz des Staates. Kindergeld wurde seit 1924 sukzessive für Reichsangestellte und Reichsbeamte eingeführt. Das war aus sozialdemokratischer Sicht eine eher konservative Maßnahme, da sie Mütter aller und damit auch der gehobenen Schichten begünstigte. Die SPD hatte dagegen seit den 1870er Jahren detaillierte Pläne für eine umfassende Mutterschutzgesetzgebung erarbeitet, zu der Schwangeren- und Wöchnerinnenfürsorge, kostenlose Geburtshilfe, Säuglings- und Kinderfürsorge ebenso gehörten wie kostenlose Geburtenkontrolle und Kindergartenplätze für alle Kinder. Der kleinste gemeinsame Nenner war dann 1919 das Gesetz über Wochenhilfe und Wochenfürsorge, das erwerbstätigen Frauen eine finanzielle Hilfe zusicherte, Stillzeiten vorsah und vor allem Kündigungsschutz während und nach der Schwangerschaft gewährte. 1927 wurde der Mutterschaftsurlaub auf 12 Wochen verlängert (vier Wochen vor, acht Wochen nach der Entbindung). Auch wenn dieses Gesetz Mängel aufwies, vor allem den Ausschluss der mithelfenden Familienangehörigen in der Landwirtschaft, die fast 70 Prozent der erwerbstätigen Ehefrauen ausmachten, ist es doch die Grundlegung der heutigen Politik zur Vereinbarkeit von Familie und Beruf (Usborne 1994).

Eckdaten zur Geschichte der Sozialpolitik

1. von den Anfängen staatlicher Sozialpolitik bis zur Entlassung Bismarcks (1839 bis 1890)

   - *Krankenversicherung der Arbeiter 1883*
   - *Unfallversicherung 1884*
   - *Invaliditäts- und Alterssicherung 1889*

2. von der Entlassung Bismarcks bis zum Ende des ersten Weltkriegs (1890 bis 1918)

   - Arbeitnehmerschutzpolitik, u.a. Verbot der Kinderarbeit 1903
   - Einbeziehung der Angestellten in die Sozialversicherungen
   - erste Ansätze der Arbeitsgerichtsbarkeit

3. Weimarer Republik (1919 bis 1932)

   - *Arbeitslosenversicherung 1927*
   - Mutterschutzgesetzgebung
   - aktive Wohnungspolitik
   - Betriebsverfassungspolitik

4. Drittes Reich (1933 bis 1945)

   - Orientierung der Sozialpolitik an rassen- und bevölkerungspolitischen Grundsätzen

5. Bundesrepublik Deutschland/DDR (1945-1989)

   BRD: Ausbau von Mutterschutz, Jugendschutz, Familienpolitik (Kindergeld 1954, Erziehungsurlaub 1986)
   DDR: Sozialistisch geprägte umfassende Staatsbürgerversorgung bei universaler Erwerbstätigkeit

6. Zeit des vereinigten Deutschland (seit 1989)

   - *1995 Pflegeversicherung als fünfte Säule der Sozialversicherung*

Die Familienpolitik im Nationalsozialismus wurde voll in den Dienst einer rassistischen Bevölkerungspolitik gestellt. Dem Ziel der quantitativen Mehrung des deutschen Volkes und seiner rassischen Selektion galten sowohl die Eheverbote zwischen sogenannten arischen und nichtarischen Partnern in den Nürnberger Rassegesetzen und Zwangssterilisierungen für als minderwertig eingestufte Bevölkerungsgruppen, als auch zahlreiche Fördermaßnahmen zur Geburt von mehr Kindern für deutsche Ehepaare, unter anderem Ehestandsdarlehen, die durch die Geburt von vier Kindern vollständig getilgt werden konnten. Ab dem fünften, später ab dem dritten Kind wurde eine Kinderbeihilfe gezahlt; Ehemänner konnten für Frau und Kinder Steuerfreibeträge in Anspruch nehmen. Deutsche Mütter von vier und mehr Kindern erhielten - in Analogie zum Ritterkreuz der Soldaten - seit 1939 das Mutterkreuz -; hinter dieser kostengünstigen Maßnahme stand die Auffassung, das Schlachtfeld der Frau sei das Wochenbett. Systematisch wurden Frauen, die während der Weimarer Zeit in zunehmendem Ausmaß erwerbstätig geworden waren, wieder auf die Hausfrauen- und Mutterrolle verwiesen. Insgesamt blieben diese Maßnahmen aber ohne nachhaltigen Einfluss: Die Erwerbstätigkeit verheirateter Industriearbeiterinnen stieg von 21,4 Prozent 1925 auf 41,3 Prozent 1939. Auch die Geburtenziffern stiegen nur vorübergehend im Sinne einer Vorwegnahme ohnehin geplanter Geburten, während die Vernichtungsmaßnahmen der Nationalsozialisten in einem nie zuvor gekannten Ausmaß auch Frauen, Kinder und Familien auslöschten (Bock 1997).

Unmittelbar nach dem zweiten Weltkrieg war die Krise der Familie in Deutschland offensichtlich. Familien waren entwurzelt, zerrissen, zerschlagen, unvollständig und meist nicht in der Lage, ihre Kinder angemessen zu kleiden und zu ernähren. Die Väter und Mütter der bundesrepublikanischen Verfassung knüpften an die Tradition der Weimarer Zeit an und stellten Ehe und Familie in Artikel 6 des Grundgesetzes ausdrücklich unter den besonderen Schutz der staatlichen Ordnung. Ende der vierziger Jahre wurde eine Kommission vom Bundesrat mit der Ausarbeitung von Vorschlägen für ein System der Familienunterstützungen beauftragt. Der Ausschuss skizzierte zum ersten mal den Kernbegriff noch heutiger Familienpolitik, den Familienlastenausgleich. Sprachlich wurde damit die Familienpolitik in Verbindung gebracht mit dem 1952 verabschiedeten Lastenausgleichsgesetz, einem Mechanismus, von denjenigen zu nehmen, die den Krieg mit geringen Verlusten überstanden hatten, um denjenigen etwas zu geben, die als Flüchtlinge, Ausgebombte oder Kriegsversehrte ihre materielle Lebensgrundlage verloren hatten.

Der Beginn einer förmlichen und expliziten Familienpolitik in der Bundesrepublik Deutschland kann an der Errichtung des Bundesministeriums für Familienfragen im Zuge der Regierungsbildung vom Herbst 1953 unter Bundeskanzler Adenauer festgemacht werden (Wingen 1993, S. 8ff.). Politisch umgesetzt wurde die Empfehlung eines Familienlastenausgleichs durch die Einführung des Kindergeldes im Jahre 1954 unter dem CDU-Familienminister Franz-Josef Wuermeling. Das Gesetz war aber deutlich am Konzept der Normalfamilie mit männlichem Ernährer ausgerichtet und spiegelte auch die noch weithin gültige sozialpolitische Daumenregel, der am Markt gezahlte Lohn müsse ausreichend sein für eine Familie mit zwei Kindern. Kindergeld erhielten folgerichtig zunächst nur Erwerbstätige mit mindestens drei Kindern. Damit waren alleinerziehende Frauen zum größten Teil ausgeschlossen, weil sie entweder als ledige Mütter in den seltensten Fällen mehr als zwei Kinder hatten oder als Witwen und Bezieherinnen von Witwenrente nicht erwerbstätig waren. Aber auch die Mehrheit der Zwei-Eltern-Familien hatte weniger als drei Kinder und war deshalb von dieser Leistung ausgeschlossen (Moeller 1997). Anfangs wurde die Kinderbeihilfe durch Familienausgleichskassen finanziert, in welche die Arbeitgeber einzahlten. Dahinter stand die Idee des Familienlohns, d.h. eines von der Familiengröße abhängigen Lohnes. Kindergeld stellte in dieser Perspektive die notwendige Korrektur einer rein leistungsbestimmten Einkommensverteilung des Marktes dar (Wingen 1993, S. 14). Nachdem dieses System aber gerade kleine Betriebe finanziell zu sehr belastete, wurde das Kindergeld ab 1964 komplett aus Steuermitteln finanziert und die Familienausgleichskassen abgeschafft (Gerlach 1996, S. 190).

Ebenfalls nur für kinderreiche Familien galt der auf Betreiben des Ministers eingeführte Ermäßigungspass für Bahnfahrten, der den Preis auf 50 Prozent reduzierte und in Westdeutschland noch bis in die 1980er Jahre „Würmeling" genannt wurde. Auch die Förderung des Familien-Eigenheimbaus durch unverzinsliche Darlehen fällt in die Amtszeit Wuermelings (Bundesministerium 1993). Dahinter stand das Bestreben des ersten bundesdeutschen Familienministers, durch finanzielle Unterstützung der Familien die außerhäusliche Erwerbsarbeit von Frauen überflüssig zu machen: „Eine Mutter daheim ersetzt vielfach Autos, Musiktruhen und Auslandsreisen, die doch allzu oft mit ihrer Kinder gestohlenen Zeit bezahlt wurden" (zitiert nach Gerlach 1996, S. 189). Als dann Mitte der 50er Jahre der Bedarf an Arbeitskräften wuchs, wurde seitens der Bundesregierung und auch des Familienministeriums die Anwerbung von Gastarbeitern aktiv betrieben, während der Gedanke einer staatlichen Förderung der Erwerbstätigkeit von Ehefrauen und Müttern offenbar nicht in Betracht kam. Trotzdem stieg die Frauenerwerbsquote in der Bundesrepublik Deutschland seit 1949 kontinuierlich, wenn auch sehr langsam an, von 1966 48,5 Prozent auf 1986 50,3 Prozent aller 15-64-jährigen Frauen.

Die gesamte Mutterschutzgesetzgebung wurde 1945 von den Alliierten zunächst aufgehoben, weil sie als Instrument rassistischer Bevölkerungspolitik galt. 1952 wurde auf Betreiben der Sozialdemokraten ein neues Mutterschutzgesetz vom Bundestag angenommen, das im Wesentlichen heutigen Regelungen entspricht. Problematisch war jedoch zunächst die praktische Durchsetzung des Gesetzes. Auch das Ehegattensplitting, erzwungen durch ein Verfassungsgerichtsurteil von 1958, entsprach nicht den familienpolitischen Zielsetzungen des Ministeriums - die vorher gültige progressive Besteuerung der addierten Einkommen von Mann und Frau in der Ehe benachteiligte Doppelverdiener-Ehen und begünstigte das Ernährer-Modell.

Das Sozialsystem der Weimarer Zeit wurde - mit seinen drei Säulen Kranken-, Renten- und Arbeitslosenversicherung - seit den 1950er Jahren stetig weiter ausgebaut, ohne das Grundprinzip der auf Beitragsleistung beruhenden Abhängigkeit des Sozialschutzes von der Erwerbstätigkeit aufzuheben. Frauen und Familien hatten zu Sozialleistungen nur mittelbar Zugang, über den erwerbstätigen Vater und Ernährer und dessen Beitragsleistung waren sie kostenlos mitversichert.

Grundsätzlich wurde in der Phase von 1949 bis 1969, also bis zur Regierungsübernahme durch die Sozialliberale Koalition, Familienpolitik in der Bundesrepublik Deutschland vor allem als Institutionenpolitik betrieben. Das wird vor allem an der Gestaltung der rechtlichen Rahmenbedingungen deutlich: einem recht restriktiven Scheidungsrecht, einer Ausrichtung an einem Familienmodell mit nur einem Ernährer. Schwerpunkt hatte die materielle Existenzsicherung von Familien, durch wirtschaftliche Hilfen und vor allem durch sozialen und familiengerechten Wohnungsbau. Zugleich wurden die freien Wohlfahrtsverbände finanziell und moralisch unterstützt und entwickelten in Zusammenarbeit mit den Kommunen eine Vielzahl familienergänzender und sozialer Dienste (Textor 1991). Nicht zufällig sind alle drei Familienminister/innen dieser Epoche praktizierende Katholiken gewesen, die ihren weltanschaulichen Hintergrund in die Politikgestaltung einfließen ließen (Rölli-Alkemper 2000). Der finanzielle Schwerpunkt der Adenauer'schen Sozialpolitik lag bei den Alten, nicht bei den Kindern. Durch die Dynamisierung der Altersrente 1957, d.h. die Koppelung der Renten an die Nettolohnentwicklung, begann die Umsteuerung des Sozialsystems hin zu einer großzügigen Unterstützung der älteren Generation.

In der Zeit von 1969 bis 1982 wurde dieses vormals eindeutig konservativ besetzte Ressort schrittweise umgestaltet, wobei der Posten eher als Verschiebebahnhof für politisch weniger einflussreiche Frauen diente. In manchen Punkten wurde die Politik der Vorgänger fortgeführt: Die finanziellen Leistungen für Familien wurden zunächst deutlich erhöht, öffentliche Dienstleistungen ausgebaut. Programmatisch erfolgte jedoch eine Akzentverlagerung hin zu einer Familienmitgliederpolitik, bei der Benachteiligungen von Frauen und Kindern offensiv diskutiert, partnerschaftliche Strukturen in der Familie gefördert und die strukturgestaltende Rolle von Sozialpolitik betont wurden. Im Zweiten Familienbericht wurde Erziehung ausdrücklich als „gesamtgesellschaftliche Aufgabe" definiert und mit der schrittweisen Umgestaltung der Kinderbetreuungs- und Bildungssysteme begonnen. Kompensatorische Erziehung in Kindertagesstätte und Ganztagsschule sollte Defizite von Kindern aus benachteiligten Elternhäusern ausgleichen, Eltern durch stärkere Beteiligung als Partner für den öffentlichen Erziehungsprozess gewonnen werden. Dieses Modell hat sich aber in Westdeutschland nie vollständig gegen ältere, traditionellere Muster einer familienzentrierten Sozialisation durchsetzen können, wie am nach drei Jahrzehnten immer noch andauernden politischen Streit über die Gesamtschule deutlich wird. Die wachsende Akzeptanz nichttraditioneller Familienformen äußerte sich in Form spezieller finanzieller Fördermaßnahmen für Alleinerziehende (Unterhaltsvorschuss, Haushaltsfreibetrag) sowie in der großen Ehe- und Familienrechtsreform von 1977, mit der endlich die partnerschaftliche Rollenteilung in der Familie die Hausfrauenehe auch rechtlich ersetzte (Textor 1991). Zunehmend wurde Familienpolitik auch als Mittel vertikaler Umverteilung zugunsten ärmerer Familien begriffen (Gerlach 1996, S. 194-197).

Mit der erneuten Regierungsübernahme durch eine CDU/CSU-geführte Koalition 1982 begann eine so genannte „familienpolitische Offensive", ein breit angelegter Ausbau der familienunterstützenden Maßnahmen. Wichtigster Teil dieser Reform war die Einführung des Erziehungsurlaubs und die Anerkennung von Erziehungsjahren in der Rentenversicherung, beides trat 1986 in Kraft. Die von den Sozialdemokraten abgeschafften Kinderfreibeträge wurden 1983 wieder eingeführt und stark angehoben (Grundfreibetrag für Kinder von 432 auf 2.484 DM, zusätzlich Ausbildungsfreibeträge). Als Reaktion auf die Liberalisierung der Abtreibung - wurde 1984 die „Bundesstiftung Mutter und Kind - Zum Schutz des ungeborenen Lebens" gegründet. Das Kindergeld wurde sukzessive erhöht. Diese Politik hat auch die SPD-geführte Regierung seit 1998 mehr oder weniger nahtlos fortgeführt. Unter dem Druck der verschiedenen Urteile des Bundesverfassungsgerichts zur Freistellung des Existenzminimums von Kindern blieb ihr auch kaum eine andere Wahl. Lediglich bei der Reform des Erziehungsurlaubs wurden einige neue Akzente gesetzt, um die Beteiligung von Vätern und die gleichzeitige Ausübung von Erwerbs- und Familienarbeit zu fördern. Anknüpfend an die Reform des Familienrechts 1977, wurde auch das rechtliche Machtgefüge innerhalb der Familien durch das Verbot körperlicher Erziehungsmaßnahmen reformiert. Diese Maßnahme stärkt die Rechte der Familienmitglieder, unter Umständen auch auf Kosten der Aufrechterhaltung einer familiären Einheit. Die Entstehung und Ausgestaltung der derzeit gültigen familienpolitischen Regelungen in der Bundesrepublik Deutschland ist Gegenstand der nachfolgenden Kapitel.

Mit der deutschen Wiedervereinigung 1990 stellte sich der Familienpolitik die Aufgabe, die gänzlich unterschiedlichen familienpolitischen Traditionen beider deutscher Staaten zusammen zu führen, und zwar sowohl auf der rechtlichen Ebene (vgl. hierzu Kap. 3) als auch auf der faktischen. Formalrechtlich wurde die DDR bekanntermaßen an die BRD angegliedert und übernahm damit deren rechtliche und gesellschaftliche Institutionen. Faktisch aber klafften die familienpolitischen Realitäten weit auseinander:

Tab. 1: Unterschiedliche familienpolitische Rahmenbedingungen BRD-DDR

	BRD	DDR
Familiengründung	mit Heirat verbunden, hohes Erstheirats- und Erstgeburtsalter	Familiengründung ohne Ehe, niedriges Heirats- und Erstgeburtsalter
weibliche Erwerbstätigkeit	Drei-Phasen-Modell mit vorehelicher Vollerwerbstätigkeit, Kinderpause und anschließendem Wiedereinstieg in Teilzeit	weibliche Vollerwerbstätigkeit als Norm
Kinderbetreuung	Einrichtungen nur als familienergänzende Hilfe; Ablehnung der Krippenbetreuung; halbtägige Kindergartenbetreuung	umfassende und kostenlose, ganztägige Kinderbetreuung vom Säuglingsalter bis in die Pubertät
Trägerschaft sozialer Dienstleistungen	subsidiär organisiertes System einer Vielfalt von öffentlichen und privaten Trägern der Wohlfahrtspflege	staatliches Monopol für soziale Dienste
wirtschaftliche Situation von Familien	hohe Kosten für Unterhalt und Erziehung von Kindern	niedrige Kinderkosten durch subventionierte Waren und Dienstleistungen
Alleinerziehende	Allein erziehen als Ausnahme und mit hohem Armutsrisiko	Allein erziehen als häufige Familienform, durch öffentliche Leistungen und Möglichkeit zu ununterbrochener Erwerbstätigkeit finanziell abgesichert

Die Entwicklung der Familienpolitik in der DDR hat einen gänzlich anderen Verlauf genommen. Die erste familienpolitische Maßnahme in der Sowjetischen Besatzungszone (SBZ) war die Legalisierung des Schwangerschaftsabbruchs bereits im Jahre 1945. 1946 erließ die sowjetische Militärbehörde den Befehl Nr. 253, der Frauen gleichen Lohn bei gleicher Arbeit garantierte (Gerlach 1996, S. 177-179). Im weiteren Verlauf bedeutete Familienpolitik in der DDR bis in die 80er Jahre in erster Linie Frauenpolitik, Politik für die Ermöglichung von Erwerbstätigkeit und Politik zur Sozialisierung von Kindern durch die Gesellschaft. Ein Familienministerium hat es in der DDR nie gegeben.

Das Mütter- und Kinderschutzgesetz wurde 1950 verabschiedet und sah die üblichen Schutzbestimmungen für Wöchnerinnen vor, aber ergänzt durch relativ großzügige finanzielle Beihilfen bei der Geburt und vollen Lohnausgleich während des Mutterschaftsurlaubes sowie durch den Aufbau eines dichten Netzes von Mütter- und Kinderberatungstellen und medizinischen Einrichtungen sowie Betreuungseinrichtungen: Während des ersten Fünfjahresplans 1951-1955 wurden über 60.000 Plätze geschaffen. Das Gesetz sah daneben aber auch die aktive Förderung der Beschäftigung von Frauen vor: Der Staat und die Betriebe wurden verpflichtet, Arbeitsplätze soweit möglich mit Frauen zu besetzen und Kindergärten bereit zu stellen. Ziel des Gesetzes war Erhalt bzw. Steigerung der Bevölkerung (was in der DDR wegen der starken Westwanderung dringender war als im Westen) bei durchgängiger weiblicher Erwerbstätigkeit. In der sogenannten „Frauenoffensive" wurde das Ziel der Integration von Frauen in den Arbeitsmarkt von 1958 an systematisch fortgesetzt, die Entscheidung für ein Hausfrauendasein wurde öffentlich angeprangert und gesellschaftlich nicht mehr toleriert. Der Ausbau der Kinderbetreuungseinrichtungen und familienergänzenden Dienstleistungseinrichtungen (Wäschereien, Schneidereien, Reinigungsdienste) hielt nicht Schritt, so dass Frauen sich Mitte der 60er Jahre einer massiven Doppelbelastung ausgesetzt sahen. Die Geburtenrate sank, und immer mehr Frauen versuchten zu Teilzeitarbeit überzugehen.

Dies war der Ausgangspunkt für die systematische Entwicklung einer Familienförderungspolitik. Seit 1972 wurden Krippen-, Kindergarten- und Hortplätze beschleunigt ausgebaut; zugleich wurden Beurlaubungsregelungen für Mütter ausgeweitet und die Geburtsbeihilfen erhöht. Aber erst die Einführung eines Babyjahrs mit vollem Lohnausgleich 1976, die Einführung der 40-Stunden-Woche für Mütter von mindestens zwei Kindern und die Möglichkeit zur Freistellung bei Erkrankung des Kindes für 4 bzw. bei zwei Kindern 6 Wochen führten zu einer leichten Steigerung der Geburtenrate. 1987 wurde das Kindergeld noch einmal deutlich erhöht und entsprach numerisch dem West-Niveau (Gerlach 1996, S. 227-246).

Vergleicht man die familienpolitische Situation der beiden Teile Deutschlands kurz vor 1989, so ist trotz sehr unterschiedlicher politischer Leitbilder eine gewollt- ungewollte Annäherung nicht zu übersehen. Beide deutsche Staaten verfügten über eine ausgedehnte Mutterschutz-Gesetzgebung. Beide deutschen Staaten hatten einen rechtlichen Rahmen geschaffen, in dem vielfältige Familienformen gesichert wurden. In West und Ost wurde Kindergeld gestaffelt nach dem Geburtsrang der Kinder gewährt. Und schließlich führten BRD und DDR im gleichen Jahr 1986 eine bezahlte Freistellungsregelung für Mütter kleiner Kinder ein. Der deutlichste Unterschied bestand zweifellos im Bereich der Vereinbarkeit von Familie und Beruf: Während in Westdeutschland die Betreuung von Unter-Drei-Jährigen in der Regel in der Familie (und durch die Mutter) erfolgen sollte, hatten Frauen im Osten Zugang zu praktisch flächendeckender Kinderbetreuung vom Säuglings- bis ins spätere Schulalter.

Allerdings: Die enggezogenen Grenzen der Handlungsmöglichkeiten für die DDR-Bevölkerung führten auch zu einer Normierung der Familienformen und des Lebensalltags von Familien: Zwei vollerwerbstätige Eltern mit 1-2 Kindern, die bis zum Alter von 10 Jahren ganztägig in öffentlichen Einrichtungen betreut wurden, prägten das Bild der Familie. Kinderlosigkeit war in der Regel nicht gewollt, blieb die Ausnahme und erfuhr auch keine gesellschaftliche Akzeptanz, ebenso wenig das dauerhafte Leben als Single. (Wendt 1993, S. 5) Nicht Wahlfreiheit war das politische Ziel, sondern die passgerechte Abstimmung von gleichzeitiger Erwerbs- und Familienarbeit, die zugleich eindeutig als Aufgabe der Frau definiert wird, denn nur Mütter profitierten von den entsprechenden Freistellungsregelungen (Helwig 1987).

Tab. 2: Geschichte der Familienpolitik BRD/DDR im Vergleich

Jahr	BRD	DDR
1949	Wiedereinführung der Kinderfreibeträge	
1950	Erstes Wohnungsbauförderungsgesetz	Mutter- und Kinderschutzgesetz
1952	Mutterschutzgesetz	
1954	Kindergeldgesetz	
1958	Einführung des Ehegattensplittings	
1961	Einführung von Kindergeld für zweite Kinder	Arbeitsgesetzbuch: Frauenförderung in den Betrieben
1964	Abschaffung der Familienausgleichskassen	
1971	Bundesausbildungsförderungsgesetz (BAFöG)	
1972		Sozialpolitisches Maßnahmenpaket für die Familie (flächendeckende Ganztags-Kinderbetreuung, mehr Urlaubstage für Mütter, Geburtenbeihilfe, Kredite für junge Eheleute, Hausarbeitstag, Steuerfreibeträge für Kinder)
1976		Erweiterung des Pakets: 26 Wochen Schwangerschafts/Wochenurlaub bezahltes Babyjahr ab 2. Kind
1977	Reform des Ehe- und Scheidungsrechts	
1980	Einführung des staatlichen Unterhaltsvorschusses	
1986	Erziehungsgeld und Erziehungsurlaub (3 Jahre Urlaub, davon zunächst 1 ½ J. teilweise bezahlt) Anerkennung von Erziehungszeiten in der Rentenversicherung	Babyjahr für das erste Kind (ein Jahr bei vollem Lohnausgleich)
1996	Rechtsanspruch auf einen Kindergartenplatz	
1998	Reform des Kindschaftsrechts: gemeinsame Sorge als Regelfall nach Scheidung	
2001	Rechtsanspruch auf Teilzeitarbeit	

Wenn heute in Ostdeutschland junge Frauen mit ihren Müttern über die Familienpolitik der ehemaligen DDR sprechen, so schleicht sich leicht ein nostalgischer Ton ein, wenn dabei die Rede auf die umfassende, kostenlose Kinderbetreuung mit Öffnungszeiten von 6-19 Uhr und die Selbstverständlichkeit weiblicher Erwerbstätigkeit kommt. Sicher ist, dass Familien im

DDR-System gegen zahlreiche Lebensrisiken umfassend abgesichert wurden und mit der Entscheidung für Kinder kein Armutsrisiko eingingen. Nach Schätzungen von Heinz Lampert wurden rund zwei Drittel der Kosten für den Unterhalt, die Betreuung und die Erziehung der Kinder vom Staat übernommen, in der Bundesrepublik beläuft sich dieser Anteil auf höchstens ein Drittel (Lampert 1996a). Bester Beweis für diese sozialpolitische Abfederung der Familiengründung ist das bemerkenswert niedrige Alter der Frauen bei der Geburt ihrer Kinder. Ein Baby zu bekommen, erforderte nicht - wie im Westen - zunächst den Aufbau einer eigenen Existenz mit fester Stelle und eigener Wohnung, sondern sie war der erste und notwendige Schritt in die Unabhängigkeit, zumal die Vergabe von Wohnungen häufig an das Vorhandensein von Kindern oder an die Eheschließung gebunden war. In den ersten Jahrzehnten der DDR hatte es zwar in der Kinderbetreuung gravierende Qualitätsmängel gegeben, aber diese waren in den 80er Jahren weitgehend überwunden. Die Wiedervereinigung - familienpolitisch ein Rückschritt?

Die Antwort auf diese Frage muss ein Werturteil sein und kann hier nicht abschließend gegeben werden. Konzentriert man sich ausschließlich auf die Familienfreundlichkeit des DDR-Regimes, so verschwinden Unfreiheit, Bedrückung und Überwachung aus dem Blick, die aber dem Leben vieler Familien den Stempel aufgedrückt, die Realisierung vieler Lebensträume vereitelt haben. Das Familienleben in der DDR musste viele Entbehrungen im Bereich der persönlichen Freiheit, des Konsums und der politischen Mitgestaltung kompensieren - gerade das gab ihm seine besondere Qualität als Gegenentwurf zur auf Repression, Überwachung und Normierung ausgerichteten Gesellschaft (Wendt 1993, S. 7). Weiterhin darf nicht übersehen werden, dass die durchgängige Ganztags-Erwerbstätigkeit beider Eltern von kleinen Kindern weniger Raum ließ für spannungsfreies familiäres Beisammensein und die Pflege der Partnerschaft. Ein gewöhnlicher Wochentag begann für die meisten Familien um 5 Uhr früh, die Regelarbeitszeit betrug 43 ¾ Stunden. Hohe Scheidungsziffern kennzeichneten ebenfalls die Familienrealität der DDR, sei es aufgrund der wirtschaftlichen Selbstständigkeit der Frauen, sei es aufgrund eines Lebenszuschnitts, der intensiv gelebte Partnerschaft nicht leicht machte. Durch die institutionelle Kinderbetreuung wurden viele erzieherische und sozialisatorische Funktionen nicht mehr wahrgenommen und nicht einmal mehr als elterliche Aufgaben reflektiert (Helwig 1987, S. 107-109, Wendt S. 8-11). Die Rückverlagerung großer Teile der Erziehungs-, Versorgungs- und Betreuungsfunktion in die Familie nach der Wiedervereinigung bedeutete auch, dass Eltern wieder mehr Verantwortung für die Definition von Erziehungszielen und ihrer Verwirklichung erhielten (Lampert 1996a).

2.2 Familienpolitik im Kontext der Sozialpolitik - eine Begriffsbestimmung

Die Politikwissenschaft unterscheidet drei Ebenen von Politik: Politik als Institution und Handlungsnorm, als Tradition und Ordnung (englisch: „polity"); Politik als System von Zielen, Maßnahmen und Einrichtungen (englisch: „policy"); Politik als Prozess handelnder, interessengeleiteter Akteure (englisch: „politics"). Von allen drei Ebenen ist in diesem Buch die Rede, wobei „policy" den Schwerpunkt bildet.

Im einem institutionellen Sinne bildet familienpolitisches, ebenso wie sozialstaatliches Handeln eine der grundgesetzlich gesicherten Normen staatlichen Handelns in Deutschland. Hiervon handelt das Kapitel „Rechtliche Grundlagen der Familienpolitik". Deutlichster Beweis hierfür ist der oft zitierte Artikel 3 des Grundgesetzes: „Ehe und Familie stehen unter dem besonderen Schutz der staatlichen Ordnung." Hinzu kommt jedoch eine Tradition familienpolitischen Handelns in Deutschland, die im vorangegangenen Abschnitt skizziert wurde. Ergebnis solcher normativen und traditionellen Vorgaben ist, dass Bürger in Deutschland, anders etwa als in den USA, mit großer Selbstverständlichkeit von jeder Regierung, unabhängig welcher Couleur, familienpolitisches Handeln erwarten. Die Institution Familienpolitik ist freilich wandelbar. Im letzten Jahrzehnt hat sie eher wieder an Gewicht gewonnen.

Als Teil der Sozialpolitik unterliegen auch die familienpolitischen Leistungen den grundsätzlichen Gestaltungsprinzipien und Finanzierungsformen des Systems der Sozialen Sicherung. Hierbei lassen sich drei Grundformen unterscheiden:

Versicherungsprinzip: Leistungsansprüche entstehen aufgrund von Beitragszahlungen. In der Privatversicherung bemisst sich die Beitragshöhe nach dem individuellen Risiko und die beanspruchbaren Leistungen nach der Höhe der gezahlten Prämie. Das Sozialversicherungsprinzip modifiziert diese Bemessung nach solidarischen Gesichtspunkten. Beiträge in der Sozialversicherung sind nicht an individuellen Risikowahrscheinlichkeiten orientiert; Leistungen nicht streng beitragsorientiert (z.B. sind die Sachleistungen der Krankenversicherung beitragshöheunabhängig). Leistungen beruhen auf einem Rechtsanspruch und sind nach Art und Höhe normiert. Im Bereich der Familienpolitik gibt es nur sehr wenige Leistungen nach dem Versicherungsprinzip. Hierzu gehört die kostenlose Mitversicherung von Familienangehörigen in der gesetzlichen Krankenversicherung.

Versorgungsprinzip: Leistungsansprüche entstehen nicht aufgrund von Beitragszahlungen, sondern aufgrund anderer Voraussetzungen, insbesondere aufgrund von Leistungen für den Staat (z.B. Bezüge der Beamten, Pensionen). Die meisten familienpolitischen Leistungen gehören jedoch in diese Kategorie. So ist für den Bezug von Kinder- und Erziehungsgeld keine vorherige Beitragszahlung notwendig, sondern der Staat bietet einen Ausgleich für die Leistung der Kindererziehung an, welche der gesamten Gesellschaft zugute kommt.

Fürsorgeprinzip: Im Falle des Fürsorgeprinzips werden bei Eintritt eines Schadensfalles oder einer Notlage öffentliche Sach- und/oder Geldleistungen ohne vorherige Beitragsleistungen nach einer Prüfung der Bedürftigkeit gewählt. Ein Rechtsanspruch besteht „dem Grunde nach", aber nicht auf Hilfe bestimmter Art und in bestimmter Höhe. Typisch für das Fürsorgeprinzip ist die Bedürftigkeitsprüfung und die Entscheidung im Einzelfall. Damit ist im Fürsorgeprinzip das Eindringen in den privaten Raum des Individuums und damit ein entwürdigendes Element strukturell angelegt. Am deutlichsten wird dies in der Sozialhilfe. Familienpolitische Maßnahmen sollten der Theorie nach nicht nach dem Fürsorgeprinzip organisiert sein, weil die Belastung durch Kinder schwerlich als Schadensfall oder Notlage behandelt werden dürfte. De facto aber kommt dies doch vor. Beispiel ist etwa der (bedürftigkeitsgeprüfte) Unterhaltsvorschuss und die niedrige Einkommensgrenze für den Bezug von Erziehungsgeld vom siebten Lebensmonat des Kindes an.

Politik als Prozess (politics) ist in einem Lehrbuch nur ansatzweise darzustellen. Sie spiegelt sich nicht nur in der tagespolitischen Berichterstattung, sondern auch in den Persönlichkeiten der Akteuren, ihren Überzeugungen, Interessen und Motiven. Alle, die dieses Buch lesen, können potentiell auch Akteure von Familienpolitik werden oder sind es vielleicht schon - die Kapitel 6 und 9 geben dazu Anregungen.

Den Schwerpunkt dieses Buches bildet jedoch Familienpolitik als System von Maßnahmen und Einrichtungen („policy"). Beginnen wir deshalb mit einer Bestandsaufnahme: Welche Leistungen werden üblicherweise zur Familienpolitik hinzu gezählt?

Tab. 3: Übersicht über die Familienpolitischen Leistungen in der BRD

Bereich	Transfer-zahlungen	Steuer-minderungen	Soziale Dienste	Sonstige Regelungen
Familienpolitik im engeren Sinne	Kindergeld, Erziehungsgeld (als Landesgesetz: Familiengründungs- oder Ehestandsdarlehen)	Ehegatten-splitting, Kinder-freibetrag, Betreuungs-freibetrag	Familien-beratung, Kindertages-stätten	Ehe- und Familienrecht (Ehe- und Scheidungsrecht, Unterhaltsrecht, Sorgerecht, Adoptionsrecht, Abtreibungsrecht, Kinder- und Jugendhilferecht)

36

Bereich	Transfer-zahlungen	Steuer-minderungen	Soziale Dienste	Sonstige Regelungen
Sozialhilfe	Regelsätze für Kinder, familienbezogene Sonderzahlungen, Unterhaltsvorschuss		Sachleistungen für Familien (geminderte Betreuungsbeiträge, freie Mahlzeiten, Beratung usw.)	Unterhaltsrecht
Soziale Sicherung	Zuschläge zu Unfall- und Altersrenten, Witwen- und Waisenrenten, kostenlose Familienversicherung in der Krankenkasse, kostenlose Unfallversicherung für Schüler, Mutterschaftsgeld		Öffentlicher Gesundheitsdienst, Pflegehilfe, Sexual- und Schwangerenberatung	Anrechnung von Erziehungszeiten in der Rentenversicherung, Mutterschutzgesetzgebung
Beschäftigungspolitik	Zuschläge zu Arbeitslosengeld und Arbeitslosenhilfe, Familienzuschläge im öffentlichen Sektor	Unterstützung zur Weiterbildung während des Erziehungsurlaubs	betriebliche Kinderbetreuungsdienste	Elternurlaub, Antidiskriminierungsgesetzgebung, Recht auf Teilzeitarbeit, Flexibilisierung der Arbeitszeiten, Kündigungsschutz durch „Sozialpläne"
Wohnungspolitik	Wohngeld, Wohnungsbaudarlehen, Baukindergeld	Steuerbegünstigung des Bausparens, steuerliche Förderung des sozialen Wohnungsbaus	Sozialer Wohnungsbau, Mieterberatung	Mieterschutz, Familien begünstigende Ausweisung von Bauland
Bildungspolitik	Ausbildungsförderung, Fortzahlung des Kindergelds nach dem 18. Lebensjahr	Ausbildungsfreibeträge	kostenloser Schulbesuch, Lehrmittelfreiheit, Beratungsdienste	

Bereich	Transfer-zahlungen	Steuer-minderungen	Soziale Dienste	Sonstige Regelungen
Kommunal-politik	Eintritts- und Gebühren-ermäßigungen; kommunale Baudarlehen und Begrü-ßungsgelder		Bereitstellung von sozialen Dienstleistun-gen für Familien	
Jugendpolitik			Jugendhilfe	
Medienpolitik			Subventionie-rung öffentlich-rechtlicher Kindersendun-gen	Altersabhängi-ge Freigabe-regelungen
Innenpolitik				Einwande-rungsgesetze und Familien-nachzugsrege-lungen
Verkehrspolitik	Fahrpreis-ermäßigungen bei der Bundesbahn, ÖPNV und Schülerfahrkar-ten		kostenloser Schülertrans-port	gesetzliche Auflagen für die familien-freundliche Gestaltung von Verkehrsmit-teln (Klein-kindabteile, Kinderwagen-stellplätze etc.) und Verkehrs-wegen

Die Tabelle zeigt deutlich, dass Familienpolitik in zahlreiche Politikberei-che hineinragt. Neben den hier genannten Bereichen Sozialhilfe und Soziale Sicherung, Beschäftigungs-, Wohnungs-, Bildungs-, Kommunal- und Ju-gendpolitik können familienpolitische Aspekte auch in noch wesentlich ent-fernter wirkenden Politikfeldern erkannt werden, etwa wenn besondere Re-gelungen für mithelfende Familienangehörige in der Landwirtschaft getrof-fen werden (Agrarpolitik), wenn Kinder- und Mutterschutz durch medizini-sche Vorsorge umgesetzt wird (Gesundheitspolitik) oder wenn bei Tarif-verhandlungen die Möglichkeit zur Ernährung einer Familie durch den Durchschnittslohn des Industriearbeiters mit bedacht wird (Wirtschaftspoli-tik). Familienpolitik konstituiert sich also ressortübergreifend aus Maßnah-men zahlreicher Politikbereiche und berührt deshalb die Zuständigkeiten fast aller Ministerien auf Bundes- und Landesebene bzw. Abteilungen oder Dezernate im kommunalen Bereich (Lampert 1986, S. 10).

> Familienpolitik ist eine Querschnittaufgabe, die in alle sozialpolitischen Handlungsfelder und zahlreiche weitere Politikbereiche hineinragt.

Wenn Familienpolitik als Querschnittaufgabe betrachtet wird, so dient sie gewissermaßen als Brennglas, durch das hindurch das gesamte System der Sozialen Sicherung betrachtet und nach familienpolitischen Leistungen durchforstet wird. Diese Sichtweise ist jedoch nicht die übliche. Üblicherweise wird Familienpolitik als Teilbereich der gesamten Sozialpolitik dargestellt.

Abb. 1: Bereiche der Sozialpolitik
    Abbildung aus: Lampert 1998, S. 159.

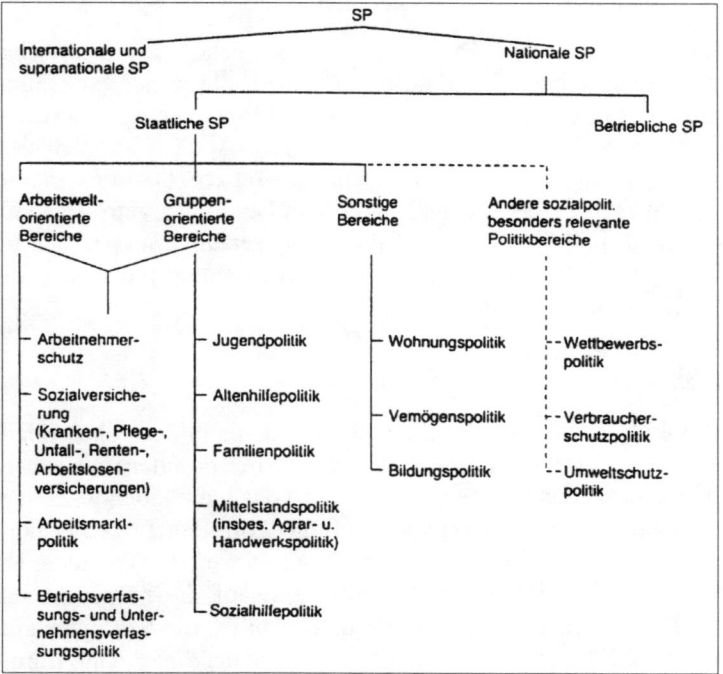

Um den Gegenstandsbereich der Familienpolitik spezifischer zu bestimmen, kann man von einer sehr formalen Definition von Familienpolitik ausgehen:

> Unter Familienpolitik wird das bewusste, zielgerichtete, planvolle und machtgestützte Einwirken öffentlicher und freier Träger auf die rechtliche, wirtschaftliche und soziale Lage von Familien, auf ihre Mitglieder und ihre Umwelt verstanden (Textor 1991, S. 33, Wingen 1997, S. 19).

Diese Definition umfasst in ihrer Allgemeinheit praktisch alle in der Tabelle genannten konkreten Handlungsfelder. Problematisch daran ist jedoch einmal die Unterstellung, dass Politik (als Prozess und als System) bewusst, zielgerichtet und planvoll entstehe. Gerade die Familienpolitik ist jedoch ein Beispiel für die vielschichtige, wenig transparente und nur selten zielgerichtete Einwirkung von Institutionen auf gesellschaftliche Realitäten, für den Prozesscharakter von Politik. Festzuhalten ist aber, dass Familienpolitik „machtgestützte Einwirkung" ist, d.h. der Eingriff öffentlicher Gewalten in den privaten Raum. Gerade im Bereich der Familie ist das eine brisante Feststellung. Ist Familie denn nicht Privatsache, aus der sich der Staat heraus zu halten hätte? Im Lichte einer solchen Frage könnte schon die finanzielle Unterstützung von Menschen mit Kindern als unzulässige Förderung bestimmter privater Entscheidungen erscheinen. Dem steht eine andere Auffassung entgegen, der zufolge Familienpolitik gewissermaßen die gesellschaftliche Fortsetzung des arteigenen Brutpflegetriebes des Menschen sei, also durch die Natur des Menschen geboten.

Es lassen sich in der deutschen Familienpolitik, wie schon der historische Überblick gezeigt hat, einige Grundmuster erkennen, die in den einzelnen familienpolitischen Leistungen in unterschiedlicher Weise deutlich werden und dem immer auch Werturteile zu Grunde liegen. Auch wenn sich der Gegenstand der Familienpolitik relativ genau abgrenzen lässt, ist damit noch nicht eine Aussage über die Ziele von Familienpolitik getroffen. Im historischen Verlauf, in der politischen Auseinandersetzung und letztlich in der Ausgestaltung einzelner Maßnahmen lassen sich einige typische Leitbilder von Familienpolitik erkennen:

Familienpolitik als Bevölkerungspolitik

Bevölkerungspolitik ist älter als Familienpolitik, und sie bildet - ob explizit oder implizit - eine ihrer Grundlagen. Gesellschaften können nur leben durch die Bevölkerung, aus der sie gebildet sind - das bleibt auch in Zeiten wahr, in denen politische Einwirkungen auf die Fortpflanzungsentscheidungen der Bürger von allen Parteien zurückgewiesen werden. Trotzdem ist auch die Bundesrepublik Deutschland angewiesen auf die immer neuen Entscheidungen von Menschen für Kinder und Familie. Bleiben diese auf breiter Front aus, und das erscheint zum ersten Mal in der Geschichte Europas vorstellbar, geht buchstäblich in spätestens 60 bis 80 Jahren „das Licht aus", wenn nicht Menschen von außen zuwandern. Schon jetzt ist die deutsche Gesellschaft auf Zuwanderung angewiesen, um ihren Bestand annäherungsweise zu halten. Schon jetzt ist abzusehen, dass Menschen nichtdeutscher Herkunft in der Zukunft noch viel stärker als bisher das Bild der Bevölkerung prägen werden. Zugleich ist aber gewiss, dass die harmonische Weiterentwicklung unserer Gesellschaft auch im Lande geborene Kinder erfordert, um das immer neue Gleichgewicht zwischen Hiesigen und Zugewanderten aktiv zu gestalten. Aufgabe der Familienpolitik ist es letztlich, die Geburt von Kindern nicht zu einem unkalkulierbaren Risiko für Eltern werden zu lassen, sondern zu ermöglichen, dass alle Bürger ihre Kinderwünsche auch realisieren können, ohne sich dadurch einem Armutsrisiko auszusetzen.

Angesichts der historischen Erfahrungen Deutschlands mit einer menschenverachtenden, rassistischen Bevölkerungspolitik wird dieser Aspekt von Familienpolitik nur selten offen benannt und erschien Jahrzehnte lang geradezu tabuisiert, anders etwa als in Frankreich, wo Bevölkerungsfragen es regelmäßig auf die ersten Seiten der Tageszeitungen bringen. Mittlerweile jedoch wächst in Deutschland eine Generation von jungen Frauen heran, von denen jede Dritte voraussichtlich ihr Leben lang kinderlos bleiben wird. Dieser Befund kann als Versagen der Familienpolitik in bevölkerungspolitischer Hinsicht gedeutet werden.

Auf der anderen Seite ist es durchaus nicht einfach, wirksame bevölkerungspolitische Maßnahmen durchzuführen. Erfahrungen anderer Länder, in denen versucht wurde, die Geburtenrate positiv zu beeinflussen (Frankreich, DDR) haben bei großem finanziellen Aufwand Steigerungsraten von vielleicht 0,4 Kindern pro Frau erzielen können. Der europäische Vergleich zeigt, dass auch Staaten mit einer wenig großzügigen Sozialpolitik (z.B. Großbritannien oder Irland, auch die USA) höhere Geburtenraten aufweisen als die Bundesrepublik Deutschland. Insofern ist es - auch wenn man die grundlegende Aufgabe der Familienpolitik, Familie zu ermöglichen, respektiert - nur schwer möglich, daraus unmittelbare politische Schlussfolgerungen zu ziehen.

Abb. 2: Gesamtfruchtbarkeitsziffer in Europa im Jahr 2000
    Abbildung aus: Beschreibung der Sozialen Lage in Europa 2001, S. 27.

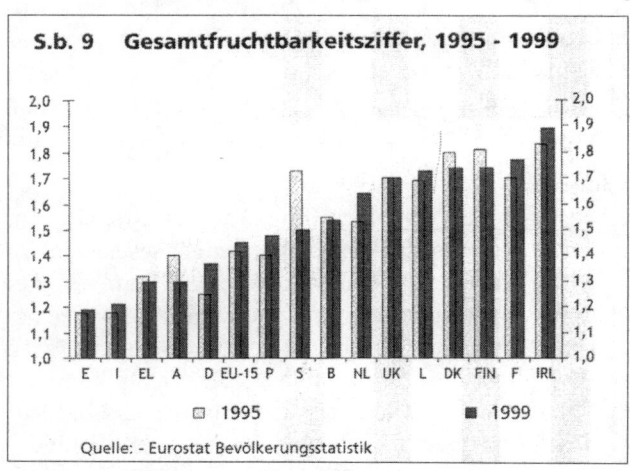

Bevölkerungspolitische Aspekte familienpolitischer Maßnahmen zeigen sich insbesondere in der Bevorzugung der Kinder mit höherem Geburtsrang. So gibt es in Frankreich noch immer Kindergeld erst ab dem zweiten Kind, ausgehend von der Überlegung, dass ein erstes Kind ohnehin geboren wird, aber für das zweite und dritte staatliche Ermutigung nötig sei. Auch

41

Darlehen zur Haushaltsgründung, ja sogar das Baukindergeld, enthalten bevölkerungspolitische Anteile. Und natürlich dienen auch Maßnahmen zur Verhinderung von Schwangerschaftsabbrüchen dem Ziel, dass mehr Kinder geboren werden.

Familienpolitik als Institutionenpolitik

Ein ganz anderes Leitbild ist Familienpolitik zur Stärkung der Institution Familie. Dass die Familie die Keimzelle der Gesellschaft sei, ist ein beliebtes konservatives Argumentationsmuster. Es zielt vor allem auf die institutionell abgesicherte, die auf die Ehe gegründete Familie. Nimmt man die Perspektive des Staates ein, so ist daran viel Wahres: Menschen, die in Familien leben, sind durch das Solidaritätsnetz dieser Familie vergleichsweise gut gegen Bedürftigkeit geschützt. Das gilt rein rechtlich durch die Unterhaltsverpflichtungen der Familienangehörigen gegeneinander. Das gilt aber auch statistisch: Menschen, die als Verheiratete mit Kindern leben, sind deutlich seltener von Armut betroffen als der Durchschnitt der Bevölkerung. Ebenso ist statistisch leicht nachweisbar, dass Kinder, die mit ihren verheirateten Eltern oder in anderen verbindlichen Familienformen leben, ein niedrigeres Risiko tragen, straffällig zu werden, dass sie in der Schule besser abschneiden und sich leichter in die Arbeitswelt integrieren als Kinder aus zerfallenden, instabilen Verhältnissen oder aus Institutionen der Jugendhilfe. Dieser statistische Befund beweist zwar nichts über das Verhältnis von Ursache und Wirkung: Es mag sein, dass stabile Menschen auch stabile Familien gründen und bewahren können, es mag aber ebenso auch sein, dass die Institution Familie Menschen stabilisiert. Verheiratete Menschen mit Kindern sind zumeist in vielfältiger Weise in ihre Lebensverhältnisse eingebunden, von ihnen abhängig und spüren deshalb häufig wenig Veranlassung, diese Verhältnisse zu ändern oder eine Revolution vom Zaun zu brechen. Stark vereinfacht: Familien wollen Häuser bewohnen, und Hausbesitzer wählen tendenziell konservativ.

Die historische Familiensoziologie vor allem französischer Prägung hat darüber hinaus noch auf einen anderen Zusammenhang hingewiesen: Einbindung in geregelte Familienverhältnisse war auch ein Mittel, die Landbevölkerung im 19. Jahrhundert entsprechend den Anforderungen der Industrieexistenz zu disziplinieren. Daher haben nicht nur konservative, sondern genau so auch wirtschaftsliberale Führungseliten ein Interesse an der Stärkung der Arbeiterfamilie gehabt. Die beste Versicherung gegen das periodische Saufen und das Feiern vieler Feiertage und blauer Montage in ländlich-dörflicher Tradition war die Hausfrau, die ihren Mann pünktlich zur Arbeit und die Kinder pünktlich zur Schule schickte. Die bürgerlich geprägte Kleinfamilie wurde so zur Disziplinierungsanstalt, in der Pünktlichkeit, Sparsamkeit und Sauberkeit, Bedürfnisaufschub und Treue gelernt wurden, Sekundärtugenden, auf die eine schnell expandierende Industriegesellschaft bei ihren Arbeitern angewiesen war. Die allgemeine Schulpflicht ergänzte diesen Zugriff auf das Privatleben in Richtung auf die Kinder. Um ein solches geregeltes, sozial kontrolliertes Familienleben zu befördern, boten sich besonders Arbeiterwohnsiedlungen an, die in ganz Europa, oftmals direkt auf dem Werksgelände und damit unter den Augen der Fabrikbesitzer und Vorarbeiter, entstanden. Eine solche familienorientierte Unternehmerpolitik konnte auch die Zahlung von Familienlöhnen, d.h. mit wachsender Kinderzahl steigenden Löhnen oder die Errichtung von Feriensiedlungen beinhalten. Nicht nur der Staat, sondern auch die kapitalistischen Unternehmer hatten ein Interesse an der Stabilisierung der Institution Familie. Diese Diskussion kann hier nur angedeutet werden, wurde aber in zahlreichen historisch-soziologischen Einzelstudien belegt und interpretiert (Bourdieu/Passeron 1977, Donzelot 1980, Pateman 1988).

Trotz dieser kritischen Perspektiven: Es leuchtet unmittelbar ein, dass eine Gesellschaft, die nur aus kinderlosen Singles bestünde, weniger an Solidarität und Menschlichkeit, aber auch an Stabilität und Verlässlichkeit hervorbringen kann als eine Gesellschaft, die auch Familien mit Kindern zählt. Die stabilisierende Wirkung von Familien ist besonders in der Stadtentwicklung deutlich sichtbar. Städtische Problemquartiere sind zumeist dadurch gekennzeichnet, dass die institutionell abgesicherten (d.h. zumeist auf Ehe oder verlässliche Zweierbeziehung gegründeten) Familien wegziehen und andere, prekärere Lebensformen überwiegen. Umgekehrt kann der Zuzug von funktionierenden Familien Stadtviertel regenerieren. Dass also Familienpolitik darauf zielen soll, die Institution Familie zu stärken, kann nicht leichthin als konservativ oder altmodisch abgetan werden. Davon bleibt freilich unberührt, dass die Institution Familie als solche, wie oben gezeigt, sich wandelt, und dass insbesondere die Ehe als Voraussetzung für Familie an Bedeutung verloren hat. Auch Stabilität ist relativ geworden: Das gemeinsame Sorgerecht getrennter Eltern ermöglicht im Idealfall verlässliche Beziehungen auch nach einer Trennung.

Familienpolitik als Institutionenpolitik zeigt sich bisher vor allem an solchen Maßnahmen, die an die Ehe als Voraussetzung gebunden sind. An erster Stelle ist hier das Ehegattensplitting zu nennen. Weiterhin wurden bis zum Jahr 2001 Körperstrafen von Eltern gegen ihre Kinder oder die Vergewaltigung einer Frau durch ihren Ehemann nicht als solche unter Strafe gestellt - auch dahinter stand der Versuch, die Institution Familie nicht durch mögliche Rechtsklagen der Familienmitglieder gegeneinander zu spalten. Die relativ hohen Hürden zur Auflösung einer einmal geschlossenen Ehe (ein bzw. drei Jahre Getrenntleben als Voraussetzung) dienen gleichfalls dem Schutz der Institution.

Familienpolitik als Familienmitgliederpolitik

Im Gegensatz zu einer institutionell ausgerichteten Familienpolitik gilt eine Ausrichtung auf die einzelnen Familienmitglieder als eher progressiv. Bezugspunkt einer solchen Politik ist nicht die Familie als Ganzes, sondern ihre einzelnen Mitglieder, insbesondere Frauen und Kinder, weniger die Männer. Hierdurch ergeben sich häufig Widersprüche zu klassischen familienpolitischen Zielsetzungen. Mit dem Ende der Allgemeinverbindlichkeit der Kern- oder Normalfamilie am Übergang von den 60er zu den 70er Jahren gerieten die Mitglieder der Familie mehr in das Blickfeld der (SPD-dominierten) Politik. Es ging nicht mehr um die Bewahrung eines bestimmten Familientyps, sondern darum, die innerhalb familialer Gemeinschaften Benachteiligten oder Hilfsbedürftigen zu unterstützen, insbesondere Frauen und Kinder. Aus einer Institutionen-orientierten Sicht heraus wird die Stärkung der Selbstständigkeit einzelner Elemente in der Familie als Gefahr für das Fortbestehen der Gemeinschaft gesehen (Bleses 1998, S. 136).

Eine konsequent frauenpolitisch ausgerichtete Familienpolitik müsste so zum Beispiel vor allem darauf zielen, jede Benachteiligung von Frauen gegenüber Männern durch Familienpflichten auszugleichen. Die familienpolitische Gesetzgebung leistet dies im Wesentlichen bereits: Während der schwangerschafts- und geburtsbedingten Pausen erhalten Frauen vollen Lohnausgleich und Kündigungsschutz. Erziehungsgeld und Elternurlaub sowie alle weiteren Regelungen zur Vereinbarkeit von Familie und Beruf stehen Vätern wie Müttern gleichermaßen zu. Das Problem ist jedoch die soziale Praxis, die sich durch Gesetze nicht leicht beeinflussen lässt. Noch immer erledigen Frauen den deutlich überwiegenden Teil der Familienarbeit und nehmen dafür erhebliche berufliche Nachteile in Kauf. Eine frauenpolitisch ausgerichtete Familienpolitik könnte nun auch diesen praktischen Benachteiligungen aktiv entgegenwirken, etwa durch Übernahme der meisten Familienfunktionen durch den Staat (Baby- und Kleinkinderbetreuung, Kochen, Waschen, Reinigen). Dies würde aber letztlich die Reduzierung der Familie auf ihre biologische Funktion bedeuten, in letzter Konsequenz die Abschaffung oder jedenfalls Minimierung von Familie. Das kann aber nicht Ziel der Familienpolitik sein und stimmt auch nicht mit den Wünschen und Lebensentwürfen der Bürger überein. Insofern bleibt zwischen frauen- und familienpolitischen Zielsetzungen stets eine gewisse Spannung.

Aktive Kinderpolitik wiederum bedeutet, die Rechte von Kindern auch gegenüber ihren Eltern zu stärken, etwa durch ein Züchtigungsverbot. Auch damit dringt der Staat weit in das Innere der Familie ein, um den noch unmündigen Kindern - etwa durch sozialpädagogische Maßnahmen oder psychologische Betreuung - Stimme zu verleihen. Spektakulär wird die Frontstellung zwischen Kindern und Eltern in Fällen - vermuteten oder tatsächlichen - sexuellen Missbrauchs. Das Recht auf sexuelle Selbstbestimmung aller Familienmitglieder zu realisieren, kann im Einzelfall bedeuten, mit rechtlichen und/oder sozialpädagogischen Maßnahmen massiv ins Innere der Familie einzugreifen, sie im Extremfall sogar zu zerstören.

Nur wenige Maßnahmen der Familienpolitik sind bisher konsequent aus der Perspektive der Kinder heraus gestaltet worden. Fast alle Fördermaßnahmen der Familienpolitik kommen jedoch den Eltern, nicht den Kindern zugute. Diesen werden alle' finanziellen Unterstützungen wie Kinder- und Erziehungsgeld ausgezahlt, selbst wenn das Kind volljährig geworden ist. Der Zehnte Kinder- und Jugendbericht (1998, S. 297)) formuliert drastisch: „Kinder und die Bedingungen ihres Aufwachsens sind nicht einer der zentralen Lebensbereiche der Gesellschaft". Kinderinteressen werden oftmals vergessen oder übergangen, nicht zuletzt, weil Kinder politisch keine Stimme, kein Wahlrecht haben. Daher ist eine größere Kinderzentriertheit der Familienpolitik eine nach wie vor uneingelöste Forderung und ein Maßstab, an dem Reformen gemessen werden dürfen.

Familienpolitik kann nicht nur anhand ihrer vornehmlichen Zielsetzung klassifiziert werden, sondern auch durch die jeweils eingesetzten Mittel. So wird etwa eine „ökonomische", „ökologische" und „rechtliche" Interventionsform der Familienpolitik unterschieden, wobei „ökonomisch" vor allem Maßnahmen des Familienlastenausgleichs bezeichnet, „ökologisch" familienunterstützende Infrastruktur, v.a. Kinderbetreuung. Je nach Mischungsgrad dieser beiden Interventionsformen lassen sich unterschiedliche Familienpolitikprofile unterscheiden (Strohmeier 1995, S. 22), die allerdings vor allem auf den Gegensatz Alleinernährer-Familie versus Doppelverdiener-Familie abstellen und insofern einseitig sind.

Der Überblick über mögliche Grundmuster familienpolitischen Handelns hat deutlich die Ambivalenz und Tragweite von Wertentscheidungen gezeigt. Ein vielfältiges, im historischen Verlauf entstandenes und immer wieder sich wandelndes Feld wie die Familienpolitik, in all ihrer Unübersichtlichkeit und Inkonsequenz, erweist sich so als eines der vielen „dicken Bretter", die zu durchbohren nach Max Weber Aufgabe der Politik ist. Die oben geschilderten Grundorientierungen von Familienpolitik können dabei als Maßstab dienen, um Schwerpunktsetzungen einzuordnen und Richtungsentscheidungen transparent zu machen.

Welches dieser familienpolitischen Leitbilder liegt nun der Familienpolitik in der Bundesrepublik Deutschland zugrunde? Hierbei muss man zunächst zwei getrennte Entwicklungen im geteilten Deutschland betrachten.

In der DDR stand die Familienpolitik auf einer klassischen marxistischen Grundlage und behielt damit eine gewisse Ambivalenz gegenüber der Familie: Einerseits wurde sie im Engels'schen Sinne als „Urzelle" der Gesellschaft angesehen, andererseits als hinderlich für die allein emanzipierend wirkende gesellschaftliche Teilhabe aller Menschen, Männer wie Frauen, an der produktiven Arbeit. Letztere Auffassung prägte die Politik stärker und stellte die möglichst rasche Verwirklichung der Gleichberechtigung der Geschlechter durch durchgängige Teilnahme der Frauen am Produktionsprozess ins Zentrum der Familienpolitik, die deshalb eher als Frauen- oder Arbeitsgesetzgebung in Erscheinung tritt (Gerlach 1996, S. 168).

Sowohl die Verfassung der DDR als auch das 1965 verabschiedete Familiengesetzbuch zeigten die Familie als „Grundkollektiv", das eingebettet in ein Netz anderer gesellschaftlicher Kollektive ist und gemeinsam mit diesen die Kinder sozialisiert. Damit ist die Familie - ebenso wie die Arbeit - ein offener Teilbereich der sozialistischen Gesellschaft und nicht - wie im bürgerlichen Muster - eine Enklave der Privatheit, abgeschirmt gegen Übergriffe des Staates und der Gesellschaft. Familie sollte so zur „sozialistischen Lebensweise" beitragen, wozu unter anderem die Übereinstimmung der objektiven Interessen von Gesellschaft, Individuen und sozialen Gruppen gehören, aber auch grundlegend einheitliche Existenzbedingungen und als Kern die Teilhabe an gesellschaftlich nützlicher Arbeit (Gerlach 1996, S. 169-171).

In der BRD hingegen kann von einem einheitlichen Leitbild der Familienpolitik nicht ohne weiteres die Rede sein. Schon im Überblick über die Geschichte der Familienpolitik in Westdeutschland sind deutliche Leitbildverschiebungen deutlich geworden. Ausgehend von den Persönlichkeiten, welche die Familienpolitik der Nachkriegszeit geprägt haben, herrschte zunächst ein konservativ und katholisch geprägtes Familienleitbild vor, das sich am bürgerlichen Familienmodell orientierte, aber darüber hinaus eine starke ethische Fundierung im Christentum besaß. Deutlich wird dies an den engen Grenzsetzungen gegenüber der Scheidung und dem Verbot der Abtreibung. Die Gründung des Familienministeriums 1953 war geradezu eine Referenz an den deutschen Episkopat, nachdem dieser bei den vorangegangenen Wahlen die Adenauer-Regierung unterstützt hatte (Gerlach 1996, S. 186). Männer kommen in der Familienpolitik der 50er Jahre nur als „Ernährer der Familie" und als „Familienoberhaupt" vor (Behning 1996).

Aber auch die Regierungswechsel zu SPD-geführten Koalitionen haben nicht den Umschwung zu einem einheitlichen, auf egalitäre Rollenteilung aufgebauten Familienleitbild gebracht. Vielmehr wirkten die unterschiedlichen Unterstützungssysteme für Familien eher auf ein Phasenmodell weiblicher Berufstätigkeit hin. Kernbegriff des westdeutschen familienpolitischen Leitbildes ist die Wahlfreiheit zwischen verschiedenen Lebensformen, mit und ohne Kinder, mit und ohne Erwerbstätigkeit, mit und ohne festen Partner, wobei keine dieser Lebensformen staatlich bevorzugt werden soll. Einem solchen offenen Modell steht jedoch die Verfassungswirklichkeit entgegen, die diese eindeutige Normentscheidung zugunsten von

Ehe und Familie zeigt. Daraus entsteht ein Spannungsverhältnis, das heutige Familienpolitik in Deutschland prägt.

Der Wandel des Familienleitbildes in der Bundesrepublik Deutschland lässt sich besonders deutlich an den Familienberichten ablesen. Durch einen Beschluss des Bundestages im Jahre 1965 wurden regelmäßige, seit dem zweiten Familienbericht von einem unabhängigen wissenschaftlichen Gremium erarbeitete Familienberichte institutionalisiert, um die Familienpolitik auf gesellschaftliche Problemlagen auszurichten und der sich wandelnden Familienwirklichkeit gerecht zu werden. Zu den wissenschaftlichen Gutachten gibt die Bundesregierung jeweils eine Stellungnahme ab. Dem ersten, noch im Ministerium erarbeiteten Familienbericht aus dem Jahre 1968 liegt eine enge Definition von Familie zugrunde: „Grundsätzlich wird (...) unter Familie eine Gruppe verstanden, in der ein Ehepaar mit seinen Kindern zusammenlebt."(Erster Familienbericht 1968, S. 7) Leitbilder des sozialen Geschlechts sind klar formuliert: dem Mann kommt Dominanz im Bereich von Beruf und Ernährerrolle zu, der Frau auf Grund ihrer Sorge für die Familie und die Erziehung der Kinder (Behning 1996). Im zweiten Familienbericht wurde diese Definition für nicht verheiratete Eltern sowie Adoptivelternschaften geöffnet, politisch wurde die Zersplitterung familienpolitischer Zuständigkeiten und die einseitig monetär ausgerichtete Familienpolitik auf Bundesebene kritisiert, während Sozialisationserfordernisse von Kindern politisch zu wenig Berücksichtigung fänden (Zweiter Familienbericht 1975). Neben die Verwandtschaftsfamilie tritt definitorisch erstmals die Wohngemeinschaft/Kommune als alternative Lebensform (Behning 1996). Rollenkonflikte für Frauen und Männer bei der Verteilung von Berufs- und Familienarbeit wurden deutlich thematisiert und eine egalitäre Rollenteilung nahegelegt. Dieser Familienbericht traf auf deutliche Kritik im konservativen Lager, ja wurde geradezu als ein „Dokument der Kulturrevolution" bezeichnet (Wingen 1993, S. 34).

Erst der dritte Familienbericht von 1979 formulierte wertorientierte Leitziele bundesdeutscher Familienpolitik: 1. Freie Entscheidung über die Familiengröße ist ein Grundrecht, die Aufgabe der Politik lediglich, Rahmenbedingungen für die Erfüllung von Kinderwünschen bereit zu stellen, d.h. eine Absage an aktive Bevölkerungspolitik. 2. Recht der Eltern zur Mitwirkung an Entscheidungen über den Bildungsweg der Kinder. 3. Recht der Frau auf Wahl zwischen Beruf, öffentlichem Leben oder Hausfrauenleben und Kombinationen daraus. 4. Familienpolitik hat sich um bedarfsorientierte Sicherung des Lebensniveaus der Familien zu bemühen. 5. Die Gesellschaft darf in ihrem eigenen Interesse Menschen ermutigen, ihre Kinderwünsche zu realisieren (Dritter Familienbericht 1979). Der Familienbegriff wurde jedoch wieder enger gefasst und schloss Kommunen und Wohngemeinschaften aus. Nach dem vierten Bericht zur Situation der älteren Menschen in der Familie betont der fünfte und erste gesamtdeutsche Bericht die Leistungen der Familie für die Erhaltung und Sicherung des Humanvermögens der Gesellschaft. Der Familienbegriff dieses Berichts ist deshalb nicht an der normativ gesicherten Institution Familie orientiert, sondern an ihren Funktionen: „die Bundesregierung geht (...) von einem Familienverständnis aus, das sich an der Lebenswirklichkeit mit unterschiedlichen Familienformen orientiert, (sie) sieht (...) eine besondere Verpflichtung, diejenigen Lebensformen zu schützen und zu fördern, die nicht nur für die Beteiligten selbst, sondern auch für die Gesellschaft wichtige und notwendige Leistungen erbringen (Fünfter Familienbericht 1995, S. III/IV).

> Im direkten Vergleich der familienpolitischen Leitbilder von DDR und BRD wird deutlich, dass die Erziehungsautonomie der Eltern und die Privatheit der Familie in der DDR eine geringere Rolle spielten, während die institutionelle und funktionale Bedeutung von Ehe und Familie als elementarer Bausteine für Staat und Gesellschaft und ihre grundsätzliche Förderungswürdigkeit in beiden deutschen Staaten gleichermaßen anerkannt wurden (Leitsätze und Empfehlungen ... 1991). Explizit bevölkerungspolitische Zielsetzungen verfolgt die bundesdeutsche Familienpolitik nicht. Dagegen lassen sich sowohl institutionenorientierte als auch familienmitgliederorientierte Ansätze ausmachen, in je nach politischer Konstellation wechselnden Zusammensetzungen

Die nachfolgende Übersicht zeigt, wie die unterschiedlichen Ziele von Familienpolitik in der Bundesrepublik Deutschland durch unterschiedliche familienpolitische Mittel verwirklicht werden:

Abb. 3: Das Ziel-/Mittelsystem der Familienpolitik in der Bundesrepublik
Abbildung aus: Lampert 1986, S. 17.

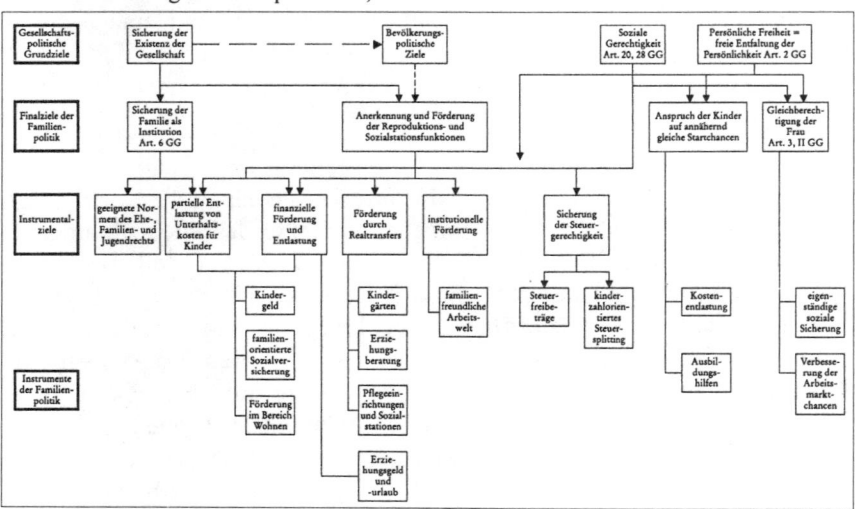

Familienpolitik kann also nicht unabhängig von familienpolitischen Leitbildern gedacht werden. Eine andere mögliche Definition betont deshalb den potentiell normenbildenden Charakter der Familienpolitik. Der Begriff

48

Familienpolitik bezeichne „öffentliche Aktivitäten, Maßnahmen und Einrichtungen, um zu versuchen, familiale Leistungen, die explizit oder implizit erbracht werden sollen, anzuerkennen, zu fördern, zu ergänzen, somit zu beeinflussen oder durchzusetzen, wobei - unter Bezug auf gesellschaftspolitische Ordnungsvorstellungen - gleichzeitig umschrieben wird, welche Sozialformen als Familie gelten sollen."(Lüscher 1988, S. 28.) So definiert, ist Familienpolitik ein Instrumentarium zur Erzeugung eines Familienleitbildes.

3. Rechtliche Grundlagen der Familienpolitik

3.1 Familienpolitik als Verfassungsauftrag

Das Familienrecht und seine Beziehungen zu Familienpolitik und Familiensoziologie sind Stoff genug für ein eigenes Einführungsbuch (vergleiche etwa Barabas/Erler 1994). Das Familienrecht ist auch der zur Entstehungszeit des BGB umstrittenste und seither am meisten veränderte Teil des Bürgerlichen Rechts. Familienrecht spiegelt die Veränderungen der Lebensform Familie, eilt ihnen voraus oder hinkt ihnen hinterher (Fünfter Familienbericht 1995, S. 89). An dieser Stelle soll zum einen ein Überblick über alle für die Gestaltung von Familienpolitik relevanten Aspekte des Familienrechts gegeben werden, zum anderen und vor allem soll das Wechselspiel von rechtlicher und politischer Gestaltung der Lebensbedingungen von Familien analysiert werden.

Alle Familienpolitik des Staates beruht auf einer expliziten Grundlage, dem Artikel 6 des Grundgesetzes:

Grundgesetz für die Bundesrepublik Deutschland:

Artikel 6

(1) Ehe und Familie stehen unter dem besonderen Schutze der staatlichen Ordnung.

(2) Pflege und Erziehung der Kinder sind das natürliche Recht der Eltern und die zuvörderst ihnen obliegende Pflicht. Über ihre Betätigung wacht die staatliche Gemeinschaft.

(3) Gegen den Willen der Erziehungsberechtigten dürften Kinder nur auf Grund eines Gesetzes von der Familie getrennt werden, wenn die Erziehungsberechtigten versagen oder wenn die Kinder aus anderen Gründen zu verwahrlosen drohen.

(4) Jede Mutter hat Anspruch auf den Schutz und die Fürsorge der Gemeinschaft.

(5) Den unehelichen Kindern sind durch die Gesetzgebung die gleichen Bedingungen für ihre leibliche und seelische Entwicklung und ihre Stellung in der Gesellschaft zu schaffen wie den ehelichen Kindern.

> *Artikel 7*
>
> (1) Das gesamte Schulwesen steht unter der Aufsicht des Staates.
>
> (...)

Mit dieser ausführlichen und konkreten Nennung im Grundrechtekatalog ruht die Familienpolitik auf einer sehr stabilen Grundlage, verglichen etwa mit der Sozialpolitik, die sich nur wesentlich allgemeiner aus dem Sozialstaatsgebot in Artikel 20 („Die Bundesrepublik Deutschland ist ein demokratischer und sozialer Bundesstaat.") herleitet.

Als klassisches Grundrecht schützt Art. 6 Abs. 1 GG die Privatsphäre von Ehe und Familie vor störenden und schädigenden Eingriffen des Staates. Die Verfassungsnorm gewährt dem Einzelnen ein Abwehrrecht gegen Maßnahmen des Legislative und Exekutive, die sich gegen den Bestand von Ehe und Familie richten. Art. 6 GG enthält gleichzeitig für Ehe und Familie eine Instituts- oder Einrichtungsgarantie. Und schließlich handelt es sich bei Art. 6 Abs. 1 GG um eine Grundsatznorm, d.h. eine verbindliche Wertentscheidung, aus der sich für den Staat die Pflicht ergibt, Ehe und Familie vor Benachteiligungen zu schützen und positiv zu fördern (Schlüter 1998, S. 3-5).

Drei Funktionen von Art. 6, Abs. 1 Grundgesetz

- Abwehr- bzw. Freiheitsrecht: Der Staat darf nicht in die Privatsphäre Ehe und Familie eingreifen, er darf sie nicht gegenüber anderen Lebensformen diskriminieren.

- Institutsgarantie: Der Staat darf Ehe und Familie nicht abschaffen, sondern muss ihren Bestand rechtlich absichern.

- wertentscheidende Grundsatznorm: Der Staat muss Ehe und Familie fördern.

(Münch 1990, S. 21, Textor 1991, S. 46)

Das Grundgesetz gibt damit der Familie als autonomer Institution alle Rechte, ihre Aufgaben in eigener Verantwortung zu erfüllen. In wieweit sich daraus jedoch konkrete Anforderungen an die Gestaltung der Familienpolitik ergeben, ist höchst umstritten und wird in der Rechtsprechung des Bundesverfassungsgerichts ständig weiter entwickelt. Ein Förderauftrag des Staates für die Familie lässt sich aus dem Grundgesetz ebenso unstreitig ableiten wie der Grundsatz des Verbots der Schlechterbehandlung der Ehe. Dagegen ist über die Form der Umsetzung dieser Grundsätze nichts gesagt.

Schon der Begriff der Ehe selbst wird durch diese Verfassungsnorm nicht eingegrenzt. Roman Herzog, langjähriger Präsident des Bundesverfassungsgerichts, hielt für Kernelemente die Einehe, das Prinzip der freien Partnerwahl und die Verschiedengeschlechtlichkeit der Partner (Herzog 1993, S. 54). In den Diskussionen der Ausschüsse des Parlamentarischen

Rats 1948/49 wurde noch intensiv diskutiert, ob die Ehe als rechtmäßige Grundlage der Familie und damit in erster Linie die auf Ehe gegründete Familie geschützt werden sollte. Am umstrittensten war jedoch die Stellung der unehelichen Kinder (Gerlach 1996, S. 95-99).

Dagegen war in der DDR das Verhältnis von Staat und Familie grundlegend anders definiert. Deren Grundinteressen sollten theoretisch übereinstimmen; faktisch bedeutete dies die Unterordnung der Familie unter gesellschaftliche Interessen. So gab das Familiengesetzbuch der DDR als Erziehungsziel vor, die Kinder „zu gesunden und lebensfrohen, tüchtigen und allseitig gebildeten Menschen, zu aktiven Erbauern der sozialistischen Gesellschaft zu erziehen", zu „sozialistischen Persönlichkeiten" und „zu staatsbewussten Bürgern" (Schneider 1994, S. 60-62).

Die Konkretisierung des Verfassungsauftrags ist im Prinzip Aufgabe des Gesetzgebers, also der Regierung und ihrer Organe sowie des Parlaments. Aber auch die Judikative, und zwar insbesondere das Bundesverfassungsgericht - zusammen mit den anderen höchsten Gerichten - übt einen erheblichen Einfluss auf die Gesellschafts-, Wirtschafts- und Sozialordnung aus. Dies ist in der Familienpolitik besonders auffällig. Man kann sogar behaupten, „dass die Familienpolitik in der Bundesrepublik grundlegende Impulse nicht von dem Organ erhielt, das für Familienpolitik in erster Linie zuständig ist (d.h. vom Familienministerium, C.D.), sondern vom höchsten deutschen Gericht." (Lampert 1994, S. 44) Besonders die Familienurteile des Bundesverfassungsgerichts von 1992, 1998 und 2001 haben die Diskussion über die Rolle des Bundesverfassungsgerichts im politischen System Deutschlands wieder belebt (Gerlach 2000, S. 21).

Gleich der Beginn der offiziellen bundesrepublikanischen Familienpolitik, die Einführung des Kindergelds, wurde von einem Urteil des Bundesverfassungsgerichts begleitet. Gegen die Zahlung von Kindergeld seit 1954 war seitens der Arbeitgeber geklagt worden, weil sie diese Leistung mitfinanzieren sollten. Das Bundesverfassungsgericht entschied jedoch in der sogenannten Familienlastenausgleichsentscheidung 1960, es liege im Ermessen des Gesetzgebers, die Familien durch Steuerbegünstigungen oder durch die Zahlung von Kindergeld zu entlasten und dafür auch die Arbeitgeber heranzuziehen. Allerdings wies das Gericht darauf hin, dass eine Steuerfinanzierung des Kindergelds gerechter wäre. Tatsächlich wurde die Finanzierung des Kindergelds daraufhin umgestaltet, und seit 1961 ist diese Leistung steuerfinanziert (Gerlach 2000, Lampert 1994, S. 45f., zu historischen Aspekten Moeller 1997, die juristische Perspektive ausführlich bei Pechstein 1994).

Auch die andere große familienpolitische Maßnahme im Rahmen des Familienlastenausgleichs, das Ehegattensplitting, geht auf eine Entscheidung des Bundesverfassungsgerichts zurück. Dieses entschied 1957, die gemeinsame Veranlagung der Ehegatten, d.h. die Addierung ihrer beiden Einkommen mit darauf folgender höherer Besteuerung, sei verfassungswidrig, weil sie

Ehegatten gegenüber unverheiratet zusammenlebenden und getrennt veranlagten Partnern benachteilige. Daraufhin wurde das noch heute gültige Ehegattensplitting eingeführt (Lampert 1994, S. 46f., siehe dazu detailliert im Kapitel 4).

Seit 1990 hat sich das Bundesverfassungsgericht wiederholt als treibende Kraft in der Weiterentwicklung der Familienpolitik erwiesen. In seinen beiden Entscheidungen von 1990 zur Freistellung der sozial-kulturellen Mindestaufwendungen für Kinder (in Orientierung an den Bedarfssätzen der Sozialhilfe) von der Einkommensbesteuerung bei den Eltern hat es den Weg für den Ausbau des Familienlastenausgleichs gewiesen, der die Familienpolitik der 90er Jahre kennzeichnete. Allerdings galten diese Urteile nur der Verwirklichung von Steuergerechtigkeit (Wingen 1993, S. 68).

Mindestens ebenso einflussreich war die Entscheidung vom 7.7.1992 zu den Verfassungsbeschwerden von zwei älteren Müttern, die eine „leistungsgerechte" Berücksichtigung der Kindererziehung in ihrer Rentenversicherung verlangt hatten. Zwar wurden die Kläger im Blick auf die Vergangenheit abgewiesen, aber das oberste Gericht mahnt mit Nachdruck beim Gesetzgeber an, die wirtschaftliche Benachteiligung von Familien bei jedem Reformschritt weiter abzubauen.

Zeitweilig konnte der Eindruck entstehen, als ob die dritte Gewalt ein mindestens ebenso großes Gewicht für die Fortentwicklung der Familienpolitik erhalten hat wie die politischen Entscheidungsträger in den Parlamenten, es wurde sogar schon von einer „Familienpolitik durch das Bundesverfassungsgericht" gesprochen (Wingen 1993). Das ist vor allem deshalb möglich geworden, weil das Feld Familie politisch nicht offensiv besetzt worden war, während gleichzeitig die demographische Veränderung und das Erleben von Menschen Familie zu einer gefährdeten Lebensform machten. Trotzdem haben die Entscheidungen des Bundesverfassungsgerichts keine Revolution in der Familienpolitik auslösen können. Roman Herzog verglich die gesamte Sozialversicherung einmal mit einem großen Tanker, bei dem man nicht einfach auf die Bremse treten oder umsteuern kann. Vielmehr müsse man einen riesigen Umweg, einen Bogen steuern, um den Kurs zu ändern. Folglich wurde die Rechtsprechung des Bundesverfassungsgerichts von dem Auftrag begleitet, bei der Weiterentwicklung der Sozialsysteme schrittweise die Gleichbelastung von Familien zu berücksichtigen (Herzog 1993, S. 57-59). Die ausgesprochen familienfreundliche Rechtsprechung des Bundesverfassungsgerichts setzte sich ungebrochen fort. Im Jahr 1998 traf das Höchste Gericht eine finanzpolitisch ausgesprochen weitreichende Entscheidung, indem es feststellte, das Existenzminimum von Kindern müsse von der Einkommensteuer freigestellt werden. Zu dem Existenzminimum von Kindern zähle nicht nur der Unterhalt, sondern auch der Betreuungs- und Erziehungsbedarf. Und schließlich wurde 2001 auch die Pflegeversicherung auf eine familienpolitische Ausrichtung verpflichtet.

Das Bundesverfassungsgericht und die Familienpolitik

1957 Individuelle Besteuerung von Ehegatten ist verfassungswidrig und widerspricht dem sich aus Art. 3 Abs. 1 GG ergebenden Grundsatz der Steuergerechtigkeit

1960 Familienlastenausgleichsentscheidung: Der Bund darf Kindergeld zahlen, weil es anderen Sozialversicherungsleistungen gleich zu stellen ist (Art. 74, Nr. 12 GG)

1982 „Halbfamilienurteil": Die verminderte steuerliche Leistungsfähigkeit Alleinerziehender muss berücksichtigt werden.

1990 Das Existenzminimum muss steuerfrei bleiben. Steuerfreistellung des Mindestunterhalts von Kindern (über Freibeträge oder über Kindergeld) hat nichts mit Familienförderung zu tun.

1992 „Mütterurteil" oder „Trümmerfrauenurteil": Die „generativen Beiträge" zur Rentenversicherung sind ebenso bedeutsam wie die monetären und müssen entsprechend berücksichtigt werden. Dieser „Fehler" im System sozialer Sicherung ist nach und nach zu beseitigen.

1998 Auch der 1996 zum Optionsmodell veränderte Familienlastenausgleich sichert nicht einmal die horizontale Steuergerechtigkeit. Notwendig ist die vollständige Freistellung des Existenzminimums von Kindern von der Steuer, mindestens in Höhe des Sozialhilfeniveaus. Ab 2000 muss auch der Betreuungsbedarf von Kindern steuerfrei gestellt werden. Ab 2002 ist zusätzlich der besondere Betreuungsbedarf von Kindern steuerfrei zu stellen.

2001 Es ist verfassungswidrig, dass Mitglieder der Pflegeversicherung, die Kinder betreuen und erziehen und damit neben dem Geldbeitrag einen generativen Beitrag zur Funktionsfähigkeit eines umlagefinanzierten Sozialversicherungssystems leisten, mit einem gleich hohen Pflegeversicherungsbeitrag wie Mitglieder ohne Kinder belastet werden

Die Urteile des Bundesverfassungsgerichts haben der Familienpolitik starke, aber einseitige Impulse gegeben, weil sie sich vorrangig mit den Einkommensverhältnissen von Familien befasst haben, nicht aber mit den Rahmenbedingungen des Familienlebens, etwa der Verfügbarkeit von Kinderbetreuung oder familiengerechtem Wohnraum. Der Familienlastenausgleich wurde seit 1992 ganz erheblich ausgebaut. Dies bedeutete jedoch auch eine Einengung finanzieller Spielräume in allen anderen Bereichen der Familienpolitik. Letztlich wurde durch diese Rechtsprechung des Bundesverfassungsgerichts Familienpolitik stark eingeengt auf Steuergerechtigkeit und monetäre Transfers, während strukturelle Maßnahmen aus dem Blickfeld der Tagespolitik gerieten.

3.2 Ehe und Familie im Recht

Der oben zitierte Grundsatz stellt Ehe und Familie in eine Reihe und unter besonderen Schutz. Wie sich dabei Ehe und Familie zueinander verhalten, ist Gegenstand ausführlicher Debatten gewesen, schon bei der Schaffung des Grundgesetzes 1949 und anschließend bei seiner immer neuen Auslegung. Die Formulierung macht klar, dass keine Gleichsetzung von Ehe und Familie beabsichtigt ist, wohl aber eine Privilegierung der Lebensform Ehe gegenüber anderen Formen des Zusammenlebens Erwachsener. Dagegen stehen Familien aller Art und Zusammensetzung gleichfalls unter dem Schutz der Gemeinschaft. Müttern wird darüber hinaus noch die Fürsorge der Gemeinschaft zugesagt.

In seiner ständigen Rechtsprechung hat das Bundesverfassungsgericht die Bedeutung der Festlegungen im Grundgesetz immer wieder konkretisiert: Familie sei die Gemeinschaft der Eltern mit ihren Kindern, nicht die ausgedehnte Groß- und Mehrgenerationenfamilie. Zu den Kindern sollen auch Stief-, Adoptiv-, Pflegekinder und auch nichteheliche Kinder gehören. Ehe ist keine Voraussetzung für Familie, ebenso wenig Blutsverwandtschaft. Die Öffnung des Familienbegriffs macht aber die verfassungsmäßig gebotene Förderung der Familie nicht leichter (Gerlach 1996, S. 99-104).

Grundlage des Ehe- und Familienrechts ist das - inzwischen vielfach reformierte - Bürgerliche Gesetzbuch (BGB), das am 1. Januar 1900 in Kraft trat und in seinem 4. Buch das Recht der Familie regelte. Es ist seinem Wesen nach ein liberales Recht, das insbesondere die Eigentumsbeziehungen zwischen den Bürgern in möglichst transparenter Weise regelt. So ist auch die Ehekonstruktion des BGB sehr stark auf die Klärung wirtschaftlicher Fragen konzentriert - in 34 Paragraphen (§1.297-1.362) werden die allgemeinen Rechtsfolgen der Ehe geregelt, dagegen in 144 Paragraphen (§1.363-1.563) das eheliche Güterrecht. Die Ehescheidung wird knapp in §1.564-1.568 behandelt, während Unterhaltsregelungen wiederum 41 Paragraphen einnehmen (§1.569-1.588). Familienpolitisch ist entscheidend, dass durch das Eherecht die Ehe vor allen anderen Formen des Zusammenlebens deutlich privilegiert wird, sie ist institutionell abgesichert, weil von ihr besondere Leistungen für die Gesellschaft erhofft werden. Andere Formen des Zusammenlebens von Erwachsenen sind dem gegenüber in einer rechtlich deutlich minderwertigen Position.

Das im BGB kodifizierte Eherecht blieb erstaunlich lange resistent gegenüber den rasanten gesellschaftlichen Veränderungen in Ehe und Familie (Schäfers 1995, S. 121). Die erste vorsichtige Änderung erfolgte nur unter Zwang und deutlich verspätet im Jahre 1957, weil schon im Jahre 1953 die im Grundgesetz vorgesehene Frist abgelaufen war, alles überkommene Recht dem Art. 3 Abs. 2 des Grundgesetzes anzupassen: „Männer und Frauen sind gleichberechtigt." In der Folge haben fast 20 Bundesgesetze das Familienrecht immer wieder umgestaltet. Dies spiegelt die bereits geschilderten tiefgreifenden Änderungen der Familienrealität in den letzten 50 Jahren (Schwab 1993, S. 63-65). Die Veränderungen der Lebensform Familie haben das Leitbild von Familie, das dem Familienrecht und der Familienpolitik zugrunde liegt, vor allem in drei Bereichen stark verändert.

Familienleitbild in Deutschland (nach Lampert 1996, S. 15)

Familie beruht auf einer am Gleichberechtigungsgrundsatz orientierten partnerschaftlichen Ehe oder nichtehelichen Partnerschaft. Mann und Frau teilen sich nach ihrer gemeinsam getroffenen Entscheidung Erwerbs- und Familientätigkeit. Kinder sind als Partner in die Familie integriert.

Die Familienrechtsreformen seit dem Zweiten Weltkrieg spiegeln deutlich dieses veränderte Familienleitbild. Mit der deutschen Wiedervereinigung entbrannte eine intensive Diskussion um die Formulierung der Art. 3 (Gleichberechtigung der Geschlechter) und 6 des Grundgesetzes. Art. 3 wurde in der Folge verändert und trägt nunmehr dem Staat die aktive Förderung der Gleichstellung auf. Dagegen waren Umformulierungen des Art. 6, die etwa alle Lebensformen auch außerhalb der Ehe schützen oder die Position der Kinder gegenüber den Eltern aufwerten wollten, zum Scheitern verurteilt. Die Gemeinsame Verfassungskommission konnte keine andere Formulierung finden, die Aussicht auf die Zweidrittelmehrheit hatte (Gerlach 1996, S. 131-134).

Zwar nicht im Grundgesetz, aber im BGB wurde ein wichtiger Schritt zur Gleichstellung auch nichtehelicher Partnerschaften getan: Das Gesetz zur Beendigung der Diskriminierung gleichgeschlechtlicher Gemeinschaften, das sogenannte Lebenspartnerschaftsgesetz (LPartG) vom 16. Februar 2001 trat am 1. August 2001 in Kraft. Es gibt auch gleichgeschlechtlichen Partnerschaften die Möglichkeit, ihre Beziehung lebenslang öffentlich abzusichern. Es enthält zum Teil ähnliche Bestimmungen wie das Eherecht, insbesondere die gegenseitige Verantwortung und Unterhaltspflicht. Eine volle Gleichstellung mit der Ehe ist jedoch nicht angestrebt, indem bewusst der Begriff „Ehe" im Gesetz nicht verwendet wird, die geteilte Verantwortung für Kinder sich auf das sogenannte „kleine Sorgerecht" (Angelegenheiten des alltäglichen Lebens und von geringer Bedeutung) beschränkt und auch erb-, steuer- und rentenrechtlich der Partner gegenüber leiblichen Verwandten schlechter gestellt ist. Dieses Gesetz markiert einen bemerkenswerten Wandel in der rechtlichen Stellung der Familie. Bis vor wenigen Jahren schien es undenkbar, dass die sogenannte „Homo-Ehe" in Deutschland eingeführt werden könnte. Doch ein breiter Meinungsumschwung in der Bevölkerung hat den Weg für dieses sehr progressive Gesetz geebnet - nur weniger als 10 Staaten weltweit erkennen gleichgeschlechtliche Partnerschaften rechtlich an. Ist die Eingetragene Lebenspartnerschaft ein Anschlag auf die Familie? Je nach Familienverständnis wird diese Frage unterschiedlich zu beantworten sein. Die Vielfalt von möglichen Familienformen mit öffentlicher Absicherung bekommt durch das neue Gesetz jedenfalls Zuwachs.

Tab. 1: Übersicht über die wichtigsten Rechtsfolgen von Ehe, nichtehelicher Lebensgemeinschaft und eingetragener Lebensgemeinschaft

	Ehe	nichteheliche Lebensgemeinschaft (heterosexuell)	eingetragene Lebensgemeinschaft (gleichgeschlechtlich)
Rechtliche Grundlage	BGB	keine Grundlage	LPartG
allgemeine Wirkungen	gegenseitige Verantwortung, Begründung eines Verwandtschaftsverhältnisses	keine rechtlichen Verpflichtungen	gegenseitige Verantwortung, Begründung eines Verwandtschaftsverhältnisses
Unterhalt	gegenseitiger Unterhaltsanspruch	Unterhaltsanspruch nur bei Betreuung gemeinsamer Kinder, zeitlich und der Höhe nach begrenzt	gegenseitiger Unterhaltsanspruch
Versicherung	Mitversicherung als Familienangehöriger	nur nach besonderer Vereinbarung	Mitversicherung möglich
Erbrecht	gesetzlicher Erbanspruch (1/2 des Vermögens)	keinerlei gesetzlicher Erbanspruch	gesetzlicher Erbanspruch (1/4 des Vermögens)
Steuerrecht	Ehegattensplitting	keinerlei Begünstigung	begrenzte Steuervorteile
Sorgerecht	gemeinsames Sorgerecht	alleiniges Sorgerecht der Mutter, sofern bei Geburt des Kindes nicht gemeinsames Sorgerecht vereinbart wurde	„kleines" Sorgerecht für den Partner: Mitentscheidung in Angelegenheiten des täglichen Lebens
Rentenrecht	Versorgungsausgleich, d.h. nach einer Scheidung Anspruch auf Anteil an der Altersversorgung des Partners, sofern keine eigenen Ansprüche erworben worden sind, z.B. bei Hausfrauen	keine Ansprüche	keine Ansprüche
sonstiges Sozialrecht	Einbeziehung in die gesetzliche Kranken-, Pflege- und Unfallversicherung, Berücksichtigung von Kindern beim Leistungssatz der Arbeitslosenhilfe	keine Ansprüche aus der Sozialversicherung des anderen Partners; Einkommen des Partners wirkt leistungsmindernd bei Arbeitslosen- und Sozialhilfe	Einbeziehung in die gesetzliche Kranken-, Pflege- und Unfallversicherung, Berücksichtigung von Kindern beim Leistungssatz der Arbeitslosenhilfe

Die rechtliche Privilegierung der Ehe durch das BGB und in der gesamten Sozialgesetzgebung bedeutet für nichteheliche (heterosexuelle) Partnerschaften zugleich eine unvermeidliche Diskriminierung. Die Gleichstellung mit Verheirateten können Unverheiratete nur durch die Eheschließung erlangen. Sind sie zu diesem Schritt der Institutionalisierung ihrer Beziehung nicht bereit, sind ihre rechtlichen Beziehungen zueinander nur wenig gesichert, wie Tabelle 1 zeigt.

Nach diesem Überblick über die Rechtsfolgen der Ehe sollen nachfolgend die wichtigsten rechtlichen Regelungen genauer auf ihre familienpolitischen Konsequenzen hin untersucht werden.

Familienpolitisch wichtige Regelungen zur Ehe im BGB

§ 1.353 (1) Die Ehe wird auf Lebenszeit geschlossen. Die Ehegatten sind einander zur ehelichen Lebensgemeinschaft verpflichtet; sie tragen füreinander Verantwortung.

§ 1.356 (1) Die Ehegatten regeln die Haushaltsführung im gegenseitigen Einvernehmen. Ist die Haushaltsführung einem der Ehegatten überlassen, so leitet dieser den Haushalt in eigener Verantwortung.

(2) Beide Ehegatten sind berechtigt, erwerbstätig zu sein. Bei der Wahl und Ausübung einer Erwerbstätigkeit haben sie auf die Belange des anderen Ehegatten und der Familie die gebotene Rücksicht zu nehmen.

§ 1.360 Die Ehegatten sind einander verpflichtet, durch ihre Arbeit und mit ihrem Vermögen die Familie angemessen zu unterhalten. Ist einem Ehegatten die Haushaltsführung überlassen, so erfüllt er seine Verpflichtung, durch Arbeit zum Unterhalt der Familie beizutragen, in der Regel durch die Führung des Haushalts.

Dass die Ehe nicht als zeitlich begrenzter Vertrag angelegt ist, sondern grundsätzlich auf Lebenszeit (§1.353), macht nicht nur ihre gesellschaftsstabilisierende Wirkung deutlich, sondern dient auch den Kindern, denen damit die Chance zum verlässlichen Aufwachsen mit ihren Eltern gegeben werden soll. Problematisch daran ist freilich, dass diese Norm von der großen Zahl alleinerziehender Eltern nicht eingelöst werden kann, deren Familienform angesichts des BGB geradezu als defizitär erscheint.

Die Verpflichtung zur ehelichen Lebensgemeinschaft hat eher programmatischen Charakter. Sie umfasst die häusliche Gemeinschaft, gegenseitige Achtung, sexuelles Zusammenleben und Treue. Ob es sich dabei um echte Rechtspflichten handelt, ist in der juristischen Literatur umstritten (Barabas/Erler 1994, S. 83). Sie sind zumindest nicht rechtlich erzwingbar. Bis zum Jahre 1997 war Vergewaltigung in der Ehe nicht als solche strafbar, da die Ehegatten einander die „eheliche Pflicht" schulden und so allenfalls Körperverletzung oder Nötigung, aber nicht Vergewaltigung als Delikt in Frage kam. Erst seit Juli 1997 ist im §177 StGB die Beschränkung auf außereheliche Vergewaltigung weggefallen.

Die Verteilung der Familien- und Berufsarbeit (§1.356) war bis zur Reform des BGB noch ganz patriarchalisch geregelt - ohne die Zustimmung des

Mannes konnte die Ehefrau nicht erwerbstätig sein; und sie war zu außerhäusliche Erwerbstätigkeit nur berechtigt, soweit dies mit ihren Pflichten in Ehe und Familie, mithin im Haushalt vereinbar war (Schwab 1993, S. 66f.). Erst mit der Reform des Ehe- und Familienrechts 1976 wurde der Paragraph neu gefasst, um eine partnerschaftliche Rollenverteilung in der Ehe zu befördern. Das Erste Gesetz zur Reform des Ehe- und Familienrechts (1. EheRG) war das wichtigste Reformgesetz der 70er Jahre auf dem Gebiet des Familienrechts und nahm dem Modell der Versorgungsehe („Hausfrauenehe") endgültig seine früher von der Rechtsordnung gestützte dominante Position (Wingen 1993, S. 45f.). Wenig bekannt ist, dass dadurch nicht nur die Frau das Recht zur Erwerbstätigkeit erhielt, sondern beide Ehegatten aufgefordert sind, ihren Beruf mit familiären Belangen in Einklang zu bringen. Im §1.360 scheint jedoch noch die traditionelle Rollenverteilung - zumindest als Option - durch und die Hausfrauentätigkeit wird aufgewertet: Für den Fall, dass nur ein Partner erwerbstätig ist, erfüllt der andere - besser müsste es wohl heißen „die andere" - seine Unterhaltsverpflichtungen durch die Führung des Haushaltes. Eine Pflicht zur beiderseitigen Erwerbstätigkeit besteht also nicht, es sei denn, wirtschaftliche Zwänge würden die Erwerbstätigkeit beider erfordern.

Durch die Reform des Ehe- und Familienrechts 1976 wurde auch die Ehescheidung neu geregelt. Galt es vorher, einen Schuldigen am Scheitern der Ehe zu benennen, der oder die dann durch Entzug des Unterhalts abgestraft wurde, so geht das Eherecht heute grundsätzlich vom Zerrüttungsprinzip aus, d.h. eine Ehe gilt als gescheitert, wenn die Lebensgemeinschaft der Ehegatten nicht mehr besteht und nicht erwartet werden kann, dass die Ehegatten sie wieder herstellen (§1.565). Dies wird belegt durch mindestens einjähriges Getrenntleben, wenn beide Partner der Scheidung zustimmen. Nach dreijähriger Trennung kann die Ehe auf Antrag auch nur eines Partners gegen den Willen des anderen geschieden werden.

Gegenüber der alten Regelung wurde die Scheidung damit erleichtert, insbesondere in den Fällen, wo sich ein Partner der Scheidung widersetzte. Dennoch sind die Hürden relativ hoch und sollen dazu dienen, den Ehegatten Zeit zum Überdenken ihrer Entschlüsse zu geben. Nach der Scheidung haben die Ehepartner nur dann einen Unterhaltsanspruch, wenn dieser aufgrund der Erziehung gemeinsamer Kinder, aufgrund von Bedürftigkeit oder Billigkeit (z.B. im Alter oder nach jahrelanger Pflege des nun geschiedenen Ehepartners) gerechtfertigt erscheint und sie daran gehindert sind, Erwerbstätigkeit auszuüben. In diesen Fällen schuldet der geschiedene Partner seinem Gatten auch nach der Scheidung Unterhalt. Ob die jetzt gültigen Regelungen zur Scheidung tatsächlich die Ehe als „kündbare soziale Beziehung" (Barabas/Erler 1994, S. 83, S. 101) definieren, kann bezweifelt werden. Das BGB definiert die Ehe durchaus nicht wie einen kündbaren privatrechtlichen Vertrag, und die Verfassungsnormen zum Schutz von Ehe und Familie heben dieses Rechtsverhältnis zwischen Mann und Frau auf eine höhere Ebene.

Das Namensrecht bewahrte am längsten patriarchalische Züge; erst durch die Neuregelung von 1993 können Ehegatten frei entscheiden, ob sie einen gemeinsamen Ehenamen (den des Mannes oder den der Frau) führen oder jeder den seinigen behalten möchte. Zuvor war, wenn sich die Verlobten nicht einigen konnte, der Mannesname Ehename und damit Name der Kinder geworden (Schwab 1993, S. 68f.).

Angesichts der vielen Reformen wird sich zukünftig die Frage stellen, ob die Ehe weiterhin das Zentrum des Familienrechts bleiben kann. Die soziale Realität von immer mehr nichtehelichen Partnerschaften wird auch schon in der Rechtsprechung berücksichtigt, etwa im Mietrecht. Auch die rechtliche Regelung der gleichgeschlechtlichen Partnerschaften setzt das Eherecht unter Druck. Nicht die bloße Paarbeziehung braucht den rechtlichen Schutz, sondern die Familie, bei der ein Partner für die Kindererziehung beruflich zurücksteckt und damit auf rechtlich gesicherte Unterstützung des anderen angewiesen ist (Schwab 1993, S. 88). In dem Maße, in dem Erziehungs- und Erwerbsarbeit in Paaren gleichgewichtiger aufgeteilt werden, wird vielleicht auch das Rechtsinstitut der Ehe entbehrlich werden.

3.3 Das Eltern-Kind-Verhältnis im Recht

Das Grundgesetz gibt in Art. 6 Abs. 2 den Eltern gegenüber ihren Kindern und gegenüber dem Staat eine sehr starke Stellung und bezieht sich dabei auf naturrechtliche Vorstellungen. Die Erziehung ist das „natürliche Recht" der Eltern. Sie sind also weder Beauftragte noch Treuhänder des Staates bei der Erziehung ihrer Kinder, dürfen von diesem z.B. nicht durch die Vorgabe von Erziehungszielen gelenkt werden. Der Staat wacht lediglich darüber, ob die Eltern ihrer Erziehungspflicht nachkommen, darf aber nur in Extremfällen eingreifen (Textor 1991, S. 46). Gerade angesichts der Erfahrungen mit der nationalsozialistischen Familienpolitik und der Instrumentalisierung von Kindern und Jugendlichen für ein verbrecherisches Regime sollte der Staat am Zugriff auf die Kinder gehindert werden. In Abs. 2 und 3 wird der Freiheitsraum der Eltern konkretisiert und begrenzt (Schlüter 1998, S. 5). Das Elternrecht, so hat es das Bundesverfassungsgericht später konkretisiert, ist ein Freiheitsrecht im Verhältnis zum Staat, in dessen Mittelpunkt das Kindeswohl steht, das den Eltern in der Regel mehr als jeder anderen Person am Herzen liegt. Nur wenn sie hier versagen, darf der Staat in Ausübung seines Wächteramtes eingreifen. Untrennbar verbunden mit dem Elternrecht ist also die Pflicht der Eltern zur Pflege und Erziehung ihrer Kinder. Damit ist das Eltern-Kind-Verhältnis ausgeprägt familienzentriert gestaltet und wird ansonsten nur durch die staatliche Schulaufsicht und Schulpflicht der Kinder eingeschränkt. Die herausgehobene verfassungsrechtliche Stellung der Eltern macht es familienpolitisch zum Beispiel unmöglich, Kindertagesbetreuung unterhalb des Schulalters oder Ganztags-betreuung nach der Schule verpflichtend für alle Kinder zu gestalten. Möglich wäre allerdings eine Senkung des Einschulungsalters. Alle familienpolitischen Maßnahmen müssen, wenn sie nicht in Gegensatz zur Verfassung geraten wollen, grundsätzlich neutral gegenüber unterschiedlichen Erziehungszielen und Erziehungsstilen von Eltern sein. Beschränkt wird das Elternrecht hier nur durch das Kindeswohl und die Rechte des Kindes, das ja ebenfalls Grundrechtsträger ist.

Die Vereinigung Deutschlands hat familienrechtlich in Ostdeutschland einen deutlichen Einschnitt auch im Hinblick auf das Eltern-Kind-Verhältnis gebracht. In der Verfassung der DDR hat die Familienpolitik im Prinzip eine ähnlich starke Stellung wie in der BRD gehabt. Der erste Satz von Art. 38 lautet dort: „Ehe, Familie und Mutterschaft stehen unter dem besonderen Schutz des Staates." Dieses Recht soll jedoch insbesondere durch die Gleichberechtigung von Mann und Frau verwirklicht werden, wobei die Familie in der Erziehung der Kinder durch den sozialistischen Staat und seine Erziehungs- und Bildungseinrichtungen unterstützt wird (Gerlach 1996, S. 115f.). In der Verfassung findet sich daher nicht die deutliche Vorrangigkeit („zuvörderst") der elterlichen Erziehungspflicht. Durch die Wiedervereinigung wurde das Kinderhaben in Ostdeutschland, das zuvor durch ein normiertes System öffentlicher Kinderbetreuung teilsozialisiert gewesen war, reprivatisiert - auch in finanzieller Hinsicht (Fünfter Familienbericht 1995, S. 93, 95). Manche Familien sind in der Wendezeit durch diese Veränderung finanziell und pädagogisch überfordert worden.

Das Kindschaftsrecht und die elterliche Sorge sind im BGB konkretisiert, insbesondere in güterrechtlichen Fragen mit einiger Ausführlichkeit.

Familienpolitisch wichtige Regelungen im BGB zum Eltern-Kind-Verhältnis

§ 1.601 Verwandte in gerade Linie sind verpflichtet, einander Unterhalt zu gewähren.

§ 1.626 (1) Die Eltern haben die Pflicht und das Recht, für das minderjährige Kind zu sorgen (elterliche Sorge). Die elterliche Sorge umfasst die Sorge für die Person des Kindes (Personensorge) und das Vermögen des Kindes (Vermögenssorge).

(2) Bei der Pflege und Erziehung berücksichtigen die Eltern die wachsende Fähigkeit und das wachsende Bedürfnis des Kindes zu selbstständigem verantwortungsbewusstem Handeln. Sie besprechen mit dem Kind, soweit es nach dessen Entwicklungsstand angezeigt ist, Fragen der elterlichen Sorge und streben Einvernehmen an.

---

§ 1.631 (1) Die Personensorge umfasst insbesondere die Pflicht und das Recht, das Kind zu pflegen, zu erziehen, zu beaufsichtigen und seinen Aufenthalt zu bestimmen.

(2) Kinder haben das Recht auf gewaltfreie Erziehung. Körperliche Bestrafungen, seelische Verletzungen und andere entwürdigende Maßnahmen sind unzulässig.

Das BGB regelt, wer die Eltern eines Kindes sind (§1.591-1.595): Mutter eines Kindes ist immer die Frau, die es geboren hat. Vater ist, wer entweder mit der Mutter zur Zeitpunkt der Geburt verheiratet ist oder die Vaterschaft anerkannt hat oder dessen Vaterschaft gerichtlich festgestellt wurde. Familienpolitisch ist daran vor allem wichtig, dass das Recht des Kindes auf einen Vater und eine Mutter möglichst lückenlos gesichert werden soll. Das BGB regelt auch die Adoption von Kindern, durch die nicht mit den Eltern verwandte Kinder in die vollen Rechte leiblicher Kinder eintreten und jede rechtliche Bindung an ihre biologische Herkunftsfamilie verlieren.

Hinsichtlich des Unterhalts (§1.601ff.) gilt: Verwandte in gerader Linie sind einander unterhaltspflichtig, also nicht nur Eltern den Kindern, sondern auch Kinder den Eltern. Wenn aber die Kinder für ihren eigenen Unterhalt nicht genügend Mittel haben, können sie zum Elternunterhalt nicht herangezogen werden. Umgekehrt aber müssen Eltern, deren Mittel nicht ausreichen, alles mit den Kindern gleichmäßig zu teilen. Dies bedeutet für die Familienpolitik zunächst einmal, dass alle staatlichen Leistungen für Kinder letztlich zusätzlichen Charakter haben, denn sofern das Einkommen der Eltern es zulässt, müssen diese den Unterhalt für ihre Kinder komplett bestreiten, unabhängig davon, ob sie Kindergeld oder zusätzliche Leistungen erhalten oder nicht, und diese Verpflichtung reicht auch über den 18. Geburtstag hinaus. Gerichtsentscheidungen sprechen Kindern in der Regel Unterhaltsansprüche bis zum Abschluss der Berufsausbildung oder bis zum 27. Geburtstag zu. Da also Eltern aus ihrer Unterhaltspflicht nicht heraus können, ist, anders als z.B. die Sozialhilfe, Familienförderung eine Sozialleistung, deren Kürzung oder Streichung nicht unmittelbar materielle Not bei den Kindern verursacht.

Die Elterliche Sorge als Begriff umfasst zum einen die Personensorge, also die Erziehung des Kindes, seine Beaufsichtigung, leibliche und gesundheitliche Pflege, aber auch die Bestimmung seines Aufenthalts und seines Umgangs. Die Vermögenssorge (Vermehrung, Erhaltung und Verwertung des Kindesvermögens) tritt in der Praxis sehr viel seltener in Erscheinung, da nicht viele Kinder über eigenes Vermögen verfügen. Schließlich sind die Eltern in allen Angelegenheiten der Personen- und Vermögenssorge die rechtlichen Vertreter ihrer minderjährigen Kinder und müssen daher z.B. alle Verträge, die ihre Kinder schließen, ob dies nun den Bibliotheksausweis oder den Sportverein betrifft, im Namen ihrer Kinder unterzeichnen. Der Staat darf auch hier auf die Ausübung der elterlichen Sorge keinen Einfluss nehmen, darf Lebensgestaltung und Weltanschauung nicht diktieren und muss also z.B. zulassen, dass Kinder in religiösen Sekten aufwachsen oder vegetarisch ernährt werden. Er kann in Ausübung seines Wächteramtes nur dann eingreifen, wenn die Eltern gröblich gegen das Wohl oder die Menschenwürde des Kindes verstoßen. In diesem Fall kann das Familiengericht den Eltern die elterliche Sorge ganz oder teilweise entziehen (Textor 1991, S. 51f.).

Das Verhältnis zwischen Eltern und Kindern, ähnlich wie das zwischen den Ehegatten, entzieht sich in der Praxis rechtlichen Regelungen. Dennoch ist das Bemühen des Gesetzestextes deutlich, auch hier ein zunehmend partnerschaftliches Verhältnis zwischen Eltern und Kindern als Leitbild darzustellen. Die Sorgerechtsreform von 1980 bildet den Abschluss der familienrechtlichen Reformen der sozialliberalen Koalition. Sie formuliert Leitlinien für die rechtliche Stellung der Kinder, ausgehend vom Spruch des Bundesverfassungsgerichts von 1968, dass eine Verfassung, welche die Würde des Menschen in den Mittelpunkt ihres Wertsystems stellt, bei der Ordnung zwischenmenschlicher Beziehungen grundsätzlich niemandem Rechte an der Person eines anderen einräumen kann, die nicht zugleich die Menschenwürde des anderen respektieren. Damit wird das im Grundgesetz gesicherte Erziehungsrecht der Eltern in seine Schranken gewiesen (Barabas/Erler 1994, S. 145-150). Kern der Reform war der Übergang von der „elterlichen Gewalt" zur „elterlichen Sorge". Das neue Kinder- und Jugendhilfegesetz (KJHG), das 1991 als VIII. Buch des Sozialgesetzbuchs in Kraft trat, hat das Verhältnis zwischen Eltern, Kindern und den Behörden neu und umfassend geregelt. Nach jahrzehntelangem Bemühen wurde so eine gesetzliche Grundlage geschaffen, die über die reine Jugendhilfe im herkömmlichen Sinne hinaus wichtige familienbezogene Leistungsbereiche umfasst. Kinder- und Jugendhilfe kann seitdem auch vorbeugend und begleitend angelegt sein und nicht erst ansetzen, wenn Defizite oder Notlagen eingetreten sind. In §16 wird die allgemeine Förderung der Erziehung in der Familie durch Familienbildung, Familienberatung und Familienerholung zur öffentlichen Aufgabe gemacht (Wingen 1993, S. 58f.). Das KJHG stellt in den Mittelpunkt aller Regelungen das Kindeswohl und verwirklicht insofern konsequent einen kinderzentrierten Ansatz von Familienpolitik. Dieser Ansatz wurde mit der Änderung des §1.631, Abs. 2, BGB vom 1. Juli 2000 nach langer Diskussion im Bundestag fortgeführt: Das Recht auf eine gewaltfreie Erziehung kommt Kindern nunmehr ausdrücklich zu, während die vorherige Fassung des Absatzes lediglich entwürdigende Erziehungsmaßnahmen verbot.

Zwei Bereiche des Eltern-Kind-Verhältnisses haben in den letzten Jahren eine grundsätzliche Veränderung erfahren: die Stellung der Kinder unverheirateter Eltern, und die Beurteilung der Rechte des ungeborenen Kindes. Beide Entwicklungen sollen hier kurz skizziert werden.

Die erhebliche Zunahme von Scheidungen und von Geburten in nichtehelichen Partnerschaften führte zu einer intensiven Diskussion über die Neugestaltung des Sorgerechts im Hinblick auf die Kinder unverheirateter Eltern. Die rechtliche Gleichstellung unehelicher Kinder forderte bereits das Grundgesetz von 1949; sie wurde erst 1969 umgesetzt. Noch bis 1998 erhielten nichteheliche Kinder automatisch einen sogenannten Amtsvormund, der den fehlenden Vater ersetzen sollte und von der Mutter ausdrücklich abbestellt werden musste, wenn sie diese amtliche Einmischung in ihre Familienverhältnisse ablehnte und das alleinige Sorgerecht wollte. Die Amtsvormundschaft ist nunmehr durch die sogenannte Beistandschaft ersetzt, die nur auf Antrag in Kraft tritt und z.B. bei fehlenden Unterhaltszahlungen die Interessen des Kindes gegenüber dem Vater vertreten kann. Im Falle einer Scheidung wurde die elterliche Sorge dem Elternteil zugesprochen, bei dem die Kinder lebten. Der andere Elternteil erhielt ein Besuchsrecht. Die Sorgerechtsreform von 1998 änderte diese Regelung und machte die gemeinsame Sorge beider Eltern, auch wenn diese nicht oder nicht mehr verheiratet sind, zum Regelfall. Im Falle einer nichtehelichen Geburt können die Eltern erklären, dass sie die Sorge gemeinsam übernehmen wollen. Wenn aber die Mutter der gemeinsamen Sorge nicht zustimmt, erhält sie allein die elterliche Sorge. Nach einer Scheidung bleibt die gemeinsame elterliche Sorge beider Partner bestehen, wenn nicht einer der Partner einen Antrag auf alleinige Übertragung des Sorgerechts stellt. Die Eltern sollen die elterliche Sorge in gegenseitigem Einvernehmen zum Wohle des Kindes ausüben. In Angelegenheiten des täglichen Lebens kann jedoch der Elternteil, bei dem das Kind lebt, allein entscheiden (BGB §1.626-1.629).

Vor der Reform wurde im Scheidungsfall die elterliche Sorge zumeist der Mutter zugesprochen, dem Vater verblieb nur sein Besuchsrecht. In mehr als 40 Prozent der Fälle erfolgte in den Jahren nach der Scheidung dann ein totaler Kontaktabbruch zwischen Vater und Kindern. Erste sozialwissenschaftliche Ergebnisse deuten darauf hin, dass die Sorgerechtsreform tatsächlich zu einem verbesserten Kontakt von Scheidungskindern zu dem nicht mit ihnen zusammenlebenden Elternteil geführt hat (Schmitz/Schmidt-Denter 1999). Und natürlich hat sie die Elternschaft unverheirateter Paare erleichtert, weil sie die Möglichkeit bietet, auch ohne Eheschließung gemeinsam Verantwortung für ein Kind zu übernehmen. Familienpolitisch bedeutet die Sorgerechtsreform eine Veränderung des Familienleitbilds im Sinne einer stärkeren Kindorientiertheit, denn sie fragt nicht vorrangig nach den Wünschen der Eltern hinsichtlich der Sorgerechtsgestaltung, sondern versucht den auch in der UN-Kinderrechtscharta festgeschriebenen Anspruch des Kindes auf Umgang mit beiden Elternteilen zu realisieren.

Die Rechtsstellung des ungeborenen Kindes unterlag ebenfalls einem erheblichen Wandel, der maßgeblich durch die Wiedervereinigung Deutschlands ausgelöst wurde. In der Bundesrepublik Deutschland wurde nach langen Diskussionen 1976 ein so genanntes Indikationsmodell eingeführt und die Abtreibung nach medizinischer Beratung und bei Vorliegen einer medizinischen, sozialen, kriminologischen oder eugenischen Indikation straffrei gestellt. In der DDR dagegen war die Abtreibung seit 1972 durch eine uneingeschränkte Fristenregelung freigegeben. Ein erster Kompromissvorschlag von 1992 wurde durch das Bundesverfassungsgericht kassiert und durch das 1995 beschlossene Schwangeren- und Familienhilfeänderungsgesetzt ersetzt. Dadurch bleibt die Abtreibung innerhalb einer knapp bemessenen 12-Wochen-Frist straffrei, wenn die Schwangere eine Beratung nachweisen kann und bescheinigt wird, dass durch die Fortsetzung der Schwangerschaft ihr körperlicher oder seelischer Gesundheitszustand schwerwiegend beeinträchtigt würde.

Durch dieses Gesetz wird jedoch nicht abschließend klar, welche Rechtsstellung dem noch nicht geborenen Kind oder Embryo zukommt. Sowohl die Verfassung als auch das BGB räumen nur dem geborenen Menschen subjektive Rechte ein. Ein Embryo kann nicht Grundrechtsträger sein. Vor der Geburt konstatiert das Bundesverfassungsgericht jedoch eine Schutzpflicht des Staates, dafür zu sorgen, dass der hohe Rang des Rechtsguts werdendes Leben nicht missachtet wird. Und es forderte in seinen Urteilen zur Aufhebung des Kompromissvorschlages von 1992 deshalb auch familienfreundliche Regelungen für die geborenen Kinder und setzte insbesondere das Recht auf einen Kindergartenplatz für alle 3-6-Jährigen fest (Frommel 1993), das jetzt im KJHG als Rechtsanspruch verankert ist.

Nachdem somit die heikle Frage der Abtreibung praktikabel geregelt schien, hat die rasante Entwicklung neuer Reproduktionstechnologien erneut die Diskussion über den Rechtsstatus von Embryos angefacht. Bereits 1990 wurde das Gesetz zum Schutz von Embryonen (Embryonenschutzgesetz - ESchG) beschlossen. Es verbietet die Leihmutterschaft, die Erzeugung und Verwendung von menschlichen Embryonen zu anderen als Fortpflanzungszwecken sowie alle Veränderungen der Keimbahn und das Klonen. Damit ist auch die Erzeugung embryonaler Stammzellen zu Forschungszwecken verboten. Es wird sich zeigen, ob der Druck der Forschungseinrichtungen und die Erfolge von Gen- und Stammzelltherapien hier zu einer rechtlichen Änderung nach dem Beispiel der meisten anderen europäischen Länder führen, in denen der Umgang mit menschlichen Embryonen weniger stark beschränkt wird.

Abschließend soll auch die UN-Konvention über die Rechte des Kindes von 1989 erwähnt werden. Sie ist in engem Zusammenhang mit den allgemeinen Menschenrechtskonventionen zu sehen und betont die Rechtssubjektivität des Kindes und sein Recht auf Entwicklung. Die Artikel lassen sich in vier Gruppen teilen: Survival Rights: gemeint sind damit die Rechte, die das Überleben des Kindes sichern (Nahrung, Wohnung, medizinische Versorgung), Development Rights: die Rechte, welche die Entwicklung des Kindes garantieren (Erziehung, Spielen, Schule, Freiheit des Denkens, des

Gewissens und der Religion), Protection Rights: diese Rechte sollen das Kind vor Ausbeutung, Missbrauch und willkürlicher Trennung von der Familie schützen, Participation Rights: hier sind die Rechte gemeint, die eine freie Meinungsäußerung und Mitsprache in Dingen garantieren, die Kinder betreffen. Die Konvention bestimmt den Familienbegriff ausdrücklich vom Kind her und nicht vom rechtlichen Status aus, der zwischen den Eltern besteht. Ein Kind hat demnach das Recht auf Beziehungen zu beiden Eltern, auf einen Namen und eine Nationalität. Die innerstaatliche Wirkung der Konvention ist umstritten (Fünfter Familienbericht 1995, S. 100). Die UN-Konvention mit ihren 54 Artikeln kann als Messlatte zur Überprüfung der Situation von Kindern dienen. Sie wurde erst 1992 von der Bundesrepublik Deutschland unterzeichnet.

Im Fünften Familienbericht wurde 1995 empfohlen, den gesamten Bereich des Familienrechts neu zu regeln, statt das Stückwerk bisheriger Reformen weiter zu führen. Am dringendsten sei eine Reform des Kindschaftsrechts, die inzwischen auch vollzogen wurde (Fünfter Familienbericht 1995, S. 102f.). Es ist jedoch fraglich, ob die Lebensform Familie eine umfassende und dauerhafte Kodifizierung verträgt. Vielleicht ist sie auch einem so kontinuierlichen Wandel unterworfen, dass das Recht nicht anders kann, als sich in immer neuen, kleinen Schritten der sich verändernden Realität anzupassen.

4. Familienlastenausgleich

4.1 Was kosten Kinder?

Der sogenannte Familienlastenausgleich ist die teuerste und in ihrer Ausgestaltung politisch umstrittenste Maßnahme, mit der Familien in ihrer Haushalts- und Wirtschaftsfunktion unterstützt werden sollen. Der damit verbundene Transfer öffentlicher Mittel an Familien stellt in der öffentlichen Meinung das Kernstück jeder staatlichen Familienpolitik dar (Münch 1990, S. 72) und findet seinen sinnfälligsten Ausdruck im Kindergeld.

Seit einigen Jahren wird der Familienlastenausgleich politisch auch als Familienleistungsausgleich bezeichnet. Dahinter steht die Erkenntnis, dass die Leistungen von Familien für die Gesellschaft weit über die Reproduktion und Erziehung der Kinder hinausgehen, und dass Familienpolitik den Familien nicht nur Ausgleich für die durch Kinder entstehenden Kosten, sondern auch Anerkennung oder sogar Bezahlung für die geleistete Familienarbeit schuldet. Beide Aspekte - der Beitrag der Familie für die gesellschaftlich notwendige Erziehung des Nachwuchses und die dadurch entstehenden Kinderkosten - sollen hier nacheinander betrachtet werden. Dabei wird Familienlastenausgleich als der am weitesten verbreitete Terminus im Sinne eines Oberbegriffs verwendet. Hierzu gehört die familiengerechte Besteuerung, der eigentliche Familienlastenausgleich, d.h. Ausgleich der entstandenen Kinderkosten und schließlich, sofern überhaupt vorhanden, der sogenannte Familienleistungsausgleich als familienpolitischer Kampfbegriff zur Anerkennung der gesellschaftlich wertvollen Leistung von Familien (Schmidt 2000).

Wechselt man von der Mikro- auf die Makroebene, verschwinden in eigentümlicher Weise die Leistungen der Familien. Die täglichen zeitlichen Versorgungs-, Pflege-, Betreuungs- und Erziehungsleistungen der Familien werden in den Volkswirtschaftlichen Gesamtrechnungen nicht als bewertbare produktive Leistung der privaten Haushalte angesehen und deshalb nicht erfasst. Die Leistungen einer Putzfrau oder Erzieherin erhöhen das Bruttoinlandsprodukt, nicht aber die Arbeit einer Hausfrau und Mutter. Ebenso trägt professionelle Hausaufgabenbetreuung scheinbar zur Erhöhung der gesellschaftlichen Produktivität bei, während die nachmittägliche Unterstützung der Eltern als ökonomisch unbeachtlich gilt. Die Bereitstellung, Sicherung und Pflege des Humanvermögens einer Gesellschaft, also der Menschen, wird von Familien als Privatsache kostenlos erbracht (Fünfter Familienbericht 1995, S. 139).

Die „Neue Haushaltsökonomik" versuchte, diese Wertschöpfung der Familien zu quantifizieren und ihr damit einen respektablen Platz im gesellschaftlichen Bewusstsein zu schaffen. Nicht nur die - allgemein unbestrittenen - gesellschaftlichen Leistungen der Familien, sondern auch ihre ökonomischen Leistungen sollten berücksichtigt werden (Krüsselberg u.a. 1986). Makroökonomisch betrachtet, erreicht der Wert der unbezahlten Arbeit in Haushalten ganz erhebliche Höhen. Wenn man annähme, dass z.B. die Haushaltstätigkeiten von einer qualifizierten Hauswirtschafterin erledigt würden, ergeben sich für das frühere Bundesgebiet 1992 Kosten von 897 Mrd. DM (Nettolohn) und 1.912 Mrd. DM (Lohnkosten) (Lampert 1996, S. 31).

Dieser innovative Theorieansatz der 80er Jahre hat weitreichende Folgen für die Gestaltung der Familienpolitik gehabt. Eine erste Folge war die Einführung des Erziehungsgelds 1986. Seit 1992 werden Kindererziehungszeiten in der Rentenversicherung angerechnet. Seit 1998 ist der Gesetzgeber gehalten, auch die Erziehungs- und Betreuungsleistungen der Familien als steuermindernd anzuerkennen. Dies kann man durchaus als praktischen Sieg des Ansatzes der neuen Haushaltsökonomik werten. Ihr wichtigstes Instrument sind Zeitbudget-Studien, um zu ermitteln, in welchem Umfang Individuen und Familien Hausarbeit, d.h. nicht entlohnte produktive Arbeit leisten.

Zeitbudget-Studien haben ergeben, dass vollerwerbstätige Männer durchschnittlich 1:54h täglich für Hausarbeit aufwenden, vollerwerbstätige Frauen sogar 2:56h. Sobald Frauen Kinder haben, erhöht sich dieser Zeitaufwand auf 4,5 bis 6h täglich, während die Erwerbsarbeit meist zeitlich eingeschränkt wird (Fünfter Familienbericht 1995, S. 144). Dieser Zeitaufwand wird gewöhnlich nicht als kostenträchtig erfasst und familienpolitisch nicht ausgeglichen. Dennoch lässt selbst eine überschlägige Rechnung schnell ahnen, welche Versorgungs- und Betreuungskosten die Gesellschaft einspart, weil Familien bereit oder gezwungen sind, diese Leistungen gratis zu erbringen.

Abschätzung des Betreuungsaufwands (Modellrechnung)

Eine Mutter wendet 15 Jahre lang 5 Stunden täglich für Versorgung und Betreuung ihrer Familie auf. Bei einem durchschnittlichen Haushaltshilfen-Entgelt von 8 € summieren sich für diese 27.375 geleisteten Arbeitsstunden 219.000 €.

Für beide Ehepartner zusammen bei Betreuung von zwei Kindern bis zum Alter von 18 Jahren ergibt sich ein Versorgungs- und Betreuungsaufwand von rund 400.000 € (Fünfter Familienbericht 1995, S. 145). Eine andere Schätzung (Lampert 1996, S. 39) geht ebenfalls von 170.000-230.000 € pro Kind aus.

Übliche Schätzungen der Kinderkosten lassen diese Leistungen vollkommen außen vor. Dies ist insoweit gerechtfertigt, als ein Großteil dieser Leistungen von den Individuen so und nicht anders gewünscht ist und auf dem Markt zwar nicht in gleicher Qualität, aber erheblich preisgünstiger zu erwerben wäre. So sind die Produktionskosten für ein hausgemachtes Glas Erdbeerkonfitüre um ein Vielfaches höher als im Supermarkt, allerdings schmeckt sie meist auch besser, und die Herstellung ist mit großer Befriedigung und anderen sozialen Vorteilen wie z.B. dem gemeinschaftlichen Tun und dem häuslichen Lernen der Kinder verbunden. Ebenso wäre durchgängig öffentliche Kinderbetreuung in Wochenheimen preisgünstiger als Betreuung z.B. eines Einzelkindes durch die Mutter, die dafür ihren Beruf aufgibt. Aber Kinder brauchen für ein gesundes Aufwachsen ein gewisses Maß an exklusiver elterlicher Betreuung, um stabile und beziehungsfähige Persönlichkeiten zu werden; ein vollständiger Ersatz der elterlichen Erziehung durch Kinderheime ist also nicht nur nicht verfassungsgemäß, sondern würde auch einen nicht ausgleichbaren Verlust an Qualität des Humankapitals bedeuten. Berechnungen über die private Wertschöpfung der Familien sollen daher nicht nahelegen, möglichst viele dieser Leistungen von der Familie auf den Markt zu verlagern, sondern sie sollen den Familien die notwendige gesellschaftliche Anerkennung für ihre Leistungen sichern.

Darüber hinaus aber gibt es Kosten, die unbestreitbar nur Familien entstehen. Diese Kinderkosten lassen sich in direkte und indirekte (Opportunitäts-) Kosten teilen. Direkte Kosten entstehen für alles, was an Gütern und Dienstleistungen auf dem Markt gekauft werden muss, um ein Kind zu versorgen und zu erziehen, also für seine Ernährung, Kleidung, Unterbringung, Ausbildung und medizinische Versorgung. Indirekte Kosten entstehen Familien dadurch, dass durch das Kinderhaben zumeist auf bestimmte Erwerbsmöglichkeiten verzichtet wird, die Kinderlosen offen stehen (Wingen 1997, S. 166).

Unter Opportunitätskosten versteht man im ökonomischen Sprachgebrauch allgemein Einbußen, die man erleidet, wenn die Entscheidung zugunsten einer Alternative den Verzicht auf andere nutzenstiftende Möglichkeiten erfordert. Ihre Höhe ist durch den Wert bestimmt, der den Alternativen beigemessen wird, auf die verzichtet wird. Dabei kann es sich um materielle und immaterielle Werte (z.B. Muße) handeln. Die häufigste Form von Opportunitätskosten entsteht, wenn einer der Partner, meist die Frau, nach der Geburt von Kindern ihre Erwerbstätigkeit unterbricht. Materiell werden diese Kosten teilweise ausgeglichen (durch Kindergeld, Erziehungsgeld, Ehegattensplitting, u.U. Wohngeld), die immateriellen Kosten (Verlust an sozialer Einbindung und Selbstwertgefühl, Entwertung der beruflichen Qualifikation) kommen dazu. Die monetären Kosten umfassen nicht nur den direkten Verlust an Einkommen während der Zeit der Erwerbsunterbrechung, sondern auch langfristige Einbußen, weil der Durchschnittsverdienst nach der Unterbrechung niedriger liegt als er ohne Unterbrechung gewesen wäre. Durch niedrigere Beitragssätze in der Rentenversicherung ergibt sich als langfristigste Folge ein niedrigeres Niveau der Altersversorgung (Galler 1991).

Kinderkostenberechnungen

Direkte Kosten

– Aufwendungen vor und bei der Geburt
– Versorgungsausgaben
  (Ernährung, Kleidung, Mietanteil, Spielzeug, Gesundheit)
– Bildungsaufwendungen
  (Nachhilfe, Lehrmaterial, Kurse, Reisen)
– Betreuungsaufwendungen
  (Babysitter, Elternbeitrag für Kinderbetreuung)

Indirekte Kosten/Opportunitätskosten

– zeitweiliger Verlust eines Einkommens
– Karrierebremsung und geringerer Verdienst
– Risiko der zeitweiligen Arbeitslosigkeit
– Einbuße bei Rentenansprüchen und anderen lohngebundenen Sozialleistungen

---

Die Berechnung der direkten Kinderkosten kann auf unterschiedliche Weise erfolgen: durch Haushaltsbudgetstudien, bei denen das reale Ausgabeverhalten von Familien untersucht wird oder durch Bezugnahme auf Sozialleistungen, die den Lebensunterhalt von Kindern sichern sollen. Nach unterschiedlichen Studien ergaben sich beim realen Ausgabeverhalten der Haushalte Anfang der 90er Jahre Kosten von 250 bis 500 € je Kind und Monat (Zehnter Kinder- und Jugendbericht 1998, S. 86). Zumindest das Existenzminimum von Kindern lässt sich auch unter Bezugnahme auf die Regelsatzverordnung bei der Hilfe zum Lebensunterhalt ermitteln. Demnach haben Kinder bis 7 Jahre Anspruch auf 151-158 €, zwischen 8 und 14 Jahren auf 178-187 €, von 15 bis 17 Jahren auf 247-259 € (Stand 1.1.2002, aktuelle Zahlen bei bma.de). Das anteilige Wohngeld sowie Einmalzahlungen bei besonderem Bedarf (Einschulung, Konfirmation etc.) müssen jedoch noch hinzu addiert werden. Einen weiteren Anhaltspunkt kann der Unterhaltsvorschuss bieten, der je nach Bundesland und Alter des Kindes zwischen 97 und 151 € beträgt und die Hälfte des Lebensunterhalts von Kindern sichern soll. Mit Blick auf diese Beträge, die ja allenfalls den Mindestbedarf von Kindern absichern, ist jedenfalls klar, dass zum Unterhalt eines Kindes monatlich mindestens 200 €, bei zunehmendem Alter jedoch wahrscheinlich eher um die 250 € notwendig sind. Tatsächlich jedoch wenden Familien mit durchschnittlichem oder höherem Einkommen erheblich mehr für den Unterhalt ihrer Kinder auf. Hierfür lässt sich die Düsseldorfer und Berliner Tabelle zum Kindesunterhalt heranziehen. Sie legt den Barunterhaltsanspruch von Kindern fest. Bei niedrigsten Einkommen und Alter des Kindes unter 6 Jahren liegt dieser bei 188 € monatlich, bei durchschnittlichen Einkommen von 2.500 € im gleichen Alter bereits bei 267 € und bei Einkommen ab 4.400 € und Alter des Kindes von 15-17 Jahren steigt er auf 538 € und mehr (Düsseldorfer und Berliner Tabelle, Stand 1. Januar 2002). Also ist davon auszugehen, dass Eltern mit mittlerem Einkommen deutlich mehr als 250 € pro Monat und Kind aufwenden.

Abschätzung der Kinderkosten (Modellrechnung)

Modellfamilie mit zwei Kindern, Jahreseinkommen der Mutter von 30.000 €

Direkte Kinderkosten:

300 € pro Kind und Monat→300 € x 12 (Monate) x 18 (Jahre) x 2 (Kinder) ≅ *130.000 €*
Alternativberechnung unter Berücksichtigung von Zinserträgen:
Endkapital bei einem monatlichen Sparbetrag von 600 €, einem Zinssatz von jährlich 7% und Laufzeit von 18 Jahren nach Zinseszinstabelle ≅ *230.000 €*

Indirekte Kinderkosten:

6 Jahre Unterbrechung, 10 Jahre Teilzeit 50% = 11 Jahre Gehaltseinbuße
11 x 30.000 € ≅ *330.000 €*
15 Jahre mit 20% gemindertem Einkommen wegen Karriereverzögerung
24.000 € anstelle von 30.000 €, jährliche Einbuße von 6.000 €
15 (Jahre) x 6.000 € ≅ *90.000 €*

Summe ohne Berücksichtigung von Zinserträgen ≅ 550.000 €

Summe unter Berücksichtigung von Zinserträgen≅ 650.000 €

Ergebnis: „Ein Kind kostet ein Haus."

Hiermit sind jedoch nur die direkten Kinderkosten erfasst. Die indirekten Kosten entziehen sich einer genauen Berechnung und können nur geschätzt werden. Wenn die Mutter für jedes Kind drei Jahre lang ihre Erwerbstätigkeit unterbricht, entgehen ihr bei zwei Kindern sechs Jahresgehälter. Wenn sie anschließend 10 Jahre lang nur zu 50 Prozent der regelmäßigen Wochenarbeitszeit arbeitet, kommen weitere 5 Jahresgehälter Einbuße hinzu. Diese Erwerbsunterbrechungen werden sich voraussichtlich auch karrieremindernd auswirken, so dass von einem um z.B. (willkürliche Annahme) um 20 Prozent geminderten Jahreseinkommen für die anschließenden 15 Jahre Berufstätigkeit auszugehen ist.

Und schließlich ist zu bedenken, dass den Eltern durch die monatlich aufzubringenden Kosten auch Kapitalerträge entgehen. Denn wenn sie die selben Summen in Immobilien oder Wertpapiere investiert hätten, statt sie auf ihre Kinder zu verwenden, hätten sie mit ihrem Geld einen erheblichen Wertzuwachs erzielen können.

Diese Berechnung ist nicht mehr als eine grobe Annäherung. Bei niedrigem Einkommen der Familie liegen die Werte niedriger, bei hohem Einkommen der Frau unter Umständen erheblich höher. Eindeutig lässt sich jedenfalls feststellen: Ein Kind zu bekommen, ist für die weitaus meisten Menschen die teuerste einzelne Anschaffung, die sie in ihrem ganzen Leben machen werden. Bei sehr niedrigen Einkommen, Arbeitslosigkeit oder Sozialhilfebezug fallen allerdings die Opportunitätskosten praktisch nicht ins Gewicht, und die direkten Kinderkosten sind ebenfalls niedriger.

Heinz Lampert hat mit einer wesentlich detaillierteren als der oben skizzierten Modellrechnung direkte und indirekte Kinderkosten ermittelt. Er legt eine Modellfamilie zugrunde, die von 1983 bis 2002 zwei Kinder, die im Abstand von zwei Jahren geboren sind, erzieht. Die Mutter unterbrach die Erwerbstätigkeit mit der Geburt des ersten Kindes bis zum 6. Geburtstag des zweiten Kindes, also insgesamt 8 Jahre. Lampert errechnete den monetären Aufwand und den Betreuungsaufwand für die Kinder, den Nettoeinkommensverlust während der Unterbrechung der Erwerbstätigkeit und den Anteil der staatlichen Leistungen im Rahmen des Familienlastenausgleichs. Dabei legte er im einen Fall das durchschnittliche Einkommen eines Arbeiters und einer Arbeiterin, im anderen Falle das durchschnittliche Einkommen von Angestellten zugrunde. Als monetärer Gegenwert der Betreuungsleistung wurde in einer Variante ein Arbeiterstundenlohn, in der zweiten Variante ein Kindergärtnerinnenstundenlohn zugrunde gelegt. Die Stundenzahl basiert auf Erhebungen des Statistischen Landesamts Baden-Württemberg über Zeitverwendung in Privathaushalten, der monetäre Aufwand auf entsprechenden Studien über Haushaltsbudgets. Dabei ergeben sich monetäre und Betreuungsaufwendungen pro Kind von 395.000 DM in Variante 1 und 445.000 DM in Variante 2. Hinzu kommen Lohneinbußen von 62.000 DM für den Arbeiterhaushalt und 84.000 DM für den Angestelltenhaushalt. Dem stehen zwischen 20 und 24 Prozent dieser Summe an staatlichen Transfers gegenüber. Wenn die kostenlose Mitversicherung aus den Transfers herausgerechnet wird, weil sie ja keine staatliche, sondern eine Leistung der Solidargemeinschaft der Versicherten ist, beläuft sich der öffentliche Zuschuss sogar nur auf 15-18 Prozent der Kinderkosten (Lampert 1995).

Wenn man diese Aufwendungen der Familien für alle im Jahre 1991 lebenden erwerbsfähigen Personen addiert, d.h. die von 1931 bis 1990 erbrachten Erziehungsleistungen der Familien von 18 Jahren pro Person, dann ergibt sich die gewaltige Summe von 12,7 Billionen DM. Das gesamte Bruttoanlagevermögen in der gesamten Wirtschaft im Gebiet der früheren Bundesrepublik wurde vom Statistischen Bundesamt für 1991 mit 12,59 Billionen DM veranschlagt (Lampert 1996, S. 40).

Kinderkostenberechnung des Wissenschaftlichen Beirats für Familienfragen		
Entstehende Kosten für Versorgung, Betreuung, Erziehung und Bildung eines Kindes bis zum 18. Lebensjahr		
	Westdeutschland	Ostdeutschland
Ehepaar mit einem Kind	716.000 DM/ 36.600 €	551.000 DM/ 282.000 €
Ehepaar mit drei Kindern	1.600.000 DM/ 81.800 €	1.300.000 DM/ 665.000 €
Alleinerziehende mit einem Kind	635.000 DM/ 325.000 €	503.000 DM/ 257.000 €
(Gerechtigkeit für Familien 2001, S. XXIV)		

Aussagen über die Lebenslagen von Familien lassen sich erst treffen, wenn die oben ermittelten Kinderkosten den Haushaltseinkommen von Familien gegenüber gestellt werden. Empirische Forschung untersucht, was Familien tatsächlich für die Bereitstellung ihrer Leistungen aufwenden und wie sich ihr Lebensstandard im Vergleich zu anderen Lebensformen entwickelt. Dabei lässt sich der Effekt der Opportunitätskosten, insbesondere durch Verzicht auf das zweite Haushaltseinkommen, deutlich erkennen. Für die Darstellung der Struktur der Privathaushalte ist der sogenannte Mikrozensus, der jedes Jahr im April in der Bundesrepublik durchgeführt wird, die entscheidende Informationsquelle. Der Mikrozensus ist die amtliche Repräsentativstatistik über die Bevölkerung und den Arbeitsmarkt, an der jährlich 1 Prozent aller Haushalte in Deutschland beteiligt sind (laufende Haushaltsstichprobe) und wird vom Statistischen Bundesamt in Zusammenarbeit mit den Statistischen Landesämtern durchgeführt. Insgesamt nehmen rund 370.000 Haushalte mit 820.000 Personen am Mikrozensus teil, die in einer Zufallsstichprobe nach einer repräsentativen Flächenverteilung ausgewählt werden. Aktuelle Informations- und Bezugsquelle für die Daten ist das Statistische Bundesamt (www.destatis.de). Angaben über Familien- und Einkommensverhältnisse bilden einen zentralen Teil des Fragenrasters.

Seit Beginn der Befragungen hat sich das Einkommen der Familien nominal kontinuierlich erhöht, während die Reallohnzuwächse in den 80er und 90er Jahren in Westdeutschland eher stagnierten. In Ostdeutschland kam es nach der Wiedervereinigung zu einem bedeutenden Kaufkraftzuwachs der Familien (Fünfter Familienbericht 1995, S. 119-125).

Tab. 1: Paare und allein Erziehende mit Kindern unter 18 Jahren nach Höhe des Haushaltsnettoeinkommens 1. Halbjahr 1998
Lebenslagen 2000, S. 106: Tabelle III.4

Monatliches Haushaltsnettoeinkommen	Haushalte insgesamt	Familien:			
		Paare mit einem Kind	Paare mit zwei Kindern	Paare mit drei u.m. Kindern	Allein Erziehende
		Früheres Bundesgebiet			
unter 1 800 DM	8,7%	0,5%	0,3%	0,04%	9,4%
1 800 - 2 500 DM	11,6%	3,1%	1,2%	0,2%	25,9%
2 500 - 3 000 DM	8,3%	6,6%	1,6%	0,2%	20,4%
3 000 - 4 000 DM	15,5%	13,6%	9,3%	6,3%	22,3%
4 000 - 5 000 DM	13,2%	18,9%	18,7%	12,8%	9,8%
5 000 - 7 000 DM	19,7%	29,0%	32,0%	28,6%	8,5%
7 000 - 10 000 DM	14,4%	19,6%	24,1%	32,4%	2,9%
10 000 - 35 000 DM	8,6%	8,7%	12,9%	19,5%	0,8%
Zusammen	100%	100%	100%	100%	100%
		Neue Länder			
unter 1 800 DM	13,8%	0,2%	0,2%	0,07%	13,4%
1 800 - 2 500 DM	16,0%	4,3%	1,3%	0,4%	36,4%
2 500 - 3 000 DM	10,3%	7,1%	3,0%	1,0%	18,3%
3 000 - 4 000 DM	19,6%	25,4%	17,6%	11,1%	23,3%
4 000 - 5 000 DM	14,8%	23,0%	26,1%	17,0%	5,9%
5 000 - 7 000 DM	16,7%	27,6%	36,7%	39,1%	2,7%
7 000 - 10 000 DM	6,9%	9,6%	11,9%	22,6%	0,0%
10 000 - 35 000 DM	1,9%	2,8%	3,2%	8,7%	0,0%
Zusammen	100%	100%	100%	100%	100%

Die Tabelle zeigt die Daten der amtlichen Einkommens- und Verbrauchsstichprobe (EVS). Bei den Zahlen sind alle Arten von Einkünften berücksichtigt, also auch die Mietersparnis durch selbstgenutztes Wohneigentum und andere nicht versteuerte Einkünfte, gleichfalls alle Sozialtransfers wie z.B. das Kindergeld. Bei einem vollständig gelungenen Familienlastenausgleich dürfte sich also das Haushaltsnettoeinkommen von Kinderhabenden und Kinderlosen nicht deutlich unterscheiden. Auf den ersten Blick haben nach dieser Tabelle Paare mit Kindern ein deutlich höheres Nettoeinkommen als der Durchschnitt der Haushalte. Heißt das nun, dass der Familienlastenausgleich zu gut funktioniert und zumindest Zwei-Eltern-Familien gegenüber Kinderlosen Vorteile genießen? Zum einen wird deutlich: Das Haushaltseinkommen hängt von der Familienform ab. Allein Erziehende haben ein deutlich niedrigeres Nettoeinkommen als Paarfamilien. Wir werden in Kapitel 8 sehen, dass sie einem erhöhten Armutsrisiko ausgesetzt sind. Zum anderen können offensichtlich nicht einfach die Haushaltseinkommen miteinander verglichen werden, sondern es muss berücksichtigt werden, wie viele Personen im betreffenden Haushalt leben. Man könnte einfach das Haushaltseinkommen durch die Zahl der Haushaltsmitglieder teilen. Damit erhält man jedoch für Familien sehr niedrige Einkommen pro

Person, und die Tatsache, dass ein Kind weniger verbraucht als ein Erwachsener und dass mehrere Personen zusammen günstiger wirtschaften als ein Single, werden nicht berücksichtigt. Um diese Ersparniseffekte einzubeziehen und vergleichbare, „gewichtete" Einkommen pro Person zu erhalten, werden sogenannte Äquivalenzskalen verwendet. Gewichtete Einkommen können als Maßstab für den Vergleich des Lebensstandards dienen und damit Antwort auf die Frage geben, ob Familien mit Kindern gegenüber Kinderlosen materiell schlechter gestellt sind.

Äquivalenzskalen und gewichtetes Haushaltseinkommen

Äquivalenzskalen ermöglichen es, das Haushaltseinkommen im Zusammenhang mit der Haushaltsgröße zu analysieren. Größere Haushalte haben gegenüber kleineren relative Einsparmöglichkeiten, weil Ausstattungsgegenstände im Haushalt (z.B. Waschmaschine, Wohnzimmer, Fernseher) von allen Mitgliedern genutzt werden können. Kinder haben einen geringeren Bedarf als Erwachsene.

Das Haushaltseinkommen wird durch den anhand der Skala ermittelten Faktor geteilt. Das Ergebnis ist ein gewichtetes, von der Haushaltsgröße unabhängiges und damit vergleichbares Einkommen.

Tab. 2: Äquivalenzskalen zum Vergleich von Haushaltseinkommen

	Alte OECD-Skala	Neue OECD-Skala
Bezugsperson	1	1
Person ab 15 J.	0,7	0,5
Person unter 15. J.	0,5	0,3
Alleinerziehende mit 1 Kind	1,5	1,3
Ehepaar mit zwei Kindern	2,7	2,1

Die Alte OECD-Skala entspricht ungefähr der Bemessung der Sozialhilfe (Regelsätze der Hilfe zum Lebensunterhalt), die Neue OECD-Skala empirischen Analysen des Ausgabeverhaltens privater Haushalte.

Tab. 3: Gewichtetes Haushaltseinkommen von Singles, Paaren mit zwei Kindern und Alleinerziehenden 1. Hj. 1998 (Ergebnisse des EVS)

	ungewichtet	OECD-Skala alt	OECD-Skala neu
Singles West	3.140	3.140	3.140
Singles Ost	2.190	2.190	2.190
Alleinerziehende mit einem Kind West	1.655	2.207	2.547
Alleinerziehende mit einem Kind Ost	1.352	1.803	2.081
Ehepaar mit zwei Kindern West	1.717	2.543	3.270
Ehepaar mit zwei Kindern Ost	1.359	2.013	2.588

Empirische Untersuchungen zeigen immer wieder deutlich den Einbruch bei den verfügbaren Haushaltseinkommen nach der Familiengründung. So wurde gezeigt, dass junge Familien in Baden-Württemberg im Jahre 1990 gegenüber Ehepaaren ohne Kinder über lediglich halb so viel Einkommen pro Kopf verfügen (Wingen 1997, S. 160). Die Gründe dafür liegen auf der Hand: In jungen Familien mit Kindern findet man - zumal in Westdeutschland - sehr häufig nur einen Verdiener. Im Jahr 1992 hatten über 90 Prozent der jungen Ehepaare ohne Kinder zwei Einkommen. Dagegen verfügten junge Familien mit einem Kind noch zu 71 Prozent über zwei Einkommen, mit zwei Kindern noch 55 Prozent, und bei drei oder mehr Kindern mussten mehr als die Hälfte der jungen Ehepaare (51%) mit einem Einkommen auskommen (Stutzer 1994, S. 80f.). Im sogenannten Bamberger Ehepaar-Panel, einer großen Verbundstudie über die Folgen der Familiengründung, hatten kinderlose Paare sechs Jahre nach der Eheschließung ein durchschnittliches Haushaltsnettoeinkommen von 5.698 DM, während es bei Familien mit einem Kind bei 4.525 DM und bei zwei Kindern bei 4.584 DM lag (Schneewind/Vaskovics 1998, S. 103). Gewichtet man das Haushaltseinkommen nach der Personenzahl, wie oben gezeigt, so verfügen die Familien mit einem Kind über 61 Prozent, die mit zwei Kindern lediglich über 50 Prozent der Ressourcen der Kinderlosen. Die materiellen Nachteile von Familien gegenüber Kinderlosen oder Ehepaaren mit nur einem Kind aus der gleichen Einkommensklasse sind besonders deutlich bei hohen Einkommen, vergleichsweise gering dagegen bei Haushalten, die überwiegend von Transfereinkommen leben (z.B. von Sozialhilfe) (Wingen 1997, S. 164).

Diese Einkommenseinbußen verändern sich natürlich im Lebenslauf. Sie sind am deutlichsten in der Kleinkinderphase und mildern sich mit zunehmendem Alter der Kinder (Wingen 1997, S. 162). Wegen der zu erwartenden geringeren Karriere können jedoch selbst in der Nach-Kinder-Phase beruflich qualifizierte Eltern nicht mehr mit den Kinderlosen gleichziehen. Das Lebenseinkommen wird durch Kinderhaben jedenfalls deutlich gemindert. Dem stehen jedoch familienbedingte finanzielle Vorteile gegenüber, die in solche Berechnungen in der Regel nicht einfließen. So wirken Kinder für Männer in der Regel karrierefördernd und erhöhen das Familieneinkommen (Dienel 1996, S. 77f.). Viele intergenerationelle Transfers, d.h. Zuwendungen von Eltern und Großeltern, sind an das Vorhandensein von Kindern gebunden. Kinder provozieren Geldgeschenke, sie fördern die Bereitschaft der Großeltern, z.B. mit großen Summen oder Vermögenswerten einen Hausbau für die junge Familie zu ermöglichen. Dies gilt insbesondere für Familien mit mittleren oder höheren Einkommen, bei denen die Opportunitätskosten stark zu Buche schlagen. Die öffentlichen Transfers zu den Älteren (durch die soziale Alterssicherung) bilden vielfach die Grundlage für die privaten Transfers zu den Jüngeren. Damit würden Rentenkürzungen indirekt auch die Jüngeren treffen. Die funktionale Logik eines solchen Systems liegt vielleicht darin, die Jüngeren der sozialen Kontrolle der Älteren in der familialen Generationenfolge zu unterstellen. Dieses System findet nach wie vor in der Bevölkerung eine hohe Zustimmung. Rentenkürzungen sind politisch nicht durchsetzbar, Rentenerhöhungen werden auch von Jüngeren akzeptiert oder sogar begrüßt. Die Erfahrung, dass dem öffentlichen Transfer zu den Älteren ein privater Transfer in der umgekehrten Richtung entspricht, dürfte hier ins Gewicht fallen (Kohli 1997).

Trotz dieser finanziellen Rückflüsse an die Familien fragt der Ökonom: Wieso schaffen sich die Leute überhaupt Kinder an, wenn das ein so teuer bezahltes Gut ist? Die reine Wirtschaftswissenschaft stößt dabei an ihre Grenzen, wenn sie nur finanzielle Erwägungen zugrunde legt. Gary S. Becker hat als Vertreter der berühmten Chicago-Schule eine „Neue Ökonomik der Familie" entwickelt. Demnach streben Individuen in ihrem Familienleben nicht in erster Linie nach wirtschaftlichem Nutzen, sondern nach Selbstwertschätzung, Gesundheit, Glück und der Vermehrung von Fähigkeiten (Erziehung und Ausbildung der Kinder, Fortbildung der Eltern), kurz nach „Humanvermögen" (Krüsselberg 1986). Finanzielle Erwägungen fließen aber in das Kalkül der Eltern mit ein, auch wenn am Ende Wertentscheidungen für Familiengründung und Familienleben entscheidender sind. Vor allem aber sind finanzielle Aspekte politischem Handeln wesentlich zugänglicher. Politik kann das Einkommen von Familien familiengerechter gestalten, aber sie hat kaum Möglichkeiten, das öffentliche Bewusstsein für Familien zu verbessern. Plakatkampagnen, Broschüren und Sonntagsreden verändern die öffentliche Meinung nur marginal; die persönlichen Einstellungen der Bürger sind gegen solche Beeinflussung sehr resistent.

4.2 Wege finanzieller Entlastung für Familien

Menschen, die Kinder aufziehen, geraten gegenüber Kinderlosen also zweifellos finanziell ins Hintertreffen. Das scheint selbstverständlich zu sein, ist es aber nicht. Nur ein kurzer Blick zurück auf die DDR-Gesellschaft zeigt, dass dort Familien finanziell kaum messbar schlechter gestellt waren als kinderlose Menschen. Die Ursache dafür lag vor allem darin, dass die Kinderkosten (direkte und indirekte) sehr niedrig waren. Kindertagesbetreuung machte es möglich, dass die Berufstätigkeit nur kurz unterbrochen werden musste. Während der Mutterschutzzeit und des Babyjahrs gab es vollen Lohnausgleich. Die Selbstverständlichkeit von gleichzeitiger Kindererziehung und Berufstätigkeit führte dazu, dass Kinderhaben die Karriere kaum beeinträchtigte. Durch Einschränkungen der Berufstätigkeit bedingte Opportunitätskosten wurden so wirksam verhindert. Die direkten Kosten für Kinder wurden politisch sehr niedrig gehalten: Kindertagesbetreuung, Schule und Lehrmaterialien waren grundsätzlich kostenlos, Kinderkleidung und Kindernahrung waren stark subventioniert und daher sehr billig erhältlich. Wohnen und alle Grundnahrungsmittel wurden für alle Bürger im Preis künstlich niedrig gehalten. Damit bedeutete Familie in der DDR nur eine sehr geringe finanzielle Belastung; Familienlastenausgleich war kaum notwendig. Dass mit einer solchen gesellschaftlichen Organisation andere Nachteile einhergingen, ist schon oben benannt worden.

In der Bundesrepublik Deutschland ist es politisch nicht gewollt, direkte Kinderkosten durch weitreichende Eingriffe in den Markt niedrig zu halten. Auch der für Kinder notwendige Bedarf muss durch die Eltern zu Marktpreisen, d.h. häufig zu hohen Preisen erworben werden. Weder Grundnahrungsmittel noch Kinderkleidung sind subventioniert; nur Bücher profitieren von einem ermäßigten Mehrwertsteuersatz. Besonders die indirekten Kinderkosten bleiben jedoch in Deutschland vergleichsweise hoch, da das System staatlicher Kinderbetreuung hinter dem der DDR und auch hinter europäischen Standards zurückgeblieben ist. Weder ist Tagesbetreuung für Unter-Dreijährige überall zugänglich, noch gibt es Ganztagsschulen mit Mittagessen für alle Eltern, die dies wünschen. In Kapitel 5 wird dies ausführlich behandelt. In einigen, vor allem kommunalen Randbereichen sind subventionierte Preise für Kinder jedoch üblich, z.B. bei Eintritten für Schwimmbäder und andere Freizeiteinrichtungen, bei Fahrkarten für den öffentlichen Nah- und Fernverkehr, kostenlosem Zugang zu Leihbibliotheken und ähnlichem. In der privaten Wirtschaft werden Preisnachlässe für Kinder überall da gewährt, wo durch diese Familienfreundlichkeit Kundengruppen gewonnen werden können, z.B. bei manchen Restaurants und vielen touristischen Angeboten.

Eine vom Umfang her bedeutende Sachleistung an Familien stellt dagegen die kostenlose Mitversicherung der Familienangehörigen in der gesetzlichen Kranken- und Pflegeversicherung dar. Durch sie sind nicht erwerbstätige Ehefrauen (bzw. selten auch -männer) und heranwachsende Kinder versicherungsrechtlich an den Versicherten, meist den Ehemann und Vater, gebunden und haben den gleichen Anspruch auf Versicherungsleistungen, obwohl sie selbst keine Beiträge leisten. In gleicher Weise haben nicht erwerbstätige Frau und Kinder auch Anspruch auf Leistungen der Pflegeversicherung ohne eigene Beitragszahlung. Diese Leistungen werden in der sozialpolitischen Diskussion häufig als „versicherungsfremd" kritisiert, da sie keine - an Beitragszahlung gebundene - Versicherungsleistung darstellen, sondern eine Umverteilungsmaßnahme von der Gemeinschaft der Beitragszahler an die Familien. Dadurch wird das System der versicherungsbasierten Leistungen partiell ausgehebelt. Die finanziellen Größenordnungen, um die es dabei geht, sind beachtlich: 1994 entfielen über 50 Mrd. DM auf Familienangehörige, und zwar je zur Hälfte auf Ehefrauen und Kinder. Durch Ausgliederung der Familienleistungen aus der gesetzlichen Krankenversicherung könnte der Beitragssatz um etwa zwei Prozentpunkte gesenkt werden. Problematisch an der Mitversicherung ist, dass damit eine allgemeine familienpolitische Maßnahme aus Beiträgen von Arbeitgebern und Arbeitnehmern finanziert wird. Gerechtfertigt werden kann diese Regelung mit dem sozialen Auftrag der Sozialversicherungen, der auch den grundgesetzlich geforderten Schutz von Ehe und Familie mit umfasst (Wingen 1997, S. 230-240).

Eine weitere theoretische Möglichkeit, ohne Familienlastenausgleich den Verlust an Lebensstandard für Familien zu vermeiden, wäre die Zahlung eines familienbezogenen Lohnes. Ein von der Familiengröße abhängiger Familienlohn würde z.B. pro Kind um 150 € steigen und damit die direkten Kinderkosten mit abdecken. Tatsächlich aber ist der Lohn „familienblind" (Wingen 1997, S. 157), er richtet sich nach der Leistung des Arbeitnehmers und nicht nach seinen Verpflichtungen. Eine kleine Ausnahme bildet die Beamtenversorgung, denn sie soll laut Beamtengesetz den Staatsbediensteten eine standesgemäße Lebensführung ermöglichen, deshalb enthält sie einen Familienzuschlag, der freilich so gering ist, dass er die Kinderkosten keineswegs abdeckt. Auch das Kindergeld war bei seiner Einführung 1954 als Familienlohn konzipiert; es sollte durch die Arbeitgeber ausgezahlt werden, und nur Arbeitnehmer ab dem dritten Kind sollten ein Anrecht haben, der Überlegung folgend, dass der Arbeitslohn ausreichend für eine vierköpfige Familie sein müsse. Aus den gleichen Gründen, die auch die öffentliche Subventionierung von kinderbezogenen Produkten verbieten, ist ein Familien- anstelle eines Leistungslohns ebenfalls in Deutschland kein Thema. Der Arbeitsmarkt soll den Regeln der freien Marktwirtschaft genügen und nicht durch familienbezogene Zuschläge beeinflusst werden.

Zwei Grundformen des Familienlastenausgleichs

a) Senkung der Kinderkosten

- direkte Kosten: durch Subventionierung kindbezogener Produkte und Leistungen
- indirekte Kosten: durch umfassende Kinderbetreuung und familiengerechte Gestaltung des Arbeitslebens, so dass Berufsunterbrechungen unnötig werden

b) Erhöhung des Familieneinkommens

- durch familienbezogene Lohnzuschläge (nur bei Beamten)
- durch staatliche Transfers (Kindergeld, Wohngeld, Ausbildungshilfen)
- durch Steuerentlastung

In einer nach marktwirtschaftlichen Grundsätzen organisierten freiheitlichen Gesellschaft ist es nicht systemgerecht, die Erwerbseinkommen nach der Kinderzahl zu staffeln. Dies widerspräche zudem dem Gleichheitsgrundsatz der Verfassung. Ein Ausgleich durch die Bereitstellung kostengünstiger Waren und Dienstleistungen (Realtransfers) ist ebenfalls nur in engen Grenzen gewollt. Finanzieller Ausgleich kann für Familien also durch staatliche Geld-Transfers (monetäre Transfers) geschaffen werden. Hierbei ist es zunächst gleichgültig, ob dieser Transfer durch direkte Zahlungen erfolgt, z.B. durch Kindergeld, oder durch eine geringere steuerliche Belastung des Bruttoeinkommens. Im Ergebnis führen sie jedenfalls zu einer Umverteilung von Einkommen in Richtung von den Kinderlosen zu den Kinderhabenden.

Familienlastenausgleich ist deshalb in der Bundesrepublik Deutschland ein großes Thema geblieben und bildet den Kern der familienpolitischen Maßnahmen. In der öffentlichen Meinung wird Familienpolitik sogar häufig geradezu mit dem Kindergeld identifiziert bzw. darauf reduziert. Die Zahlung von Kindergeld für alle Kinder ist marktneutral und beeinflusst nicht das Zusammenspiel von Angebot und Nachfrage.

Damit kann man zwei grundsätzliche Richtungen der Umverteilung unterscheiden: Horizontale, d.h. familienpolitische Umverteilung fragt nicht danach, ob die Familien mit Kindern reich oder arm sind. Ziel ist im Prinzip, dass Personen mit einem bestimmten Einkommen durch das Aufziehen von Kindern keine Wohlstandseinbußen erleiden bzw. dass diese teilweise ausgeglichen werden. Es geht also nicht darum, das Existenzminimum für Kinder zu sichern, sondern ihren Eltern gleiche Lebensverhältnisse zu schaffen. Auch ein Manager mit einem Jahreseinkommen von z.B. 150.000 € hat Anspruch auf Umverteilung in seine Richtung, wenn er Kinder erzieht; er soll theoretisch den gleichen Lebensstandard haben wie sein kinderlose Kollege mit gleichem Einkommen. Plakativ wird dies ausgedrückt in der Formel: Dem Staat sollen alle Kinder gleich viel wert sein. Nicht nur Kinder bedürftiger Eltern haben Anspruch auf familienpolitisch motivierte Unterstützung.

Vertikale, d.h. sozialpolitische Umverteilung, ist demgegenüber die typische Richtung sozialstaatlichen Handelns. Über Steuern und über Sozialversicherungsbeiträge zahlen die Bürger entsprechend ihren Möglichkeiten, d.h. ihrer wirtschaftlichen Leistungsfähigkeit; aus der Sozialversicherung und dem Sozialsystem erhalten die Bürger nach ihren Bedürfnissen. Damit erfolgt eine mehr oder weniger ausgeprägte Umverteilung von Einkommen von Reich zu Arm.

In der Realität lassen sich diese beiden Richtungen der Umverteilung nicht so leicht unterscheiden. Mischformen sind häufig. Der Familienlastenausgleich meint grundsätzlich horizontale Umverteilung, von Kinderlosen zu den Familien. Beim Kindergeld ist das offensichtlich, aber es gilt auch für die kostenlose Mitversicherung der Familienangehörigen in der Kranken- und Pflegeversicherung. Hier zahlen alle Erwerbstätigen Beiträge, auch wenn sie keine Kinder haben, aber ihre Beiträge werden teilweise für die Sachleistungen an Familienangehörige anderer Versicherter verwendet. Andere Bereiche der Familienpolitik verteilen dagegen mehr oder weniger stark sozialpolitisch um. Sichtbar wird dies immer dann, wenn Leistungen nur bis zu bestimmten Einkommensgrenzen gewährt werden. Dies gilt unter anderem für das Erziehungsgeld nach dem 6. Lebensmonat des Kindes, für den Unterhaltsvorschuss und für das BAföG, um nur die wichtigsten zu nennen.

Man kann - mit einer anderen Begrifflichkeit - auch von einem „gesellschaftsbezogenen" Familienlastenausgleich sprechen, d.h. die Gesellschaft soll die mit der Erziehungsleistung der Familien verbundenen Opfer anerkennen. Der Beitrag aller Familien wäre dann durch Kindergeld gleicher Höhe zu würdigen. Das kann dazu führen, dass höhere Einkommensschichten aufgrund der Steuerprogression mehr zur Finanzierung des Transfers beitragen, als sie durch den Familienlastenausgleich zurück erhalten. Ein „familienbezogener" Familienlastenausgleich soll dagegen das Absinken des Lebensstandards von Familien bezogen auf Ledige gleicher Einkommensstufe verhindern. Um dies zu gewährleisten, müsste der Lastenausgleich allerdings progressiv gestaltet werden, d.h. einkommensstärkere Familien müssten mehr Transfers erhalten. Wird der Lastenausgleich „kinderbezogen" gestaltet, soll er auch einen Ausgleich der Lebensverhältnisse von Kindern verschiedener Schichten bewirken, d.h. durch Bindung an Einkommensgrenzen würden die Mittel auf sozial schwache Familien konzentriert. Zahlreiche Auseinandersetzungen in der deutschen Familienpolitik knüpften sich an die Frage, welche Form von Familienlastenausgleich angestrebt werden sollten. Einer Änderung der politischen Mehrheitsverhältnisse folgte daher fast immer eine Veränderung der Form des Familienlastenausgleichs; und alle genannten Formen wurden zeitweilig bereits realisiert (Münch 1990, S. 73f.).

Einen besonders großen Grad an Undurchsichtigkeit erhält der bundesdeutsche Familienlastenausgleich dadurch, dass er aus traditionellen Gründen als „dualer" Familienlastenausgleich gestaltet ist, also als System aus Steuererleichterungen und Zulagen. Dies soll nachfolgend detailliert dargestellt werden.

Elemente des Familienlastenausgleichs im engeren Sinne

- Kindergeld
- Ehegattensplitting
- steuerliche Berücksichtigung von Unterhaltsverpflichtungen gegenüber Kindern

---

Steuerliche Entlastung

Das deutsche Einkommensteuerrecht gehört zu den kompliziertesten der Welt; deshalb können hier nur Grundzüge familienbezogener Besteuerung dargestellt werden. Man unterscheidet zwischen indirekten und direkten Steuern. Direkte Steuern muss der Bürger an den Staat entrichten, indirekten Steuern kann er nicht ausweichen, weil sie in die Preise von Gütern und Dienstleistungen einfließen. Die wichtigste indirekte Steuer ist die Umsatzsteuer bzw. Mehrwertsteuer. Da die indirekten Steuern nicht zugemessen werden, sondern von der Menge der konsumierten Güter und Dienstleistungen abhängen, berücksichtigen sie die steuerliche Leistungsfähigkeit nur mittelbar. Indirekte Steuern belasten Familien stärker als Einzelpersonen, weil in einer Familie mehrere Konsumenten auf ein Einkommen entfallen und der Verbrauch an Gütern und Dienstleistungen (Essen, Kleidung, Eigenheim, Haushaltshilfe, Kinderbetreuung) höher ist als bei Singles oder Ehepaaren mit vergleichbarem Einkommen. Familien geben einen größeren Teil ihres Einkommens für Konsumgüter aus, und deshalb zahlen sie mehr Mehrwertsteuer als Kinderlose. Etwa ein Drittel der Leistungen des Familienlastenausgleichs finanzieren die Familien nach Schätzungen des Bundesfamilienministeriums mit ihren Steuerzahlungen selbst (Lampert 1998, S. 341).

Bei den direkten Steuern gilt der Grundsatz der Steuergerechtigkeit: Jeder Bürger soll nach seiner steuerlichen Leistungsfähigkeit, die in der Regel an der Höhe seiner monetären Einkünfte und seines Vermögens gemessen wird, besteuert werden. Herstellung von Steuergerechtigkeit bedeutet, dass bei der Bemessung der Einkommenssteuer die Leistungsfähigkeit der Steuerpflichtigen ermittelt wird. Hierzu werden von seinem Einkommen verschiedene Freibeträge abgezogen, die sich nach der Zahl der von ihm unterhaltenen Personen und nach vielen anderen Faktoren richten. Weiterhin wirkt das Ehegattensplitting (dazu weiter unten). Dadurch wird das steuerpflichtige Einkommen ermittelt, von dem der Steuersatz abhängt. Die Einkommensteuer ist in Deutschland progressiv gestaltet, d.h. es gilt kein fester Steuersatz von z.B. 25 Prozent für alle Einkommen (das wäre eine lineare Besteuerung), sondern die Besteuerung beginnt mit einem Eingangssteuersatz von ca. 25 Prozent und steigt dann kurvenförmig bis zu einem Spitzensteuersatz von ca. 50 Prozent, der auch bei weiter steigendem Einkommen nicht überschritten wird. Damit steigt nicht nur die absolute Höhe der Steuerschuld mit steigendem Einkommen, sondern auch der relative Anteil.

Abb. 2: Einkommensteuertarif 2002
Bundesministerium der Finanzen 2002.

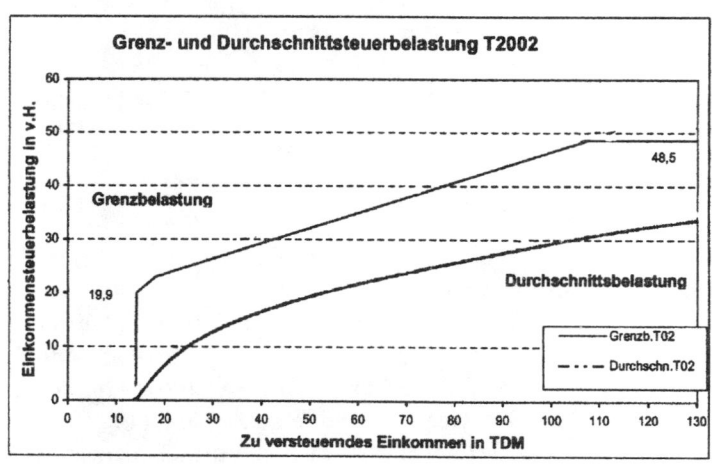

Damit ist für den Steuerpflichtigen jede Maßnahme doppelt günstig, die das zu versteuernde Einkommen senkt: Erstens muss er weniger Einkommen versteuern, und zweitens zu einem niedrigeren Steuersatz. Hierzu dienen die Steuerfreibeträge: Sie verringern das steuerpflichtige Einkommen (die Bemessungsgrundlage) um einen bestimmten Betrag. Damit bleibt das Einkommen in Höhe des Steuerfreibetrags steuerfrei, gleichzeitig sinkt die Progression. Steuerfreibeträge werden vielfach auch zu familienpolitischen Zwecken eingesetzt, z.B. für Familien mit behinderten Kindern oder mit Kindern in der Ausbildung.

Bis Mitte der 70er Jahre waren Kinderfreibeträge in der Bundesrepublik das dominierende Instrument des Familienlastenausgleichs; Kindergeld wurde nur einkommensabhängig für Kinder höherer Ordnungszahl gewährt. Die sozialliberale Koalition schaffte diese Freibeträge 1975 ab und ersetzte sie durch ein nach der Ordnungszahl des Kindes gestaffeltes, einkommensunabhängiges Kindergeld. Warum? Freibeträge wirken bei hohen Einkommen mit hohen Steuersätzen am stärksten. Eine auf Freibeträgen aufbauende Familienpolitik entlastet also quantitativ die gut verdienenden Familien am meisten und im Extremfall bedürftige Familien gar nicht. Denn wer kein Einkommen erzielt und keine Steuern zahlt, dem nützt auch ein Steuerfreibetrag nichts. Steuerfreibeträge entsprechen insofern dem liberalen Prinzip der Leistungsgerechtigkeit: Wer viel leistet, der soll auch entsprechend seiner Leistung und seines daraus erwachsenen Lebensstandards entlastet werden. Eltern mit hohen Einkommen wenden mehr für ihre Kinder auf als Eltern mit niedrigem Einkommen, also haben sie auch Anrecht auf höhere Entlastung. Familienlastenausgleich durch Steuerfreibeträge ordnet sich ein in die ebenfalls leistungsgerecht konzipierten Sozialversicherungssysteme für Alter und Arbeitslosigkeit. Dagegen ist das von den Sozialdemokraten eingeführte Kindergeld eine leistungsunabhängige Zulage (Versorgungsprinzip), die an keine Voraussetzung gebunden ist als das Vorhandensein von Kindern. Nach dem Regierungswechsel 1982 wurden deshalb die Freibeträge wieder eingeführt, aber nunmehr zusätzlich zum wieder einkommensabhängigen Kindergeld (additives Modell). Dieses System erwies sich wegen der fehlenden Abstimmung zwischen Kindergeld und Freibeträgen als sehr problematisch und erzeugte vor allem im Bereich der mittleren Einkommen zahlreiche Zacken und Sprünge immer dann, wenn die Freibeträge noch nicht und das einkommensabhängige Kindergeld nicht mehr griffen (Ehmann 1999, S. 82).

Erst nach den Urteilen des Bundesverfassungsgerichts ab 1990/1992 musste das System umgestaltet werden, so dass heute eine Wahlmöglichkeit zwischen Kindergeld und Steuerfreibetrag besteht. Seit dem 1. Januar 2002 gibt es einen geteilten Kinderfreibetrag, einerseits für den sogenannten existentiellen Sachbedarf (Unterhalt), der in der Höhe an den Sozialhilfesätzen orientiert ist, andererseits einen zusätzlichen Betreuungs-, Erziehungs- oder Ausbildungsbedarf (Althammer 2000). Diese Freibeträge werden vom steuerpflichtigen Einkommen der Eltern abgezogen und verringern so die Bemessungsgrundlage. Damit bleibt einerseits das Einkommen in Höhe der Freibeträge steuerfrei, und darüber hinaus sinkt die Progression. Das bereits ausgezahlte Kindergeld wird voll auf die Steuerersparnis angerechnet. Dies wird weiter unten detailliert erläutert.

Ehegattensplitting

Daneben jedoch gibt es in der Bundesrepublik Deutschland das sogenannte Ehegattensplitting. Es wurde 1958 aufgrund eines Urteils des Bundesverfassungsgerichts eingeführt, um die Benachteiligung der Ehegatten gegenüber unverheirateten Paaren zu vermeiden. So sollte der Schutz von Ehe und Familie gewährleistet werden. Denn bis zu diesem Zeitpunkt wurde das Einkommen von Ehegatten addiert und gemeinsam besteuert. Für dieses höhere Eheeinkommen galt dann eine höhere Progressionsstufe als für die getrennt besteuerten Einkommen von unverheirateten Paaren. Zur Gleichstellung der Ehegatten mit Unverheirateten hätte es genügt, auch Ehegatten getrennt zu besteuern, d.h. jedes Einkommen für sich. Damit wären Eheleute genau so wie Ledige besteuert worden. Die separate Besteuerung ist in vielen europäischen Ländern schon lange üblich. Sie bezieht den Grundsatz der Steuergerechtigkeit auf das Individuum und nicht auf die Wirtschaftsgemeinschaft Ehe oder Familie.

Dagegen vertrat der deutsche Gesetzgeber die Auffassung, eine Ehe müsse als Wirtschafts- und Steuereinheit behandelt werden. Deshalb griff man zu folgender Vorgehensweise: Die Einkommen beider Ehegatten werden addiert und dann durch zwei geteilt; das vorhandene Eheeinkommen wird gewissermaßen gleichmäßig auf die beiden Ehepartner verteilt. Anschließend werden beide Hälften separat besteuert, d.h. für jede Einkommenshälfte gilt der dann entsprechend niedrigere Einkommensteuertarif. Ein solches Ehegattensplitting gibt es außerhalb Deutschlands unter anderem auch in Frankreich und Luxemburg. Eine Modellrechnung soll die Wirkung des Splittings zeigen (siehe Tabelle 4).

Das Splitting wirkt, wie in der Beispielrechnung zu sehen, am stärksten, wenn der Einkommensunterschied zwischen den Ehepartnern möglichst groß ist. Maximal wirkt das Splitting steuersenkend, wenn einer der Partner (meist die Ehefrau) gar kein steuerpflichtiges Einkommen erzielt. Wenn dagegen das steuerpflichtige Einkommen beider Partner gleich hoch ist, bringt die Eheschließung für sie keinerlei steuerliche Vorteile.

Das Ehegattensplitting ist vordergründig lediglich Eheförderung, nicht Familienförderung (Lüdeke 2000). Dass es als familienpolitische Maßnahme betrachtet wird, hat vor allem historische Gründe. Als es 1958 aufgrund eines Urteils des Bundesverfassungsgerichts eingeführt wurde, war die Vorstellung einer auf Ehe gegründeten Familie noch wesentlich weiter akzeptiert als heute. Kinderlosigkeit war nur in seltenen Ausnahmefällen gewollt. In der Regel hatten alle Paare, die körperlich dazu in der Lage waren, um die zwei oder mehr Kinder. Damit war es gerechtfertigt, das Ehegattensplitting als Teil der Familienförderung anzusehen.

Tab. 4: Wirkungen des Ehegattensplittings (Modellrechnung)

	Splitting
Paar 1: Albert (Jahreseinkommen 40.000 €) Berta (Jahreseinkommen 20.000 €)	40.000 + 20.000 : 2 = 30.000
Paar 2 Clemens (Jahreseinkommen 60.000 €) Dora (kein Einkommen)	60.000+0 : 2 = 30.000
Paar 3 Emil (Jahreseinkommen 30.000 €) Fränzi (Jahreseinkommen 30.000 €)	30.000 + 30.000 : 2 = 30.000

Progressiver Tarif der Einkommenssteuer

Einkommen	0	20.000 €	30.000 €	40.000 €	60.000 €
Steuersatz	0%	30%	35%	40%	50%

	Nettoeinkommen vor der Heirat (in Klammern: Steuersatz)	Nettoeinkommen nach der Heirat (in Klammern: Steuersatz)	Steuerersparnis durch Splitting
Albert	24.000 € (-40%)	39.000 € (-35%)	1.000 €
Berta	14.000 € (-30%)		
Clemens	30.000 € (-50%)	39.000 € (-35%)	9.000 €
Dora	0		
Emil	19.500 € (-35%)	39.000 € (-35%)	0 €
Fränzi	19.500 € (-35%)		

Besonders problematisch ist der gewaltige finanzielle Umfang des Ehegattensplittings. Von 1960 bis 1985 lagen die Kosten für das Ehegattensplitting höher als die Kindergeldzahlungen und die Steuerermäßigungen für Kinder zusammengenommen. Erst seit 1986 haben sich die Leistungen zugunsten der Kinder verschoben (Lampert 1996, S. 191). Im Haushalt 2001 wurden für das Ehegattensplitting 44,4 Mrd. DM aufgewandt, das sind ca. 22 Prozent der insgesamt für Familienförderung geleisteten Zahlungen und Steuermindereinnahmen und etwa zwei Drittel der im selben Jahr für Kindergeld aufgewendeten Summe (61 Mrd. DM). Vereinfacht gesagt, ließe sich das Kindergeld pro Kind auf rund 250 € im Monat erhöhen, wenn das Ehegattensplitting gestrichen würde. Obwohl sich offenbar in der Bundesrepublik bisher noch keine politische Mehrheit für die Abschaffung des Ehegattensplittings mobilisieren ließ, ist eines klar: Die steuerliche Förderung der Ehe erfolgt auf Kosten der Familienförderung. Würde aus der Ehe eine Kinderförderung gemacht, ließe sich die in den letzten 20 Jahren stark gestiegene Kinderarmut wirksam bekämpfen.

Zugleich transportiert das Ehegattensplitting natürlich ein ganz bestimmtes Ehebild, nämlich die Einverdiener-Ehe, bei der der Ehemann arbeitete und seine Partnerin zu Hause ihren Pflichten als Hausfrau und Mutter nachkam. Genau in diesem Fall entfaltet das Ehegattensplitting die höchsten Förderwirkungen. Das politische Ziel einer freien Entscheidung zwischen partnerschaftlicher und Hausfrauenehe wird so steuerpolitisch konterkariert.

Diese Wirkung wird psychologisch noch verstärkt durch die bürokratische und verfahrensmäßige Realisierung mittels der Steuerklassen. Lohnsteuer der abhängig Beschäftigten wird monatlich vom Arbeitgeber einbehalten und direkt an das Finanzamt gezahlt. Erst nach Ablauf des Steuerjahrs steht jedoch fest, welcher Steuersatz für den Steuerpflichtigen im betreffenden Jahr tatsächlich galt, weil erst in der Einkommenssteuererklärung zusätzliche Einkünfte z.B. aus Kapitalerträgen sowie alle Freibeträge, Werbungskosten und sonstige von der Steuer absetzbare Aufwendungen geltend gemacht werden. Deshalb wird auf der Steuerkarte eine sogenannte Steuerklasse eingetragen, die in pauschalierter Form die wichtigsten steuermindernden Tatbestände zusammenfasst und es dem Arbeitgeber leichter macht, den monatlichen Abzugsbetrag zu errechnen. Weiterhin wird die Zahl der Kinderfreibeträge eingetragen. Da das Splitting den größten Einfluss auf die Höhe der zu zahlenden Steuer hat, richtet sich die Steuerklasse vor allem nach dem Familienstand. Steuerklasse I gilt für Ledige, II für Ledige mit mindestens einem Kind, das bei ihnen lebt. Verheiratete können zwischen zwei Varianten wählen: Steuerklasse IV für beide oder Steuerklasse III für den besser verdienenden Partner, verbunden mit Steuerklasse V für den geringer verdienenden Partner. Diese Kombinationen berücksichtigen den Splitting-Vorteil für beide Ehegatten, allerdings mit einer feinen Differenzierung: Wenn beide Partner gleich viel verdienen und Steuerklasse IV wählen, wird der Arbeitgeber genau die „richtige" Summe an Lohnsteuer einbehalten, die sich auch nach der Durchführung des Einkommenssteuerjahresausgleichs gemäß dem Splitting-Verfahren am Ende des Jahres ergeben würde. Wenn jedoch ein Partner mehr verdient als der andere, wird während des Jahres immer zuviel Lohnsteuer einbehalten, die erst im Frühjahr des darauffolgenden Jahres im Einkommenssteuerjahresausgleich zurückgezahlt wird, d.h. die Steuerpflichtigen gewähren dem Staat ein zinsloses Darlehen.

Das will natürlich keiner. Deshalb wählt die große Mehrheit der Verheirateten die Kombination III/V. Diese ergibt genau den „richtigen" Steuerabzug, wenn sich das Einkommen wie 60:40 verteilt. Wenn der Unterschied noch größer ist, wird das ganze Jahr hindurch zu wenig Steuer abgezogen, d.h. in diesem Fall genießen die Steuerpflichtigen ein zinsloses Darlehen des Staates. Hierbei verbleiben abrechnungstechnisch sämtliche Splittingvorteile und die Zurechnung aller persönlichen Freibeträge in der Steuerklasse III, während die Ehefrau in Steuerklasse V die ungeminderte Steuerlast tragen muss (Veil 1994, S. 241). Z.B. wird von einem Einkommen von rund 2.000 € in der Lohnsteuerklasse III lediglich 35 € Lohnsteuer monatlich abgezogen, in der Lohnsteuerklasse V dagegen 585 €. In der Praxis bedeutet das: Wenn, was ja sehr häufig der Fall ist, der Mann das Haupteinkommen der Familie verdient und die Frau teilzeitbeschäftigt ist, wird natürlich

Lohnsteuerklasse III/V gewählt, so dass das Einkommen des Mannes durch den günstigen III-Tarif weitgehend ungeschoren bleibt und das ohnehin geringere Einkommen der Frau weit überproportional besteuert wird. Es handelt sich dabei zwar lediglich um eine vereinfachte Abrechnungsform, da ja rechtlich gesehen die Ehegatten gemeinsam veranlagt werden und gleichen Anteil am gemeinsamen Einkommen haben. Aber in der Praxis sieht es so aus, dass die Alleinverdiener-Kompetenz des Mannes durch diese Berechnungsweise deutlich überzeichnet wird. Sein Netto-Einkommen erscheint unverhältnismäßig hoch, während das Einkommen der Frau durch den Lohnsteuervorabzug so stark geschmälert wird, dass es in der innerfamiliären Diskussion im Blick auf die Gehaltsabrechnungen nur zu leicht als entbehrlicher Zuverdienst erscheint. Nach geltendem Steuerrecht werden dadurch erwerbstätige Ehefrauen als „Dazuverdienende" diskriminiert, so als ob sie mit ihrem geringen Verdienst die steuerlichen Vorteile, die der Familienernährer aus einer Hausfrauenehe zieht, stören. Zudem können der Frau auch materielle Nachteile entstehen, wenn sie Lohnersatzleistungen in Anspruch nimmt, die sich nach dem vorherigen Nettogehalt richteten, z.B. Arbeitslosengeld oder Mutterschaftsgeld.

Insofern hat das Ehegattensplitting wie kaum eine andere politische Maßnahme Einfluss auf die Aufgabenverteilung innerhalb der Ehe. Zum einen bevorzugt es de facto die Ungleichheit im Verdienst der Partner, und zwar um so mehr, je weniger die Frau arbeitet. Zum anderen führt die Abrechnungsweise mittels der Steuerklassen dazu, dass die Ungleichheit der Einkommen gemessen an den monatlichen Netto-Auszahlungsbeträgen jedes Partners stark zu Gunsten des Mannes verzerrt wird und damit eheliche Machtverhältnisse in einer bestimmten Weise beeinflusst. Hinzu kommt noch die Tatsache, dass auch das Kindergeld zusammen mit dem Nettogehalt monatlich vom Arbeitgeber überwiesen wird. Zumeist befindet sich die Frau nach der Geburt der Kinder zeitweilig im Erziehungsurlaub und bezieht kein Einkommen. Das Kindergeld wird also für das Gehaltskonto des Mannes beantragt und addiert sich zu dem durch die Steuerklasse ohnehin schon aufgeblasenen Netto-Einkommen. So kann leicht beim Nettoeinkommen ein Verhältnis von 75:25 entstehen, wenn die Brutto-Einkommen der beiden Ehepartner sich in Wirklichkeit nur wie 55:45 verhalten. Die fatale Signalwirkung dieses Verfahrens und ihre Auswirkungen auf die weibliche Erwerbsneigung werden politisch bisher überhaupt nicht diskutiert.

Als Alternative zum Ehegattensplitting wird gelegentlich das sogenannte Familiensplitting diskutiert. Dabei würde der Quotient, der das gemeinsam veranlagte Einkommen der Ehegatten teilt, entsprechend der Kinderzahl ansteigen (z.B. würde das Einkommen eines Ehepaares mit zwei Kindern durch 3 geteilt). Eine vergleichbare Regelung gilt in Frankreich. Problematisch daran ist jedoch die mit steigendem Einkommen zunehmende Entlastungswirkung, die letztlich vor allem gut verdienende Familien mit vielen Kindern bevorzugt, aber Kinderreichen mit geringerem Einkommen kaum nützt.

Kindergeld

Wie bereits geschildert, wurde das Kindergeld nach einer langwierigen Diskussion 1954 als erste familienpolitische Maßnahme der jungen Bundesrepublik eingeführt. Um das Subsidiaritätsprinzip dabei zu wahren, sollte die Auszahlung zunächst durch Familienausgleichskassen erfolgen, deren Mittel durch Arbeitgeberbeiträge aufzubringen waren. Dieses System ließ sich jedoch nicht halten und musste 1964 aufgegeben werden. Kindergeld gab es zunächst erst ab dem dritten Kind und erst seit 1975 ab dem ersten Kind. Die Höhe des Kindergeldes ist seit seiner Einführung tendenziell immer weiter gestiegen, mit besonderen Sprüngen unter der sozialliberalen Koalition Mitte der 70er Jahre und Ende der 90er Jahre; diese beiden starken Erhöhungen gingen jedoch jeweils mit einer weitgehenden Streichung der Steuerfreibeträge einher.

Tab. 5: Entwicklung der monatlichen Kindergeldzahlungen
Quelle: Münch 1990, S. 79 und eigene Zusammenstellung

Entwicklung der monatlichen Kindergeldzahlungen in DM	1. Kind	2. Kind	ab 3./4. Kind
1955	-	-	25
1957	-	-	30
1959	-	-	40
1961	-	25	40
1964	-	25	50/70
1970	-	25	60/70
1975	50	70	120
1978	50	80	150
1979	50	100	200
1981	50	120	240
1983	50	100	220
1990	50	130	220/240
1992	70	130	220/240
1997	220	220	300/350
2000	270	270	300/350
2002	301 (154 €)	301 (154 €)	301/350 (154/179 €)

Es ist wichtig zu verstehen, dass es sich bei Steuergerechtigkeit und Familienförderung um zwei voneinander verschiedene Zielsetzungen handelt, die aber beide mit ein und derselben Maßnahme, dem Kindergeld, umgesetzt werden können (Wingen 1997, S. 183). Wenn das Kindergeld eine solche Höhe erreicht, dass es auch bei höheren Einkommen der Wirkung eines Kinderfreibetrages gleichkommt, wirkt es für höhere Einkommen zur Herstellung von Steuergerechtigkeit, während es bei Familien mit niedrigeren Einkommen, die ja zu wenig Steuern zahlen, um von Steuerfreibeträgen überhaupt profitieren zu können, als Familienförderung wirkt.

Als Ergebnis einer langwierigen Diskussion über mehrere Jahre wurden schließlich seit 1996 Kinderfreibetrag und Kindergeld in Form eines sogenannten Optionsmodells zusammengefasst. Das bedeutet: Die Eltern können zwischen Kindergeld und Kinderfreibetrag wählen; eine Leistungsform schließt die andere aus. Wenn ein Berechtigter Kindergeld erhalten hat, aber die Berücksichtigung eines Kinderfreibetrages für ihn günstiger gewesen wäre, also eine höhere Steuerentlastung bewirkt hätte als das erhaltene Kindergeld ausmacht, wird der entsprechende Betrag mit dem Lohnsteuerjahresausgleich ohne besonderen Antrag nachgezahlt. Für den größten Teil der Eltern ist es günstiger, Kindergeld zu erhalten. Nur ca. 20 Prozent der Familien haben ein so hohes Einkommen, dass sie vom Freibetrag mehr profitieren. Sie können damit Steuerabzüge geltend machen, die über den entsprechenden Kindergeldbeträgen liegen.

Kindergeld und Kinderfreibeträge (Stand 2002)

Kindergeld:

1., 2. und 3. Kind	154 €/Monat
4. und jedes weitere Kind	179 €/Monat

Kinderfreibeträge:

Existenzieller Sachbedarf	3.648 €/Jahr
Betreuungs-, Erziehungs- oder Ausbildungsbedarf	2.160 €/Jahr
Kinderfreibeträge gesamt:	5.808 €/Jahr
max. Abzugsbetrag pro Monat bei Höchststeuersatz:	235 €/Monat

Freibetrag für erwerbsbedingte Kinderbetreuungskosten
(absetzbar bei nachgewiesenen Kosten über 1.538 €): 1.500 €/Jahr

---

Das bedeutet nicht, dass wohlhabende Familien mehr Familienlastenausgleich erhalten als Familien mit mittlerem oder niedrigem Einkommen. Das Kindergeld dient der Förderung der Familie nur insoweit, als es nicht zur steuerlichen Freistellung eines Einkommensbetrages in Höhe des Existenzminimums eines Kindes erforderlich ist. Bei höheren Einkommen bedeutet folglich das Kindergeld nichts anderes als die Herstellung von Steuergerechtigkeit; bei mittleren Einkommen wirkt ein kleinerer Teil des Kindergelds als Familienförderung; und nur bei niedrigen Einkommen kann das Kindergeld in voller Höhe als Familienförderung bzw. Familienlastenausgleich bezeichnet werden. Auf der Makroebene bedeutet das: Von den Gesamtaufwendungen für Kindergeld dienen rund 60 Prozent der Herstellung von Steuergerechtigkeit und nur 40 Prozent dem Familienlastenausgleich (Wingen 1997, S. 189). Die folgende Abbildung zeigt das sehr plastisch:

Abb. 3: Kindergeld als Förderung bzw. Rückerstattung von zu viel gezahlten Steuern
   Abbildung aus: Konzept des Familienbundes 2001.

a) Stand 1999

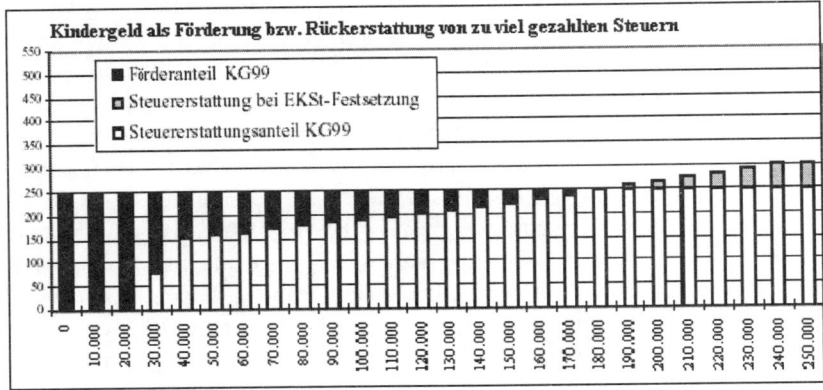

b) Stand 2000

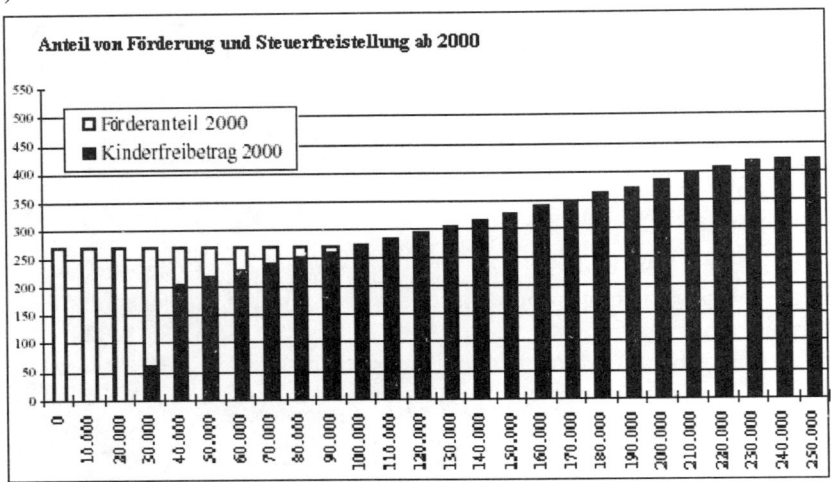

Nun ist eine solche verdeckte Steuerrückzahlung in Form von Kindergeld sozialpolitisch nicht unproblematisch. Grundsätzlich wäre zu fordern, dass sowohl die Besteuerung wie auch die Sozialtransfers in einer für die Bürger transparenten Weise erfolgen (Lüdeke 2000). Das ist - wie die vorangegangenen langwierigen Erläuterungen deutlich gemacht haben - beim Kindergeld nicht der Fall. Der politische Vorteil einer solchen Lösung liegt auf der Hand: Scheinbar sehr hohe Kindergeld-Beträge geben das Signal einer aktiven Unterstützung von Familien; die gleich hohen Beträge für alle Kinder unabhängig vom Einkommen der Eltern erwecken den Eindruck: Hier wird familienpolitisch horizontal umverteilt, alle Kinder sind dem Staat gleich viel wert. De facto wird aber den Eltern zu einem großen Teil lediglich zuviel eingezogene Steuer zurückgezahlt. Elegant ist die Lösung deshalb, weil dadurch Familien mit geringem Einkommen stark gefördert werden, ohne dass dies als Fürsorge-Leistung im Stil der Sozialhilfe erscheint. Alle Familien bekommen den gleichen Betrag an Kindergeld pro Kind; dennoch ist der Förderanteil bei ärmeren Familien viel höher. Problematisch ist an dieser Lösung hingegen, dass Familien mit mittlerem und höherem Einkommen systematisch über den Umfang der Transfers zu ihren Gunsten im Unklaren gelassen werden.

Das Kindergeld wird entweder durch die Arbeitgeber mit der Lohnsteuerschuld verrechnet oder durch Familienkassen der Arbeitsämter ausgezahlt. Bei Betrieben mit weniger als 50 Beschäftigten ist der Arbeitgeber nicht zur Abwicklung der Zahlungen verpflichtet. Steuerfreibeträge und als Abschlag von der Steuerschuld gezahltes Kindergeld mindern das gesamte Einkommensteueraufkommen, das im Verhältnis 42,5 zu 42,5 zu 15 zwischen Bund, Ländern und Gemeinden aufgeteilt wird. Durch eine Umverteilung des Umsatzsteueraufkommens wird jedoch dafür gesorgt, dass die Kosten des Familienlastenausgleichs, d.h. des Gesamtvolumens des Ausfalls an Einkommensteuer, im Verhältnis von 74:26 Prozent von Bund und Ländern getragen werden (Wingen 1997, S. 190).

Zusammenfassend lassen sich die Transferströme zwischen den Familie und dem Staat wie folgt darstellen:

Abb. 4: Familienpolitische Transferströme.
    Abbildung aus: Lampert 1986, S. 34.

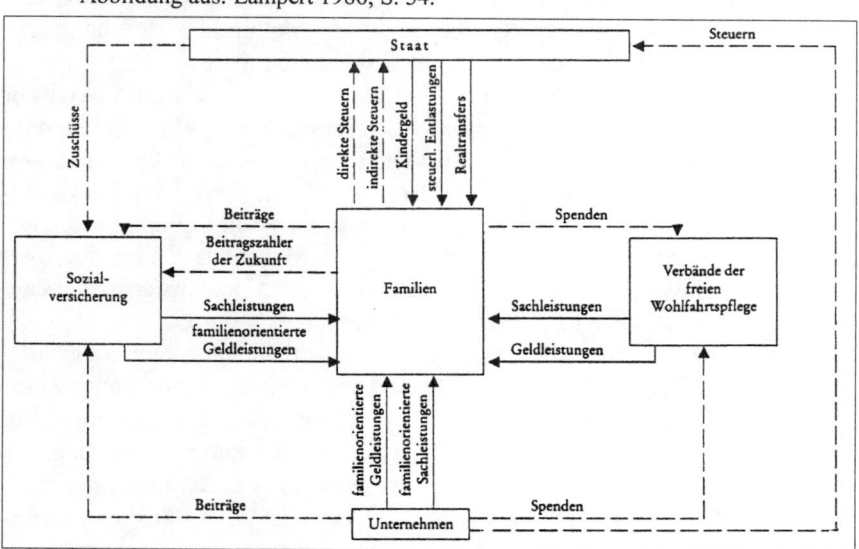

4.3 Wer soll die Kinderkosten tragen?

In welcher Höhe soll nun der Staat die Kinderkosten ausgleichen? Soll er eine vollständige Übernahme aller Kinderkosten versuchen? Konsens ist bisher, dass es stets nur um eine teilweise Übernahme der Kinderkosten gehen soll. Das unserem Sozialstaat zugrunde liegende Prinzip der Eigenverantwortlichkeit und der Subsidiarität, das zunächst einmal dem einzelnen Bürger die Verantwortung für seinen Unterhalt zuweist, bedeutet in erster Linie eine Verantwortung der Eltern für ihre Kinder, in erzieherischer wie in materieller Hinsicht. Lange Zeit stimmten alle Parteien in der Bundesrepublik darin überein, dass für den Familienlastenausgleich der Grundsatz des nur teilweisen Ausgleichs zu gelten habe (Wingen 1997, S. 158).

> Familienlastenausgleich leistet einen teilweisen Ausgleich der finanziellen Benachteiligung von Familien gegenüber Kinderlosen.

Es ist aus systematischen Gründen wichtig, Steuerfreibeträge bzw. die Steueranteile des Kindergelds von den eigentlichen Einkommensumverteilungen (Transfereinkommen) sorgfältig zu unterscheiden (Wingen 1997, S. 183). Trotzdem ist bereits die Herstellung horizontaler Steuergerechtigkeit ein erster Schritt zu einem echten Familienlastenausgleich. Noch 1976 ging das Gericht davon aus, dass die volle steuerliche Berücksichtigung der Unterhaltsleistungen vor dem Hintergrund der sonstigen staatlichen Leistungen für Kinder nicht geboten sei (Gerlach 2000, S. 24).

In der DDR war dies grundsätzlich anders. Für das Jahr 1988 lässt sich zeigen, dass vor der Wende in Ostdeutschland die Kinderkosten bei einem Kind zu 82 Prozent, bei zwei Kindern zu 87 Prozent und bei drei und mehr Kindern sogar zu 92 Prozent vom Kollektiv übernommen wurden, während dieser Anteil in der BRD sich bei 25 Prozent bewegt und drei Viertel der Kinderkosten privat getragen werden (von Schweitzer 1991). Dies scheint den staatlichen Anteil angesichts eines Kindergeldes von mittlerweile 154 € pro Kind niedrig zu rechnen, aber andererseits ist für viele Familien der eigentliche Förderanteil des Kindergeldes nur klein ist und gleicht die langfristigen Opportunitätskosten nur in geringem Maße aus. Heinz Lampert geht sogar davon aus, dass die staatlichen Familienlaustenausgleichsleistungen „keinesfalls 15 Prozent der Gesamtaufwendungen übersteigen" (Lampert 1996, S. 183). Natürlich sind diese Anteile stark vom Haushaltstyp abhängig, und der Transferanteil steigt bei niedrigem Familieneinkommen. Doch selbst für den Haushalt einer alleinerziehenden Hilfsarbeiterin mit zwei Kindern ergibt sich eine Transferrate, die kaum höher liegt als 25 Prozent (Lampert 1996, S. 184). Nach neuesten Berechnungen des Wissenschaftlichen Beirats für Familienfragen beträgt der Anteil der Kinderkosten, die vom Staat durch Sachleistungen oder monetäre Transfers übernommen werden, zwischen 20,8 und 45,1 Prozent, je nach Familienform und Wohnort.

Tab. 1: Anteil der durch öffentliche Aufwendungen übernommenen Kinderkosten in Prozent (1996)
Quelle: Gerechtigkeit für Familien 2001, S. 159, Tab. 6-3

	Westdeutschland	Ostdeutschland
Ehepaar mit einem Kind	20,8%	28,8%
Ehepaar mit zwei Kindern	27,0%	34,8%
Ehepaar mit drei Kindern	28,7%	36,4%
Alleinerziehende mit einem Kind	30,4%	45,1%

Das ist natürlich kein Zufall, sondern politisch so gewollt. Die Bundesregierung versteht ihre familienpolitischen Maßnahmen als Hilfe zur Selbsthilfe. Im Sinne des Subsidiaritätsprinzips sollte - nach der Konzeption der christlich-liberalen Koalition seit 1982 - das einkommensabhängige Kindergeld vorrangig eine Ergänzung für die Familien sein, bei denen die Kinderfreibeträge zur Hilfe nicht ausreichten (Bundesministerium für Familie und Senioren 1993, S. 99). Dazu kommt eine parteipolitische Kontroverse: Die CDU/CSU strebte zumeist eine Regelung an, die einen Ausgleich zwischen Kinderlosen und Familien mit Kindern innerhalb einer sozialen Schicht zum Inhalt hatte (familienbezogener Lastenausgleich). Dagegen bevorzugte die SPD stets eine einheitliche Zahlung an alle Eltern, um deren gleichwertige Erziehungsleistung hervorzuheben (gesellschaftsbezogener Lastenausgleich). Folglich setzten sich CDU/CSU-geführte Regierungen in der Regel für Steuerfreibeträge ein, die ja bei steigendem Einkommen eine progressive Entlastungswirkung haben, während SPD-Regierungen direkte Kindergeldzahlungen ohne Freibeträge einführten (Münch 1990, S. 74f.).

Im politischen Kräftespiel dümpelte so das Kindergeld jahrzehntelang auf vergleichsweise niedrigem Niveau. Doch 1990 legte das Bundesverfassungsgericht im ersten der spektakulären Familienurteile fest, das Existenzminimum sämtlicher Familienmitglieder müsse steuerfrei bleiben. Dies sei auch unter Berücksichtigung schwieriger öffentlicher Haushaltslagen zu gewährleisten. Ein eigentlicher Familienlastenausgleich beginne erst, wenn horizontale Steuergerechtigkeit voll verwirklicht sei. Wie hoch und mit welchen Mitteln der Familienlastenausgleich zu gestalten ist, sei allerdings Sache des Gesetzgebers (Gerlach 2000, S. 24). Schon die Herstellung von Steuergerechtigkeit ist ein komplexeres Ziel, als es zunächst den Anschein haben mag. Denn es muss ja festgelegt werden, in welcher Höhe die Aufwendungen für Kinder unumgänglich sind und deshalb die steuerliche Leistungsfähigkeit der Eltern mindern, und welche Aufwendungen andererseits als Aufwendungen der persönlichen Lebensführung nicht steuermindernd wirken können. Das komplizierte deutsche Steuerrecht macht die familiengerechte Besteuerung nicht gerade leichter. Die Sachverständigen-Kommission für den Fünften Familienbericht war z.B. der Auffassung, dass ein Ausgleich für Eltern nicht erst dann geschaffen werden muss, wenn diese die Aufwendungen für Kinder subjektiv als „Lasten" empfinden, sondern grundsätzlich aus Gründen sozialer Gerechtigkeit und aufgrund des Interesses der Gesellschaft an der Sicherung ihrer Zukunft (Wingen 1997, S. 186).

Der Grundsatz horizontaler Steuergerechtigkeit ist im Prinzip unbestritten, problematisch wird er in seiner Konkretisierung nach dem sogenannten Nettoprinzip. Das bedeutet: Der Staat darf nur auf diejenigen Einkommensanteile des Steuerpflichtigen zugreifen, die tatsächlich verfügbar sind. Unumstritten ist, dass die Aufwendungen für die Ermöglichung des Erwerbs (die „Werbungskosten") von der Bemessungsgrundlage abgezogen werden müssen, denn Aufwendungen, ohne die überhaupt kein steuerpflichtiges Einkommen erzielt werden würde, dürfen nicht selbst besteuert werden. Heftig umstritten ist jedoch unter Steuertheoretikern, ob auch die für den Lebensbedarf notwendigen Aufwendungen abgezogen werden dürfen. Das Verfassungsgericht und die meisten Familienpolitiker sind dieser Auffassung. Dass dadurch die Entlastungswirkung bei steigendem Einkommen immer größer wird, sei insofern falsch herum argumentiert, da in Wirklichkeit nur ein Ausgleich geschaffen wird zu der höheren Mehrbelastung, welche die Eltern ohne den Freibetrag sonst treffen würde. Vertreter der sogenannten Betrieblichen Steuerlehre halten dagegen die Kinderfreibeträge für eine reine Sozialzwecknorm, deren Zielsetzung besser außerhalb des Steuersystems zu realisieren wäre (Althammer 2000, S. 218f.).

Der Wissenschaftliche Beirat für Familienfragen beim Bundesministerium für Familie, Senioren, Frauen und Jugend hat im Verlauf der 1990er Jahre, unisono mit dem Bundesverfassungsgericht, immer wieder sowohl die Freistellung des Existenzminimums für Kinder als auch eine existenzsichernde Einkommenshilfe für mittellose Familien gefordert, d.h. letztlich die Integration der Sozialhilfe in die allgemeine finanzielle Förderung von Familien (Wissenschaftlicher Beirat 1995, S. 6f.). Ein weiteres Urteil 1998 legte konkret fest, die Höhe des Existenzminimums für Kinder entspreche mindestens der Höhe des Sozialhilfesatzes und müsse entsprechend berücksichtigt werden (Gerlach 2000, S. 25). Vor allem aber entwickelte das Verfassungsgericht den Begriff des Existenzminimums weiter. Nicht mehr nur der Unterhalt müsse berücksichtigt werden, sondern auch Erziehungs- und Betreuungsbedarf der Kinder. Anlass für diese Festlegung war der Haushaltsfreibetrag für Alleinerziehende. Dieser war geschaffen worden, um Alleinerziehenden einen Ausgleich für die Wirkungen des Ehegattensplittings zu verschaffen. Geklagt hatten nun Familienverbände, dass die Bevorzugung von Alleinerziehenden die Lebensform Ehe diskriminiere. Spektakulär entschied das Gericht, dass in der Tat alle Familien, nicht nur Alleinerziehende, ein Recht auf die steuerliche Berücksichtigung des Betreuungs- und Erziehungsbedarfs von Kindern hätten. Und es setzte den Gesetzgeber auch zeitlich unter starken Druck, indem es verfügte, dass bei fehlender gesetzlicher Umsetzung automatisch ab dem 1. Januar 2002 der Betreuungsfreibetrag der Alleinerziehenden auch für Verheiratete zu gelten habe (Gerlach 2000, S. 26).

Dieses Urteil hat weitreichende Auswirkungen. Zwar stimmen die im Auftrag des Bundesfamilienministeriums angefertigten Expertisen darin überein, dass die Betreuungs- und Erziehungskosten durch eine Erhöhung des Kindergelds und die Erhöhung von Freibeträgen berücksichtigt werden sollten. Zugleich weisen sie aber auch darauf hin, dass damit das Ehegattensplitting eindeutig nur mehr als Eheförderung angesprochen werden könne, da ja andernfalls Verheiratete doppelt für den Betreuungsaufwand begünstigt würden, einmal durch den Freibetrag und zum anderen durch den Splittingvorteil. Insofern stellt sich die Frage nach der Berechtigung des Ehegattensplittings schärfer als zuvor. Weiterhin kann gefragt werden, ob nicht auch die Bemessung der Sozialhilfesätze zukünftig den Betreuungs- und Erziehungsbedarf von Kindern zu berücksichtigen hat. Denn bisher bemaß sich das steuerlich zu verschonende Existenzminimum des Kindes an den Sozialhilferegelsätzen. Sehr strittig ist weiterhin, ob tatsächlich ein Betreuungs- und Erziehungsaufwand, der nicht mit Ausgaben verbunden ist (weil die Eltern das Kind betreuen), steuermindernd wirken kann. Das Prinzip der horizontalen Steuergerechtigkeit bezog sich bisher ausschließlich auf einen nach Einkommen und Ausgaben bemessenen Begriff der Leistungsfähigkeit (Roellecke 2001). Insofern hat dieses Urteil sozialpolitisch Neuland betreten und eine klare politische Stoßrichtung: Die Aufwertung der Familienarbeit.

Man kann aber noch viel weiter gehen. Das Sozialsystem der Bundesrepublik Deutschland hat bestimmte lebenslaufbedingte Kosten und Risiken sozialisiert, d.h. der Solidarität der Gemeinschaft überantwortet. So verteilt die Sozialversicherung die Kosten für Krankheit, Unfall, Alter und Pflegebedürftigkeit auf alle Beitragszahler, sie sozialisiert diese Kosten. Dagegen bleiben die Kosten für die Kinder, die ja die Grundlage für den Bestand der Sozialversicherungen bildet, Sache der Eltern, sie bleiben privatisiert. Dies führt zu einem fundamentalen Ungleichgewicht in der Risiko- und Kostenverteilung, die durch die bedeutsamen Rentenerhöhungen seit den 1970er Jahren immer deutlicher wurde und sich heute in der erheblich gestiegenen Sozialhilfebedürftigkeit von Kindern spiegelt.

Diese Bezugnahme auf die Zukunft bildet den Kern des sogenannten „Generationenvertrages", welcher der sozialen Rentenversicherung zugrunde liegt. Die historische Entwicklung westeuropäischer Wohlfahrtsstaaten ist von Beginn an dadurch gekennzeichnet, dass der Staat in zunehmendem Maße eine Verantwortung für die materielle Absicherung der älteren Generation übernimmt, während die Verantwortung für die nachwachsende Generation an die Eltern delegiert bleibt. Diese spezifische Form des Generationenvertrages ist mit der „Großen Rentenreform" von 1957 in der Bundesrepublik institutionalisiert worden. Ausgangspunkt der damals eingeführten „dynamischen Rente" ist die sogenannte Mackenroth-These, wonach aller Sozialaufwand stets aus dem Bruttosozialprodukt der jeweils laufenden Periode abgezweigt werden und daher immer die Kindergeneration für den Unterhalt der Altengeneration sorgen muss. Aus volkswirtschaftlicher Sicht ist daher jede Alterssicherung ein Umlageverfahren. Zentrale Voraussetzung für das Funktionieren der umlagefinanzierten Alterssicherung ist allerdings, dass die jeweils nachwachsende Kindergeneration versorgt und erzogen wird. Diese Leistung müssen Eltern stets für die Kinderlosen mit erbringen. Insofern sind an der umlagefinanzierten Alterssicherung explizit nur zwei Generationen beteiligt: Die Erwerbstätigen im Erwachsenenalter finanzieren durch ihre Beiträge die laufenden Renten der Alten. Gleichzeitig begründen sie damit Rentenansprüche gegenüber der nachwachsenden, erst später erwerbstätigen Generation. Implizit wird allerdings vorausgesetzt, dass die Erwachsenen gleichzeitig an der Reproduktion des Humanvermögens mitwirken (Olk/Mierendorff 1998, S. 38-43).

Der Generationenvertrag

„Was du für deine Eltern tust, werden dereinst deine Kinder für dich tun."

Indem die Renten aus den laufenden Beiträgen der Erwerbstätigen finanziert werden, aber Eltern die Kosten für Kinder überwiegend selbst tragen müssen, werden Alterslasten sozialisiert, Kinderlasten dagegen privatisiert. Kinderlosigkeit wird durch ein solches System ökonomisch prämiert, denn Kinderlose erhalten Rente, ohne zur Reproduktion des Humankapitals beigetragen zu haben.

Die Alterung der Bevölkerung und die damit verbundenen Folgen für die umlagefinanzierte Alterssicherung werden in der öffentlichen Diskussion häufig als „Zeitbombe" dramatisiert und in Begriffe wie Alterslast oder Rentnerberg gefasst. Denn tatsächlich ist die Alterung der Bevölkerung zugleich Ursache und Folge des Ungleichgewichts im Generationenvertrag: Weil Kinderlosigkeit ökonomisch begünstigt wird, nimmt sie weiter zu. Je mehr Menschen jedoch ohne Kinder leben und damit die eine Seite des Generationenvertrags aufkündigen, um so mehr werden diejenigen belastet, die noch Kinder erziehen, denn sie müssen einerseits die immer mehr steigenden Beiträge zur Rentenversicherung leisten und andererseits ihre Kinder erziehen (Schmähl 1999). Die Gleichstellung von Kindererziehungsleistungen und Beitragsleistungen für den Erwerb von Ansprüchen in der Rentenversicherung ist deshalb eines der großen Themen der Familienpolitik seit den 90er Jahren.

Vor diese Fragen war das Bundesverfassungsgericht 1992 zum ersten Mal gestellt. Es ging um die Frage, in wie weit Kindererziehungszeiten in der gesetzlichen Rentenversicherung zu berücksichtigen seien. Das Gericht sah hier eindeutig Reformbedarf. Das bestehende Alterssicherungssystem führe zu einer Benachteiligung von Personen, die sich innerhalb der Familie der Kindererziehung widmen, gegenüber kinderlosen Personen, die durchgängig einer Erwerbstätigkeit nachgehen können. Im Ergebnis führe die bisherige Ausgestaltung der Rentenversicherung zu einer Benachteiligung der Familie, namentlich der Familie mit mehreren Kindern. Dieses grundsätzliche Ungleichgewicht sei bei jeder weiteren Reform des Gesetzes schrittweise abzubauen (Gerlach 2000, S. 25f.).

Im Ergebnis zeigt sich, dass zentrale Felder der Familienpolitik nicht durch den Gesetzgeber, nicht durch die Verwaltung, sondern durch die Legislative aktiv besetzt wurden. Noch viel weitgehender: Das Gericht forderte in letzter Konsequenz zum Umbau des gesamten Systems der sozialen Sicherungssysteme, insbesondere der Rentenversicherung auf: Familienarbeit müsse darin angemessen und leistungsbegründend, also in gleicher Weise wie monetäre Beiträge, berücksichtigt werden. Diese Argumentation hat das Gericht in seinem Urteil von 2001 über die Soziale Pflegeversicherung fortgeführt. Auch hier betont es die Gleichwertigkeit monetärer und generativer Beiträge zu Renten- und Pflegeversicherung. Da gleichzeitig mit jedem neuen Reformschritt die Familienleistungen stärker berücksichtigt werden müssten, wurde es für unzulässig erklärt, dass die Pflegeversicherung analog zur Rentenversicherung finanziert wird. Dem klagenden Organisten und Vater von 10 Kindern wurde in diesem Urteil Recht gegeben: Seine Aufwendungen für Kinder würden nur teilweise ausgeglichen, seien aber die Voraussetzung für das Funktionieren des Generationenvertrages in der nächsten Generation. Darüber hinaus sei für ihn persönlich die Wahrscheinlichkeit, auf stationäre Pflege angewiesen zu sein, geringer als für Kinderlose. Damit ist es für nicht rechtens erklärt worden, dass die Beiträge für die Pflegeversicherung für Kinderhabende und Kinderlose gleich hoch sind. Dieses Urteil hebelt einen Grundsatz des Versicherungsprinzips endgültig aus: Die Abhängigkeit des Leistungszugangs und der Leistungshöhe von den zuvor geleisteten monetären Beiträgen.

Diese Tendenz der Karlsruher Urteile zu immer schärferer Gangart ist kein Zufall, sondern die Reaktion darauf, dass „die Politik die Familie in verfassungswidriger Weise verkommen lassen" hat (Der Spiegel 15/2001). Zugleich weist es eindringlich auf die demographischen Folgen hin. Während die Kinder später die Leistungen aller, auch der kinderlosen Senioren, sichern helfen, konzentrieren sich alle Nachteile bei den Eltern: Sie zahlen für Erziehung und Unterhalt der Kinder, nehmen durch Erwerbsunterbrechung hohe indirekte Kosten in Kauf und büßen dadurch auch noch Rentenansprüche ein. Rentnerehepaare, die nie Kinder zu versorgen hatten, haben deutlich höhere durchschnittliche Renten als Paare, die mehrere Kinder aufzogen. Zwar werden, als Reaktion auf das Urteil von 1992, mittlerweile drei Erziehungsjahre pro Kind in der Rentenversicherung anerkannt, aber nur zu einem niedrigen Durchschnittsbeitragssatz, der sich z.B. bei drei Kindern und angerechneten neun Erziehungsjahren lediglich zu einem Rentenanspruch von um die 230 € summiert.

Familienpolitische Zwickmühlen des Generationenvertrages

Im Umlageverfahren der Rentenversicherung entstehen Rentenansprüche durch Beitragszahlung der Eltern und der Kinderlosen. Bezahlt werden alle laufenden Renten, auch die der Kinderlosen, aber ausschließlich durch die Beiträge der Kinder. Bezahlen für die Erziehung der Kinder müssen aber deren Eltern. Sie zahlen also doppelt in die Sozialversicherungen ein, durch Beiträge und durch Kinderlasten, aber erhalten - wegen der familienbedingten Erwerbsunterbrechung - weniger Versicherungsleistung als die Kinderlosen.

Je weniger Kinder es gibt, desto ungerechter ist das Umlagesystem der Sozialversicherungen. Und je ungerechter die wenigen, die noch Kinder aufziehen, behandelt werden - desto weniger Kinder wird es geben.

Die bisher angeführten Überlegungen dienten im Wesentlichen dem Ziel, Gerechtigkeit zwischen Kinderhabenden und Kinderlosen herzustellen, und zwar auch in einer biographischen Längsschnittperspektive. Allerdings können unterschiedliche Formen von Gerechtigkeit unterschieden werden. Familienlastenausgleich ist nicht nur eine Frage der Verteilungsgerechtigkeit, d.h. des Versuchs, das knappe Gut Alterssicherung und das ebenso knappe Gut Lebensstandard gerecht zwischen Kinderhabenden und Kinderlosen zu verteilen. Es geht auch um die Frage der Bedarfsgerechtigkeit, d.h. den Anspruch des Staates, die sozioökonomischen Rahmenbedingungen so zu gestalten, dass der Bedarf (existenzieller Sachbedarf; Erziehungs-, Betreuungs- und Ausbildungsbedarf) aller Kinder gedeckt ist und sie kein Armutsrisiko für ihre Eltern darstellen. Es lässt sich zeigen, dass das sozialstaatliche Sicherungssystem der Bundesrepublik Deutschland die Folgen der „strukturellen Rücksichtslosigkeit" der Wirtschaft gegenüber Kindern nicht nur nicht vollständig kompensiert, sondern vielmehr in das System der Sozialtransfers hinein verlängert.

Das System der Sozialen Sicherung sieht außerhalb der Sozialhilfe nur indirekte Leistungen für Kinder vor, sie genießen weder politisch das Bürgerrecht (Kinder dürfen nicht wählen), noch sind sie Sozialstaatsbürger mit eigenen Ansprüchen, sondern müssen diese weitgehend indirekt über ihre Eltern realisieren. Der Familienlastenausgleich setzt nicht direkt bei der Lebenslage von Kindern an, sondern stellt ein Instrument der Förderung von Eltern dar. „Kinder sind, wie der Begriff ‚Familienlastenausgleich' klarstellt, keine produktiven Mitglieder der Gesellschaft, sondern vielmehr eine ‚Last' für ihre Eltern, vergleichbar mit der Last von Kriegsfolgen, Katastrophen und sonstigen kollektiven Schicksalsschlägen. Die sozialstaatliche Kompensation der Kinderlasten erscheint dann als ‚Vergünstigung', deren Berechtigung und Höhe sich stets in der Konkurrenz zu anderen staatlichen Vergünstigungen behaupten muss. Hiermit wird zugleich die herrschende Auffassung bestätigt, wonach Kinder ihren Eltern ‚gehören' (...) Da in dieser Konstruktion die private Letztverantwortung der Eltern für ihre Kinder

100

stets als Voraussetzung mitgedacht wird, begünstigt diese Konstruktion zudem politische Strategien, die darauf hinauslaufen, im Falle der Intensivierung von Verteilungskonflikten die Verantwortung für die Gewährleistung des Unterhalts der Kinder wieder stärker an die Familien zurückzugeben." (Olk/Mierendorff 1998, hier S. 44)

Dahinter steht natürlich eine grundsätzlichere Motivation, die es gerecht erscheinen lässt, dass Familien stärker als die Allgemeinheit gefördert werden. Kinder haben nicht nur einen direkten Nutzen für ihre Eltern, sondern die Gesamtheit der nachwachsenden Generation hat eine große Bedeutung für die gesamte Gesellschaft, sie bildet deren Humankapital. Die wichtigsten „externen Effekte" des Kinderhabens sind:

– Eine nachwachsende Generation, die in der Lage ist, hohe Einkommen zu verdienen, bildet die Basis eines umlagefinanzierten Alterssicherungssystems

– Eine größere Anzahl Steuerzahler reduziert für den einzelnen die Kosten für die von Seiten des Staates bereitgestellten öffentlichen Güter

– Das längerfristige wirtschaftliche Wachstum hängt von der Humankapitalbildung der nächsten Generation und von der Innovationsfähigkeit einer sich regelmäßig verjüngenden Gesellschaft ab.

– Der Bestand der Institution Familie ist selbst ein öffentliches Gut, das als gelebte Norm Stabilität in die Gesellschaft bringt (Ott 2000).

Aktive Familienförderung ist insofern auch ökonomisch geboten. Das genaue Verhältnis zwischen kollektiver Kostenübernahme und individueller Verantwortung der Eltern bleibt aber am Ende eine politische und eine Wertentscheidung.

Ein letzter Aspekt soll benannt werden. Familienpolitische Transfers belasten das Sozialbudget enorm, da sie einer sehr großen Zahl von Berechtigten zukommen. Gerade wenn man den Familienlastenausgleich als Form öffentlicher Anerkennung für die Erziehungsleistung der Eltern ansieht und damit alle Eltern unabhängig von ihrem Einkommen darauf ein Anrecht haben, führt dies zu einem hohen öffentlichen Aufwand bei vergleichsweise geringem individuellen Nutzen der familienpolitischen Leistungen. Für wirklich bedürftige Familien ist das Kindergeld noch immer zu niedrig, um sie wirklich vor Armut zu schützen; für wohlhabende Familien ist das Kindergeld eine vernachlässigbare Größe. Gleichzeitig bleibt das familienpolitische Interesse auf finanzielle Fragen fokussiert und vernachlässigt andere Bereiche der Familienpolitik, die dringend mit Phantasie und Initiative ausgestaltet werden sollten (Münch 1990, S. 191f.). Die Urteile des Bundesverfassungsgerichts seit 1990 belegen diese Tendenz eindrucksvoll.

5. Vereinbarkeit von Familie und Beruf

Neben dem Familienlastenausgleich handelt es sich bei der Vereinbarkeit von Familie und Beruf um das zweite große Thema der Familienpolitik. Dieser Politikbereich setzt sich aus mehreren Feldern zusammen, einerseits gesetzgeberischen Maßnahmen auf Bundesebene, welche die Freistellung von Eltern für Erziehungsleistungen regeln, andererseits sozialen Dienstleistungen auf lokaler Ebene zur Betreuung von Kindern. Stärker als in anderen Bereichen der Familienpolitik stehen hinter der Gestaltung der konkreten politischen Maßnahmen grundlegende Fragen: Welche Rolle schreiben politische Rahmenbedingungen Vätern und Müttern zu? Welchen Beitrag kann die Familienpolitik zur Realisierung von tatsächlicher Gleichstellung der Geschlechter leisten? Darf der Staat bestimmte Lebensentwürfe stärker fördern als andere, oder muss er in erster Linie Wahlfreiheit gewährleisten? Welche Betreuungsform in der frühen Kindheit erscheint einer Gesellschaft wünschenswert und angemessen? Welche Verantwortung hat die Wirtschaft gegenüber den Familien?

5.1 Mutterschutz, Elternurlaub, Erziehungsgeld

In traditionellen, ländlichen Lebensformen hatten Schwangerschaft, Geburt und Kindbett im Alltag Platz. Es gab keine klare Trennung von Arbeit und Freizeit, Familie und Berufswelt, beide Lebenswelten waren räumlich und zeitlich ungeteilt. Frauen auf dem Lande arbeiteten in der Regel bis zum Tag der Geburt, wobei sie in einer Welt ohne feste Zeiten flexibel auf ihre körperlichen Bedürfnisse Rücksicht nehmen konnten. Es lässt sich zeigen, dass die Kindersterblichkeit bei im Winter geborenen Kindern geringer war, weil in dieser Jahreszeit wenig Arbeit auf den Feldern anfiel und sich Frauen eher ihren Neugeborenen widmen konnten. Am höchsten war die Säuglingssterblichkeit im Juli und August, dem Höhepunkt ländlicher Arbeit. Geburt und Wochenbett waren von einem Kranz traditioneller Unterstützungen umgeben: Nachbarinnen und weibliche Verwandte sorgten für die Wöchnerin, brachten ihr Nahrungsmittel und Säuglingsausstattung und ermöglichten eine Ruhephase nach der Geburt. Die Bäuerin konnte ihr Neugeborenes an alle ihre Arbeitsstellen mitnehmen. Spezifische Formen der Säuglingspflege, insbesondere das Wickeln in feste Windeln, sicherten das Kind vor Unfällen und Gefahren, indem seine Beweglichkeit lange stark beschränkt wurde. Außerhalb der Wiege war der Platz eines Säuglings auf dem Arm der Mutter. Daher waren Unfälle (in den Brunnen fallen, sich am Feuer verbrennen) die häufigste Todesursache für kleine Kinder im 2. und

3. Lebensjahr, während die ganz Kleinen davor geschützt werden konnten. Das Stillen war im ländlichen Raum ebenfalls eine Selbstverständlichkeit; nur in Ausnahmefällen gaben z.B. adlige, in der Stadt lebende oder sehr arme Frauen ihr Kind zu einer Amme (Hufton 1997).

Mit der Industrialisierung änderte sich dieses Muster grundlegend: Arbeitsstätte und Wohnung wurden getrennt; Mütter mussten sich von ihren Kindern trennen, wenn sie erwerbstätig sein wollten. Das bedeutete zunächst: Frauen, die auf den Verdienst angewiesen waren, versuchten ihre Schwangerschaft geheim zu halten, um eine Entlassung zu vermeiden, und sie versuchten so lange wie möglich zu arbeiten. Arbeitgeber entließen werdende Mütter, weil sie deren Leistungsminderung fürchteten. Der maschinengebundene industrielle Arbeitsrhythmus ließ keine individuellen Ruhepausen zu. Nach der Entbindung hatten Industriearbeiterinnen nur die Wahl zwischen sofortiger Rückkehr an ihren Arbeitsplatz oder Kündigung. Die Folge war ein massives Ansteigen der Säuglingssterblichkeit und der Müttersterblichkeit bei Industriearbeiterinnen. Am allgemeinen Rückgang der Säuglingssterblichkeit am Ende des 19. Jahrhunderts nahmen die Arbeiterinnen nicht teil. 1890 lag die Säuglingssterblichkeit im Berliner Arbeiterviertel Wedding bei über 30 Prozent. August Bebel brandmarkte in seinem berühmten Buch „Die Frau und der Sozialismus" diese Verhältnisse und wies darauf hin, dass bei einer durchschnittlichen Säuglingssterblichkeit von 22 Prozent in Preußen im Jahre 1878 die Neugeborenen der Spiegelbelegerinnen zu 65 Prozent, der Glasschleiferinnen zu 55 Prozent und der Bleiarbeiterinnen zu 40 Prozent im ersten Lebensjahr starben (Bebel 1889, S. 231). Durch frühe Heirat, mangelhafte Geburtenkontrolle und fehlendes Stillen brachten Arbeiterinnen darüber hinaus besonders viele Kinder zur Welt, was die Gesundheit der Mütter schwächte (Rosenbaum 1982, S. 432-435).

Im Zuge der Einführung der Sozialversicherungen wurde auch dieser Missstand in einer für das damalige Europa vorbildlichen Weise angegangen. Bereits 1878 wurde im Deutschen Reich ein gesetzlicher Mutterschaftsurlaub eingeführt. Das Krankenversicherungsgesetz sah seit 1888 zusätzlich ein Wochengeld in Höhe von 60-75 Prozent des Lohnes sowie ein Anrecht auf freie ärztliche Behandlung vor. Noch vor dem ersten Weltkrieg wurde der Wochenschutz von vier auf insgesamt sechs Wochen ausgedehnt und durch zahlreiche kostenlose Leistungen der Krankenversicherung für Mütter und Kinder ergänzt. Dadurch war für erwerbstätige Mütter in Deutschland schon sehr früh Unterhalt und medizinische Versorgung sichergestellt (Bahle 1995, S. 84).

Mutterschutz

Der Mutterschutz hat bis heute einen von den anderen Maßnahmen zur Vereinbarkeit von Familie und Beruf abweichenden Charakter: Es handelt

sich in erster Linie um eine Maßnahme des vorbeugenden Gesundheitsschutzes für Mutter und Kind, und damit grundsätzlich um eine geschlechtsspezifische Maßnahme, die nicht auf den Vater übertragbar ist.
Durch den Mutterschutz wird in die Berufsfreiheit der Frau und in die Ver-
tragsfreiheit des Arbeitgebers eingegriffen, indem bestimmte Tätigkeiten
während der Schwangerschaft und jegliche bezahlte Arbeit zwei Monate
nach der Entbindung untersagt werden. Das Mutterschutzgesetz realisiert
auf diese Weise den Verfassungsgrundsatz in Art. 6, Abs. 4: „Jede Mutter
hat Anspruch auf den Schutz und die Fürsorge der Gemeinschaft." Dementsprechend kann es der Gesetzgeber auch nicht bei bloßen Beschäftigungs-
verboten bewenden lassen, sondern regelt zugleich die Lohnfortzahlung für
erwerbstätige Mütter, und zwar in einer Weise, die jegliche Benachteiligung gegenüber Arbeitnehmern ohne Mutterpflichten verhindern soll. Anders als z.B. das Erziehungsgeld oder das Kindergeld ist Ziel des Mutter-
schaftsgeldes, eine vollständige Gleichstellung der jungen Mütter mit allen
anderen Beschäftigten sicher zu stellen, sowohl in finanzieller Hinsicht wie
im Blick auf die Kündigungsgefahr. Das Mutterschutzgesetz ist ein sehr
starkes Gesetz und gibt der werdenden Mutter bewusst mehr Machtmittel in
die Hand als dem Arbeitgeber.

Mutterschutz

- Kündigungsschutz während der Schwangerschaft bis 4 Monate nach
  der Entbindung
- Schutzvorschriften am Arbeitsplatz (keine Nachtarbeit oder Arbeit mit
  gefährlichen Stoffen, eingeschränkte Arbeit im Stehen, ggf. andere
  Tätigkeit oder Freistellung; ebenso Freistellung auf ärztliches Attest)
- Schutzfristen: 6 Wochen vor der Geburt (auf Wunsch der Schwange-
  ren Tätigkeit möglich). Absolutes Beschäftigungsverbot für 8 (bei
  Mehrlingen und Frühgeburten 12) Wochen nach der Geburt

Mutterschaftsgeld

- Während der Schutzfristen Entgeltfortzahlung (13 € von der Krankenkasse, Differenz zum vorherigen Nettolohn durch Arbeitgeber)

Gesetzliche Grundlage für Mutterschutz und Mutterschaftsgeld ist das „Gesetz zum Schutze der erwerbstätigen Mutter (Mutterschutzgesetz -
MSchG)". Es gilt für Frauen, die in einem Arbeitsverhältnis stehen, auch
für Heimarbeiterinnen und regelt in seinem ersten und zweiten Abschnitt
die angemessene Ausstattung des Arbeitsplatzes für werdende und stillende
Mütter sowie die Beschäftigungsverbote. Diese sind relativ weitgehend.
Nachfolgend werden zu den Bestimmungen des Gesetzes einige Beispiele
gegeben, um deutlich zu machen, dass der Mutterschutz eine Vielzahl von
Berufstätigkeiten verbietet. Während der Schwangerschaft sind verboten:

- schwere körperliche Arbeiten (z.B. Landwirtschaft, Gärtnerei etc.)
- Arbeiten, bei denen die Frau gesundheitsgefährdenden Stoffen oder Strahlen ausgesetzt ist (gilt für sehr viele Berufe im Gesundheitswesen sowie der Chemieindustrie)
- Arbeiten, bei denen sie Hitze, Kälte, Nässe, Erschütterungen oder Lärm ausgesetzt ist (z.B. als Bademeisterin, Masseuse, Erzieherin?)
- Arbeiten, bei denen regelmäßig Lasten von mehr als 5 kg Gewicht oder gelegentlich von mehr als 10 kg Gewicht gehoben oder bewegt werden müssen (z.B. Regale einräumen im Supermarkt, Putzeimer tragen, als Krippenerzieherin oder Altenpflegerin Menschen tragen)
- Arbeiten, bei denen die Frau sich häufig erheblich strecken oder beugen oder bei denen sie dauernd hocken oder sich gebückt halten muss (z.B. Putzen, Waschen, Gartenarbeit, Dekoration)
- nach Ablauf des dritten Monats der Schwangerschaft auf Beförderungsmitteln (z.B. Taxifahrerin, Schaffnerin, Stewardess)
- nach Ablauf des fünften Monats mit Arbeiten, bei denen sie ständig stehen muss (z.B. Einzelhandel, Gastronomie)
- jegliche Akkordarbeit
- Fließbandarbeit mit vorgeschriebenem Arbeitstempo (gilt möglicherweise auch für Callcenter)

Die Einhaltung dieser Vorschriften wird durch die staatlichen Arbeitsschutz- oder Gewerbeaufsichtsämter kontrolliert. Alle Arbeitgeber müssen die Schwangerschaft einer Mitarbeiterin dort melden. Die Frauen selbst können sich an diese Aufsichtsbehörden wenden, wenn sie gegenüber dem Arbeitgeber Unterstützung benötigen oder wenn ihre Arbeitsbedingungen mit der Schwangerschaft unvereinbar erscheinen, auch wenn sie nicht von der im Gesetz genannten Liste erfasst sind. In diesem Fall kann die Aufsichtsbehörde die Beschäftigung ggf. verbieten.

Alle Bestimmungen des Mutterschutzgesetzes sind darauf ausgelegt, die Frau gegenüber dem Arbeitgeber zu schützen. Dieser ist deshalb auch verpflichtet, das Mutterschutzgesetz für alle weiblichen Beschäftigten sichtbar auszuhängen, nötigenfalls auch in (z.B. türkischer) Übersetzung.

Dagegen hat die werdende Mutter gegenüber dem Arbeitgeber viele Freiheiten. Sie ist nicht verpflichtet, die Schwangerschaft zu melden. Ist sie bei einer Bewerbung schwanger, so darf sie auch auf Befragen die Schwangerschaft leugnen. Jedoch sollen Frauen ihre Schwangerschaft melden, um in den Genuss des Mutterschutzes zu kommen. Wichtig ist, dass Ärzte jederzeit, auch schon zu Beginn einer Schwangerschaft, ein besonderes Beschäftigungsverbot aussprechen können, sofern Leben oder Gesundheit von Mutter und Kind bei Fortdauer der Beschäftigung gefährdet ist. Diese Möglichkeit ist nicht auf körperliche Gefährdungen beschränkt. So kann z.B. die Frauenärztin für eine leitende Angestellte ein besonderes Beschäftigungsverbot aussprechen und festlegen, dass etwa die tägliche Arbeitszeit vier Stunden nicht überschreitet, wenn sie den Eindruck hat, dass der seelische Stress am Arbeitsplatz die Schwangerschaft gefährdet. Durch ein solches Beschäftigungsverbot haben die betroffenen Frauen Anrecht auf alle Leistungen nach dem Mutterschutzgesetz, d.h. vollen Lohnausgleich, Kündigungsschutz und volle Anrechnung auf alle Anwartschaften in der Sozialversicherung, d.h. sie sind gegenüber einer Krankschreibung günstiger gestellt. Nach der Entbindung gilt ein absolutes Beschäftigungsverbot von mindestens zwei Monaten, nach ärztlichem Zeugnis und bei Früh- und Mehrlingsgeburten auch länger. Zudem haben alle Mütter, solange sie - durch ärztliches Zeugnis belegt - stillen, Anspruch auf eine zusätzliche Freistellung von der Arbeit, entweder zweimal täglich eine halbe oder einmal eine ganze Stunde.

Von zentraler Bedeutung ist der Kündigungsschutz im Mutterschutzgesetz, der für die gesamte Schwangerschaft und bis vier Monate nach der Entbindung gilt. Es handelt sich dabei um eine besonders starke Schutzbestimmung, die von Arbeitgebern praktisch nicht umgangen werden kann. Auch hier hat wiederum die Frau die stärkeren Rechte: Sie kann, wenn sie bis dahin die Schwangerschaft nicht angegeben hat, diese Meldung nach Erhalt einer etwaigen Kündigung zwei Wochen lang nachreichen; dadurch wird die Kündigung unwirksam. Außerdem kann sie während der Schwangerschaft und bis zum Ende der Schutzfrist jederzeit fristlos kündigen. Weiterhin muss ihr der Arbeitgeber Freizeit für die notwendigen medizinischen Untersuchungen gewähren.

Das Mutterschaftsgeld berechnet sich nach dem Durchschnittsverdienst der letzten drei Monate vor Eintritt der Schwangerschaft. 13 € pro Tag zahlt bei Versicherten die Krankenkasse, den Fehlbetrag bis zum vorherigen Durchschnittsverdienst der Arbeitgeber bzw. bei bestimmten Beschäftigtengruppen andere Kassen. Nicht versicherte Arbeitnehmerinnen (z.B. Selbstständige) erhalten einen Zuschuss von insgesamt 205 € vom Bundesversicherungsamt, familienversicherte Frauen ohne Beschäftigung einmalig 77 €. Frauen in der gesetzlichen Krankenversicherung haben darüber hinaus Anspruch auf kostenlose ärztliche Betreuung, stationäre Entbindung, häusliche Pflege, Haushaltshilfe und ein Entbindungsgeld.

Die ausführliche Darstellung der Bestimmungen des Mutterschutzgesetzes zeigt einen erstaunlichen Wandel in unserer Auffassung von Arbeitsschutz und Beschäftigungsverhältnissen. Noch vor 10 oder 20 Jahren erschien das Mutterschutzgesetz als alter Zopf und arbeitsrechtliche Selbstverständlichkeit; seine Einhaltung wurde vergleichsweise gut und flächendeckend überprüft, Verstöße waren sehr selten. Im Zuge der Deregulierung und Liberalisierung der Arbeitsmärkte hat sich hier vieles gewandelt und macht Mutterschutz von neuem zu einer politischen Aufgabe: Immer weniger Frauen arbeiten in festen Beschäftigungsverhältnissen. Selbstständigkeit und Scheinselbstständigkeit, mehrere geringfügige Beschäftigungsverhältnisse nebeneinander, Teleworking und andere flexible Formen der Arbeitszeitgestaltung sind zwar einerseits familienfreundlich, öffnen aber andererseits Tür und Tor für eine Selbstausbeutung von Schwangeren unter Missachtung aller Schutzfristen, die ja nicht willkürlich bemessen sind, sondern einen Zeitraum bezeichnen, der aus medizinischen Gründen für die vollständige Wiederherstellung der Gesundheit und Kraft von Mutter und Kind sinnvoll ist.

Elternurlaub und Erziehungsgeld

Anders als der Mutterschutz gehört der Eltern- bzw. Erziehungsurlaub zu den jüngsten familienpolitischen Errungenschaften, und die Bundesrepublik Deutschland hatte bei seiner Einführung europaweit eine Vorreiterrolle. Wie so häufig bei größeren familienpolitischen Reformen, ging auch der Einführung des Erziehungsurlaubs 1986 eine politische Machtverschiebung voraus. Während die sozialliberale Koalition ihren Schwerpunkt auf Frauen- und Kinderrechte in der Familie gelegt hatte, machte die CDU/CSU-geführte Regierung familienpolitisch eine Kehrtwende zurück zu einer Institutionenpolitik. Der Erziehungsurlaub, eingeführt unter dem profilierten und eigenständigen Familienminister Heiner Geißler, hatte das Ziel, die Vereinbarkeit von Familie und Beruf für die ersten Lebensjahre des Kindes grundsätzlich zu ermöglichen und gleichzeitig ein ganz bestimmtes Familien- und Erziehungsideal zu verwirklichen. Ziel und Hintergrund der Reform war, Frauen vom Zwang zu befreien, aus Angst vor Arbeitsplatzverlust unmittelbar nach Ablauf der Schutzfrist wieder an ihre Arbeitsstelle zurückzukehren. Das Erziehungsgeldgesetz in seiner ersten Fassung von 1986 löste den 1979 eingeführten Mutterschaftsurlaub von vier Monaten ab. Der Erziehungsurlaub ermöglichte eine Freistellung von der Arbeit mit vollem Kündigungsschutz von zunächst 10 Monaten, die schrittweise bis 1992 auf 36 Monate verlängert wurde. Zugleich wurde für einen kürzeren Zeitraum ein Erziehungsgeld von monatlich 600 DM gezahlt, das den Lohnausfall der Frau teilweise ausgleichen sollte.

Im Anschluss an das Bundeserziehungsgeld wird in einigen Bundesländern ein Landeserziehungsgeld gezahlt, das den Zeitraum bis zum Ende der Elternzeit abdeckt, es liegt zum Teil niedriger als das Bundeserziehungsgeld. Einige wenige Gemeinden haben auch ein kommunales Erziehungsgeld eingeführt. 1999 gab es ein Landeserziehungsgeld in Baden-Württemberg, Bayern, Mecklenburg-Vorpommern, Sachsen und Thüringen.

Den Wünschen zahlreicher Frauen in Westdeutschland kam dieses neue familienpolitische Angebot sehr entgegen, es wurde wie kaum eine andere Maßnahme mit Begeisterung aufgegriffen und von der überwältigenden

Mehrheit von Frauen auch in Anspruch genommen. Voraussetzung für den Bezug war die Aufgabe der Erwerbstätigkeit durch einen Partner.

Tab. 1: Erziehungsurlaub und Erziehungsgeld seit 1986

	Dauer des Erziehungs-/ Elternurlaubs	Dauer der Erziehungs-geld-Zahlung	maximale Höhe des Erziehungsgeldes pro Monat	ab 7. Monat gemindert ab einem Einkommen von
1986	10 Monate	10 Monate	600 DM	Verheiratete: 29.400 DM Alleinerziehende: 23.700 DM je weiteres Kind 4.200 DM Zuschlag
1988	12	12	600 DM	unverändert
1989	15	15	600 DM	unverändert
1990	18	18	600 DM	unverändert
1992	36		600 DM	unverändert
1993	36	24 Monate	600 DM	unverändert
2001	3 Jahre, davon 1 Jahr bis zum 8. Lebensjahr des Kindes	24 Monate	600 DM/307 € (bei nur 1 Jahr Inanspruchnahme 900 DM/460 € „Budgetangebot")	Verheiratete: 32.200 DM/16.470 € Alleinerziehende: 26.400 DM/26.400 € je weiteres Kind 4.800 DM/2.797 € Zuschlag

Über die Jahre haben sich die Anspruchsbedingungen für das Erziehungsgeld verändert, am stärksten in der Reform ab dem 1.1.2002, welche den Erzie-hungs"urlaub" in eine sogenannte Elternzeit umtaufte. Grundsätzlich kann man festhalten, dass die - kostenneutralen - Voraussetzungen für die Inan-spruchnahme der Freistellung immer großzügiger und partnerschaftlicher ge-regelt wurden, indem Teilzeitarbeit beider Partner und häufiges Abwechseln zwischen Vater und Mutter möglich wurde. Dagegen hat sich die Höhe der finanziellen Unterstützung seit 1986 nicht erhöht, was angesichts des Kauf-kraftverlustes einer finanziellen Entwertung dieser Leistung gleichkommt. Angesichts des Wertverlustes der DM seit 1986 ist das Erziehungsgeld heute nur noch gut die Hälfte wert, also zu einem Taschengeld zusammenge-schrumpft. Genauso wenig wurden bis zum 1.1.2001 die Einkommensgren-zen angepasst, so dass unmerklich immer weniger Eltern überhaupt An-spruch auf nicht gemindertes Erziehungsgeld hatten. Erhielten 1986 83,6 Prozent der Bezieherinnen auch ab dem 7. Lebensmonat den Höchstsatz, so waren es 1997 nur noch 48 Prozent. Die Erhöhung der Einkommensgrenzen seit dem 1. Januar 2001 hat diesen Anteil auf ungefähr 55 Prozent der El-tern erhöht. Dagegen beträgt der Anteil der Eltern, die in den ersten 6 Mo-naten kein Erziehungsgeld erhalten, weniger als 0,5 Prozent. Politisch wäre es also sinnvoll, diese Einkommensgrenzen ganz fallen zu lassen, denn die erzielte Steuerungswirkung steht in keinem Verhältnis zum Verwaltungs-aufwand zur Ermittlung der Anspruchsberechtigung (Pettinger 2000).

Elternzeit (früher: Erziehungsurlaub)

- Rechtsanspruch für Väter und Mütter
- Freistellung von der Arbeit bzw. Teilzeit im Umfang von 15-30 Stunden bis zum 3. Geburtstag des Kindes bei vollem Kündigungsschutz
- ein Jahr der Elternzeit kann auch zwischen dem 3. und 8. Geburtstag des Kindes genommen werden
- beide Eltern können gleichzeitig Elternzeit in Anspruch nehmen oder sich abwechseln

Erziehungsgeld

- Voraussetzung: Ein Elternteil arbeitet nicht länger als 30h/Woche
- Höhe: max. 307 € bis zum Ende des 2. Lebensjahres des Kindes
- 460 € bei Inanspruchnahme bis zum 1. Geburtstag des Kindes
- Einkommensgrenzen: Bis zum 6. Lebensmonat bei Verheirateten nicht mehr als 51.130 € (Alleinerziehende: 38.350 €)
- ab 6. Lebensmonat des Kindes: Volles Erziehungsgeld nur bei Jahreseinkommen unter 16.470 €, gemindertes Erziehungsgeld zu einem Jahresnettoeinkommen von etwa 23.500 € (Alleinerziehende: 13.498 € / 20.500 €)
- für Familien mit darüber liegendem Einkommen entfällt das Erziehungsgeld
- pro bereits vorhandenem Kind erhöht sich die Einkommensgrenze um 2.797 € (ab 2003: 3.140 €)
- Erziehungsgeld wird mit dem Mutterschaftsgeld verrechnet, aber zusätzlich zu Arbeitslosengeld, Sozialhilfe und Wohngeld gewährt

Wichtigstes Ziel der Reform des Erziehungsurlaubs war, ebenso wie bei der Sorgerechtsreform, eine größere Gleichberechtigung der Geschlechter bei der tatsächlichen Übernahme von Erziehungsverantwortung. Bisher haben sich Väter nur zu ca. 1,5 Prozent am Erziehungsurlaub beteiligt. Die Reform soll hier neue Spielräume eröffnen, indem insbesondere die Möglichkeiten zur Teilzeitarbeit erheblich erweitert wurden und junge Väter und Mütter durch den Rechtsanspruch auf Teilzeitarbeit gegenüber ihren Arbeitgebern gestärkt werden. Neu ist auch, dass nunmehr beide Eltern gleichzeitig die Elternzeit antreten und währenddessen in großem Umfang weiter arbeiten dürfen. Das bedeutet einen klaren Leitbildwandel, weg vom Drei-Phasen-Modell weiblicher Erwerbstätigkeit und dem Ernährer-Modell kontinuierlicher männlicher Erwerbstätigkeit hin zu einer partnerschaftlichen und gleichgewichtigen Aufgabenverteilung zwischen Mann und Frau in Beruf und Kinderbetreuung. Es wird sehr interessant sein zu untersuchen, in wie weit dieses Angebot des Gesetzes über die Elternzeit tatsächlich aufgegriffen wird. Im Jahre 1997 lag der Anteil der Beteiligung von Vätern am Erziehungsurlaub bei 2,35 Prozent im ersten Lebensjahr und bei 3,06 Prozent im zweiten Lebensjahr. In anderen Studien wurden Werte von 1,5 Prozent für das erste und 2,1 Prozent für das zweite Lebensjahr ermittelt. Der

Wechsel zwischen den Elternteilen war bislang die Ausnahme, und auch Teilzeitarbeit wurde 1997 nur von 4-6 Prozent der Mütter und 15-17 Prozent der Väter während des Erziehungsurlaubs ausgeübt (Pettinger 2000). Denkbar wäre deshalb auch, dass trotz der neuen Regelungen alles mehr oder weniger beim alten bleibt und Väter sich aus der Elternzeit weitgehend heraus halten.

Als halbherzig kritisiert wird die Reform deshalb, weil nach wie vor keine materiellen Anreize für die Inanspruchnahme von Erziehungsurlaub für Männer gegeben werden. Diese wären z.B. denkbar durch einen individuellen Anspruch auf Elternzeit, d.h. jeder Elternteil hätte einen Anspruch auf 1 ½ Jahre Elternzeit, die bei Nichtinanspruchnahme verfallen und nicht auf den Partner übertragbar sind. Dann wäre es nicht mehr möglich, dass Frauen die gesamten drei Jahre bis zum Kindergarteneintritt abdecken und damit ihre berufliche Entwicklung nachhaltig beschädigen. Oder, eine in einigen skandinavischen Staaten praktizierte Alternative, zumindest ein kleinerer Teil der Elternzeit steht als „Papamonat" nur den Vätern zur Verfügung. Damit wird ein Anreiz geschaffen, zumindest für einen kurzen, symbolischen Zeitraum die Rollen zu wechseln. In der DDR wurde mit dem - übrigens genau parallel zum westdeutschen Erziehungsurlaub 1986 eingeführten - Babyjahr ebenfalls eine Alternative sehr erfolgreich erprobt: eine einjährige Freistellung bei vollem Lohnausgleich. Dies würde Vätern ebenfalls den Schritt in die Elternzeit leichter machen, weil damit kein Einkommensverlust für die Familie verbunden wäre.

Alternativen zur dreijährigen Elternzeit

- Individueller Anspruch: Jeder Elternteil hat einen nicht übertragbaren Anspruch von 1 ½ Jahren Elternzeit, der bei Nichtinanspruchnahme verfällt
- Papamonat: Ein kleinerer Teil der Elternzeit (2 Wochen bis 3 Monate) steht allein den Vätern zu.
- Babyjahr: Deutliche Verkürzung der Elternzeit auf z.B. ein Jahr bei vollem Lohnausgleich.

Im Einzelnen gilt seit dem 1.1.2001: Alle Eltern haben Anspruch auf drei Jahre Elternzeit für alle ab dem 1.1.2001 geborenen Kinder. Elternzeit gibt es bis zum 3. Geburtstag des Kindes, wobei Mutterschutzfristen angerechnet werden. Wer Elternzeit in Anspruch nehmen will, muss dies dem Arbeitgeber sechs Wochen nach der Geburt oder sonst acht Wochen vor Antritt mitteilen. Beide Elternteile können gemeinsam die Elternzeit nehmen oder sich bis zu drei Mal dabei abwechseln, müssen sich aber gegenüber dem Arbeitgeber für die ersten zwei Jahre festlegen. Ein Jahr der Elternzeit kann auch später beantragt oder bis zum 8. Geburtstag des Kindes verschoben werden, sofern der Arbeitgeber zustimmt. Die verbindliche Erklärung für dieses dritte Jahr müssen die Eltern acht Wochen vor Ablauf des zweiten Jahres abgeben. Sofern dies betrieblich möglich ist, können beide Eltern während der Elternzeit 15-30 Stunden pro Woche weiter beschäftigt bleiben, u.U. auch bei einem anderen Arbeitgeber. Voraussetzung für den Anspruch ist, dass ein Beschäftigungsverhältnis besteht und die Antragsteller mit dem Kind in einem Haushalt leben und für das Kind die Personensorge innehaben. Unverheiratete Partner können für ihre leiblichen und für die Kinder des Partners Elternzeit beantragen. Elternzeit ist ein Recht, das nicht von der Zustimmung des Arbeitgebers abhängig ist. Die Interessen des Arbeitgebers werden jedoch durch die einzuhaltenden Benachrichtigungsfristen gewahrt. Er muss auch einer etwaigen Teilzeitarbeit oder Beschäftigung bei einem anderen Arbeitgeber und der Verschiebung eines Elternzeit-Jahres über den 3. Geburtstag des Kindes hinaus zustimmen. Außerdem gilt das Recht auf Teilzeitarbeit nur in Betrieben mit mindestens 15 Beschäftigten und nach mindestens sechsmonatiger Beschäftigungszeit. Ergänzt wird die Elternzeit durch den Rechtsanspruch auf Teilzeitarbeit für alle Eltern, der gleichfalls seit dem 1.1.2001 für alle Betriebe mit mehr als 15 Beschäftigten gilt, sofern nicht dringende betriebliche Gründe dem entgegenstehen. Mit der Elternzeit ist ein absoluter Kündigungsschutz und das Recht zur Rückkehr auf die vorherige oder eine gleichwertige Stelle verbunden.

Erziehungsurlaub/Elternzeit ist eine außergewöhnlich vielschichtige politische Maßnahme mit zahlreichen offenen und verdeckten Zielstellungen und Wirkungen. Ähnlich wie das Ehegattensplitting transportiert sie ein ganz bestimmtes gesellschaftliches Normsystem betreffend der Familienorganisation. Es ist zwar durch die letzte Reform etwas aufgeweicht, aber in seiner Substanz nicht verändert worden.

Die expliziten und sichtbaren Zielsetzungen des Elternurlaubs sind:

- Lückenlose Kinderbetreuung ab der Geburt eines Kindes bis zum Beginn des Rechts auf einen Kindergartenplatz mit dem dritten Geburtstag
- Gewährleistung eines optimalen Aufwachsens von Kleinkindern mit intensiver Zuwendung durch ein Elternteil
- Verbesserte Vereinbarkeit von Familie und Beruf durch Stellengarantie auch bei Wunsch nach einer längeren Familienpause
- Anerkennung der Erziehungsleistung der Familien
- Verbesserung des Einkommens von Familien mit kleinen Kindern

Neben diesen offensichtlichen Wirkungen stehen jedoch weitere, indirektere Funktionen des Erziehungsurlaubs bzw. der Elternzeit, die politisch nicht explizit formuliert werden, aber dennoch stark wirken

- Finanzielle Unterstützung gering verdienender Familien in der Kleinkindphase außerhalb des Systems der Sozialhilfe
- Ermutigung von gering qualifizierten Frauen zu einer größeren Kinderzahl
- Durchsetzung der gesellschaftlich gewollten häuslichen Erziehung von Unter-Dreijährigen

- Einsparung von Investitions-, Unterhalts- und Personalkosten für Krippenplätze.
- Starke Anreize für ein Phasenmodell weiblicher Berufstätigkeit mit zeitweiligem Ausstieg aus der Berufstätigkeit (bei zwei Kindern durchschnittlich etwa fünf Jahre lang) und anschließendem Berufseinstieg auf niedrigerem Qualifikationsniveau und mit geringerer Stundenzahl. Dadurch deutliche Entlastung des Arbeitsmarktes.
- Anreiz für den geringer verdienenden Partner, auszusteigen (fast immer die Frau). Durch die geringe Höhe des Erziehungsgeldes Gewöhnung der Familienhaushalte an das Auskommen mit einem Ernährer-Gehalt, Splitting-Vorteil und kleinem Zuverdienst.

Elternzeit ist durch diese indirekten Wirkungen keine neutrale familienpolitische Leistung, die Wahlfreiheit zwischen verschiedenen Modellen von Vereinbarkeit ermöglicht, sondern sie gibt Anreize, die in eine bestimmte Richtung gehen, nämlich die des Drei-Phasen-Modells. Die erste Phase wird dabei durch die Vollzeit-Berufstätigkeit junger Frauen vor der Familiengründung gebildet. Darauf folgt eine ca. 3-5 Jahre lange Phase des vollständigen Berufsausstiegs, ermöglicht durch die Elternzeit. Anschließend folgt eine längere Phase von Teilzeit-Erwerbstätigkeit, da die vorhandenen Betreuungseinrichtungen (Halbtagskindergärten und –schulen, fehlende Hortplätze) zumindest in Westdeutschland Vollzeiterwerbstätigkeit für beide Partner sehr erschweren. Das Ehegattensplitting unterstützt diese Wirkung noch, indem es um so stärker wirkt, je geringer der Verdienst der Frau ist, und damit Berufsausstieg oder eine geringfügige Beschäftigung am meisten begünstigt. Diese Deutung des Erziehungsurlaubs wird auch dadurch gestützt, dass die Bundesregierung auf der anderen Seite Ansätze zum Ausbau der Tagespflege für Kleinkinder (Tagesmüttermodell) nicht weiterverfolgte, sondern ganz auf die innerfamiliäre Betreuung setzte (Pettinger 2000). Manche Autoren kommen sogar zu dem Schluss, „dass Familienpolitik als Frauenpolitik betrieben wird, die die Diskriminierung der Frau eher verfestigt, anstatt sie weiter aufzubrechen"; das Hauptinteresse der Familienpolitik in der Bundesrepublik Deutschland gelte „der bürgerlichen Familienform, d.h. dem Zusammenleben von Mann und Frau in der Ehe, aus der Kinder hervorgehen, und die Frau sich überwiegend der Erziehungs- und Hausarbeit widmet" (Cramer 1993, S. 65). Die vollständige Gleichbehandlung weiblicher und männlicher Berufstätigkeiten und Familienpflichten ist politisch noch nicht realisiert und setzt sich in der wissenschaftlichen Diskussion erst schrittweise durch. Noch in einer familienpolitischen Dissertation aus dem Jahre 1999 ist ein Kapitel überschrieben: „Hauptproblem heutiger Familienpolitik: Erwerbstätigkeit der Mutter" (Lee 1999).

Das Modell von zwei Vollzeit erwerbstätigen Eltern wird bislang durch das System der sozialen Sicherung und der Familienpolitik in Deutschland nicht unterstützt: Geldwerte Vorteile wie die kostenlose Mitversicherung in der Kranken- und Pflegeversicherung entfallen. Der Splitting-Vorteil schrumpft oder fällt ganz weg. Ganztags-Kinderbetreuung ist knapp. Selbst nach der Reform der Elternzeit können Eltern, die z.B. beide mit 30 Stunden in der Woche erwerbstätig sind, fast nie mit Erziehungsgeld rechnen. Eine Verkürzung der Elternzeit auf ein Jahr wird in der sogenannten „Budget-Lösung" finanziell bestraft, weil zu wählen ist zwischen zwei Jahren à 307 € oder einem Jahr à 460 €. Aber immerhin wird damit zum ersten Mal ein Anreiz zur Verkürzung der Elternzeit gegeben; dies kann man auch als wichtigen Paradigmenwechsel deuten.

Übergeordnetes Ziel der Einführung von Erziehungsurlaub war die öffentliche Anerkennung für die Erziehungsleistung von Familien (v.a. Müttern). Folgerichtig wurde dieses Gesetz ergänzt durch die Anerkennung von Kindererziehungszeiten in der gesetzlichen Rentenversicherung, die ebenfalls 1986 eingeführt wurde. Müttern oder Vätern der Geburtsjahrgänge ab 1921 in den alten bzw. ab 1927 in den neuen Bundesländern werden für die Erziehung eines Kindes Pflichtbeitragszeiten in der gesetzlichen Rentenversicherung gutgeschrieben. Bei Geburten bis Ende 1991 werden die ersten 12 Kalendermonate nach Ablauf des Geburtsmonates angerechnet. Das Rentenreformgesetz 1992 dehnte die Anrechnungszeit für Geburten ab 1992 auf drei Jahre aus. Die Anrechnung erfolgt in Höhe der durchschnittlichen Beitragszahlungen aller Versicherten, wird durch den Bund finanziert und hat rentenbegründende und rentensteigernde Wirkung. Zusätzlich werden die Kindererziehungszeiten und die Beitragszeiten additiv bis zur Beitragsbemessungsgrenze angerechnet. Dadurch wird vermieden, dass bei Kindererziehung und gleichzeitiger Erwerbstätigkeit nur die Erwerbstätigkeit, die Kindererziehung dagegen gar nicht oder nur teilweise bei der Rente angerechnet wird. Die Erziehung eines Kindes bis zum 10. Lebensjahr führt außerdem zum Fortbestehen vorhandener Rentenansprüche (z.B. Invaliditätsrente) auch ohne Beitragszahlung. Mit diesen sehr weitreichenden Maßnahmen wird versucht, die zweite Säule des Generationenvertrages zu stärken, d.h. Eltern einen Rentenanspruch nicht nur für Beitragszahlungen (monetäre Beiträge) zur Alterssicherung, sondern auch für ihre generativen Beiträge zu gewähren. Auf der anderen Seite bedeutet dies eine Belastung des Rentenversicherungssystems mit systemfremden Leistungen, indem ihm ein Teil des Familienlastenausgleichs aufgebürdet wird (Landenberger 1991).

5.2 Institutionelle Kinderbetreuung als Aufgabe der Familienpolitik

Kinderbetreuung in Institutionen hat zwei Ursprünge: Zum einen die staatliche Schulpflicht, die seit dem 19. Jahrhundert in Deutschland und überall in Europa existiert, und zum anderen die Betreuung von Kleinkindern, deren familiäres Umfeld ein gesundes Aufwachsen erschwerte. Schule ist hierzulande immer eine staatliche Aufgabe gewesen, Privatschulen spielen nur eine geringe, allerdings in letzter Zeit steigende Rolle. Allerdings ist in Deutschland Halbtagsschule bis heute die Regel, und Ganztagsschule die Ausnahme. Es ist nicht leicht zu beantworten, warum die Schule in Deutschland in der Regel vor dem Mittagessen endet. Mehrere Erklärungen sind denkbar. Ein Faktor ist das kulturell stark verankerte warme Mittagessen zu Hause - in den 50er und 60er Jahren kehrten noch viele Arbeiter und Angestellte mittags zum Essen an den heimischen Herd zurück und gingen danach wieder zur Arbeit. Ein anderer Faktor ist der Kulturkampf, d.h. die Auseinandersetzung zwischen katholischer Kirche und dem Staat um die Verteilung der Verantwortlichkeiten in der Gesellschaft. Im Ergebnis wird bis heute eine Einflussnahme des Staates auf Kinder eher kritisch besehen, und im Namen der Subsidiarität sollen die Rechte der Familie auf die Erziehung ihrer Kinder möglichst wenig beschränkt werden. Ganztägiges Herausnehmen der Kinder aus der Familie und ganztägige staatliche Einflussnahme in der Schule passt zu diesem Leitbild nicht. Die Subsidiarität und damit Stärkung der Erziehungsfunktion der Eltern erlebte nach dem zweiten Weltkrieg eine Renaissance, hatte doch die Erfahrung des Nationalsozialismus gezeigt, welche Gefahren von einer staatlichen Indoktrination der Jugend ausgingen. Als dritter und vielleicht wichtigster Faktor spielt natürlich die gesellschaftlich gewollte Rollenverteilung in der Familie eine Rolle. Halbtagsschule setzt stillschweigend Mütter voraus, die zu Hause das Mittagessen vorbereiten und nachmittags - als Hilfslehrer der Nation - bei den Hausaufgaben helfen. Die Realitäten haben sich zwar gewandelt; viele Kinder finden zu Hause nicht mehr das appetitliche Mittagessen mit Pudding und die freundlich nach der Schule fragende Mutter vor, sondern eine Tüte Chips und den Fernseher. Trotzdem kann der Ausbau von Ganztagsbetreuung im Schulalter (in Westdeutschland) nicht mit den gewandelten familiären Verhältnissen mithalten, weil mittlerweile überstrapazierte öffentliche Haushalte und andere politischen Prioritätensetzungen einen raschen Ausbau bisher verhindert haben. In der DDR war dies natürlich anders: Öffentliche Kinderbetreuung war die Voraussetzung für die Realisierung des Leitbilds der erwerbstätigen Mutter, und sie wurde entsprechend rasch ausgebaut, auch für Kinder im schulpflichtigen Alter.

Kinderbetreuung für Kleinkinder vor dem Schulalter hat einen etwas anderen historischen Hintergrund. Hier stand am Anfang das Ziel des Defizit-Ausgleichs: Kinder von Arbeiterinnen, die unbeaufsichtigt zu Hause verwahrlosten, sollten hygienisch gehalten und ernährt werden. Kinder aus sozialen Brennpunkten sollten durch vorschulische Erziehung die Chance auf eine gesunde Entwicklung erhalten. Krippen sollten - vor allem alleinerziehende - Mütter entlasten, die finanziell und körperlich nicht in der Lage waren, für ihre Säuglinge zu sorgen. Indirekt sollten so auch die Erkenntnisse der Säuglingspflege, Hygiene und Pädagogik in die Arbeiterfamilien hinein vermittelt werden. Damit war vorschulische Kinderbetreuung bis nach dem zweiten Weltkrieg die Ausnahme, Familienerziehung aber die Regel. Und diese Betreuung sollte nur dort greifen, wo die familiäre Erziehung versagte. Daneben gab es in begüterten Kreisen auch unregelmäßige Kinderspielkreise, in denen die Erkenntnisse der neuen Wissenschaft Pädagogik umgesetzt wurden. In der Weimarer Zeit entwickelte sich neben den anderen Sozialwissenschaften auch die Pädagogik sehr rasch. Kindergartenplätze für alle Kinder aller Stände war eine zentrale theoretische, aber praktisch nur punktuell umgesetzte Forderung. Diese Entwicklung wurde nach 1933 - ebenso wie zahlreiche andere sozialpolitische Fortschritte - unterbrochen. Kindergarten galt nun wiederum nur als „Notbehelf", Vehikel für politische Weltanschauung und nicht mehr, wie in den Jahren der Weimarer Republik, als eigenständige pädagogische Einrichtung, welche die Individualität der Vorschulkinder respektierte. Im Erziehungsverständnis unterschieden sich nach 1945 die beiden deutschen Staaten deutlich. Während in der früheren und jetzigen Bundesrepublik Deutschland die Sorge für die (nichtschulische) Erziehung und Pflege von Kindern „zuvörderst" Pflicht und Recht der Eltern ist, Kinder also zunächst im Kontext der Familie gesehen werden, führte die gesellschaftspolitische Ausrichtung der DDR zu einem kollektivstaatlichen und gesamtgesellschaftlichen Vorrang bei der Erziehung der Kinder und Jugendlichen.

Nach dem zweiten Weltkrieg trat eine Wende ein, und zwar vor allem aus zwei Gründen: Durch die sinkenden Kinderzahlen wuchsen immer weniger Kinder mit vielen Geschwistern auf. Die Verfügbarkeit von Großeltern für die Kleinkinderbetreuung nahm ab. Auch seitens der BRD-Pädagogik wurde nun vermehrt gefordert, den Kleinen frühzeitig Kontakt mit Altersgenossen zu ermöglichen. Dies bezog sich fast ausschließlich auf die Altersgruppe der 3-6-Jährigen und ging weiterhin vom Leitbild der Versorgerehe aus. Das führte zu einer Kindergartenpolitik der Freiwilligkeit und der stundenweise Versorgung in den Kindergärten. 1968 gab es nur für 36 Prozent der 3-6-Jährigen einen Kindergartenplatz, und die Versorgung mit Krippen- und Hortplätzen war so ungenügend, dass für nichteheliche Kinder erwerbstätiger Mütter manchmal sogar der Rückgriff auf Heimeinweisung oder eine Familienpflege notwendig wurde. Doch seit Anfang der 70er Jahre begann die Frauenerwerbsquote zu steigen, und parallel dazu der Bedarf an außerfamiliärer Betreuung. Das Tagesmutter-Modellprojekt der Bundesregierung versuchte einen Mittelweg zwischen familiärer und Fremdbetreuung zu gehen. Die Diskussion über Nutzen und Schaden der frühen Fremdbetreuung schlug in dieser Zeit in Westdeutschland hohe Wellen (Ahnert 1998). Ein Konsens über die Notwendigkeit von mehr Krippen- und Hortplätzen kam nicht zustande, aber der Kindergartenbereich wurde bis Mitte der 80er Jahre stark ausgebaut (Keil 1993).

Die Wiedervereinigung der beiden deutschen Staaten hat die Leitbildveränderung in der alten Bundesrepublik stark beschleunigt. In der Auseinandersetzung mit der DDR-Krippenpädagogik wächst die Einsicht über die

Chancen institutioneller Kleinkindbetreuung, wenn gute Qualität gesichert ist. Diese Tendenz wird durch die vielfältigeren Familienkonstellationen und die Bedürfnisse von immer mehr erwerbstätigen Frauen und Alleinerziehenden verstärkt. Kindergärten beginnen zunehmend, bedarfsgerechte Öffnungszeiten anzubieten, sich neben der Öffnung nach innen (gruppenübergreifendes Arbeiten) vermehrt auch nach außen (ins Gemeinwesen) zu orientieren. Die Kindertagesstätten werden zu Einrichtungen mit einer Altersmischung teilweise von einem bis zwölf Jahren, so dass sie die fehlenden Krippenplätze und die noch verbliebenen Hortkinder in die Arbeit einbeziehen können. Eine Vielfalt von pädagogischen Konzepten wird in den Einrichtungen verschiedenster Ausprägungen gelebt. Doch immer noch fehlen Ganztagsplätze und Angebote für Kinder unter drei und über sechs Jahren.

In der DDR hingegen erfolgte ein scharfer Bruch mit den bisherigen Traditionen der Kinderbetreuung. Dem sozialistischen Familienleitbild folgend sollten die Familien weitgehend von der Erziehungsverantwortung entlastet werden, um volle Erwerbstätigkeit beider Eltern zu ermöglichen. Gleichzeitig konnten so die sozialistischen Erziehungsziele von Anfang an und auf breiter Front umgesetzt werden (insgesamt dazu: Höltershinken/Hoffmann/ Prüfer 1997). Die Kinderkrippe war als die erste Stufe des Bildungssystems der DDR ausgelegt. Entsprechend ihrem Schwerpunkt im pflegerischen Bereich war sie dem Ministerium für Gesundheitswesen unterstellt. Die Krippenerzieherin wurde nach einem genauen Programm auf ihre Aufgaben vorbereitet. Sie musste sich in ihrer Arbeit an dem „Programm für die Erziehungsarbeit in Kinderkrippen", das durch den Ministerrat der Deutschen Demokratischen Republik verabschiedet wurde, orientieren. Bis ins Detail war angegeben, wie man z.B. ein Kind an selbstständiges Essen gewöhnt, sogar wie es den Löffel halten soll. Systematisch wurden die Kinder von einem Entwicklungsschritt, von einer Entwicklungsaufgabe zur anderen geführt. Dabei stand für die Kinder die Einfügung in das Kinderkollektiv im Vordergrund, für Eigensinn war kein Raum. Auch in der Ausstattung und äußerlichen Gestaltung waren die Krippen gänzlich normiert.

Ähnliches galt für die Tagesstätten. Auch sie waren von einem eindeutigen staatlichen Erziehungsauftrag gekennzeichnet, der bis ins letzte Detail ausdifferenzierte methodische und organisatorische Vorgaben machte. Als Grundlage hierfür diente das Gesetz über das einheitliche sozialistische Bildungssystem und der Bildungs- und Erziehungsplan für den Kindergarten von 1965, der regelmäßig aktualisiert wurde. Die Kindergärten der ehemaligen DDR waren zumeist Ganztageseinrichtungen, in denen die Kinder von morgens bis abends betreut und versorgt wurden. Die Rahmenbedingungen der Einrichtungen waren vergleichsweise günstig hinsichtlich der Räume, der Ausstattung mit Spielmaterial und des Personalschlüssels (Blank-Mathieu 1998). Die Wiedervereinigung war für die Mütter und Familien in der ehemaligen DDR in familienpolitischer Hinsicht zunächst einmal ein Schock. Zum einen stiegen die direkten und indirekten Kinderkosten an. Zusätzlich erschwert wurde die Lebenslage der Familien durch die wendebedingte Arbeitslosigkeit. Im Bereich der Kinderbetreuung waren ebenfalls Einschränkungen spürbar, viele Einrichtungen mussten wegen des Geburtenknicks schließen, so dass die wohnortnahe Versorgung erschwert war. Fast überall ist jedoch die Verfügbarkeit von Plätzen für alle Altersgruppen nach wie vor gegeben, wenn auch die Elternbeiträge höher liegen als zu DDR-Zeiten. Auf der anderen Seite vergrößerte sich für Frauen und Familien die Wahlfreiheit, denn die Entscheidung für eine mehrjährige Berufsunterbrechung war in der DDR praktisch nicht möglich, während Erziehungsurlaub und -geld den Frauen diese Option nunmehr eröffneten. Auch in Ostdeutschland entscheidet sich heute die Mehrheit der Frauen für die Elternzeit, allerdings ist unklar, ob diese Entscheidung nicht zu einem großen Teil der ungünstigen Arbeitsmarktlage geschuldet ist (Lampert 1996a).

1991 (in den neuen Bundesländern schon am 3. Oktober 1990) ist das Kinder- und Jugendhilfegesetz (KJHG) in Kraft getreten und hat die Kinderbetreuung auf eine neue gesetzliche Grundlage gestellt. Diese Reform fiel mit der Einigung der beiden deutschen Staaten zusammen. Das KJHG definiert Kinder- und Jugendhilfe als soziale Förderung - im Gegensatz zum kontrollierenden Eingriff. Damit erhalten Eltern und Kinder ein Wunsch- und Wahlrecht hinsichtlich der Kinderbetreuungseinrichtungen; und politische Maßnahmen müssen ein plurales Angebot von Trägern ermöglichen (Zehnter Kinder- und Jugendbericht 1998, S. 176-180).

Bereitstellung von Kinderbetreuungseinrichtungen

- Rechtsanspruch auf einen Kindergartenplatz ab dem dritten Geburtstag bis zum Schuleintritt
- Bereitstellung von Krippen- und Hortplätzen regional unterschiedlich
- soziale Kriterien bei der Vergabe der Plätze (alleinerziehend, Erwerbstätigkeit, soziale Notlage)
- Steuerliche Absetzbarkeit erwerbsbedingter Kinderbetreuungskosten in Höhe von 1.500 € pro Jahr (Stand 2002)

Obwohl seit den 70er Jahren in der Bundesrepublik der Kindergartenbereich stark ausgebaut wurde, war das Angebot Ende der 80er Jahre noch immer nicht bedarfsdeckend. Schon die ursprüngliche Konzeption des Kinder- und Jugendhilfegesetzes (KJHG) sah den Rechtsanspruch auf einen Kindergartenplatz vor; dieser Passus scheiterte aber angesichts der angespannten Haushaltslage in den Verhandlungen zwischen Bund und Ländern (Münch 1990, S. 126). Erst im Zuge der Verabschiedung des Schwangeren- und Familienhilfegesetzes wurde 1992 endlich der Rechtsanspruch auf einen Kindergartenplatz festgeschrieben. Als flankierende soziale Maßnahme sollte er ab 1. Januar 1996 dazu beitragen, dass Frauen ihre Schwangerschaft annehmen können und die Benachteiligung von Müttern gegenüber anderen jungen berufstätigen Frauen nach Ende des Erziehungsurlaubs ausgleichen. Während dies für den Osten Deutschlands nichts Neues war, ermöglichte der Rechtsanspruch im Westen eine neue Balance in der privaten und öffentlichen Zuständigkeit für Kinder. Dies bedeutete einen starken Impuls für den forcierten Ausbau der Betreuungsangebote in Westdeutschland. Die Versorgungssituation hat sich dadurch nachhaltig verbessert. In der Folge wurden in Westdeutschland fast 600.000 neue Plätze geschaffen, dies aber nicht immer durch neue Gruppen und Einrichtungen, sondern vor allem auch dadurch, dass bestehende Gruppen um einige Plätze aufgestockt wurden. Zudem handelt es sich überwiegend nicht um Ganztagsplätze, sondern um eine Vier-Stunden-Betreuung. Gleichzeitig wurde die Fachlichkeit des Personals immer weiter nach unten geschraubt. Seit geraumer Zeit wird ein weiterer Ausbauschritt diskutiert und teilweise auch schon angegangen, die Schaffung zusätzlicher Plätze für Kinder unter drei Jahren und für Schulkinder sowie den Ausbau der Halbtagskindergartenplätze zu Ganztagseinrichtungen. Im Mittelpunkt steht dabei zunächst die Betreuungsdienstleistung für die Eltern, während die Bildungschance für Kinder erst durch die PISA-Studie in den Blick rückte.

Tab.2: Verfügbare Plätze in Tageseinrichtungen und Platz-Kinder-Relation

	Alte Bundesländer				Neue Bundesländer			
	1986	1990	1994	1998	1989	1990	1994	1998
Plätze für Krippenkinder bezogen auf die Zahl der Kinder bis unter drei Jahren	1,6%	1,8%	2,2%	2,8%	56,4%	54,2%	41,3%	36,3%
Plätze für Kindergartenkinder bezogen auf die Zahl der Kinder zwischen 3 und unter 6 ½ Jahren	69,3%	69,0%	73,0%	86,8%	112%	97,7%	96,2%	111,8%
Plätze für Hortkinder bezogen auf die Zahl der Kinder zwischen 6 und unter 12 (1998: unter 10) Jahren	3,0%	3,4%	3,5%	5,9%	60,6%	32,4%	22,6%	47,7%

Laut KJHG (§22 Abs. 2) ist die Aufgabe von Kinderbetreuungseinrichtungen die Bildung, Erziehung und Betreuung von Kindern. Bildung und Erziehung sind dabei die inhaltlich zentralen Aufgaben, aber in ihrer Ausgestaltung nicht Inhalt der Familienpolitik. Familienpolitik betrachtet Kinderbetreuung in erster Linie als „Betreuung". Erzieherinnen kümmern sich in der Abwesenheit der Eltern um die Kinder, damit die Eltern ihrer Berufstätigkeit nachgehen können. Betreuung von Kindern beinhaltet die Pflege (Sicherstellung des körperlichen Wohlbefindens bezüglich Ernährung, Kleidung, Hygiene, Schlafen), Schutz (Aufsicht über die Kinder und Sicherstellung ihrer körperlichen Unversehrtheit) und Fürsorge (Zuwendung, Nestwärme). Diese begriffliche Schärfe ist wichtig: Kinderbetreuung wird immer elternbezogen definiert - Eltern sollen entlastet bzw. freigestellt werden, indem die elementaren Bedürfnisse ihrer Kinder durch Dritte befriedigt werden. Familienpolitik als Kinderpolitik müsste dagegen Bildung und Erziehung in den Mittelpunkt stellen und daher Qualität der Kinderbetreuung ebenso stark bewerten wie Quantität (Verfügbarkeit von Betreuungsplätzen).

Schützenhilfe erhalten Bestrebungen zum Ausbau staatlicher Kinderbetreuung neuerdings auch von bevölkerungspolitisch interessierten Kräften. Denn es lässt sich deutlich zeigen, dass die erhebliche Verbesserung des Familienlastenausgleichs in der Bundesrepublik seit 1995 praktisch ohne Auswirkungen auf die Geburtenrate geblieben ist. Gleichzeitig aber scheint im internationalen Vergleich ein Zusammenhang zwischen der Verfügbarkeit von Ganztagsbetreuung und einer höheren Fruchtbarkeit der Familien erkennbar zu sein. Vor allem ist auch kein Zusammenhang zwischen hoher Frauenerwerbsbeteiligung und niedriger Geburtenrate zu erkennen, was seit den 50er Jahren in Deutschland gern unterstellt wurde, im Gegenteil. Bessere Betreuungsmöglichkeiten für Kinder tragen daher nicht nur zu einer erhöhten Erwerbsbeteiligung von Müttern bei, sondern sie ermöglichen auch, dass Kinderwünsche früher bzw. tatsächlich realisiert werden (Engelbrech 2002).

Betreuungsformen

Unterschiedliche Betreuungsformen existieren in der Bundesrepublik Deutschland nebeneinander. Neben den institutionalisierten Formen der Tagespflege (Kinderkrippe, Kindergarten, Hort in öffentlicher Trägerschaft) gibt es eine Vielzahl privater oder halbprivater Formen, angefangen von den Großmüttern, die nach wie vor in Deutschland nach den Eltern die wichtigsten Betreuungsinstitutionen für Unter-Dreijährige sind, aber auch Mütterzentren mit einem offenen Angebot, Tagesmütter mit und ohne Registrierung beim Jugendamt, Elterninitiativen und Mutter-Kind-Gruppen. Die Vielfalt ist am größten für die 0-3-jährigen Kinder, während im Alter von 3 Jahren bis zum Schuleintritt der Kindergarten deutlich dominiert. In der Regel sind alle Einrichtungen unterhalb des Schulalters beitragspflichtig. Der Elternbeitrag ist meist nach dem Einkommen der Eltern und nach der in Anspruch genommenen Betreuungszeit gestaffelt. Seit 2002 können Eltern für erwerbsbedingte Kinderbetreuungskosten einen jährlichen Steuerfreibetrag von 1.500 € geltend machen, sofern sie Kosten über 1.538 € nachweisen können (d.h. über 128 € im Monat). Dieser Freibetrag wird also wegen der sozialen Staffelung der Kita-Beiträge eher den besser verdienenden Eltern und denen mit mehreren Kindern zugute kommen. Außerdem könnte er einen gewissen Anreiz zur privaten Organisation von Kinderbetreuung z.B. durch Kinderfrauen geben.

Heute gibt es in Deutschland (Stand 31.12.1998) 2.486.780 Betreuungsplätze für Kinder im Kindergartenalter. Rein rechnerisch hatten damit 89,5 Prozent der 3- bis unter 6 ½-Jährigen die Möglichkeit, einen Kindergarten zu besuchen. Ende 1994 lag diese Quote erst bei 77,2 Prozent. Im früheren Bundesgebiet lag die Platz-Kind-Relation für Kindergartenkinder jedoch nur bei 86,8 Prozent im Vergleich zu 111,8 Prozent in den neuen Ländern und Berlin-Ost. Die Versorgungsquoten für die einzelnen Bundesländer sind recht unterschiedlich und rangieren zwischen 70 und 130 Prozent (Thüringen). Durch die rückläufigen Kinderzahlen verändert sich auch die Kindergartenlandschaft. Dies ist in Ostdeutschland gleich nach der Wende besonders drastisch sichtbar geworden. Weil die Geburtenzahlen sich dort seit 1990 praktisch halbiert haben, halbierte sich zwei bis drei Jahre später auch der Bedarf an Kindergartenplätzen. Kindertageseinrichtungen mussten geschlossen werden, die Zahl der Gruppen reduziert, und zahlreiche, vor allem jüngere Erzieherinnen wurden gekündigt (von 1990 bis 1994 51 Prozent). Die Folge ist eine starke Überalterung des Personals in allen ostdeutschen Kinderbetreuungseinrichtungen; 1994 waren die Hälfte aller Erzieherinnen in Ostdeutschland über 40 Jahre alt und nur 4 Prozent unter 25 Jahren alt. Insgesamt wurden in Ostdeutschland von 1989 bis 1999 ca. 80.000 Erzieherinnen entlassen, insbesondere in Krippen und Horten. Die verbliebenen sind meist auf Teilzeitstellen.

Die zurückgehenden Kinderzahlen könnten auch Spielraum für mehr Ganztagsangebote schaffen, die Ende 1998 nur einen Anteil von 16,3 Prozent an allen Betreuungsangeboten hatten (11. Kinder- und Jugendbericht 2002, S. 119). Bisher ist die Finanzierungsweise der größte Hemmschuh für den Ausbau institutioneller Ganztags-Kinderbetreuung in der Bundesrepublik Deutschland. Zwar deutet sich mittlerweile ein gesellschaftlicher Konsens für die Notwendigkeit dieser Angebote an, aber die Zuständigkeit der Kommunen sowohl für die Errichtung wie für die Finanzierung entsprechender Institutionen macht alle bundes- oder landespolitischen Initiativen problematisch. Vor der anstehenden Bundestagswahl im September 2002 hat die SPD-geführte Bundesregierung angekündigt, ab 2002 jedes Jahr eine Milliarde Euro für den Ausbau der Ganztagsschulen zu investieren. Einige Länder (z.B. Rheinland-Pfalz) haben die Förderung von Ganztagsschulen schon realisiert. Weiterhin kann argumentiert werden, dass bessere Möglichkeiten zur Vereinbarkeit von Beruf und Familie auch zu einem Rückgang sozialhilfeabhängiger Familien (besonders von Alleinerziehenden) führen und damit die kommunalen Haushalte entlasten würden(DIW Wochenbericht 47/00). Im übrigen ist Kinderbetreuung nicht notwendig eine kommunale Aufgabe, sie könnte zunehmend auch als allgemeine gesellschaftspolitische Verpflichtung definiert und damit (teilweise) steuerfinanziert werden.

Eine Sonderrolle spielt die Kindertagespflege. Die Initialzündung für die institutionelle Form der Betreuung von Kindern durch Tagesmütter in einer anderen Familie ging im Westen Deutschlands vom Bundesmodellprojekt „Tagesmütter" aus (1974-1979), das vom Bundesfamilienministerium zusammen mit einigen Bundesländern durchgeführt wurde. Dieses Projekt sollte in Weiterentwicklung der Tagespflegestelle nach §27 Jugendwohlfahrtsgesetz (JWG) gezielt Betreuungsmöglichkeiten für Kinder bis zum Erreichen des Kindergartenalters schaffen. Die Tagesmütter konnten in ihrer eigenen Wohnung bis zu drei Pflegekinder betreuen und wurden vom Jugendamt oder einem freien Träger angestellt und bezahlt. Die wissenschaftliche Begleitforschung dieses Modellvorhabens konnte eindeutig nachweisen, dass die so betreuten Kinder keinerlei Nachteile gegenüber von der eigenen Mutter betreuten Kindern hatten, ja sogar hinsichtlich der Kontaktfähigkeit Vorteile erfuhren (Münch 1990, S. 123-125). Aus dem Modellprojekt ging ein Fachverband hervor, der die Qualifizierung und Professionalisierung der Tagespflege maßgeblich vorangetrieben hat. Die politische Förderung für die Weiterentwicklung des Tagesmuttermodells zum Regelangebot entfiel jedoch nach dem Regierungswechsel 1983, statt dessen wurde politisch das Modell Erziehungsurlaub forciert. Tagespflege wurde - mit einigen Ausnahmen - auf den privaten Bereich und den Schwarzarbeits-Sektor verdrängt. Mit §23 des KJHG hat diese Betreuungsform einen rechtlichen Rahmen erhalten und soll allen Kindern zugänglich sein, deren Eltern es wünschen. Tagespflegevereinbarungen müssen dem Jugendamt nur noch dann gemeldet werden, wenn mehr als drei Kinder im Haushalt der Tagesmutter betreut werden. Gleichzeitig erhalten die Tagesmütter das Recht auf Beratung und Begleitung durch das Jugendamt bei ihrer Tätigkeit. Damit hat der Gesetzgeber eine Praxis nachvollzogen, die sich seit 1980 in den alten Bundesländern immer mehr auf privater Basis etabliert hatte, während sie in der DDR wegen der allgemeinen Verfügbarkeit von Krippenplätzen so gut wie unbekannt war. Kindertagespflege im familiären Setting hat in Westdeutschland eine weit höhere Akzeptanz als Krippenerziehung. Aus Sicht der Eltern kommt sie dem vorherrschenden Ideal der Familienerziehung näher als die Krippe. Aus Sicht der Kommunen handelt es sich um eine willkommene und preiswerte Alternative. Es sind keine Investitionskosten erforderlich, und die geringen Entgelte orientieren sich nicht an BAT-Tarifen, sondern an den Regelungen für Vollzeitpflege (Pflegekinder). Die individuelle Vereinbarkeit des Angebots und die freie Auswahl der Tagesmutter sichern den Eltern größtmögliche Flexibilität und Abstimmung auf ihre eigenen Erziehungsideale (Zehnter Kinder- und Jugendbericht 1998. S. 202f.).

Der Druck auf die Vorschulerziehung kann auch eine Chance zu mehr Qualität sein. Wenn Kinder knapp werden, wollen Eltern als Kunden umworben werden, durch Qualität der pädagogischen Arbeit und deren Nachweis (z.B. durch externe Audits, „TÜV-Plaketten", Akkreditierung, Dokumentationen), durch Profilierung, Kundenorientierung, Qualitätssicherung und Öffentlichkeitsarbeit. Überall dort, wo Eltern wählen können, achten sie auf die

Tab. 3: Betreuungsangebote im Vergleich
Quelle: Martin R. Textor, Vortrag am 05.04.1995 an der Volkshochschule Kaufbeuren

	Kindergarten	Kinderkrippe/ Kinderhort	Netz für Kinder, z.B. „Miniclub", Schulhort
Rechtsgrundlage	KJHG, Kindergartengesetz	KJHG, Heimrichtlinien	Richtlinien „Netz für Kinder"
Träger	freigemeinnützige, kommunale, sonstige Träger	freigemeinnützige, kommunale, sonstige Träger	freigemeinnützige, kommunale, sonstige Träger
Anerkennung/ Betriebserlaubnis	durch zuständige Behörde, staatliche Aufsicht	durch zuständige Behörde, staatliche Aufsicht	durch zuständige Behörde, staatliche Aufsicht
förderfähige Baukosten	1/3 Land, 1/3 Kommune, 1/3 Träger	durch Kommune und Träger; bei Hort 25% Land	nur in bereits vorhandenen Räumen (Miete: 40% Land, 40% Kommune)
förderfähige Personalkosten	40% Land, 40% Kommune, 20% Träger/Eltern	40% Land nur bei freien Trägern und „Hort an der Schule"; Kommune, Eltern, Träger	40% Land (für Eltern bis 5 DM pro Stunde), mindestens 40% Kommune, Rest Träger/Eltern
Personal	1 Fach- und 1 Hilfskraft	1 Fach- und 1 Hilfskraft; bei Hort mindestens 1 Hilfskraft auf 2 Grp.	1 Fachkraft und 1-2 Mütter/Väter
Gruppenstärke	15-25 Kinder von 3 Jahren bis Schuleintritt	maximal 8 Säuglinge, 12 Kleinst- oder 25 Hortkinder	12-15 Kinder von 2 bis 12 Jahren
Raum	Gruppenraum mit ab 2 qm pro Kind; ab 2 Grp. ein Nebenraum ab 16 qm, ab 3 Grp. ein Mehrzweckraum ab 60 qm	in Krippe Gruppenraum ab 3-3,5 qm, in Hort ab 2 qm pro Kind; in Krippe ein Ruhe-, in Hort ein Hausaufgabenraum (ab 2 bzw. 1,5 qm)	ab 3,5 qm pro Kind; als Berechnungsgrundlage dienen alle bespielbaren Flächen
Elternvertretung	Kindergartenbeirat mit beratender Funktion	nicht geregelt, oft analog zum Kindergarten	durch das Grundkonzept geregelt; Mitarbeit von Eltern verlangt

Qualität. So haben z.B. Einrichtungen in kirchlicher oder privater Trägerschaft in Ostdeutschland lange Wartelisten, während staatliche Einrichtungen ihre Plätze nicht besetzen können. Die Konkurrenz kann zu einer Flexibilisierung von Öffnungszeiten führen und zum Versuch, durch Sponsoring, die Gründung von Fördervereinen oder die Vermietung von Räumen (am Abend bzw. am Wochenende) die Einnahmen zu erhöhen oder durch betriebswirtschaftliche Maßnahmen die Kosten zu reduzieren, so dass die Elternbeiträge nicht erhöht werden müssen oder sogar gesenkt werden können (www.kindergartenpaedagogik.de).

Die Ausgaben (Grundmittel) für den Elementarbereich haben sich in den letzten Jahren nur geringfügig verändert, aber verglichen mit 1975 verzehnfacht. Die Ausgaben tragen zu mehr als zwei Dritteln die Kommunen. 1999 sind für jedes Kind von 3-6 Jahren rund 7.000 DM für einen Kindergartenplatz aufgewendet worden.

Kinderbetreuung auf dem Weg zur modernen Sozialdienstleistung

Zwar ist die Qualität von Kindertagesbetreuung in hohem Maße von den pädagogischen Konzepten und ihrer Umsetzung in der konkreten Situation und besonders von den persönlichen Fähigkeiten und Gaben der Erzieherinnen und Erzieher abhängig. Dennoch lässt sich, wie die nachfolgende Übersicht zeigt, auch durch Rahmensetzungen die Qualität und nicht nur die Quantität von Kinderbetreuung politisch steuern (Sturzbecher 1998).

Tab. 4: Qualitätskriterien für Kindertagesbetreuung

Politik	Pädagogik
Existenz eines politischen Steuerungssystems	Erziehung zu sozialer Kompetenz
angemessene finanzielle Aufwendungen (1% BIP)	Platz, Hygiene gesunde Ernährung
Abdeckungsgrad der verschiedenen Altersgruppen	Altersmischung oder Altershomogenität
Vielfalt der Angebote und Träger	Einbeziehung des kulturellen Kontextes der Kinder
Zugang für Kinder mit Behinderungen	Förderung von Kindern mit Behinderungen
Recht der Eltern auf Beteiligung	Partnerschaft von Eltern und Erziehern
Personalschlüssel, z.B. unter 12 Mon: 1:4 12-23 Mon.: 1:6 24-35 Mon.: 1:8 36-71 Mon.: 1:15	pädagogische Fähigkeiten der Erzieherinnen
Festlegung von Ausbildungsstandards und Fortbildungsrechten der Erzieherinnen	Arbeitsklima in der Einrichtung

Zur Qualitätsentwicklung, Qualitätssicherung und Qualitätsmessung von Kinderbetreuung sind inzwischen unterschiedliche Methoden entwickelt worden. Mit DIN ISO 9.000 ff wird eine internationale Normenreihe bezeichnet, die formale Anforderungen an ein Qualitätsmanagementsystem definiert und damit für fast alle Dienstleistungsbereiche anwendbar ist, aber auf die Spezifika von Kinderbetreuung kaum eingeht und damit auch wenig anschaulich für Erzieherinnen und Eltern ist. Die Qualität der Organisation wird in 20 Elementen bewertet und intern und extern überprüft. Ein Zertifikat kann für drei Jahre vergeben werden (Irskens/Vogt 2000).

Die E.F.Q.M. (European Foundation for Quality Management) hat eine Umsetzung für Kindertageseinrichtungen nach DIN EN ISO 9.002 entwickelt („QM-Elementar"). E.F.Q.M. ist die europäische Variante von T.Q.M. (Total Quality Management), geht über ISO 9.000 ff. hinaus und versucht nicht nur die Qualität der Organisation, sondern auch die Qualität der Leistungen für den Kunden zu bewerten. Ein weiteres, spezifischeres Instrumentarium der Qualitätsentwicklung hat der sogenannte Kronberger Kreis für Qualitätsentwicklung in Kindertageseinrichtungen unter dem Namen „Qualität im Dialog" entwickelt. Diese interdisziplinäre Arbeitsgruppe wurde 1995 von Fachleuten aus dem Hessischen Projektring „Orte für Kinder" gegründet. Er hat sich zur Aufgabe gemacht, Fragen der Reform und Evaluation von Kindertageseinrichtungen zu erörtern und ein Konzept zur dialogischen Qualitätsentwicklung zu erarbeiten. Als Qualitätsbereiche werden Programm- und Prozessqualität, Leitungsqualität, Personalqualität, Einrichtungs- und Raumqualität, Trägerqualität, Kosten-Nutzen-Qualität und Förderung von Qualität betrachtet. Als weiteres handhabbares Instrument der Qualitätsmessung wird die Kindergarten-Einschätz-Skala (KES-Skala) genutzt. Es handelt sich dabei um die deutsche Fassung einer von Harms/Clifford 1980 für Kinder von drei bis sechs Jahren entwickelte Bewertungsskala, mit dem vor allem die Prozessqualität in einer Einrichtung gemessen werden soll.

Familienpolitisch wäre es durchaus denkbar, ein Qualitätssicherungsverfahren im Sinne einer Akkreditierung für alle Kindertagesstätten verpflichtend vorzuschreiben und die öffentliche Förderung - oder sogar die Höhe der öffentlichen Förderung - vom Ergebnis abhängig zu machen. Australien ist als erstes Land der Welt diesen Weg gegangen (Textor 2000, zur Frage der Qualitätssicherung in Kinderbetreuung umfassend Fthenakis/Textor 1998).

Ein anderer vieldiskutierter Weg zur Verbesserung der Qualität des Betreuungsangebots ist die Einführung von sogenannten Betreuungsgutscheinen. Eltern werden dadurch zu Kunden, die unter einer Vielzahl von Angeboten auswählen können, und der Finanzzufluss der Kitas bemisst sich nach der Nachfrage in einer sogenannten „Subjektfinanzierung", während traditionellerweise die institutionelle Förderung der Angebotsseite („Objektfinanzierung") im Kita-Bereich üblich ist. Das Hamburger „Kita-Gutschein-System" stattet die Eltern mit einer „Kita Card" aus. Ein großer Vorzug eines solchen Systems ist, dass es ohne politische Steuerung automatisch auf den Wandel der Nachfragesituation reagiert und Anpassungsprozesse erleichtert. Angesichts sinkender Kinderzahlen stehen die Verwaltungen vielerorts vor der Frage, ob und welche Einrichtungen geschlossen werden müssen. Ein Gutscheinsystem spiegelt exakter als jede Bedarfserhebung die tatsächliche Nachfrage nach Plätzen und gibt auch deutliche Hinweise auf die Attraktivität der einzelnen Einrichtungen. Damit wird ein umständlicher zentral betriebener Planungsprozess, der zudem stets stärker an der Angebots- als an der Nachfragesituation orientiert wäre, überflüssig gemacht. (Sell 2002)

In Hamburg wurde seit 1999 damit begonnen, die Kita-Finanzierung umzustellen; die Reform soll im Laufe des Jahres 2003 abgeschlossen werden. Grundidee ist, dass die Finanzierung von Tageseinrichtungen nur noch über die von den Eltern eingereichten Kita-Gutscheine erfolgen kann und der Senat den Einrichtungen keine betreuungsplatzbezogene Grundfinanzierung mehr gewährt. Die Finanzierung der Betreuungsleistungen erfolgt kindbezogen auf Basis einheitlich kalkulierter Leistungsentgelte für definierte Leistungen mit klaren Qualitätsmerkmalen, die zwischen der Stadt Hamburg und den Trägern der Kinderbetreuung vereinbart werden. Eltern erhalten nach einer Prüfung ihres Betreuungsbedarfs einen Kita-Gutschein für eine bestimmte Betreuungszeit (3-9 Stunden), den sie bei der Einrichtung ihrer Wahl einlösen können, und zahlen dort einen ihrem Einkommen angepassten Kita-Beitrag. Die Tageseinrichtung übernimmt die Betreuung und reicht den Kita-Gutschein ein. Damit erhält sie den in den Leistungsvereinbarungen vorgesehenen Betrag abzüglich des Elternbeitrags. Dieser Systemwechsel soll für alle Akteure Vorteile bringen: Die Eltern können ein genau ihrem Bedarf angepasstes Angebot wählen und transparent Qualitätskriterien vergleichen; die Einrichtungen müssen nicht mehr bei übergeordneten Behörden mühsam Geld für Sondermaßnahmen erstreiten, sondern können mit ihrem Budget selbstständig wirtschaften, Überschüsse ansparen oder Sonderleistungen gegen Sonderentgelte anbieten; der öffentliche Träger verteilt die knappen Haushaltsmittel bedarfsgerecht und zielgenau und vermeidet Aufwand bei der Jugendhilfeplanung.

Auch in Österreich wurde eine nachfrageorientierte Finanzierung der Kinderbetreuung durch sogenannte „Kinderbetreuungsschecks" in der Öffentlichkeit seit 1995 intensiv diskutiert. Explizite Ziele sind: die Verbesserung der Qualität der Betreuung, die Ermöglichung von Wahlfreiheit für Eltern anstelle einer Verhaltensregelung wie durch z.B. das Erziehungsgeld (in Österreich: Karenzgeld). Realisiert werden soll der Vorschlag durch eine dreiteilige Maßnahme, eine annäherungsweise existenzsichernde Geldleistung, eine Weiterführung der Sozialversicherungsansprüche und einen Betreuungsgutschein, der bei Kinderbetreuungseinrichtungen eingelöst werden kann (Schattovits 2000).

Als Alternative zum derzeit geltenden Modell Elternzeit/Erziehungsgeld wurde seitens der CDU/CSU das sogenannte Erziehungsgehalt in die Diskussion gebracht. Kern dieses Vorschlags ist die Disparität zwischen Ost- und Westdeutschland in der Verfügbarkeit von Kinderbetreuung. Während in Westdeutschland mangels Plätzen kaum eine Alternative zur häuslichen Betreuung der Unter-Dreijährigen besteht, verzichten in Ostdeutschland Mütter, die keine institutionelle Betreuung für ihre Kinder wollen, indirekt auf bis zu 500 € staatlicher Subventionen. Wahlfreiheit ist damit in beiden Teilen Deutschlands nicht gegeben. Ein Erziehungsgehalt von um die 500 € pro Kind (steuerfrei) könnte bei der staatlichen Förderung ein Gleichgewicht zwischen Subventionen für Kinderbetreuung und Subventionen für zuhause erziehende Eltern schaffen. Auf der anderen Seite könnten die staatlichen Subventionen für die Betriebskosten von Kinderbetreuung entfallen. Eltern könnten dann frei entscheiden, ob sie das Erziehungsgehalt als Einkommensverbesserung während einer Phase der Familienarbeit oder für die (dann entsprechend höheren) Kita-Beiträge nutzen möchten. Auch dieses Modell geht von einer Subjektfinanzierung der Kinderbetreuung und Wahlfreiheit der Eltern aus und strebt damit eine Qualitätsverbesserung der Kinderbetreuung an (Geisler 2000).

Kritiker einer solchen nachfrageorientierten Finanzierung von Kinderbetreuung sehen die Gefahr, dass bei der Implementierung die gesellschaftlichen Zielvorstellungen der Kinder- und Jugendhilfe letztlich auf der Strecke bleiben und sich der Staat schrittweise aus dem Sozialbereich völlig zurückzieht.

Neben der bedarfsorientierten Finanzierung ist auch die inhaltliche Neugestaltung der vorschulischen Bildung ein aktuelles familienpolitisches Thema geworden. Dazu haben vergleichende Bildungsanalysen wie die PISA-Studie von 2001 beigetragen, bei denen deutsche Schülerinnen und Schüler regelmäßig nur mittelmäßige Plätze belegten. Häufig wird die geringe Bildungsorientierung der deutschen Elementarpädagogik als ein Grund angeführt. Im europäischen Vergleich wird in Deutschland von den Möglichkeiten zur Förderung von Bildung in den Kindertageseinrichtungen vergleichsweise wenig Gebrauch gemacht. Gerade in Abgrenzung von der nach festen Bildungszielen und mit strukturierten Tages-, Wochen- und Jahresplänen operierenden DDR-Vorschulpädagogik beherrscht im vereinigten Deutschland der sogenannte situative Ansatz der Kleinkindpädagogik weitgehend die Szene. Er kommt den freien Entwicklungsmöglichkeiten der Kinder zwar sehr entgegen, birgt aber doch die Gefahr, dass gerade die weniger engagierten Erzieherinnen, die es immer auch gibt, sich aus dem Leben der Kinder in der Kita weitgehend heraushalten und Bildungschancen ungenutzt verstreichen lassen. Externe Unterstützungsstrukturen für die fachliche Anleitung, Beratung und Fortbildung des pädagogischen Personals können zur Neubestimmung und Verwirklichung des Bildungsauftrags des Kindergartens sowie zur Steigerung der Qualität beitragen. Die Aus- und Weiterbildung der Erzieherinnen und Erzieher sollte verbessert und aufgewertet werden, damit das Fachpersonal besser darauf vorbereitet wird, die frühen Bildungsprozesse von Kindern zu erkennen und zu fördern. In mancher Hinsicht kann geradezu von einer Renaissance der bildungszielorientierten DDR-Vorschulpädagogik gesprochen werden, die vom Schreckbild der bloßen Verwahranstalt abgegrenzt wird.

Vereinbarkeit von Familie und Erwerbsleben - unterschiedliche Profile in der Familienpolitik

Die Vereinbarkeit von Familie und Beruf ist, wie die vorangegangenen Abschnitte gezeigt haben, ein besonders komplexer Bereich der Familienpolitik. Noch stärker als in anderen Feldern konkurrieren unterschiedliche Politikziele miteinander und lassen sich, je nach Sichtweise, ganz unterschiedliche Bewertungsmaßstäbe finden. Die Frage der Vereinbarkeit kann aus arbeitsmarktpolitischer, aus kinderpolitischer, familienpolitischer oder auch aus frauenpolitischer Sicht betrachtet werden. Je unterschiedliche Maßnahmen werden dadurch in ihrer Bedeutung stärker gewichtet, andere eher vernachlässigt. Eine institutionenpolitische Ausrichtung würde die durch einen langen Erziehungsurlaub bedingte traditionellere Rollenteilung in der Familie nicht als Nachteil werten, sondern als Realisierung von Wahlfreiheit für Frauen, die die Entscheidung für ein Hausfrauenleben auch ermöglicht. Das Erziehungsgeld kann dann den Charakter eines Zuverdienstes haben, da von ununterbrochener Berufstätigkeit des Mannes als Regelfall ausgegangen wird. Kindertagesbetreuung spielt in diesem Szenario nur eine nachrangige Rolle und kann auch als Halbtagsangebot gestaltet werden. Kinderpolitisch ist die Qualität der Betreuung wichtiger als die Art der Betreuung. Aus gleichstellungspolitischer Sicht liegt es auf der Hand, dass ein langer Erziehungsurlaub die Berufschancen von Frauen nachhaltig beeinträchtigt und umfassende Kinderbetreuung die materielle Voraussetzung der Chancengleichheit ist. Für den Arbeitsmarkt ist auf der einen Seite die Entlastungswirkung durch einen dreijährigen Erziehungsurlaub willkommen. Auf der anderen Seite sollten gerade qualifizierte Arbeitnehmerinnen motiviert werden, möglichst nur kurzzeitig die Erwerbsarbeit zu unterbrechen. Kündigungsschutz ist in dieser Perspektive kontraproduktiv, ebenso wie eine große Flexibilität bei der abwechselnden Inanspruchnahme der Elternzeit, welche die Planung erschwert.

Tab. 5: Unterschiedliche Anforderungen an die Vereinbarkeit von Familie und Beruf für unterschiedliche politische Schwerpunktsetzungen

	Elternzeit/Erziehungsurlaub	Kindertagesbetreuung
familienpolitische Ausrichtung	mindestens drei Jahre, mit geringem finanziellen Ausgleich (Zuverdienst-Charakter)	subsidiär, halbtags, Besuch freiwillig
kinderpolitische Ausrichtung	flexible Verteilung zwischen beiden Eltern	möglichst hohe pädagogische Qualität, Wahrnehmung des Bildungsauftrags
gleichstellungspolitische Ausrichtung	kurz (max. ein Jahr) und mit vollem Lohnausgleich	bedarfsgerechte Verfügbarkeit von Plätzen und lange Öffnungszeiten
arbeitsmarktpolitische Ausrichtung	langer Erziehungsurlaub mit eingeschränktem Kündigungsschutz und ohne Wechselmöglichkeiten zwischen den Partnern	lange, flexible Öffnungszeiten

Je nachdem, welches Verhältnis zwischen der Förderung der Berufstätigkeit von Frauen und dem Gewicht von staatlichen Transfers an Familien besteht, können unterschiedliche familienpolitische Profile unterschieden werden. Beispielsweise wurden von Franz Xaver Kaufmann und seinen Mitarbeitern in den 80er Jahren ökonomische (durch Transfers), ökologische (Gestaltung der Rahmenbedingungen, v.a. Kinderbetreuung) und rechtliche Interventionsformen der Familienpolitik unterschieden. Wenn die ökonomische und ökologische Interventionsformen in einer Matrix aufeinander bezogen werden, ergeben sich vier mögliche familienpolitische Profile.

Tab. 6: Familienpolitische Profile
Abbildung nach Strohmeier 1995, S. 22

ökonomische Intervention	ökologische Intervention	
	Unterstützung der Erwerbstätigkeit beider Eltern durch Kinderbetreuung	Beschränkung der Erwerbstätigkeit beider Eltern durch fehlende Kinderbetreuung
wirksamer Familienlastenausgleich, dadurch geringere Notwendigkeit der Erwerbstätigkeit beider Eltern	Profil A (z.B. Frankreich)	Profil B (z.B. BRD)
kein wirksamer Familienlastenausgleich, dadurch Notwendigkeit der Erwerbstätigkeit beider Eltern	Profil C (z.B. Schweden)	Profil D (z.B. Großbritannien)

Das Profil A schafft große Wahlmöglichkeiten für Eltern. Sie können sich frei zwischen verschiedenen Modellen der Vereinbarkeit von Familie und Erwerbsleben entscheiden. Das Profil B dagegen beschränkt die Wahlmöglichkeiten, da die Option gleichzeitiger Berufstätigkeit durch die Rahmenbedingungen erschwert ist, aber auch nicht ökonomisch erzwungen wird. Im Profil C kann zwar von einem wirksamen Familienlastenausgleich nicht gesprochen werden, aber durch universale Berufstätigkeit werden die negativen Folgen für das Familieneinkommen ausgeglichen. Das Profil D dagegen bringt Familien in eine Zwangssituation ohne eindeutige Lösungsmöglichkeiten. Durch die Reformen seit 1990, insbesondere durch den Rechtsanspruch auf einen Kindergartenplatz, aber auch die Reform des Erziehungsgeldes und die Ansätze einer Ausweitung von Kinderbetreuungsmöglichkeiten scheint die Bundesrepublik Deutschland sich langsam auf den Weg in Richtung des Profils A zu machen und damit ihre familienpolitischen Ansprüche auf die Realisierung von Wahlfreiheit für Familien einzulösen. Nationale Politikprofile bestimmen in gewissem Maße auch die familiären Lebensformen, wobei natürlich die Richtung von Ursache und Wirkung nicht klar ist. Ist die geringe Erwerbsneigung westdeutscher Mütter der Grund für die unterentwickelten Kinderbetreuungsstrukturen, oder umgekehrt? Leben Deutsche öfter in ehelichen Verhältnissen, weil sie dann vom Steuersplitting profitieren, oder hat sich das Splitting durchsetzen können, weil Ehe die vorherrschende Lebensform von Erwachsenen ist (Strohmeier 1995)?

Erziehungsurlaub und Beschäftigungspolitik

Die enge Beziehung zwischen Familienpolitik und Beschäftigungspolitik wird am Beispiel des Erziehungs-/Elternurlaubs besonders deutlich. In der DDR war das Modell vollerwerbstätiger Mütter angesichts des fortdauernden Arbeitskräftemangels auch eine ökonomische Notwendigkeit. Dagegen war im Moment der Einführung des Erziehungsurlaubs in der Bundesrepublik Arbeitslosigkeit das beherrschende sozialpolitische Thema. Insofern ist es nur folgerichtig, dass die Bundesregierung auf ein Modell setzte, das Mütter zumindest zeitweilig dem Arbeitsmarkt entzog und diesen dadurch spürbar entlastete. In der politischen Auseinandersetzung wurde noch um das Jahr 2000 gern darauf verwiesen, dass die höheren Arbeitslosenzahlen in Ostdeutschland lediglich mit dem anderen Erwerbsverhalten von Frauen zu tun hätten. Würden diese ihre Hausfrauenrolle im gleichen Maße akzeptieren wie im Westen, anstatt sich arbeitslos zu melden, wäre der Unterschied nicht so groß. Seit Ende der 90er Jahre hat sich jedoch ein Paradigmenwechsel auf europäischer Ebene vollzogen. Durch die Europäische Beschäftigungspolitik und die dadurch ermöglichten Vergleiche wurde deutlich, dass die generelle Erhöhung der Erwerbstätigenquote und die stärkere Partizipation von Frauen am Arbeitsmarkt eine beschäftigungsfördernde Wirkung hat und zur Vermeidung von Arbeitslosigkeit beiträgt. Denn dadurch werden dem Arbeitsmarkt dynamische und hochqualifizierte Kräfte zugeführt, und Verlust von Qualifikationen wird vermieden. Folgerichtig spielt für die reformierte Elternzeit die vollständige Aufgabe der Erwerbstätigkeit eines Elternteils zugunsten der Kindererziehung eine geringere Rolle, und es werden Anreize zur Teilzeitarbeit gegeben. Ob diese ausreichen, eine stark verankerte gesellschaftliche Praxis der Berufsunterbrechung zu verändern, wird sich erweisen. Genau in umgekehrter Richtung hat sich die französische Familienpolitik entwickelt. Hier fand während der 1980er und 1990er Jahre eine starke Ausweitung des Betreuungsangebots der Unter-Dreijährigen statt (ab drei Jahren sind die Kinder im staatlichen Schulsystem ganztägig versorgt), um die Frauenerwerbsbeteiligung zu erhöhen. Elternurlaub (Congé parental) war dagegen eine Maßnahme zur Geburtenförderung, die Mütter erst ab dem dritten Kind in Anspruch nehmen konnten. Als die Arbeitslosigkeit auch in Frankreich ein Thema wurde, setzte die Familienpolitik neue beschäftigungspolitische Akzente: Einerseits wurden die Möglichkeiten für Elternurlaub auf erste und zweite Kinder ausgedehnt, um den Arbeitsmarkt zu entlasten. Andererseits wurde die häusliche Kinderbetreuung durch Tagesmütter und Kindermädchen in großem Umfang finanziert. 1996 nutzten etwa 350.000 Familien solche Angebote, entsprechend viele registrierte Arbeitsplätze im Bereich der häuslichen Kinderbetreuung wurden geschaffen (Martin 2000).

Erziehungsurlaub ist in Deutschland eine ungemein erfolgreiche politische Maßnahme. In zwei Längsschnittstudien („Bamberger Ehepaarpanel", vgl. Schneewind/Vaskovics 1998, und „Väter und Erziehungsurlaub", vgl.

Vaskovics/Rost 1999) wurden über 3.000 Paare während der Familiengründungsphase beobachtet. Von 95 Prozent der Eltern wurde der Erziehungsurlaub sowohl beim ersten wie beim zweiten Kind in voller Länge genutzt. Nur Mütter mit höherer Qualifikation und starker Berufsorientierung verkürzen den Erziehungsurlaub, in der Regel zugunsten einer Teilzeittätigkeit. Die Beteiligung der Väter betrug nur 2,5 Prozent. Erziehungsgeld wurde von knapp der Hälfte der Eltern als große und notwendige finanzielle Unterstützung bewertet, Erziehungsurlaub von 81 Prozent der Eltern als sehr große Hilfe beim Übergang zur Elternschaft (Vaskovics 2000).

Elternzeit ist deshalb ein so erfolgreiches Modell, weil sie, jenseits von Feminismus und political correctness, die Bedürfnislage der großen Mehrheit von jungen Müttern trifft. Trotz formaler Gleichberechtigung haben Männer in unserer Gesellschaft kaum die Chance, ohne Verlust ihrer sozialen Anerkennung mehrere Jahre auszusteigen und ein anderes, nicht erwerbsarbeitsbezogenes Leben zu wagen. Frauen dagegen dürfen diese Chance nutzen und tun es, und zwar um so mehr, je geringer ihre beruflichen Möglichkeiten sind. Man hat dies auch das „Vereinbarkeitsmodell der Versorgerehe" auf der Grundlage einer zeitlich reduzierten Beteiligung von Müttern am Erwerbsleben genannt, gewissermaßen die durch Teilzeitarbeit der Frau modernisierte Variante der klassischen Versorgerehe. In einer Befragung des Instituts für Demoskopie Allensbach von 1996 erklärten nur 8 Prozent aller Frauen, sie würden am liebsten als Mutter voll berufstätig sein, 9 Prozent nannten die kinderlose Karrierefrau als Idealvorstellung. Dagegen sprachen sich 46 Prozent der Frauen dafür aus, als Mutter in Teilzeit erwerbstätig zu sein, 33 Prozent möchten am liebsten ausschließlich Hausfrau und Mutter sein (Pfau-Effinger 1998). Angesichts dieser Meinungsäußerungen überrascht es nicht, wenn Väter sich nur in den seltensten Fällen und meist in einer beruflichen Krisensituation wie Arbeitslosigkeit für den Erziehungsurlaub entscheiden (Vaskovics/Rost 1999).

Dass damit gleichzeitig auf der Makroebene die Ungleichheit von Frauen im Arbeitsleben zementiert wird, beeinflusst natürlicherweise die Entscheidungen der Individuen kaum. Vor diesem Hintergrund ist die zögerliche Reform des Erziehungsurlaubs in Richtung auf eine Elternzeit auch folgerichtig: Die Mehrheit der Wähler will keine Zwangsmaßnahmen, die Väter in die Hausmann-Rolle drängen und Frauen aus der (zeitweisen) Hausfrauenrolle heraus. Mütter kehren bisher auch nur zögerlich nach Ende der Elternzeit in den Beruf zurück. Die Rückkehrquote liegt bei über 50 Prozent, d.h. die Hälfte der Frauen nimmt die Arbeitsplatzgarantie letztlich gar nicht in Anspruch. Und von den Rückkehrerinnen arbeiten fast doppelt so viele Teilzeit wie Vollzeit (Kurz 1998, S. 164-166). Damit kann man zu der Schlussfolgerung kommen: Durch das Maßnahmenpaket Elternurlaub und Erziehungsgeld werden gezielt Anreize zur Ausgliederung von Frauen aus dem Arbeitsmarkt gesetzt. Die beschäftigungspolitischen Wirkungen sind empirisch deutlich nachweisbar und dürften sich auf mehrere hunderttausend nicht mehr arbeitssuchende Frauen pro Jahr belaufen (Landenberger 1991, S. 262-271).

Gleichstellungspolitik und Familienpolitik

In der Forschungsliteratur wird besonders stark der gleichstellungspolitische Aspekt der Vereinbarkeit von Familie und Beruf diskutiert, d.h. die Kinder- und Betreuungsfrage als Frauenfrage (Klammer 2001). Es kann gefragt werden, in welcher Weise sozialpolitische Rahmensetzungen die Lebenschancen für Frauen regulieren. Dabei wird deutlich, dass bis zum zweiten Weltkrieg überall in Europa die Norm der Alleinverdienerfamilie galt und sozialpolitisch abgefedert wurde. Das bedeutete: Die meisten Frauen hatten nur über die Ehe Zugang zu den Leistungen des Wohlfahrtsstaates, sie verfügten vor allem über abgeleitete Ansprüche, z.B. die kostenlose Mitversicherung in der Krankenkasse des Ehemannes oder die Hinterbliebenenrente im Alter. Auf der anderen Seite ist Erwerbsarbeit in Industriegesellschaften der entscheidende Schlüssel, über den gesellschaftliche Anerkennung, wirtschaftliche Möglichkeiten und persönliches Selbstbewusstsein vermittelt werden. In sozialistischen Gesellschaften stand diesem hohen Anspruch, dass gesellschaftliche Teilhabe nur über Teilhabe an der Produktion möglich ist, ein entsprechendes politisches System zur Ermöglichung von Frauenerwerbstätigkeit gegenüber. In den westlichen Gesellschaften, und in Deutschland mehr als anderswo, trifft eine besonders hohe Wertigkeit von Erwerbsarbeit auf ein System, dass die (zeitweise) Nichterwerbstätigkeit von Müttern voraussetzt.

„Diese hohe Wertigkeit der Erwerbstätigkeit diskriminiert andere Arten gesellschaftlicher Arbeit, begründet Disparitäten, lässt Asymmetrien zwischen Rechten und Pflichten entstehen, aus denen Unrecht vor allem gegenüber den Müttern in der Gesellschaft entsteht."

Fünfter Familienbericht 1995, S. 151

Ein mögliches Kriterium für die „Frauenfreundlichkeit" von Sozial- und Familienpolitik ist die Individualisierung der Frauen, d.h. ihr Zugang zu Sozialleistungen unabhängig von der Ehe. Dies wird vor allem ermöglicht durch drei Maßnahmenblöcke: Die Ermöglichung paralleler Kindererziehung und Erwerbstätigkeit, die Individualbesteuerung, d.h. keine Bevorzugung der Hausfrauenehe, und die Übernahme von familiären Dienstleistungen durch den Staat. Anhand dieser Kriterien können im europäischen Vergleich abgestufte Ausprägungen des „Ernährer-Modells" unterschieden werden. Das Verhältnis von Erziehungsurlaub, öffentlicher Kinderbetreuung und Familienleitbild ist dabei jeweils unterschiedlich. Diese Betrachtungsweise führt scheinbar automatisch zur Bevorzugung von Modellen der Vollzeiterwerbstätigkeit von Müttern, weil diese gleichstellungspolitisch am effektivsten sind. Trotzdem sollte man nicht aus den Augen verlieren, dass die große Mehrheit der Mütter in Deutschland solche Modelle für sich persönlich ablehnt und einen zeitweiligen Berufsausstieg und anschließende Teilzeitarbeit bevorzugt, nicht nur gegenüber der Vollzeiterwerbstätigkeit, sondern auch gegenüber der gleichmäßigen Verteilung von Erwerbs- und Betreuungsarbeit zwischen den Partnern. Bis in die 80er Jahre war es noch möglich, diese Tendenz von Frauen zur vollen Übernahme der Mutterrolle sehr positiv zu sehen (vgl. etwa Albers 1986, S. 36-43). Heute wird in der Forschung ein solches Annehmen der Mutterrolle unter Verzicht auf optimale berufliche Entwicklung überwiegend als Defizitmodell betrachtet; obwohl es nach wie vor in Deutschland das am häufigsten von Familien gelebte Modell ist.

Tab. 7: Ausprägung des „Ernährer-Modells" (Skala stark-moderat-schwach) nach: Ostner 1995, S. 9

Kriterien	stark	moderat	schwach
Unterbrechung der Erwerbstätigkeit bei Müttern	D, UK, NL, IRL	F, B	DK, FIN, S
hohe Verbreitung von Teilzeitarbeit	D, UK, NL, IRL	F, B	DK, S, FIN
„abgeleitete" Ansprüche an Soziale Sicherung	D, NL, IRL	F, B, NL	DK, S, FIN
wenig öffentliche Betreuung für Kinder unter 3 Jahren	D (West), UK, NL	F, B	D (Ost), FIN, DK, S
Langer Erziehungsurlaub	D, F, FIN	B, S	DK, IRL, NL, UK
Gesamteinschätzung	D, NL	F, B, UK, IRL	DK, S, FIN

Eine Alternative zu solchen stark gleichstellungsbetonten Deutungen bietet die neuere Haushaltsforschung, die schon im Zusammenhang mit dem Familienlastenausgleich dargestellt wurde. Programmatisch kommentiert die Bundesregierung 1995 den Fünften Familienbericht: Die Bundesregierung „weist der Familienarbeit und der Erwerbsarbeit den gleichen Stellenwert zu. Grundsätzlich muss es Müttern und Vätern freigestellt sein, welche der verschiedenen Möglichkeiten sie zur Verwirklichung ihrer Vorstellungen für ein Leben n Familie und Beruf wahrnehmen wollen: eine Parallelität von Familie und Beruf oder eine Unterbrechung der Erwerbstätigkeit bis zu einem gewissen Lebensalter der Kinder." (Fünfter Familienbericht 1995, S. XVII)

Monoperspektivische Erklärungsansätze können das Typische politischer Strategien jedoch nicht erfassen - deren Multifunktionalität. Die Logik eines Maßnahmenpakets wie Elternurlaub/Kinderbetreuung liegt gerade in seinen Mehrfachwirkungen, also in der Möglichkeit, beispielsweise familien-, arbeitsmarktpolitischen und einzelbetrieblichen Handlungsrationalitäten in optimalem Mischungsverhältnis gleichzeitig zu entsprechen (Landenberger 1991, S. 270).

5.3 Familienfreundliche Gestaltung des Arbeitslebens

Die familienfreundliche Gestaltung des Arbeitslebens ist ein Bereich, der nur zum Teil politischem Handeln zugänglich ist. Als grundsätzlich freiwillig zu gestaltender Bereich der Sozialen Marktwirtschaft ist er auch Aufgabe der Arbeitgeber, die als Teil ihrer sozialen Verantwortung eine autonome betriebliche Familienpolitik entwickeln können (Wingen 1993, S. 55-58). Gesetzlich geregelt ist neben der Elternzeit vor allem die Freistellung zur Pflege bei Erkrankung eines Kindes. Anders als bei der Elternzeit ist hier der individuelle Anspruch eines Elternteils die Regel, die Tage können nicht vom Vater auf die Mutter übertragen werden. Ob das zu einem erhöhten Engagement der Väter führt, würde eine Untersuchung lohnen. Die Vermutung liegt nahe, dass bei längerer Erkrankung eher die Mütter Erholungsurlaub in Anspruch nehmen, denn Abwesenheit wegen Krankheit eines Kindes gilt in der Arbeitswelt als rufschädigend. Zu sehr evoziert diese Art von Abwesenheit das Schreckbild der erwerbstätigen Mutter, die in Gedanken ununterbrochen bei ihren Kleinen weilt und jederzeit bereit ist, alles fallen zu lassen, um nach Hause zu stürzen. Kein Arbeitgeber wünscht sich solche Mitarbeiterinnen. Selbst wenn auf das Jahr betrachtet maximal zehn Abwesenheitstage nicht viel sind, ist die Inanspruchnahme karrierehemmend. Insofern ist die gelegentlich aufgebrachte Forderung nach Ausweitung dieser Freistellungstage mit Vorsicht zu genießen. Sie würde den Interessen erwerbstätiger Frauen möglicherweise mehr schaden als nützen.

Freistellung zur Pflege kranker Kinder
– für Versicherte der Gesetzlichen Krankenversicherung mit Lohnfortzahlung analog Krankengeld
– 10 Tage pro Elternteil und Kind
– für Alleinerziehende 20 Tage pro Kind
– bei mehreren Kindern max. 50 Tage

Die Förderung der Rückkehr in der Erwerbstätigkeit nach einer Familienpause ist ein großes politisches Thema. Wie schon erwähnt, kehren unmittelbar nach Ende der Elternzeit nur etwa die Hälfte der Frauen an ihre vorherige Arbeitsstelle zurück, und ein großer Teil von ihnen in Teilzeit. Die andere Hälfte entscheidet sich für eine längere Familienphase. Damit ist in der Regel ein deutlicher Qualifikationsverlust verbunden, der um so stärker ist, je höher das Niveau der zuvor ausgeübten Tätigkeit war. Der Arbeitsmarkt wandelt sich schnell, so dass manche Qualifikationen nach einigen Jahren auch nicht mehr gefragt sind. Zudem bedeutet ein langjähriges Aussteigen auch eine Einbuße an bestimmten Sekundärtugenden, die für eine angestellte Tätigkeit erforderlich sind. Als Hausfrau und Mutter üben Frauen eine komplexe, verantwortungsvolle und vollständig selbstbestimmte Tätigkeit aus. Sie müssen sich kurzfristig und kleinteilig an die Anforderungen der Familie anpassen und haben wenig Chancen, mittel- und langfristige Projekte strukturiert durchzuführen. Als abhängig Beschäftigte müssen sie dagegen wieder weisungsabhängig arbeiten und sich an festgelegte äußere Strukturen wie Arbeitszeiten und -abläufe, Hierarchien und ein insgesamt formaleres Umgehen miteinander anpassen. Dies gelingt nicht allen Frauen auf Anhieb. Ihre Dequalifizierung ist zwar von grundsätzlich anderer Art als die der Langzeitarbeitslosen, ja im Grunde genommen haben sie als selbstständige Haushaltsmanagerinnen auch Schlüsselqualifikationen hinzu gewonnen. Auf der anderen Seite aber führt die starke Personalisierung häuslicher Arbeit auch zu Unsicherheit in formal geregelten Kontakten; das professionelle Selbstbewusstsein hat zumeist gelitten. Grundsätzlich gilt: Je kürzer die Unterbrechung der Erwerbstätigkeit, desto leichter gelingt der Wiedereinstieg, am unproblematischsten, solange noch die Stellengarantie der Elternzeit gilt.

Voraussetzung für einen erfolgreichen Wiedereinstieg ist einerseits die Verfügbarkeit angemessener Kinderbetreuung mit Öffnungszeiten, die zu den Beschäftigungszeiten der Eltern passen, aber auch ein entsprechendes Familienleitbild, das der Frau in der innerfamiliären Auseinandersetzung Rückhalt geben kann. Denn Berufsrückkehr bedeutet einen Rollenwandel nicht nur für die Frau, sondern auch für den Mann, der sich zumeist einige Jahre lang aus den häuslichen Aufgaben und der Kindererziehung relativ weitgehend heraushalten konnte. Für Betriebe ist der Wiedereinstieg qualifizierter Mitarbeiterinnen ein Anreiz zu Maßnahmen, die Rückkehrbereitschaft zu fördern. Denn so wird die kostspielige Einarbeitungszeit erspart oder verkürzt, und die Betriebstreue erwerbstätiger Mütter ist besonders groß.

Voraussetzungen der Rückkehr in die Erwerbstätigkeit

– Partnerschaftliche Aufgabenverteilung in der Familie
– Verfügbarkeit von Kinderbetreuung über einen ausreichenden Zeitraum

Förderung der Rückkehr in die Erwerbstätigkeit

– bis zu 130 € Zuschuss zur Kinderbetreuung vom Arbeitsamt für Weiterbildungsmaßnahmen
– Kontaktmaßnahmen während der Elternzeit (Fortbildungen, Urlaubsvertretungen) - freiwillige Leistung des Arbeitgebers

---

Die Rückkehr in die Erwerbstätigkeit wird öffentlich nur in beschränktem Umfang gefördert Seit dem 1.1.2002 sieht das sogenannte „Job-AQTIV-Gesetz" vor, ins Erwerbsleben zurückkehrende Mütter (und Väter) schrittweise sozial besser abzusichern. Zeiten des Bezuges von Mutterschaftsgeld, Kindererziehungszeiten so wie Zeiten der Pflege eines Angehörigen werden zukünftig in die Versicherungspflicht zur Bundesanstalt für Arbeit einbezogen. Mit dieser Neuregelung werden jährlich rund 30.000 Frauen zusätzlich in den Schutz der Arbeitslosenversicherung einbezogen beziehungsweise gelangen in die nächsthöhere Stufe der Bezugsdauer von Arbeitslosengeld.

Durch die Einbeziehung in die Versicherungspflicht verbessern sich die Chancen von Müttern und Vätern zur Teilnahme an aktiven Maßnahmen der Arbeitsförderung. Für Berufsrückkehrerinnen kann auch die Teilnahme an Arbeitsbeschaffungsmaßnahmen vorgesehen werden, wenn sie zwar aktuell keinen Anspruch auf Arbeitslosengeld oder -hilfe haben, früher aber mindestens 1 Jahr sozialversicherungspflichtig beschäftigt waren. Eltern, die an berufsfördernden Maßnahmen teilnehmen, bekommen künftig Kinderbetreuungskosten bis zu einem Betrag von 130 € pro Monat erstattet. Im Rahmen des Arbeitsförderungsgesetzes (AFG) kann das Arbeitsamt außerdem Zuschüsse für den Arbeitgeber während der Einarbeitszeit (§49 AFG) anbieten. Darüber hinaus bieten die Arbeitsämter aber auch spezielle Beratung für den beruflichen Wiedereinstieg an. Beratungsstellen für Frauen und kommunale Gleichstellungsstellen sind auch zum Thema Berufsrückkehr aktiv.

Wesentlich mehr Möglichkeiten haben die Betriebe selbst: Sie können den Kontakt zu den beurlaubten Arbeitskräften halten, z.B. durch Übersendung der Betriebszeitung, Einladung zu Feiern und Sonderveranstaltungen, durch das Angebot von Fortbildungen oder die zeitweilige Mitarbeit auf einem Telearbeitsplatz. Am wirksamsten können aber die Frauen selbst den drohenden Qualifikationsverlust bekämpfen, indem sie z.B. Urlaubsvertretungen übernehmen oder bei einer Zeitarbeitsfirma wochenweise arbeiten oder auch durch Weiterqualifizierung per Fernlehre. Das Angebot an Internetbasierten Fernlehre-Kursen boomt und bietet mehr Möglichkeiten als vor zwanzig Jahren. Aufgabe der Politik könnte es sein, Anreize zur Entwicklung solcher Angebote speziell für Eltern in der Familienphase zu geben.

Familienfreundliche Maßnahmen in Betrieben

Die familienfreundliche Gestaltung des Arbeitslebens umfasst einerseits die bisher geschilderten Maßnahmen zur Vereinbarkeit von Familie und Beruf, aber darüber hinaus eine Palette vielfältiger Maßnahmen, die auf der Ebene des Einzelbetriebs durchgeführt werden (Wingen 1990). Kernstück ist dabei stets die Flexibilisierung der Arbeitszeit und der Arbeitsorte in unterschiedlichen Organisationsformen. Am bekanntesten sind Teilzeit- und Gleitzeitangebote, aber auch die Lebensarbeitszeit kann durch Arbeitszeitkonten den Familienbedürfnissen der Beschäftigten angepasst werden. Bisher hat sich allerdings erwiesen, dass familienpolitische Rhetorik (vgl. Familie und Arbeitswelt 1986) die tatsächliche Durchsetzung solcher Flexibilisierungsmaßnahmen kaum zu befördern vermochte. Dagegen haben die neuen Informations- und Kommunikationstechnologien und die stärkere Dienstleistungsorientierung vieler Arbeitsbereiche einen großen Schub für die Veränderung traditioneller festgelegter Arbeitsformen gebracht.

Maßnahmen zur familienfreundlichen Gestaltung der Arbeitswelt
– Rechtsanspruch auf Teilzeitarbeit für alle Arbeitnehmer in Betrieben ab 15 Beschäftigten, wenn dem keine betrieblichen Gründe entgegen stehen – Flexibilisierung der Tages- und Wochenarbeitszeit (Gleitzeit) – Flexibilisierung der Lebensarbeitszeit (Sabbatical; Arbeitszeitkonto) – Flexibilisierung des Arbeitsortes (Teleworking) – betriebliche Kinderbetreuungseinrichtungen – zahlreiche Einzelmaßnahmen auf Betriebsebene

Der Bereich Teilzeitarbeit soll in diesem Zusammenhang noch einmal gesondert betrachtet werden. Aus der „Ernährerehe" der 50er Jahre entwickelte sich in der Bundesrepublik ein Modell des Wiedereinstiegs in Teilzeit. Teilzeitarbeit war in den sechziger Jahren als Zuverdienst der Frauen zum Einkommen des Ehemannes angelegt. Das steigende Konsumniveau der Zeit des Wirtschaftswunders war ein Motiv, etwas hinzu zu verdienen. Da Teilzeitarbeitsplätze häufig Tätigkeiten mit niedriger Qualifikation und mit geringer Entlohnung umfassten, war das „volle" Einkommen des Mannes als Familienernährer Voraussetzung für die Teilzeittätigkeit verheirateter Frauen. Seit den 70er Jahren erfährt die Teilzeitarbeit einen Bedeutungswandel, sie wird als Chance zur Fortführung der Erwerbsbeteiligung begriffen und die damit verbundenen Benachteiligungen und Risiken der sozialen Sicherheit von Frauen in Kauf genommen (Schulze Buschoff 1995). Auch heute noch ist Teilzeitbeschäftigung in Deutschland eine Frauendomäne; 44,2 Prozent der Frauen, aber nur 12,2 Prozent der Männer übten im Jahr 2001 eine Teilzeitbeschäftigung aus. Durch diese ungleiche Verteilung, verbunden mit der hohen Bereitschaft von Frauen, Elternzeit in Anspruch zu nehmen, wird das „Erwerbsrisiko" Elternschaft weitgehend von Frauen getragen und ist für Männer ein Konkurrenzvorteil. Im Gegensatz zu den Müttern hinterlässt Elternschaft in den Erwerbsbiografien der Väter keine bleibenden Spuren, die sich in späteren Jahren negativ auf die Höhe der Altersrenten auswirken. Nach der Geburt eines Kindes arbeiten Väter im Durchschnitt sogar mehr Stunden als vorher, was einerseits als Flucht vor dem Babygeschrei, aber andererseits als Übernahme der Ernährerverantwortung gedeutet werden kann. 1996 waren 27 Prozent der ostdeutschen und 41 Prozent der westdeutschen Familienhaushalte Alleinverdienerhaushalte. Wegen der damit verbundenen Karrierebrüche sind Väter in Deutschland nur sehr selten zur Reduzierung der Arbeitszeit bereit. Beispiele aus Skandinavien und den Niederlanden zeigen jedoch, dass es möglich ist, hier einen Kulturwandel herbeizuführen (Bosch 1999).

Der Bundeswettbewerb „Der familienfreundliche Betrieb" wird seit 1993 regelmäßig durchgeführt, um der Wirtschaft Impulse und Anregungen für die Entwicklung kreativer Konzepte zu geben und vor allem, um zu zeigen, dass auch Klein- und Mittelbetriebe Handlungsspielräume zur Realisierung von Familienfreundlichkeit haben. Die Vorteile einer solchen familienfreundlichen Betriebspolitik liegen nicht nur auf Seiten der Frauen und Familien, sondern auch auf Seiten der Betriebe: Die Motivation der Mitarbeiter steigt, die zufriedenstellende Lösung häuslicher Probleme lässt sie konzentrierter arbeiten, der Krankenstand ist geringer, der Know-How-Verlust durch ausscheidende Mitarbeiter und Mitarbeiterinnen sinkt, die Flexibilisierung der Abläufe dient auch einer größeren Kundenorientierung. Gerade Großunternehmen haben die Chancen familienfreundlicher Personalpolitik erkannt (Gemeinnützige Hertie-Stiftung 1999). Aber auch für Klein- und Mittelbetriebe sind viele Flexibilisierungsmaßnahmen durchführbar (Wettbewerbsstärke und bessere Vereinbarkeit 1998).

Um einen Eindruck von den Gestaltungsmöglichkeiten zu geben, sollen nachfolgend einige konkrete Maßnahmen aus in diesem Wettbewerb ausgezeichneten Groß-, Mittel- und Kleinbetrieben benannt werden, die über die im obigen Kasten aufgezählten Standardmodelle hinausgehen.

– Übernahme der Elternbeiträge für Kinderbetreuung in öffentlichen Einrichtungen
– Mittagessen aus der Kantine kann nach Hause mitgenommen werden
– Individuelle Beratung zu Vereinbarkeitsstrategien
– Regelmäßige Treffen mit Kinderbetreuung im Betrieb für die Mitarbeiterinnen im Elternurlaub
– Kinderweihnachtsgeld und Kinderweihnachtsfeier
– preisgünstige Urlaubsmöglichkeiten für Beschäftigte bei Vertragspartnern
– Verankerung von Gleichstellungsfragen auf der Geschäftsleitungsebene
– Gratifikation von Eltern in Form von bezahlten Freistunden
– Fortbildung für Führungskräfte zum Thema familiengerechte Arbeitsbedingungen
– Familienfreundlichkeitskriterien an der Arbeitsstelle, flexible Arbeitszeiten, betriebliche Kinderbetreuung, Rückkehr- und Weiterqualifizierungsprogramme, mögliche öffentliche Anreize für familienfreundliche Betriebe (öffentliches Vergaberecht)
– Herabsetzung der Regelarbeitszeit auf 30 Stunden

6. Lokale Familienpolitik

6.1 Familienfreundliche Gemeinwesen

Familien leben nicht im luftleeren Raum, sondern in realen Umgebungen. Kaum etwas prägt die familiäre Wirklichkeit mehr als das Gemeinwesen und die Wohnumwelt, in der sie ihr Leben gestalten. Soziale Strukturen, Prozesse und Probleme haben ihren Niederschlag in räumlichen Strukturen und sich ändernden Raumnutzungen. Die „Raumbezogenheit sozialer Probleme" und auch die Raumbezogenheit familiärer Wirklichkeit ist ein häufig vernachlässigtes Thema sozialwissenschaftlicher Analysen (Schäfers 1995, S. 260).

Familienfreundlichkeit von Gemeinwesen bedeutet, Raum für das Leben von Familien zu gestalten: als Wohnraum, als Bauland, als benutzbaren öffentlichen Raum, aber auch als finanziellen Spielraum.

Städte und Gemeinwesen als Orte für das Aufwachsen von Kindern haben sich seit den 50er Jahren stark gewandelt. Unmittelbar nach dem Krieg konnten Kinder die Freiheit unbewohnter Trümmerflächen für ihre räumlich weit ausgreifenden Spiele nutzen; sie waren involviert in Schwarzmarkt- und Nachbarschaftsaktivitäten und bewegten sich in der Kindergruppe frei im Wohnquartier oder rund um das Dorf. Dieser unbeschränkten Spielfläche nach außen standen freilich beengte Wohnverhältnisse gegenüber. Diese Kinderfreiheit wurde im Laufe der 60er und 70er Jahre immer mehr beschränkt; Kindheit wurde auf spezifische Areale verwiesen, sie „verinselte". Gleichzeitig vergrößerten sich die Spielflächen im Innern der Wohnungen und in den Gärten der entstehenden Einfamilienhäuser. Pendant zu dieser eingehegten Kindheit waren die nicht freien, sondern pädagogisch betreuten „Abenteuerspielplätze" der 70er Jahre. Seit den 90er Jahren kann man von einem zunehmenden Verschwinden des öffentlichen Raumes, nicht nur für Kinder, sprechen. Überwachte Einkaufszentren, Innenstädte und Bahnhofshallen lassen freies Spiel so wenig zu wie absichtslosen Aufenthalt. Aus der früher multifunktionellen Straße - als Verkehrsfläche, Einkaufsort, Spielplatz und Kommunikationszentrum - ist teilweise schon eine verinselte städtische Topographie geworden, klar geteilt in Verkehrsflächen, Einkaufszentren, Begegnungsstätten der Erwachsenen (Kneipen, Theater ...) und Spielräume der Kinder (Kitas, Spielplätze). Diese Entwicklung hat Familienleben nicht leichter gemacht: Fehlender Spielraum nach außen muss durch größere Wohn- und Gartenflächen ausgeglichen werden, Verinselung der Kindheitsorte bedeutet für Mütter Chauffeursdienste.

Unterschiedliche Ursachen liegen dieser Entwicklung zugrunde. Vor allem das Auto hat die lokale Lebenswirklichkeit von Familien erheblich beeinflusst. 1950 gab es in der BRD 0,5 Mio. Pkws, 1965 hatte sich diese Zahl auf 9,3 Mio. verzwanzigfacht und seither mehr als vervierfacht, auf rund 42 Mio. 1999. Dieser enorme Zuwachs bedeutete eine starke Veränderung des Lebensraums von Familien: Kraftfahrzeuge verbrauchen Platz, sowohl beim Fahren wie beim Parken, sie emittieren Lärm und Abgase und zwingen durch ihr Tempo und Gewicht die Fußgänger - und Kinder sind zumeist Fußgänger - zu vorsichtiger Bewegung. Die enorme Zunahme des Autoverkehrs wird von Eltern zumeist als Gefährdung ihrer Kinder wahrgenommen und dient als Vorwand, sie vom öffentlichen Straßenraum möglichst fern zu halten. Nur eine Minderheit von Grundschulkindern geht heute noch zu Fuß allein zur Schule. Zahlen über die Unfallentwicklung zeigen jedoch, dass die Zahl tödlicher Verkehrsunfälle noch 1970 (21.332 Getötete) erheblich größer war als heute (1998 7.792 Getötete) (Statistisches Kompendium Mobilität 2000, EU Transport in figures 2000). In den 60er und 70er Jahren war die große Unfallgefährdung einer der Auslöser für die Umstrukturierung kindlichen Spiels; heute dagegen sind die niedrigen Unfallzahlen auch Beleg für den Rückzug der Kinder - und der Fußgänger - aus dem öffentlichen Verkehrsraum.

Gründe für die örtliche und regionale Familienpolitik

- Humanvermögen ist ein wichtiger Standortfaktor im Wettbewerb der Regionen
- Familien bilden die soziale Basis-Infrastruktur der Gemeinwesen.
- Familien sind als Marktpartner eine wichtige Basis für die wirtschaftliche Entwicklung.
- Familienförderung stärkt Zukunftsorientierung und Nachhaltigkeit.
- Eine ausgewogene Einwohnerstruktur ist Voraussetzung für kommunale Entwicklung.
- Koordinierte lokale Familienpolitik sichert effizienten Einsatz knapper Mittel.
- Familienförderung stärkt Selbsthilfepotentiale und Bürgerbeteiligung.
- Familienförderung ist ein Verfassungsauftrag an alle staatlichen Ebenen

---

Familienfreundlichkeit wird aus wirtschaftswissenschaftlicher Perspektive unter die sogenannten weichen Standortfaktoren von Gemeinwesen eingereiht. Gerade Klein- und Mittelstädte in der Bundesrepublik können durch gezielte Verbesserung der örtlichen Lebensbedingungen für Familien positive Impulse für Zuwanderung setzen. Dazu gehört auf der einen Seite die Bereitstellung von Infrastrukturen für Familien (Kindergarten, Schule, Wohnen, Freizeitangebote, kulturelle und sportliche Förderung), die Bereitstellung von Wohnraum und Grundstücken für den Bau von Einfamilienhäusern und die familiengerechte Gestaltung des Verkehrs sowie die

Selbstverpflichtung auf ein familienfreundliches Leitbild (Ramelow 1998). Angesichts des erkennbaren Mangels an nachwachsenden jungen Menschen sind Familien und ihre Kinder in der Konkurrenz der Regionen ein wichtiger Standortfaktor. Die Schaffung eines familiengerechten Umfelds erhält so für Städte, Kreise und Gemeinden eine strategische Bedeutung für ihr zukünftiges Entwicklungspotential.

Die Leistungen der Familien für die kommunale Entwicklung sind vielfältig. Sie sind die Basis einer leistungsfähigen örtlichen und regionalen Sozialstruktur, sorgen für ein ausgeglichenes Generationenverhältnis und zukunftsorientiertes, gemeinwesenorientiertes Handeln. Unternehmen profitieren von Mitarbeiterinnen und Mitarbeitern, die Familie und Beruf in Einklang bringen und günstige Lebensverhältnisse für ihre Kinder vorfinden. Bei ausgewogener Altersstruktur können öffentliche Bildungs- und Betreuungsinfrastrukturen von der Krippe bis zum Pflegeheim gleichmäßig ausgelastet und verlässlich geplant werden. Investoren und Betriebe können mit einem stabilen lokalen Nachfragepotential und Arbeitskräftepotential rechnen.

Tab. 1: Familienfreundliche und familienfeindliche Merkmale lokaler Lebensbedingungen Übersicht nach: Fünfter Familienbericht 1995, S. 300.

	Familienfreundliche Merkmale	Familienfeindliche Merkmale
Innenstadt-bezirke in Groß-städten	gute Verkehrsinfrastruktur großes Arbeitsplatzangebot gute Bildungs-, Kultur- und Freizeitinfrastruktur vielfältiger öffentlicher Raum	kleine, teure Wohnungen hohe Bau- und Bodenpreise fehlende Freiräume für Kinder schwache verwandtschaftliche oder nachbarschaftliche Netzwerke
Randgebiete von Ballungsräumen	günstigere Bedingungen für den Bau von Eigenheimen kinderfreundliches Umfeld niedrigere Mieten leicht herzustellende soziale Beziehungen	lange Wege zur Arbeit schwierige Erreichbarkeit der Freizeit- und Kulturinfrastruktur
Ländliche Gebiete und Kleinstädte	sehr hoher Anteil an Wohneigentum niedrige Boden-, Bau- und Mietpreise gewachsene verwandtschaftliche und nachbarschaftliche Netzwerke Freiräume für Kinder und Jugendliche	ungünstige Erreichbarkeit von Schul- und Freizeiteinrichtungen geringes Angebot an wohnortnahen Arbeitsplätzen Unterversorgung an sozialen Diensten und Betreuungseinrichtungen geringes Angebot an öffentlichem Transport

Die familienpolitische Verantwortung der Kommunen ist zweigeteilt: Auf der einen Seite sind sie für die Umsetzung landes- und bundespolitischer Vorgaben zuständig, auf der anderen Seite haben sie aufgrund der kommunalen Selbstverwaltung Spielräume zur eigenständigen Gestaltung lokaler Familienpolitik. Eine solche lokale Familienpolitik ist in Deutschland bisher noch die Ausnahme. Beispiele zeigen jedoch, dass dadurch der im Fünften Familienbericht beklagte strukturelle Rücksichtslosigkeit der Gesellschaft gegenüber den Familien wirksamer begegnet werden kann als durch viele kostspielige Maßnahmen des Familienlastenausgleichs.

Der rechtliche Rahmen für kommunale Familienpolitik ist durch Art. 6 des Grundgesetzes gesteckt: Bund, Länder und Gemeinden sind verpflichtet, Familien zu schützen und zu fördern. Gemeinde, Städte und Kreise sind aber auch originäre Träger der Familienförderung. Diese ist Teil der gemeindlichen Allzuständigkeit (Art. 28 Abs. 2 GG). Ihre Grenze findet diese Zuständigkeit nur da, wo ausdrückliche gesetzliche Verbote für gemeindliche Eigeninitiativen bestehen oder wo Bund und Länder abschließende Regelungen mit Sperrwirkung erlassen haben.

Kommunale Pflichtaufgaben

Zum großen Teil besteht lokale Familienpolitik aus sogenannten Pflichtaufgaben aufgrund bundes- oder ländergesetzlicher Zuweisungen. Die meisten kindbezogenen Dienstleistungen der Gemeinden werden im Rahmen der Jugendhilfe auf Basis des KJHG erbracht. Hinzu kommen Pflichtaufgaben aus der Bauleitplanung (BauGB) und Schulträgerschaft.

Die Zuständigkeit der Kommunen für die unmittelbare Daseinsfürsorge bedeutet für die Familienpolitik jedoch auch ein Dilemma. Der Streit um die Umsetzung des Rechtsanspruchs auf einen Kindergartenplatz war dafür das Paradebeispiel. Das im Zuge der Neufassung des §218 festgeschriebene Recht aller Kinder auf einen Kindergartenplatz ab dem dritten Geburtstag warf eine familienpolitisch grundsätzliche Zuständigkeitsfrage auf. Denn die Kommunen standen in der Pflicht, diese kostspielige Regelung in kurzer Frist umzusetzen und erhebliche Mittel für Investitionen in Kinderbetreuungseinrichtungen aufzubringen. Die Kommunen argumentierten deshalb, der Rechtsanspruch auf einen Kindergartenplatz diene neben dem Schutz des ungeborenen Lebens auch der besseren Vereinbarkeit von Familie und Erwerbsleben. Dabei handele es sich um gesamtgesellschaftliche Zielvorstellungen, die nicht einfach dadurch kommunalisiert werden könnten, dass die entsprechenden Hilfeformen der Jugendhilfe zugeordnet und damit dem Bereich der Kommunalen Selbstverwaltung zugewiesen würden. Zwar seien die Kommunen zur Bereitstellung von Plätzen zu verpflichten, aber nur wenn gleichzeitig Bund und Länder die Verpflichtung wahrnähmen, dies den Kommunen durch Zuweisung entsprechender Finanzmittel auch zu ermöglichen (Wingen 1993, S. 60). Tatsächlich hat der Rechtsanspruch die Kommunen zu einer großen Anstrengung gezwungen.

Die finanziellen Belastungen, die mit diesem Kindergartenausbauprogramm einhergingen, wurden überwiegend von den Städten, Kreisen und Gemeinden bei unterschiedlicher Beteiligung der Länder und der Träger aufgebracht. Die Jugendhilfeetats der kommunalen Haushalte bestehen inzwischen zu weit mehr als der Hälfte aus Betriebskosten für Tageseinrichtungen. Bundesweit erreicht die Betriebskostenbelastung der Kindergärten inzwischen eine Größenordnung von ca. 10 Milliarden €. Innerhalb der Ausgaben für sozialen Leistungen weist inzwischen nicht mehr die Sozialhilfe, sondern die Jugendhilfe die größte Dynamik auf. Man muss allerdings berücksichtigen, dass die kommunalen Haushalt wenige Jahre zuvor durch die Einführung der sozialen Pflegeversicherung stark entlastet worden waren. Die Kommunen fordern deshalb vielfach von Bund und Ländern eine finanzielle Beteiligung an ihren Aufgaben nach dem Grundsatz der Konnexität („Wer bestellt, bezahlt."). Einige Länder haben Vereinbarungen zur Mitfinanzierung der Lasten mit den Kommunen getroffen. So hat z.B. das Land Niedersachsen für einige Jahre 20 Prozent der Personalkosten für die Erzieherinnen übernommen, diesen Zuschuss aber 1999 wieder gestrichen, nach heftigen Protesten aber durch eine dauerhafte Aufstockung des kommunalen Finanzausgleichs ersetzt. In Sachsen wurde intensiv ein Erziehungsgehalt diskutiert, das die Landesbeiträge zu den Kitakosten durch direkte Transfers an die Eltern ersetzen sollte. Solche Auseinandersetzungen zwischen Kommunen und Land haben sich in den meisten Bundesländern in unterschiedlicher Form abgespielt und zwar um so massiver, je belasteter die kommunalen Finanzen sind.

Der Bund verweist gegenüber den Kommunen auf den Ausbau des Familienlastenausgleichs. Denn eine Erhöhung des Kindergelds um 5 € monatlich entlastet die Sozialhilfe grundsätzlich um etwa 60 Mio. € jährlich. D.H. die Kindergelderhöhungen seit 1999 von 220 DM auf zuerst 250 DM hat die Sozialhaushalte der Kommunen pro Jahr um ca. 360 Mio. DM entlastet. Dies galt aber nicht für die Kindergelderhöhung zum 1. Januar 2000, da diese anrechnungsfrei gestellt worden ist, dagegen wiederum für die Kindergelderhöhung zum 1.1.2002, die erneut eine Entlastung der Kommunen um rund 180 Mio. € bedeutete. Andererseits müssen die Gemeinden die Mindereinnahmen durch die Kinderfreibeträge ihren Aufkommensanteilen an der Einkommenssteuer entsprechend mittragen, d.h. der Gemeindeanteil an der Einkommenssteuer schrumpft dadurch.

Bisher ist noch keine allgemeingültige Lösung dafür gefunden worden, wie eine finanzielle Balance zwischen den Kommunen, den Ländern und dem Bund bei der Umsetzung familienpolitischer Ziele erreicht werden kann. Diese Frage wird aber immer wichtiger, da der Ausbau und die qualitative Verbesserung der Kindertagesbetreuung eine der größten Herausforderungen der bundesrepublikanischen Familienpolitik im nächsten Jahrzehnt sein wird. Betreuungs-Schecks oder Kita-Gutschein-Modelle sind deshalb auch kommunalpolitisch interessant. Sie würden dem Bund erlauben, bestimmte betreuungsbezogene Transfers direkt an die Eltern zu geben. Diese könnten dann wählen, welche Form von Betreuung sie damit finanzieren. Dies würde den Kommunen erlauben, die Elternbeiträge zu erhöhen und ihr Angebot genau am Bedarf der Familien auszurichten. Allerdings ist schwer vorstellbar, wie durch ein solches Modell Investitionskosten aufgefangen werden sollen.

Freiwillige familienpolitische Maßnahmen der Gemeinden

Grundsätzlich ist der Spielraum der Kommunen bei der eigenständigen Ausgestaltung der Lebensbedingungen von Familien relativ groß. Grenzen werden zumeist durch finanzielle Engpässe gesetzt, weniger durch unzureichende Kompetenzen. Allerdings müssen auch Kommunen im Sinne der Subsidiarität der Selbsthilfe der Familien und den freien Trägern Vorrang einräumen. Außerdem ist eine gewisse Dominanz der Bundespolitik nicht zu verleugnen, weil alle direkten familienpolitischen Transfers durch Bundesgesetze geregelt sind. Dazu kommt, dass der politische Prozess auch auf kommunaler Ebene durch Parteien vermittelt wird. Dadurch werden sich auch in kommunaler Familienpolitik bundespolitisch geprägte Zielsetzungen der Parteien spiegeln, bundespolitische Fehlsteuerungen sind durch kommunale Politik kaum aufzufangen (Bellers 1993, S. 433-441).

Ein Beispiel für die Abgrenzung kommunaler von Bundesaufgaben sind kommunale Geburtsprämien. Einige Gemeinden haben, um der Abwanderung vorzubeugen und die Familienbildung zu fördern, für kinderreiche Familien oder für alle Geburten kommunale Aufwandsbeihilfen eingeführt. Die Frage der Rechtmäßigkeit solcher Aufwendungsbeihilfen hat allerdings zu Diskussionen über die Grenzen kommunaler Zuständigkeit in der Familienpolitik geführt. Das Oberverwaltungsgericht Nordrhein-Westfalen stellte in einem Urteil vom 19. Januar 1995 fest, dass es sich dabei um eine Maßnahme des allgemeinen Familienlastenausgleichs handele, der gemeindlichen Aktivitäten nicht zugänglich sei. Kommunale Geburtsbeihilfen seien deshalb rechtswidrig. Nur ein „Patenschaftsgeld", das die Verbundenheit der Kommune gegenüber dem Neugeborenen und seinen Eltern symbolisiere, sei als kommunale Maßnahme denkbar. Folglich seien Einmalzahlungen anlässlich der Geburt eines Kindes möglich, nicht aber laufende Beihilfen (Wingen 1997, S. 315).

Gestaltungsspielräume haben Kommunen nicht nur im Hinblick auf von ihr selbst zu erfüllende Aufgaben, sondern zunehmend auch als Moderatoren für familienfreundliche Akteure, etwa die Kirchen, Vereine und Bürgerinitiativen. Diese moderierende Funktion kommunaler Verwaltungen wird besonders anschaulich im Quartiersmanagement, einer neuen Form sozialer Gemeinwesenarbeit mit dem Ziel, lokale Akteure zu vernetzen und zu stärken und so Selbsthilfepotentiale zu erschließen.

Der enge Kontakt zu den Trägern der freien Wohlfahrtspflege ist eine große Chance für lokale Familienpolitik. Gemäß dem Subsidiaritätsprinzip und auch den im KJHG festgelegten Prinzipien haben freie Träger der Familienförderung Vorrang gegenüber staatlichen Angeboten; und die Kommunen müssen für eine Angebotsvielfalt sorgen. Dadurch fällt den Gemeinden eine zentrale Moderatorenrolle in der Organisation familienbezogener Sozialdienstleistungen zu. Hierfür können auch institutionelle Formen gefunden werden, in denen die Aktivitäten von Sozialamt, Wohnungsamt, Jugendamt, Bauamt, Wirtschaftsförderung und Gesundheitsamt unter einem familienpolitischen Blickwinkel koordiniert werden (Wingen 1997 S. 316).

Damit besitzen Kommunen durchaus die Möglichkeit, in der Familienpolitik selbst gestalterisch tätig zu werden. Ihre Angebote sind in der Regel örtlich gebunden und werden häufig in Form persönlicher Dienstleistungen erbracht. Das Bewusstsein dafür, dass die Kommunen hier Handlungsspielräume haben, hat sich erst in den letzten Jahren entwickelt. Das Recht auf eigenverantwortliche Wahrnehmung kommunaler Aufgaben eröffnet den Gemeinden aber darüber hinaus gehende Spielräume für familienpolitisches Handeln in Form freiwilliger kommunaler Leistungen für Familien. Hierbei kann es sich um pädagogische, beratende, therapeutische, materielle und planerische Angebote und Aufgaben handeln. Trotzdem ist das familienpolitische Engagement der meisten Kommunen eher gering. Dies spiegelt möglicherweise die lange Zeit geringe politische Relevanz der Familienpolitik auf Landes- und Bundesebene, und es bleibt abzuwarten, ob sich daran durch den Bedeutungszuwachs der Bundesfamilienpolitik auch auf kommunaler Ebene etwas ändert (Münch 1990, S. 296-308). Einige Bundesländer haben versucht, über Landeswettbewerbe zur „familienfreundlichen Gemeinde" das Bewusstsein für diese kommunalpolitischen Spielräume zu stärken. Als Beispiel sei das Familienpolitische Programm der Stadt Lingen im Emsland genannt. Im Landkreis Emsland betrug übrigens der Geburten-/Sterbesaldo 1999 +43,2 per 1.000 Einwohner; Bundesdurchschnitt war im gleichen Jahr -0,9.

Beispiel: Die Stadt Lingen

Grundlagen
Familienpolitisches Programm der Stadt Lingen (Ems), entstanden im Jahr 1980 aus einer Initiative des Stadtrats, finanziert aus Ratsmitteln. Ziel ist die Aufwertung des Ansehens der Familie und der Familienpolitik in der Öffentlichkeit, Familien-Mainstreaming durch den Ausschuss für Familie und Soziales, der alle Empfehlungen hinsichtlich ihrer Auswirkungen auf Kind und Familie überprüft. Durchführung durch Zusendung eines Familienpasses für alle Familien und Alleinerziehende mit zwei und mehr Kindern unter 18 Jahren, für alle Familien mit einem schwerbehinderten Kind ohne Altersbegrenzung, Berücksichtigung von Kindern über 18 Jahren in Ausbildung auf Antrag.

Zuschüsse und Vergünstigungen im städtischen Gebührenbereich (Familienpass, Stand 11.10.2000)

- Keine Standesamtsgebühren
- Keine Gebühren für Kinderausweise
- Preisnachlässe bei Veranstaltungen des städtischen Jugendamts
- Preisnachlässe beim privaten Spaßbad
- Ermäßigungen bei Theaterkarten und Abonnements
- Nachlässe bei den Abwassergebühren ab drei Kindern
- Ermäßigung der Müllabfuhrgebühren für Familien mit drei Kindern, sofern eines unter drei Jahre alt ist, Familien mit vier und mehr Kindern unter 18 Jahren und Familien mit einem pflegebedürftigen Haushaltsangehörigen

Förderung des Wohnungsbaus

- Vorrangige Vergabe von Baugrundstücken an Personen, die noch kein Wohneigentum haben
- ab drei Kindern Vergabe von Baugrundstücken im Erbbaurecht mit der Möglichkeit des späteren Erwerbs, Erbbauzins gestaffelt nach Kinderzahl: 3 Kinder: 3,5%, 4 Kinder: 2%, 5 und mehr Kinder: 0%
- ab drei Kindern Zuschuss bei Kauf eines städtischen Grundstücks in Höhe von rd. 1.000 € pro Kind (zusätzlich zur staatlichen Wohnungsbauförderung)
- ab drei Kindern zinsfreies Darlehen für den Wohnungsbau in Höhe von rd. 11.000 €
- entsprechende Förderung bei Erwerb von Altbauten und familiengerechtem Umbau vorhandener Häuser

Einrichtungen von Hilfefonds im sozialen Bereich und Förderung der freien Träger

- Notfonds zur Verhinderung drohender Obdachlosigkeit
- Einzelfallhilfe bei Schwangerschaftskonfliktsituationen
- Übernahme der nicht gedeckten Kosten eines Frauenhauses in freier Trägerschaft
- Übernahme der Betriebskosten für ein Wohnhaus für alleinerziehende Frauen
- allgemeine Betreuungs- und Schulungsmaßnahmen für alleinerziehende Eltern
- Zuschuss zur Unterhaltung einer Verbraucherberatungsstelle
- Werbung von geeigneten Pflegefamilien

Verbesserung der Wohn- und Freizeitsituation von Familien

- Überprüfung bestehender und Aufstellung neuer Bebauungspläne auf familienfreundliche Aspekte
- Vermehrte Einrichtung von Wohnstraßen in Wohngebieten

- Bereitstellung städtischer Wohnungen für kinderreiche Familien, Vergrößerung der städtischen Wohnungen bei Umbau
- Planung und Erstellung zusätzlicher Erholungs- und Spielflächen

Erweiterte Partizipationsmöglichkeiten für Kinder und Jugendliche

1998 Einrichtung eines Kinder- und Jugendparlaments, dem 56 Kinder und Jugendliche im Alter von 12 bis 19 Jahren angehören. Es tagt vierwöchentlich im Ratssitzungssaal und vertritt im Kinder- und Jugendhilfeausschuss die Interessen der Kinder und Jugendlichen. Es verfügt über ein Budget von 10.800 € zur Förderung von Projekten.

Regionale und lokale Familienpolitik bedeutet aber auch Bekenntnis zur Differenz. In der Bundesrepublik Deutschland lässt sich eine deutliche Polarisierung zwischen wirtschaftlich wachsenden und stagnierenden/schrumpfenden Regionen erkennen. In ähnlicher Weise ist auch eine soziale Polarisierung zwischen Siedlungsgebieten zu erkennen. Familien ziehen in für sie attraktive Wohngebiete und verlassen Umgebungen, die sie als familienfeindlich erleben. So ist zum einen eine Tendenz zur Abwanderung aus Großstädten und Ballungsgebieten in das Umland erkennbar, weil dort die Möglichkeit zur Schaffung von Wohneigentum besteht. Trotz höherer Mieten und Baukosten folgen aber auch viele Familien dem besseren Arbeitsplätzeangebot und wandern aus den östlichen in die westlichen und - weniger ausgeprägt - aus den nördlichen in die südlichen Bundesländer. Lokale Familienpolitik kann solche Tendenzen verschärfen, wenn sie sich auf die wohlhabenderen Kommunen beschränkt. Andererseits verfügen häufig gerade wirtschaftlich benachteiligte Kommunen über Ressourcen für lokale Familienpolitik, die weniger kostenträchtig sind, insbesondere die großzügige Ausweisung von Bauland und die Gestaltung von Freiflächen für die Nutzung durch Kinder und Jugendliche. Trotzdem ist lokale Familienpolitik überfordert, wenn es darum geht, den Teufelskreis von Arbeitsplätzemangel, Abwanderung, Bevölkerungsrückgang und wirtschaftlicher Stagnation zu durchbrechen.

Lokaler Familienbericht und Familienförderplan

Kommunale Gebietskörperschaften betreiben Familienförderung nach Maßgabe ihrer Haushaltspläne auf der Grundlage von Satzungen und Richtlinien, die sich selbst geben. Sie können für die Durchführung öffentlich-rechtliche oder privatrechtliche Formen wählen. Familienförderung ist genau wie auf Bundesebene auch in Kommunen eine Querschnittaufgabe und spielt in vielen Fachämtern eine Rolle. Um sie effektiv zu gestalten, hilft die Einrichtung einer koordinierenden und zuständigkeitsübergreifenden Stelle, z.B. ein Ausschuss im Rat oder Kreistag und ein koordinierendes Dezernat oder eine Projektgruppe in der Verwaltung. Ziel sollte dabei sein, ähnlich wie beim Thema Gleichstellung, das zunehmend als „Gender-

Mainstreaming" umgesetzt wird, ein „Familien-Mainstreaming" innerhalb der kommunalen Verwaltung zu realisieren. Damit ist gemeint, dass alle politischen und planerischen Entscheidungen auf das Kriterium der Kinder- und Familienfreundlichkeit hin geprüft werden und dass Familienaspekte in den Kernbereichen kommunaler Politik berücksichtigt werden.

Die Finanzierung familienfördernder Maßnahmen müssen Kommunen nach dem Kostendeckungsgrundsatz sicherstellen, d.h. aus ihren Haushalten bestreiten. Sie können aber Deckungslücken in Einzelhaushalten, die z.B. beim Etat für Kultur oder für Sport durch ermäßigte Familien-Eintrittsgelder entstehen, durch Zuführungen des Sozialetats zu den betreffenden Einzelhaushalten ausgleichen. Kommunen sind nicht verpflichtet, für ihre Leistungen nach dem KJHG kostendeckende Beiträge zu verlangen, sondern können familiengerechte, nach Einkommen und Kinderzahl gestaffelte Gebühren erheben.

Mögliche Werkzeuge kommunaler Familienpolitik sind die regelmäßige Erstellung eines Familienberichts zur Ermittlung des Handlungsbedarfs und zur Darstellung erzielter Fortschritte, die Aufstellung eines Familienförderplans und das Familien-Mainstreaming. Ein Familienbericht ist mit den Familienberichten auf Bundesebene zu vergleichen, auch wenn er natürlich in der Regel wesentlich knapper gefasst sein wird.

Mustergliederung für einen kommunalen Familienbericht

I. Struktur und Lage der Familien

- Bevölkerungsstruktur und Entwicklung nach Alter, Geschlecht, Nationalität
- Familienstruktur nach Familienstand, Kinderzahl, Zusammenleben der Generationen
- Wohn- und Wohnumfeldsituation, Siedlung
- Erwerbssituation
- Einkommenssituation
- Betreuungssituation von Kindern, Kranken, Alten
- Familien in besonderen Belastungssituationen (Arbeitslosigkeit, Wohnprobleme, Pflegebedürftigkeit, Trennung und Scheidung, Gewalt, Sucht)

II Angebot und Kapazität familienorientierter Dienste und Leistungen

1. Angebote für Familien

- Wohnung (Planung und Bau familien- und kindgerechter Wohnungen, Sicherung preiswerter Mietwohnungen, Förderung von Wohneigentum, Familienfreundliche Vergabepraxis)
- Siedlung und Umwelt (Sicherung gesunder und kindgerechter Wohnumgebung, Nutzung der Freiflächen im Wohnungsnahbereich, wohnortnahe Versorgung mit Kinderbetreuung und Schulen, wohnungsnahe

---

Arbeits- und Einkaufsmöglichkeiten, Versorgung mit öffentlichen Verkehrsmitteln, Sicherheit auf Straßen und Wegen, öffentlicher Begegnungsraum im Quartier)
- Arbeitswelt und Wirtschaftsförderung (Familienorientierung im betrieblichen Alltag, Arbeitszeitflexibilisierung, Berücksichtigung besonderer Lebenslagen von Eltern im Betrieb, Qualifikationserhalt und -gewinn während familienbedingter Erwerbsunterbrechung, finanzielle Entlastungen von Familien durch den Betrieb)
- Familienunterstützende Betreuungsangebote (Tagesbetreuung von Kindern unter 6 Jahren, Betreuungsangebote für Schulkinder, Betreuungshilfen in besonderen familiären Belastungssituationen, Selbsthilfegruppen, Angebote im Rahmen der Kinder- und Jugendarbeit für Freizeit und Kultur)
- Familienbildung und Familienberatung (Schwangerschafts- und Sexualberatung, Erziehungsberatung, Konfliktberatung, Verbraucherberatung, Schuldnerberatung, Förderung von Selbsthilfe und Netzwerken)
- Gesundheitliche Förderung und soziale Dienste (gesunde Umweltbedingungen, Gesundheitsförderung, Hilfen für Familien mit kleinen Kindern, Unterstützung bei Pflege von Familienangehörigen)

2. Wirtschaftliche Leistungen für Familien

- Familienlastenausgleich (Kindergeld, steuerliche Entlastungen)
- Wohnförderung (Wohngeld, kommunale Wohnungsbeschaffung für bestimmte familiale Zielgruppen, Sozialer Wohnungsbau, Maßnahmen der Wohnungsbaugesellschaften, Wohneigentumsförderung, Wohnförderung der Wirtschaft, Kirchen und freien Träger)
- Erziehungsgeld (Bund, Land, Kommune)
- Familiengründungsdarlehen (Land, Kommune, Arbeitgeber)
- Familienpass (teilweise Entlastung der Eltern und Kinder von kommunalen Gebühren und Dienstleistungsentgelten)

III. Defizitanalyse: Familienpolitischer Handlungsbedarf

Auf der Basis einer solchen eingehenden Analyse der vorhandenen Angebote und ihrer Defizite kann dann, vergleichbar mit einem Kinder- und Jugendhilfeplan, ein Familienförderplan aufgestellt werden. Er beschreibt Handlungsbedarf, Maßnahmen und ihre Träger in den unterschiedlichen Handlungsfeldern. Die Möglichkeiten sind dabei sehr weit gespannt, die nachfolgende Übersicht kann nur erste Hinweise auf Handlungsfelder geben. Zahlreiche Beispiele für gelungene Maßnahmen lokaler Familienförderung finden sich in einem vom Bundesfamilienministerium herausgegebenen und regelmäßig aktualisierten Handbuch zur örtlichen und regionalen Familienpolitik (Handbuch der örtlichen und regionalen Familienpolitik 1996).

Familienorientierung der Wohnverhältnisse: Bau familienfreundlicher (großer) Sozialwohnungen, Ausweisung von preisgünstigem Bauland oder

Vergabe in Erbbaurecht, Berücksichtigung der Infrastrukturbedürfnisse von Familien bei der Bauleitplanung, Wohnungsvermittlung

Familienorientierung der Verkehrspolitik: Entwicklung eines bedarfsgerechten Angebots für Familien, Ausweisung von verkehrsberuhigten Zonen, Maßnahmen zur Erhöhung der Verkehrssicherheit für Kinder (Ampeln, Zebrastreifen, Kurse zum sicheren Verhalten im Straßenverkehr in Schule, Kita und Fahrschule), familiengerechte Tarifgestaltung, Schülerfahrdienste und Schulwegsicherung

Familie und Arbeitswelt: Förderung der regionalen Ausbildungsmärkte, Initiativen zur familienfreundlichen Gestaltung der Arbeitswelt und zur Frauenförderung, Angebote an Betriebe zur Einrichtung von Betriebskindertagesstätten in Kooperation mit der Kommune, Unterstützung von Babysitteragenturen

Gesundheitliche Förderung und Hilfen für Familien: Hebammendienste, Familienpflegedienste und Frühförderstellen, ambulante Kinderkrankenschwesterdienste, familienfreundliche Organisation des örtlichen Krankenhauses, kommunale Gesundheitsstrukturpolitik unter Berücksichtigung familiärer Bedürfnisse

Bildungs- und Beratungsangebote für Familien: Finanzielle Unterstützung (z.B. durch Übernahme von Betriebskosten oder Bereitstellung von Räumen) für freie Träger, ggf. Angebot eigener Beratungsstellen, Schaffung eines modernen, internetgestützten Informationssystems über alle städtischen Leistungen für Familien

Familienunterstützende Betreuungsangebote für Kinder: Koordinierung von Kinder- und Jugendhilfeplanung mit einem Familienförderplan, Entwicklung eines dem Bedarf von Familien entsprechenden Angebots, Erprobung neuer Formen der Tagesbetreuung (z.B. Tagesmütterdienste, „Leih-Großmütter"), Angebot betreuter und wetterunabhängige Indoor-Spielplätze und Ferienerholungen

Finanzielle Entlastung von Familien: Familienpass, der zur Ermäßigung bei städtischen Gebühren und Eintritten berechtigt, z.B. bei Schwimmbad, Theater, Bibliothek, Musik- und Volkshochschule, ggf. auch unter Einbeziehung von Leistungen Dritter (Kino, Sportclubs, Tanzschulen)

Schul-, Sport- und Kulturpolitik: Schulentwicklungsplanung, Förderung der Profilierung der Schulen, Förderung der Sportvereine und Sportstätten, Ausbau familienfreundlicher Kulturangebote, städtische Musikschulen, Kunstschulen, Spielhäuser

Partizipation: Kinder- und Jugendparlament, Förderung der Interessenvertretung von Familien, öffentliche Planungsprozesse für Familienförderung, Bürgerbüros und Familiensprechstunden, Stadtteiltreffpunkte, Mütterzentren

Kommunales Verwaltungshandeln: Familienfreundliche Öffnungszeiten, wegsparende Informationssysteme, Kinderspielecken in Wartebereichen, Schulung des Personals in klientenzentrierter Beratung

6.2 Familiengerechtes Wohnen

Wohnung und Wohnumwelt erfüllen elementare Bedürfnisse nach Schutz, Sicherheit und „Verortung" für Menschen, für Kinder sind sie der Inbegriff von Vertrautheit und Stabilität. Eine kinderpolitische Perspektive fragt, wie Wohnungen beschaffen sein müssen, die Kindern den Aufbau von Ortsidentität und Vertrauen ermöglichen. Eine familienpolitische Perspektive fragt, welche Wohnformen Erwachsene für die Familiengründung und das Aufwachsen ihrer Kinder wünschen, und wie sie diese Wünsche realisieren können. Zahlreiche Studien haben gezeigt, welch negativen Einfluss beengte Wohnverhältnisse und fehlende Rückzugsmöglichkeiten auf das Familienklima und die kognitive Entwicklung von Kindern haben. Diese Enge wurde teilweise noch normiert, so sieht die DIN-Norm 18.011 für das Kinderzimmer eine Freispielfläche von 1,80x1,20m je Kind vor und als Richtgröße für ein Kinderzimmer 8 qm (Wissenschaftlicher Beirat 1999, S. 173-210). Wohnen ist eine zentrale materielle Rahmenbedingung für das Funktionieren von Familie und die gelingende Sozialisation von Kindern (Wingen 1997, S. 243ff.).

Daher gab es auch immer wieder Versuche, über die Gestaltung familiären Wohnens Einfluss auf die Gestaltung familiären Lebens zu nehmen. Beispiele dafür sind die Arbeiterhöfe im „Roten Wien". Der Austromarxismus der 20er Jahre entwickelte systematisch Konzepte für den Sozialen Wohnungsbau, die weltanschauliche Vorstellungen in Architektur umsetzten. Große genossenschaftliche Wohnanlagen mit Balkons, modernen Sanitäranlagen, ergonomisch gestalteten Küchen und vielen Gemeinschaftseinrichtungen wie Waschküchen, Kindergärten, Mütterberatungsstellen, Jugendheim, Bibliothek und Volksküchen entstanden. Wie der berühmte „Karl-Marx-Hof", in dem in 1.382 Wohnungen über 5.000 Menschen lebten, waren sie oft im Karree angeordnet um großzügige, begrünte Höfe als Spielfläche für Kinder und Begegnungsfläche für alle Bewohner. Dieser demonstrative Kollektivismus diente gleichzeitig der Schulung des Klassenbewusstsein der Bewohner und der Kontrolle familiärer Verhältnisse (Weihsmann 1985). Die Mehrheit der Architekten dieser Zeit orientierte sich aber am Ideal der Gartenstadt mit Reihen- oder kleinen Siedlungshäusern für Familien, die ihr eigenes Gemüse anbauen sollten. Dieses Ideal wurde von den Nationalsozialisten aufgegriffen und auch familienpolitisch benutzt: Gesunde deutsche Familien sollten über ein Familienheim verfügen, das für mindestens vier Kinder Platz bot.

Durch die unmittelbaren Kriegsfolgen (Zerstörung von Wohnbauten) und durch den Zustrom von Flüchtlingen aus den Ostgebieten wurde die Wohnungsnot außerordentlich groß. Noch 1950 bestand ein globales Wohnungsdefizit von 48 Prozent des damaligen Wohnungsbestandes. Deshalb blieb der Bundesregierung zunächst nichts anderes übrig, als die bereits seit 1936 bestehende Wohnungszwangswirtschaft fortzuführen, und zwar bis 1960. In der DDR bestand sie unter anderen Vorzeichen bis zur Wende (Bethusy-Huc 1987, S. 87). In der unmittelbaren Nachkriegszeit wurde die Wohnungsnot nicht nur als materieller Notstand, sondern auch als sittliche Gefährdung für Familien wahrgenommen. Förderung des Wohnungsbaus erschien als notwendigste Form der Familienförderung, und zwar, so vor allem die katholischen Interessenvertreter der Familie, möglichst in Form des Eigenheims. Damit nahmen sie die Siedlungsidee der Nationalsozialisten praktisch nahtlos wieder auf. Die Dritte Katholische Soziale Woche in München erklärte 1951: „Die beste Wohnform ist das Einfamilienhaus mit Garten im Eigenbesitz." Das Wohnungsbau- und Familienheimgesetz vom 15. März 1956 setzte solche Vorstellungen um; die zahlreichen Siedlungshäuser für Ostflüchtlinge in westdeutschen Mittel- und Kleinstädten zeugen bis heute eindrucksvoll vom Erfolg dieses familienbetonten wohnungspolitischen Ideals der 50er Jahre, das sich vom kommunitären Wohnen Wiener Prägung deutlich abhob (Rölli-Alkemper 2000, S. 237-247).

Seit Mitte der 50er bis etwa Mitte der 70er Jahre wurden in der Bundesrepublik verstärkt Wohnquartiere am Stadtrand gebaut, sogenannte Trabantensiedlungen, Entlastungsstädte oder Großsiedlungen. Bekannte Beispiele sind das Märkische Viertel in Berlin (17 Tsd. Wohneinheiten) und München-Neuperlach (28 Tsd. Wohneinheiten). Geplant als „Städte der Zukunft", wurden die Mängel vieler dieser am Reißbrett geplanten Großwohnanlagen seit etwa 1965 Gegenstand einer wachsenden Kritik an oftmals unzureichender Infrastruktur und einem Zwang zur Standardisierung von Familien; andererseits trugen sie zur Verbesserung des Wohnstandards sehr vieler Familien bei (Schäfers 1995, S. 270).

In der DDR bildete die Wohnungspolitik ein Kernstück der Sozialpolitik, deren Ziel war, die gerechte Verteilung des Wohnraums zu verwirklichen und schrittweise den Anteil volkseigener und genossenschaftlicher Wohnungen zu erhöhen. Der Anteil des in Privateigentum befindlichen Wohnungsbestands sank zwischen 1971 und 1989 von 62 auf 41 Prozent, der Anteil in genossenschaftlichem Besitz stieg auf 18 Prozent, der Anteil von volkseigenen Wohnungen auf 41 Prozent. Das Wohnungsbauprogramm war auf die Errichtung normierter Wohneinheiten konzentriert und sollte ehemals bestehende Unterschiede in der Wohnungsversorgung der Klassen und Schichten nivellieren. Dies galt auch für die Familiengröße. Es wurden kaum Wohnungen mit mehr als drei Räumen errichtet, nur 15 Prozent der zwischen 1982 und 1985 neu gebauten Wohnungen hatten vier und nur ein Prozent fünf oder mehr Räume. Tatsächlich gab es in der DDR auch wesentlich weniger kinderreiche Familien mit drei oder mehr Kindern als in der BRD, sondern die meisten Familien orientierten sich an der durch das

Wohnungsangebot und den Autotyp Trabant vorgegebenen Zwei-Kinder-Norm. Junge, verheiratete Paare, kinderreiche Familien und Alleinerziehende wurden bei der Wohnraumversorgung bevorzugt behandelt, während junge unverheiratete und kinderlose Menschen kaum Aussicht auf Zuteilung einer eigenen Wohnung durch die Wohnungskommissionen hatten. Damit bildete die Wohnungspolitik einen wichtigen Auslöser für die weit verbreitete Tendenz zur frühen Eheschließung und Familiengründung. Erst in den 80er Jahren, als sich die strengen Vergabekriterien etwas lockerten, ließ der Zwang zur Eheschließung nach, dementsprechend stieg schnell die Zahl vorehelicher Partnerschaften.

Im Unterschied zur DDR hat die Wohnungspolitik der BRD stets eine Differenzierung in unterschiedliche Kategorien von wohnungssuchenden Familien vorgenommen: für untere Schichten die billige Sozialwohnung, für Familien der unteren Mittelschicht das mit staatlichen Darlehen finanzierte Einfamilienhaus und für wohlhabendere Familien der durch Steuernachlässe erleichterte Eigenheimbau (Schneider 1994, S. 96-102). Der soziale Wohnungsbau in Großsiedlungen konnte deshalb in der BRD nie das Stigma des Ghettos für sozial schwache Familien verlieren, während die ostdeutsche „Platte" Wohnform für Familien aller Schichten war. In dem Maße, wie sich die Lage auf dem Wohnungsmarkt wegen zunehmenden Wohlstands und abnehmender Bevölkerungszahl entspannt hat, ist das Bewusstsein für die Anforderungen an familiengerechtes Wohnen schärfer geworden. Gleichzeitig ist eine Besonderheit des Wohnungsbestandes, dass - anders als in anderen Politikbereichen - viele historische Wohnungsstandards nebeneinander weiter existieren. In Großstädten finden sich noch sehr viele Wohnungen, die zwischen 1880 und 1914 errichtet und erst nachträglich mit sanitären Einrichtungen notdürftig ausgestattet wurden. Genossenschaftlicher Wohnungsbau der 20er und 30er Jahre mit seinen bescheidenen, aber zweckmäßigen Wohnungen prägt ganze Wohnviertel alter Industriestädte. Einfache drei- bis viergeschossige Mietshäuser der unmittelbaren Nachkriegszeit stehen neben den Großsiedlungen und Plattenbauten Ost- und Westdeutschlands in den 70er Jahren und Gartenstädten und Einfamilienhaus-Vorstädten aus allen Bauepochen seit etwa 1900.

Was heute, zu Beginn des neuen Jahrtausends, für familienfreundlich gehalten wird, kann deshalb auch nur als zeitgebundener Ausdruck des Stils gegenwärtigen Familienlebens gedeutet werden. Die Betonung von Nachhaltigkeitskriterien spiegelt politische Verschiebungen seit den 80er Jahren; die Betonung von partizipativen Elementen der Wohnraumgestaltung entspricht sozialwissenschaftlichen Trends zur gemeinwesenorientierten lokalen Politik für Bürger. Politisch gewollten Entwicklungen von verdichteten, kommunitären, autofreien Wohnformen steht der nach wie vor ungebrochene Drang der Familien ins Einfamilienhaus gegenüber. Strebte der Wohnungsbau der 20er bis 80er Jahre eher danach, Kinder vor dem für schädlich gehaltenen Milieu der Straße zu beschützen, so hat die Kinderforschung der letzten Jahrzehnte wieder die Bedeutung des autonom zu erobernden Straßenraums im Quartier für die Entwicklung von kindlicher Selbstwirksamkeit hervorgehoben (Zehnter Kinder- und Jugendbericht 1998, S. 54-57).

Die Realität sieht jedoch anders aus. Gerade die Einfamilienhaus-Mittelschichts-Familie ist geprägt durch das Phänomen der „verinselten Kindheit". Kindheit findet an unterschiedlichen, nur durch Verkehrsmittel zu erreichenden Orten statt (nicht fußläufig erreichbare Schule, weit entfernt wohnende Spielgefährten, Kurse an unterschiedlichen Orten in der Stadt, Großeltern in anderen Städten). Dass Frauen in der Bundesrepublik eher Teilzeit- als Vollzeiterwerbstätigkeit anstreben, auch wenn ihre Kinder schon älter sind, lässt sich nicht nur durch fehlende Kinderbetreuungseinrichtungen erklären. Hinzu kommt ein Phänomen, das man als „kindzentrierte Dienstleistungsüberforderung" der Mutter bezeichnen kann (von Throtha 1999, S. 235). Mütter sind - zumindest in der Mittelschicht, wo auch die Teilzeit-Wünsche am ausgeprägtesten sind - zu umfassenden und unbezahlten Ein-Frau-Dienstleistungsunternehmen für ihre Kinder geworden, wobei Fahrdienste eine besondere Belastung darstellen.

Tab. 2: Wohnraumversorgung in der Bundesrepublik 1986 - 1999
Quelle: Statistisches Jahrbuch 2001, S. 245, Tab. 10.7.3, Die Familie im Spiegel der amtlichen Statistik 2001, S. 167, Tab. 73

	Wohnfläche je Einwohner in qm		Räume je Einwohner	
	West	Ost	West	Ost
1986	36,6	26,5	1,9	1,6
1993	36,9	29,3	1,9	1,7
1999	39,8	35,3	2,0	2,0
Ehepaare mit 1 Kind 1993	32	25		
Ehepaare mit 2 Kindern 1993	27	21		
Ehepaare mit 3 Kindern 1993	23	19		
Allein-erziehende Mütter mit 1 Kind	35	29		
Allein-erziehende Mütter mit 2 Kindern	28	23		

Die tatsächliche Wohnversorgung ist - wenig überraschend - nach wie vor in hohem Maße vom Einkommen abhängig, aber auch vom Wohnort. Generell müssen Familien mit niedrigen Einkommen relativ größere Teile davon für die Miete verwenden (35-40%), das gleiche gilt aber auch für Familien, die Wohneigentum erwerben und Raten zahlen. Wählt man das Kriterium „Zimmerzahl pro Familienmitglied", sinkt die Zimmerzahl pro Person bei kinderreichen Familien auf unter 1, d.h. wenn viele Kinder da sind, hat nicht jedes ein eigenes Zimmer. Ein eigenes Zimmer ist aber in unserer individualisierten Welt empirisch nachweisbar eine förderliche Aufwachsbedingung schon für Kleinkinder, spätestens für Schulkinder.

Manche Anforderungen an familiengerechten Wohnraum haben universelle Bedeutung, andere dagegen unterscheiden sich stark je nach individuellen Bedürfnissen der Bewohner.

Kriterien für familiengerechten Wohnraum

– Ermöglichung von Nähe und Distanz: große Wohnküchen/Allräume und Rückzugsmöglichkeiten für alle Familienmitglieder
– Ermöglichung von Gemeinschaft mit anderen Familien und Kindern: öffentliche Gärten, Höfe oder sogar Gemeinschaftsräume für Nachbarschaftshilfe, Spiel, Freizeit und Feier
– Ermöglichung des Lebens in verschiedenen Familienphasen: Anpassung an den Lebenszyklus der Familie durch Umwidmung von Räumen und Änderungen der Wohnungsgröße
– Platz für häusliche Eigenarbeit: Hauswirtschaft, Heimwerken und Gärtnern, entweder im eigenen Keller und Garten, oder bei Mietanlagen in halböffentlichen Verfügungsflächen
– Spielflächen im Wohnumfeld: sichere und autonom nutzbare Freiräume für Spiel- und Bewegungsbedürfnisse von Kindern und Jugendlichen, Verkehrsberuhigung oder Autofreiheit von Wohnstraßen
– Wohnungsnahe soziale und kulturelle Infrastruktur: Schulen, Geschäfte, Sozialstationen, Bürgerzentren
– Identität mit dem Quartier: gestalterische Maßnahmen, um dem eigenen Wohnviertel ein Gesicht zu geben, Hofbegrünung, Integration von Kunst, Partizipationsmöglichkeiten für Bürger und Familien
– Ökologisches und nachhaltiges Bauen: energiesparende Bauweise aus umweltfreundlichen Materialien, Zugang zum öffentlichen Personennahverkehr, flächensparende Erschließungs- und Baukonzepte

---

Nicht jeder Geschosswohnungsbau muss familienfeindlich sein, nicht jede Einfamilienhaussiedlung bietet ein günstiges Klima für das Aufwachsen von Kindern. Unabhängig von der Familienfreundlichkeit der jeweiligen Wohnform ist zentrale Aufgabe des Sozialstaats, auch einkommensschwachen Haushalten die Versorgung mit angemessenem Wohnraum zu ermöglichen. Dafür sind grundsätzlich zwei Wege möglich: Die Verbilligung von Wohnraum (Objektförderung) und die Stärkung der Wohnkaufkraft der Familien (Subjektförderung).

Wohngeld

Beihilfen zur Milderung von Härten bei einkommensschwachen Mietern wurden schon Mitte der fünfziger Jahre vorgesehen und seitdem kontinuierlich weiter entwickelt. Die Subjektförderung in Form von Wohngeld wurde

Tab. 3: Förderungswege zur Sicherstellung familiengerechten Wohnraums

	Senkung der Preise für Wohnraum (Objektförderung)	Stärkung der Wohnkaufkraft der Familien (Subjektförderung)
Förderung von Mietwohnen	Soziale Wohnraumförderung: Zuschüsse für Bauträger Förderung kostengünstiger Bauweise	Wohngeld
Schaffung von Wohneigentum	Vergabe von preiswertem Bauland Förderung kostengünstiger Bauweise	Eigenheimzulage Bausparförderung Arbeitnehmersparzulage Soziale Wohnraumförderung: Vergabe zinsgünstiger Darlehen etc.

1965 eingeführt, um für Einkommensschwache einen Ausgleich zur Aufhebung des Mietenstopps in Altbauwohnungen zu schaffen. Es war von Anfang an auch familienpolitisch motiviert und sollte „zur wirtschaftlichen Sicherung angemessenen und familiengerechten Wohnens" dienen (§ 1 WoGG i.d.F. vom 11.7.1985) (Münch 1990, S. 112f.). Staatliches Wohngeld hat die Aufgabe, für alle Bürger angemessenes Wohnen erschwinglich zu machen. Wohngeld ist ein monatlicher Zuschuss, dessen Höhe sich aus dem Familieneinkommen, der monatlichen Miete bzw. Belastung und der Zahl der Familienmitglieder bestimmt. Die genaue Höhe ist detaillierten Wohngeldtabellen zu entnehmen. Für bestimmte Lebenslagen, z.B. für Alleinerziehende, gelten Freibeträge als Abzug vom anzurechnenden Einkommen. Auf Wohngeld besteht ein Rechtsanspruch. Jeder Bürger, der die Voraussetzungen erfüllt, kann seinen Anspruch bei seiner örtlichen Wohngeldstelle geltend machen. Ende 1998 bezogen in Deutschland insgesamt knapp 2,95 Millionen Haushalte Wohngeld: Das waren in den alten Ländern gut 2,2 Millionen und knapp 0,75 Millionen Haushalte in den neuen Ländern. Die Wohngeldausgaben beliefen sich in demselben Jahr auf insgesamt rund 7 Milliarden Mark, davon trug der Bund 3,8 Milliarden, auf die Länder entfielen 3,2 Milliarden Mark.

Es ist diskutiert worden, ob Wohngeld durch eine veränderte Ausgestaltung dazu beitragen könnte, das Problem der Unterversorgung von größeren Familienhaushalten besser zu lösen (Wingen 1997, S. 270, Eeckhoff 1993). Denn de facto nehmen bei weitem nicht alle Wohngeldberechtigten diese Leistung auch in Anspruch, möglicherweise nur etwa 20 Prozent, und zum größeren Teil handelte es sich dabei bisher um Haushalte mit ein oder zwei Personen (Münch 1990, S. 116). Nach einer intensiven wohnungspolitischen Diskussion trat zum 1. Januar 2001 eine Wohngeldnovelle in Kraft, wodurch die Wohngeldleistungen für die bisherigen Berechtigten um etwa 50 Prozent steigen werden. Zugleich wird der Berechtigtenkreis durch die Anhebung der Einkommensgrenzen größer, ohne dass dabei familienpolitische Aspekte spezifisch Berücksichtigung finden.

Förderung des Erwerbs von Wohneigentum

Familienfreundliches Wohnen kann häufig am besten in Wohneigentum realisiert werden. Wohneigentum bietet eher als das Mieterdasein die Chance eines weitgehend selbstbestimmten Lebens und der ungestörten Entfaltung aller Familienmitglieder ohne beschränkenden Zwang zu Rücksichtnahme. Fast alle Deutschen träumen von den eigenen vier Wänden. Dies hat natürlich nicht nur rationale Gründe, sondern auch sehr viel mit der fest verwurzelten Vorstellung zu tun, dass die Schaffung eines Heims auf eigenem Grund und Boden die sicherste Grundlage für Glück und Wohlstand der Familie ist. Aber auch rein wirtschaftlich ist Immobilienbesitz die verlässlichste Form der Lebensversicherung und Alterssicherung. Bisher liegt Deutschland mit einer Eigentümerquote von nur 40 Prozent in Europa an vorletzter Stelle; in Irland und den Mittelmeeranrainern verfügen über 80 Prozent der Menschen über Wohneigentum, in den meisten übrigen Ländern zwischen 50 und 60 Prozent. Für die Erfüllung der Familienfunktionen ist zwar die Wohnform wichtiger als die Eigentumsverhältnisse, d.h. eine Familie kann im gemieteten Haus ebenso gut leben wie im eigenen. Aber der Wunsch nach Besitz von Wohneigentum wirkt als starkes Motiv zum Sparen und Investieren und erleichtert damit staatliche Förderung erheblich (Münch 1990, S. 101).

Ein Haus zu besitzen, hat unmittelbar familienfördernde Wirkungen für die Gestaltung des Alltagslebens. Die große soziologisch-psychologische Verbundstudie „Bamberger Ehepaar-Panel" (Schneewind/Vaskovics 1998, S. 110) zeigt deutlich den „Trend zum Einfamilienhaus", der auch dazu führt, dass junge Familien tendenziell aus Großstädten heraus und in kleinere Gemeinden ziehen, wo dieser Wunsch leichter zu verwirklichen ist. Immobilienbesitz vermittelt ein Gefühl der gesicherten Zukunft, das den Wunsch nach weiteren Kindern stützt. Anders schwer erklärliche Unterschiede in den Geburtenraten der europäischen Länder lassen sich möglicherweise auf die unterschiedliche Form des Wohneigentums zurückführen. Deutlich höhere Geburtenraten als im Durchschnitt der Industrieländer weisen nämlich zum einen Länder mit einem gut ausgebauten Betreuungssystem und umfangreichen Sozialleistungen für Familien auf (Frankreich, Belgien, skandinavische Länder), auf der anderen Seite aber auch Großbritannien, Kanada, Australien und die Vereinigten Staaten, in denen es weder staatliche Kinderbetreuung noch Familienlastenausgleich in nennenswertem Umfang gibt. Dafür herrscht aber in den angelsächsischen Ländern eine Kultur des Familienhauses bis weit in die untersten Schichten der Gesellschaft hinein. Die britischen Arbeiter-Reihenhaussiedlungen unterscheiden sich erheblich vom deutschen Sozialwohnungsbau. Zwar bieten sie weder mehr Fläche noch mehr Komfort als Geschosswohnungen deutscher Großstädte, aber doch das selbstbestimmte, würdige Wohnen im eigenen Haus mit ebenerdigem Zugang, Hof und Garten. In den USA ist ebenfalls - durch die sehr viel preisgünstigere Holz- und Fertighaus-Bauweise - Wohnen im eigenen Haus für alle bis auf die marginalisiertesten Schichten eine Selbstverständlichkeit. Dies scheint sich unmittelbar auf die Geburtenraten auszuwirken. Wohnen in der Wohnung ist für Familien vor allem dann attraktiv, wenn es möglichst viele Vorteile des Wohnens im Haus imitiert: ebenerdige, individuelle Zugänge, private oder halbprivate Freiflächen, mehrere Ebenen innerhalb der Wohnung, guten Lärmschutz und Sichtschutz gegenüber den Nachbarn.

Familien mit kleinen Kindern haben gegenüber Kinderlosen erhebliche Probleme bei der notwendigen Bildung von Eigenkapital zur Vorbereitung des Hausbaus. Am Anfang der Berufskarriere sind die Gehälter noch niedriger, ein Elternteil fällt möglicherweise jahrelang als Verdiener aus. Die Folge ist, dass viele Familien erst nach einer langen Ansparphase ihren Traum vom Eigenheim verwirklichen können, so dass die Kinder beim Einzug schon aus dem Alter heraus sind, in dem sie am dringendsten Garten, Hof und Spielplatz vor der Tür gebraucht hätten. Mehr und mehr verlegen sich deshalb junge Paare auf das Alternativkonzept, zuerst ein Haus zu bauen und dann eine Familie zu gründen. Das kann aber bedeuten, dass Kinderwünsche sich wegen schon fortgeschritteneren Alters nicht mehr erfüllen oder dass ein Kind ohne Geschwister bleibt. Familienpolitisch sind beide Varianten deshalb problematisch. Ziel der Wohneigentumsförderung wäre also sinnvoller Weise, jungen Paaren so früh wie möglich den Bau oder Erwerb eines familiengerechten Eigenheims zu ermöglichen.

Dafür gibt es zwei Ansätze. Zum einen kann den Familien der Zugang zu Kapital erleichtert werden, zum anderen kann das Bauen selbst preisgünstiger werden. Die Möglichkeiten der Kostenreduzierung beim Bauen fangen mit preiswertem Bauland an, aber beziehen sich auch auf die Bauleitplanung, die flächen- und kostensparende Regelungen vorsehen kann, z.B. durch Zulassen einer hohen Bebauungsdichte. Dadurch müssen Familien keine großen Grundstücke erwerben, um ihren Wohnraumbedarf zu realisieren, und die Kosten für die Erschließung werden geringer. Bauordnung und technische Regelwerke sollten keine kostspieligen Bauweisen vorschreiben (z.B. keinen Zwang zur Verklinkerung oder Einhaltung bestimmter Bauformen, keinen Zwang zu gemauerten Schornsteinen oder ziegelbelegten Dächern etc.). Diese Forderung kann natürlich in Konflikt geraten mit Anforderungen zur ökologischen Bauweise. Hinsichtlich der Architektur erweisen sich Möglichkeiten des nachträglichen Ausbaus und zur Eigenleistung und Nachbarschaftshilfe als günstig. Kostensparend wäre auch die Verwendung vorgefertigter Bauteile oder überhaupt von Serien- und Fertighausmodellen, aber dies entspricht häufig nicht den Wünschen von Familien (Handbuch der örtlichen und regionalen Familienpolitik 1996, S. 82ff.).

Der Erwerb von Wohneigentum setzt immer eine Basis an Eigenkapital voraus. Im günstigsten, aber seltenen Falle ist entsprechendes Vermögen in der Familie bereits vorhanden, im etwas häufigeren Falle kann die Großeltergeneration der jungen Familie mit Finanzspritzen oder der Übereignung eines Grundstückes oder eines Gebäudeteils unter die Arme greifen. Die familiäre Unterstützung beim Bauen gehört zu den vom Umfang her wichtigsten intergenerationellen Transfers von der älteren in Richtung auf die jüngere Generation. Auch dies unterstreicht die verwurzelnde und damit elementar familienfördernde Wirkung von Wohneigentum. In der Regel müssen aber die bauwilligen jungen Leute selbst Eigenkapital ansparen.

Bausparförderung

Traditionell geschah dies in Deutschland durch Bausparen. Ein Bausparvertrag legt ein Sparziel und einen niedrigen Zins fest. Während der Ansparphase wird deshalb nur eine geringe Rendite erzielt, dem steht aber ein fester und ebenfalls niedriger Zinssatz nach Zuteilung des Darlehens gegenüber, der üblicherweise mit hohen Tilgungsraten kombiniert wird, so dass Bauspardarlehen im Unterschied zu normalen Bankdarlehen schnell abbezahlt werden. 50 Prozent der Erwerber von Wohneigentum setzen dabei auch Bauspardarlehen ein. Das ist eine direkte Folge der staatlichen Förderung des Bausparens, die sich schon Auszubildende nicht entgehen lassen und deshalb in der Regel mit ihrem ersten Arbeitsvertrag auch ihren ersten Bausparvertrag unterzeichnen. Die staatliche Bausparprämie bzw. Arbeitnehmersparzulage hat nur eine vergleichsweise geringe Höhe, aber eine immense Anstoßwirkung, weil man sie schon ab 16 Jahren in Anspruch nehmen darf und sie damit sehr frühes Vorsparen fördert. Im Jahr 2000 wurden z.B. in den Bayerischen Landesbausparkassen 43,3 Mrd. DM gespart, Darlehen über 74,4 Mrd. DM zugeteilt und Wohnungsbauprämien in Höhe von 657 Mio. DM gezahlt.

Tab. 4: Staatliche Förderung des Bausparens und der vermögenswirksamen Leistungen, Stand 1.1.2002

		Mindestsparbetrag pro Jahr für volle Förderung	Einkommensgrenze	maximale staatliche Förderung
Bausparprämie	Alleinstehende	512 €	25.600 €	51,20 €
	Verheiratete	1.024 €	51.200 €	102,40 €
Arbeitnehmersparzulage	Alleinstehende	480 €	17.900 €	48,00 €
	Verheiratete	960 €	35.800 €	96,00 €

Die Förderung des Sparens mittels der sogenannten „vermögenswirksamen Leistungen", unter denen der Bausparvertrag mit Abstand die wichtigste ist, wurde 1961 mit dem Grundgedanken ins Leben gerufen, die Arbeitnehmer durch Leistungen der Arbeitgeber und des Staates am Wachstum des Volksvermögens teilhaben zu lassen. Der Arbeitgeber führt einen kleinen Anteil des Lohnes z.B. auf ein Bausparkonto ab, und auf diese Sparbeträge erhält der Arbeitnehmer am Ende des Jahres die staatliche Prämie. Häufig übernehmen die Arbeitgeber den Gesamtbetrag oder einen Teil dieser Sparraten (der vermögenswirksamen Leistungen). Dafür ist aber das Vorhandensein eines Bausparvertrages die Voraussetzung.

Staatliche Förderung des Bausparens und der vermögenswirksamen Leistungen haben kein abgestimmtes Verhältnis zu anderen Sozialleistungen (insbesondere zur Eigenheimförderung und zur „Riester"-Rente, d.h. Aufstockung der Rente durch private Vorsorge). Sie stellen eher Relikte früherer Ansätze der Eigentumsförderung dar, die durch starke Interessenvertretung insbesondere der Bausparkassen am Leben erhalten werden.

Eigenheimzulage

Die wichtigste staatliche Förderung für selbstgenutztes Wohneigentum ist seit dem 1. Januar 1996 die Eigenheimzulage. Sie löste eine auf der Einkommenssteuer basierende Regelung, den § 10e des Einkommensteuergesetzes, ab. Diese Veränderung der gesetzlichen Grundlagen nahm auf familienpolitische Belange in bemerkenswerter Weise Rücksicht. Die alte §10e-Regelung sah eine Steuerfreistellung für Baukosten vor und führte dazu, dass - wie bei allen Freibetragsregelungen aufgrund der Progression der Einkommenssteuer - insbesondere einkommensstarke Haushalte mit hoher Steuerlast profitierten und Bauen als Steuersparmodell betrieben, während insbesondere Familien mit mittlerem Einkommen und nur einem Verdiener bereits durch Splitting und Kinderfreibeträge so geringe Steuern zahlten, dass sie von der Förderung des Wohneigentums kaum etwas hatten, aber wegen ihrer Einkommenssituation auch nicht von der Eigentumsförderung im Rahmen des Sozialen Wohnungsbaus profitieren konnten. Die Neuregelung sollte diese Förderlücke schließen und die Mittel der Eigenheimförderung besonders für Familien mit Schwelleneinkommen, d.h. mit nur knapp ausreichenden Mitteln zum Eigenheimerwerb, zugänglich machen. Das Gesetz wurde zum 1.1.2000 noch stärker familienpolitisch ausgerichtet, indem die Einkommensgrenzen um rund ein Drittel gesenkt, aber gleichzeitig die Kinderfreibeträge erheblich erhöht wurden, so dass ein Ehepaar mit zwei Kindern sich bei gleichem Einkommen weiterhin für die Förderung qualifiziert, während sehr gut verdienende Kinderlose die Förderung nicht mehr in Anspruch nehmen können. Dadurch wurde die Förderung noch stärker auf Familien mit geringerem finanziellen Spielraum konzentriert.

Grundsätzlich kann die Eigenheimzulage von jeder Person einmal in ihrem Leben in Anspruch genommen werden, unabhängig vom Familienstand. Verheiratete können also zweimal bauen, aber nicht bei einem Bauvorhaben zweimal die Zulage erhalten. Familienpolitisch wäre eine Kumulierung der Förderung beider Ehepartner vielleicht wünschenswert, andererseits würde

Staatliche Leistungen zur Förderung familiengerechten Wohnens

Wohngeld (Mietzuschuss für Mieter, Ratenzuschuss für selbstnutzende Eigentümer)

Anspruchsberechtigung hängt von Familieneinkommen, der Zahl der Familienmitglieder und der Höhe der zuschussfähigen Miete oder Belastung ab.

Förderung des Wohneigentums durch die Eigenheimzulage

Eigenheimzulagengesetz gilt seit 1996 und stellt eine Neuregelung der bis 1995 geltenden steuerrechtlichen Förderung nach § 10e Einkommenssteuergesetz (EStG) dar. Es besteht Rechtsanspruch.

Die Grundförderung beträgt über einen Zeitraum von acht Jahren gezahlt. Sie beträgt pro Jahr max. 2.556 € für Neubauten bzw. und max. 1.278 € für Altbauten sowie Ausbau oder Erweiterung der selbstbewohnten Wohnung zuzügl. max. 461 € für Energiesparmaßnahmen. Der Erwerb von Genossenschaftsanteilen ist ebenfalls förderfähig.

Besondere Unterstützung für Familien durch die Kinderzulage. Sie beträgt pro Kind 767 € und löst das bis 1995 bezahlte Baukindergeld ab. Auch die Kinderzulage wird max. für einen Zeitraum von 8 Jahren gewährt.

Ab dem 01.01.2000 gelten für die Förderung folgende Einkommensgrenzen: Der Gesamtbetrag der Einkünfte darf 81.807/163.614 € (Alleinstehende/Verheiratete) nicht überschreiten, für jedes Kind erhöht sich die Grenze um 30.678/15.339 €.

Soziale Wohnraumförderung

Fördermaßnahmen auf Landesebene zum Bau von Mietwohnungen und, bevorzugt für Familien mit zwei und mehr Kindern und für Familien mit einem behinderten Mitglied, zum Erwerb von Wohneigentum.

Bausparförderung/Wohnungsbauprämiengesetz

Bausparer unterhalb gewisser Einkommensgrenzen erhalten am Jahresende eine Prämie auf die geleisteten Sparbeiträge (51,20/102,40 € pro Jahr für Alleinstehende/Verheiratete).

das angesichts häufiger Scheidungen bedeuten, dass für Folgefamilien die Förderung häufig schon „verbraucht" wäre. Die Förderung setzt sich aus einem für alle gleichen Grundbetrag und vergleichsweise großzügigen Kinderzulagen zusammen. Werden während der Laufzeit der Zulage von acht Jahren weitere Kinder geboren, so werden diese für die Restlaufzeit berücksichtigt. Weiterhin gibt es eine Zulage für ökologisches Bauen. Der Betrag wird nach einmaliger Antragstellung jährlich im Frühjahr überwiesen. Damit erfüllt die Eigenheimzulage vorbildlich die Anforderungen einer transparenten staatlichen Subvention, die für Familien leicht einzuplanen ist. Die Steuerrückerstattung hingegen wirkte sich je nach Einkommen von Jahr zu Jahr unterschiedlich aus und kam, je nach Arbeitsbelastung der Finanzämter, zu unterschiedlichen Zeitpunkten im Jahr an. Die Eigenheimzulage verfolgt, wie alle staatliche Bauförderung, mehrere Ziele gleichzeitig: Sie soll Schwellenhaushalten das Realisieren ihres Traumes vom eigenen Haus ermöglichen, Familien besonders begünstigen, aber auch die Baukonjunktur ankurbeln, indem Neubau doppelt so hoch gefördert wird wie Altbausanierung, und indem ökologisches Bauen belohnt wird. Außerdem ist erstmals auch der Erwerb von Genossenschaftsanteilen förderfähig.

Die Wirksamkeit der Reform der Eigenheimförderung ist schwer abzuschätzen. Von 1995 bis 1999 stieg der Anteil des Wohnungsbaus am Gesamtbauvolumen von 53 Prozent auf knapp 56 Prozent; dabei stand der anhaltend aufwärts tendierende Eigenheimbau im Vordergrund, während der Geschosswohnungsbau schon in dieser Zeit mehr und mehr schrumpfte. Die Nachfrage nach Wohneigentum erlebte dann aber seit dem Jahr 2000 einen abrupten Einbruch, was durch die familienfreundlichen Änderungen der Zulage nicht erklärt werden kann, sondern ausschließlich durch die Zinsentwicklung: Bei von Jahr zu Jahr fallenden Zinsen stieg die Nachfrage seit 1995 permanent - was auch eine weitgehende Ausschöpfung des Nachfragepotentials im Sinne eines Vorzieheffekts bedeutete. Von Anfang 1999 bis Mitte 2000 legte der Hypothekenzins dann aber um 2 Prozentpunkte zu; ebenso abrupt sank die Zahl der Bauanträge für Eigenheime (DIW Wochenbericht 44/01). Daraus lässt sich schlussfolgern, dass selbst eine gut gestaltete Eigenheimförderung weniger stark wirkt als Zinsentwicklungen und dass insofern die Finanzpolitik der Europäischen Zentralbank für die Eigenheimversorgung von Familien wichtiger ist als die bundesdeutsche Familienpolitik.

Soziale Wohnraumförderung

Neben der Eigenheimzulage vergeben die Länder öffentliche Baudarlehen zu besonders günstigen Bedingungen. Die gesetzliche Grundlage dafür bildet das Wohnraumförderungsgesetz (Gesetz zur Reform des Wohnungsbaurechts vom 13. September 2001), das am 1.1.2002 in Kraft getreten ist. Es entwickelt den traditionellen sozialen Wohnungsbau zu einer sozialen Wohnraumförderung weiter und gibt einen Rahmen vor, innerhalb dessen Länder und Kommunen ihre Fördermaßnahmen eigenständig entwickeln können. Als 1950 der soziale Wohnungsbau eine gemeinsame Aufgabe von Bund, Ländern und Gemeinden wurde, sollten durch ihn innerhalb kurzer Zeit viele Menschen mittels öffentlicher Mittel eine Wohnung erhalten. Durch den Bau von 8,5 Millionen Wohnungen seit Kriegsende trug der soziale Wohnungsbau auch maßgeblich zum heutigen guten Wohnraumangebot bei. Inzwischen gibt einen funktionsfähigen Wohnungsmarkt, Mengenprobleme stehen deshalb nicht mehr im Vordergrund, sondern Zugangsprobleme zum Wohnungsmarkt für bestimmte Haushalte, vor allem auch kinderreiche Familien und Alleinerziehende. Die Fördermittel sollen deshalb gezielt für diese Zielgruppen eingesetzt werden und nicht einfach Quantität im Sozialen Wohnungsbau fördern. Statt wie früher nur den Neubau zu fördern, wird jetzt Sanierung von Altbauwohnungen und auch die Förderung des Erwerbs vorhandener Wohnungen durch benachteiligte Familien förderfähig. Dadurch soll auch ein Beitrag zur Stabilisierung städtischer Problemquartiere geleistet werden. Die Förderung kann erfolgen durch:

1. Gewährung von Fördermitteln in Form von Darlehen zu Vorzugsbedingungen oder als Zuschüsse

2. Übernahme von Bürgschaften, Garantien und sonstigen Gewährleistungen

3. Bereitstellung von verbilligtem Bauland

Genaue Förderrichtlinien können die Länder und Kommunen eigenständig erlassen. Die Förderung der Bildung selbst genutzten Wohneigentums muss bevorzugt Familien und anderen Haushalten mit zwei und mehr Kindern oder mit einem behinderten Mitglied zugute kommen. Die Förderung darf nur Haushalte unterhalb einer Einkommensgrenze begünstigen, die für einen Einpersonenhaushalt 12.000 €, für einen Zweipersonenhaushalt 18.000 € beträgt und sich für jedes Kind um 4.600 € erhöht. Die Landesregierungen haben aber das Recht, von diesen Einkommensgrenzen bei der Förderung selbstgenutzten Wohneigentums abzuweichen.

Örtliche und regionale Maßnahmen der Wohneigentumsförderung für Familien

- Übernahme von Bürgschaften zur Sicherung von Bausparverträgen oder Bankdarlehen, z.B. durch Kommunen, Arbeitgeber, Stiftungen
- Bereitstellung von günstigem kommunalem Wohnbauland für Familien
- Vergabe von Erbpachtgrundstücken an Familien durch Land, Kommune oder Kirche
- Finanzhilfen zum Bau oder Erwerbs von Wohneigentum
- umfassende Beratung über kommunale und staatliche Förderprogramme
- Zusammenarbeit mit einem Wohnungsbauunternehmen im Rahmen eines Bauprogrammes „Preiswertes Wohneigentum"

Zusammenfassend lässt sich sagen, dass der Bereich der Wohnungspolitik geradezu ein Musterbeispiel für „Familien-Mainstreaming" in der bundesdeutschen Sozialpolitik geworden ist. Die Reformen der letzten Jahre lösen die Kernforderungen ein, die der Fünfte Familienbericht, der am 28. Oktober 1993 übergeben wurde, aufgestellt hatte: konsequente Familienorientierung aller Förderinstrumente in der Wohnungspolitik; die Abschaffung steuerbasierter und damit progressionsabhängiger Entlastungen; die Realisierung eines spürbaren Kinderzuschlags; die Anhebung des Wohngelds (Fünfter Familienbericht 1995, S. 286f.). Die familienpolitischen Potentiale der Wohnungspolitik sind damit aber vermutlich bei weitem noch nicht ausgeschöpft.

7. Ausbildungsförderung als Teil der Familienpolitik

7.1 Ausbildungsförderung und Familienlastenausgleich

Die Leistungen des Staates für Ausbildung, Fort- und Weiterbildung und Umschulung erscheinen auf den ersten Blick nicht als familienpolitische Leistungen. Natürlich bilden sie gleichzeitig den Kernbereich der Bildungspolitik, und als Maßnahme der Qualifizierung und Bildung von Humanpotential sowie als Instrument zur Beeinflussung des Arbeitsmarktes sind sie Teil der Wirtschaftspolitik (Bethusy-Huc 1987, S. 70). Allerdings betrifft Ausbildung, vor allem die schulische, aber auch die universitäre Ausbildung von Kindern, Jugendlichen und Heranwachsenden sowie jungen Erwachsenen, also Menschen, die zumeist noch in familiären Zusammenhängen leben oder zumindest noch nicht ganz und gar unabhängig wirtschaften.

Eltern sind auch ihren volljährigen Kindern gegenüber unterhaltspflichtig, solange diese noch keine Berufsausbildung abgeschlossen haben. Leistungen der Ausbildungsförderung dienen deshalb unmittelbar der Sicherung des Familieneinkommens und haben darauf Einfluss. Diese Verschränkung von Ausbildungsförderung und Familienlastenausgleich ergibt sich jedoch nicht nur aus der Unterhaltspflicht der Eltern gegenüber ihren Kindern in der Ausbildung, sondern ist vom Maßnahmensystem der Familienpolitik in der Bundesrepublik auch so gewollt. Dies wird in erster Linie daran deutlich, dass das Kindergeld, die zentrale familienpolitische Maßnahme, den Eltern bis zum 27. Geburtstag ihrer Kinder weiter gewährt wird, sofern die Kinder noch keine abgeschlossene Ausbildung haben.

Der Unterhalt der Kinder und jungen Erwachsenen bildet einen der größten Kostenfaktoren der Ausbildung. Vorrangig sind die Eltern dazu verpflichtet, d.h. diese Ausbildungskosten werden den Familien zugewiesen (mit der Ausnahme der BAföG- oder AFG-berechtigten Kinder). Hinzu kommen noch Kosten für Schul- und Studienmaterialien wie Hefte, Stifte, Bücher, Fachliteratur, die ebenfalls privat, d.h. von den Familien finanziert werden. Auf der anderen Seite wirkt das Instrumentarium des Familienlastenausgleichs weiter, um die Familien bei der Erfüllung dieser Aufgabe finanziell zu unterstützen. Der Staat finanziert seinerseits den Bau und Unterhalt von Bildungseinrichtungen (Schulen und Hochschulen) sowie das dort tätige Personal. Die nachfolgende Übersicht illustriert diesen Zusammenhang. Die Kosten für Lehrmittel werden zumindest in Schulen weitgehend übernommen, während sie an Hochschulen selbst aufgebracht werden müssen. Gleiches gilt für Fahrtkosten. Im Prinzip zahlen dafür die Familien, aber auf kommunaler Ebene gibt es häufig Zuschüsse zum Schülertransport. Auch die öffentlich finanzierten Fahrtkostenermäßigungen im Bereich des Öffentlichen Personennahverkehrs und der Bundesbahn wirken als Zuschuss zu den bildungsbedingten Transportkosten.

Tab. 1: Zusammenhang zwischen Familienlastenausgleich und Ausbildungsförderung

Aufwendungen überwiegend finanziert durch		
Staatliche Ausbildungs-förderung	gemischt	Aufwendungen der Familien
Bau und Unterhalt von Ausbildungseinrichtungen	Lehrmittel	Arbeitsmaterialien
	Fahrtkosten	Unterhalt von Schulkindern
Personalkosten	Unterhalt von Studierenden	

Dass Ausbildung in der Bundesrepublik prinzipiell kostenfrei angeboten wird, ist im europäischen Kontext eher eine Besonderheit als eine Normalität. In zahlreichen Mitgliedstaaten der Union werden für den Besuch von Ausbildungseinrichtungen hohe Gebühren verlangt, d.h. die Schulkinder, Studierenden und ihre Eltern werden an den Kosten für den Betrieb der Ausbildungseinrichtungen beteiligt. Allerdings gibt es in praktisch allen EU-Ländern auch kostenlose Bildungsangebote. In Deutschland dagegen hat sich das Privatschulwesen angesichts eines traditionell sehr guten öffentlichen Schulsystems nie durchsetzen können. Doch war der Besuch der Volksschulen bis 1870 ebenfalls gebührenpflichtig, das Schulgeld für höhere Schulen wurde in den 30er Jahren, die Hochschulgebühren erst in den 60er Jahren abgeschafft. Heute ist allgemeine Bildung in Deutschland in der Regel gebührenfrei, es gilt Schulgeld- und Lernmittelfreiheit. Berufsausbildungen an Fachschulen sind dagegen häufig in erheblichem Maße kostenpflichtig. Die Kosten für den gebührenfreien Schulbesuch können daher auch als familienpolitische Transfers bewertet werden. Sie erreichen erhebliche Höhen.

Tab. 2: Jährliche öffentliche Ausgaben für Bildung pro Schüler nach Schulart 1996 Quelle: Gerechtigkeit für Familien 2001, S. 283, Tab. A-5

	Westdeutschland	Ostdeutschland
Grund- und Hauptschulen	6.378 DM/3.261 €	6.913 DM/3.535 €
Realschulen	4.903 DM/2.507 €	4.572 DM/2.338 €
Gymnasien	8.223 DM/4.204 €	5.121 DM/2.618 €
Gesamtschulen	7.130 DM/3.645 €	3.431 DM/1.754 €
Sonderschulen	19.022 DM/9.726 €	12.624 DM/6.454 €
Verwaltung/Sonstiges	445 DM/228 €	1.571 DM/803 €

Kosten für Bildung sind daher aus Sicht der Familien zum größten Teil Unterhaltskosten für noch nicht selbst verdienende Kinder, und diese werden nach familienpolitischen Regularien teilweise durch staatliche Transfers ausgeglichen.

> **Elemente der staatlichen Ausbildungsförderung**
>
> - Bundesausbildungsförderungsgesetz (BAföG): vom Einkommen der Eltern abhängiger monatlicher Zuschuss für das Kind
> - Weitergewährung von Bundeskindergeld/Kinderfreibetrag für 16-27-jährige Kinder in Ausbildung oder Studium
> - Ausbildungsfreibetrag: für kindergeldberechtigte Eltern von Kindern in Schul- oder Berufsausbildung: für Kinder unter 18 Jahren bei auswärtiger Unterbringung 920 €, für Kinder über 18 Jahren 1.227 €, bei auswärtiger Unterbringung 2.147 €
> - ggf. Weitergewährung von Waisenrenten bis zum 25./27. Lebensjahr bei Schul- oder Berufsausbildung

Die Übersicht macht deutlich, dass neben der eigentlichen Ausbildungsförderung familienpolitische Maßnahmen den quantitativ größeren Teil staatlicher Transfers ausmachen. Denn Leistungen nach dem BAföG sind einkommensgeprüft und kommen nur einer Minderheit von Studierenden zugute. Dagegen profitieren alle Eltern von Kindern in der Ausbildung unabhängig von ihrem Einkommen von der Kindergeldfortzahlung und den Freibeträgen. Freibeträge als Förderinstrument bedeuten sogar, dass gutverdienende Eltern davon mehr profitieren als solche mit geringem Einkommen. Durch diese Wirkung entsteht bei der Ausbildungsförderung das sogenannte Mittelstandsloch. Während Kinder einkommensschwacher Eltern Leistungen nach dem BAföG beziehen und Eltern mit hohem Einkommen von den Freibeträgen besonders stark profitieren, ist die Förderung für Eltern mit mittlerem Einkommen besonders gering, sie erhalten lediglich - wie die anderen Einkommensgruppen auch - die Kindergeldfortzahlung (Münch 1990, S. 134). Bedenkt man zusätzlich noch, dass Kindergeld als Instrument des Familienlastenausgleichs vorrangig die Aufgabe erfüllt, Steuergerechtigkeit im Vergleich zu den Kinderlosen herzustellen, erscheint die Logik der derzeitigen Ausbildungsförderung leicht fragwürdig.

Was bedeutet nun die Feststellung, dass in der Bundesrepublik ein erheblicher Teil der Finanzmittel für die Ausbildungsförderung familienpolitisch verteilt wird, d.h. nicht den Studierenden, sondern den Eltern zukommt, und zwar unabhängig von ihrem Einkommen? Eindeutig lässt sich daran eine institutionelle Auffassung von Familienpolitik erkennen. Nicht das Individuum, das ausbildungswillige Kind, soll gefördert werden, sondern seine Familie entlastet, damit sie den geschuldeten Unterhalt zahlen kann. Der Unterhaltsverpflichtung der Eltern wird also deutlich Vorrang eingeräumt gegenüber den Ausbildungsrechten des Kindes. Weiterhin wirkt eine so gestaltete Ausbildungsförderung nicht aktiv auf die Verminderung von sozialen Ungleichheiten im Zugang zu Bildungseinrichtungen hin, weil sie der Maxime der Gleichbehandlung aller Familien folgt. Und schließlich trägt sie zur Aufrechterhaltung der Machtverhältnisse zwischen den Generationen bei, weil damit Kinder darauf verwiesen sind, bei ihren Eltern den Unterhalt einzufordern, den diese im Rahmen der gesetzlichen Verpflichtungen nach Ermessen gestalten können. Zwar könnten theoretisch studierende Kinder Barunterhalt in jeweils festgelegter Höhe gerichtlich einfordern, aber naturgemäß gehen die wenigsten diesen Schritt, sondern sie werden sich, gerade weil ihnen die familiären Beziehungen wichtig sind, mit dem zufrieden geben, was die Eltern ihnen - als Bar- oder Sachleistung - geben wollen, oder sie werden sich nach anderen Einkommensquellen umsehen. Auf der anderen Seiten wirken natürlich auch die Leistungen nach BAföG und AFG familienpolitisch, weil sie Familien von ihrer Unterhaltspflicht entlasten. Beide Teile der staatlichen Ausbildungsförderung sollten also familienpolitisch zusammen betrachtet werden, was nicht heißt, dass sie auch aufeinander abgestimmt wären.

In einer theoretischeren Betrachtungsweise ist der enge Zusammenhang von Bildungs- und Familienpolitik ebenfalls offenbar. In entwickelten Industriegesellschaften hat das Schulsystem wichtige Funktionen bei der Sozialisation von Kindern und damit bei der Herstellung sozial übergreifender Gemeinsamkeiten, aber auch bei der Zuteilung gesellschaftlicher und beruflicher Positionen. Aber nur Familien können die Grundlage dafür schaffen, dass Kinder Bildung produktiv für sich nutzen können. Familien können ohne Schulen funktionieren, aber Schulen nicht ohne Familien. Das Erziehungsrecht der Eltern endet laut Grundgesetz an der Schulpflicht. Schulpflicht wiederum ist die Voraussetzung für Bürgerschaft und für Prosperität des Gemeinwesens. Das erkannte der preußische Staat schon früh. Sozialversicherungen und Schulpflicht, d.h. Zugang zu einem Mindestmaß an Bildung für alle, können als zwei Seiten eines Versuchs gesehen werden, alle Schichten in den bürgerlichen Staat einzupassen. Zweitens bedeutet Bildungspolitik Statusvergabe; gesellschaftliche Positionen, Macht, Einfluss und Geld werden in Deutschland stärker über Bildungsabschlüsse als über Herkunft verteilt. Sozialpolitik hingegen dient der Statussicherung oder Statusreparatur, versucht Lebensstandard zu sichern. Bildungspolitik ist darüber hinaus auch eine Möglichkeit, zukünftige gesellschaftliche und wirtschaftliche Entwicklungen zu lenken und präventiv gegenüber Statusverlust zu wirken. So ist die Arbeitslosenquote unter Menschen ohne Schulabschluss bei weitem am höchsten und unter Akademikern am niedrigsten: Im Jahre 2001 hatten 46,3 Prozent der Arbeitslosen keine abgeschlossene Berufsausbildung, 5,2 Prozent dagegen einen Hochschulabschluss. Tabelle 3 stellt die Merkmale von Bildungs-, Familien- und Sozialpolitik einander vergleichend gegenüber:

Nach Allmendinger 1999 wachsen jedoch Bildungs- und Sozialpolitik immer mehr zusammen. Auch Sozialpolitik übernimmt heute präventive Wirkungen (z.B. als Qualifizierungsmaßnahmen nach ABM, als Teilzeitoption während der Elternzeit), Bildungspolitik wird immer mehr zu einer Politik lebenslangen Lernens. Trotz dieser engen Bezogenheit werden Bildungs- und Sozialpolitik laut Allmendinger kaum gemeinsam thematisiert; Sozial-

Tab. 3: Zusammenhang von Bildungs-, Familien- und Sozialpolitik
Allmendinger 1999, S. 36, und eigene Darstellung

Bildungspolitik	Familienpolitik	Sozialpolitik
verändernde Gestaltung der Bedingungen zukünftiger Marktprozesse	Ausgleich der Wirkungen von Marktprozessen auf das Familieneinkommen	reaktive Beeinflussung von Marktergebnissen
statuserzeugend	statusneutral	statuserhaltend
vorgreifende Qualifizierung durch Dienstleistungen	Schaffung von Rahmenbedingungen durch Geldtransfers und Dienstleistungen	Kompensation durch Geldtransfers
Zielgruppe überwiegend Jugend	Zielgruppe Eltern mit Kindern	Zielgruppe überwiegend Alter

und Armutsberichte nehmen selten auf Bildung Bezug, Bildung wird nicht als sozialpolitische Herausforderung begriffen. Diese Überlegungen lassen sich auf die Familienpolitik übertragen. Sie spielt eine bedeutende Rolle bei der Ermöglichung von Bildung, bei der Verhinderung aktueller und Prävention zukünftiger Bedarfslagen. Werden jedoch Defizite der Bildungspolitik deutlich, wie zuletzt in der 2001 veröffentlichten sogenannten PISA-Studie über den internationalen Vergleich schulischer Leistungen, erfolgt die Suche nach Lösungen in den seltensten Fällen auch auf familienpolitischem Gebiet. Häufigste Forderung ist die Verbesserung der Bildungspolitik bzw. ihre Ausdehnung auf familienpolitische Bereiche, z.B. durch Definition eines Curriculums für Krippen und Kindertagesstätten. Möglicherweise würde aber eine gezielte Politik zur Vermeidung von Einkommensarmut von Familien auch die Schulleistungen unterprivilegierter Kinder messbar verbessern. Der Einfluss der Eltern auf die erreichten Bildungsabschlüsse der Kinder scheint größer zu sein als alle Einflussmöglichkeiten staatlicher Kinderbetreuungssysteme. So erreichten auch in der ehemaligen DDR Kinder, deren Eltern zur Intelligenz gehörten oder einen höheren beruflichen Status innehatten, überdurchschnittlich häufig den Abschluss der Erweiterten Oberschule (EOS), und das, obwohl das Bildungssystem den Einfluss des Elternhauses möglichst gering halten und gerade Arbeiterkinder fördern wollte und auf der Basis zentraler Lernpläne ab dem Krippenalter arbeitete (Fünfter Familienbericht 1995, S. 224).

Daraus folgt: Eine wirksame Verbesserung des Bildungszugangs und des Bildungserfolgs von Kindern kann den Weg über die Stärkung der Familien nicht auslassen. Familie und Bildung sind aufeinander angewiesen. Familien erschließen und fördern die Teilhabe an schulischer und beruflicher Bildung, und sie erbringen selbst Bildungsleistungen. Die sogenannte Platzierungsfunktion von Bildung, d.h. die Statusvergabe, ist eine Ergänzung der familialen Platzierungsfunktion. Der Zusammenhang von Familien- und Bildungs- sowie Arbeits- und Wirtschaftspolitik wird vielfach unterschätzt und politisch nicht berücksichtigt. Darauf wies schon der Fünfte Familienbericht (1995, S. 200) hin. Insofern ist vielleicht auch die familienlastenausgleich-betonte Gestaltung der Ausbildungsförderung zu rechtfertigen. Allerdings sollte dabei nicht übersehen werden, dass Bildungsentscheidungen für Kinder zumeist sehr viel früher fallen als im Alter von 16 und mehr Jahren. Konkret gesprochen: Möglicherweise würde die Verdoppelung des Kindergelds für Kinder unter 16 Jahren aus bedürftigen Familien den Anteil erfolgreicher Bildungskarrieren mehr fördern als die Weiterzahlung des Kindergelds an Studenteneltern aller Schichten.

Zwei weitere Aspekte des Zusammenhangs von Familienpolitik und Bildungspolitik sollen hier noch diskutiert werden, erstens die Erwerbstätigkeit von Müttern und zweitens die Ausbildung von Eltern. Familien mit Kindern, in denen beide Eltern erwerbstätig sind, weichen von der durch das Halbtagsschulsystem vorgegebenen „Normalität" einer zuhause verfügbaren Mutter ab. Schulische Schwierigkeiten von Kindern werden häufig erwerbstätigen Müttern zugeschrieben; Erwerbstätigkeit von Müttern gilt als Risikofaktor für den Bildungsweg der Kinder. In den Schulen wird nach wie vor häufig mit der Familie in der Funktion einer Hilfsschule und mit der Mutter in der Funktion einer Hilfslehrerin bei der Hausaufgabenbetreuung kalkuliert. Wenn diese Leistungen vermeintlich oder tatsächlich nicht erbracht werden, wird die Verantwortung dafür zu leicht der Familie angelastet. Auch die Wahrnehmung von Elternrechten im Bildungssystem ist an zeitliche Verfügbarkeit geknüpft und für erwerbstätige Eltern erschwert (Fünfter Familienbericht 1995, S. 228, 232).

Neben den diskutierten Zusammenhängen der Familienfunktionen spielt auch die Vereinbarkeit von Ausbildung und Familiengründung eine Rolle, z.B. die Verfügbarkeit von Kinderbetreuung für studierende Mütter. Durch die Verlängerung der Ausbildungszeiten und durch lebenslanges Lernen gewinnt dieser Bereich einerseits an Bedeutung, angesichts steigenden Alters bei der Erstgeburt wird er aber andererseits seltener. Studierende Eltern haben eine mehrfache Belastung durch die Kinderbetreuung, den höheren finanziellen Bedarf und dadurch nötige zusätzliche Erwerbstätigkeit sowie durch die schwer zu koordinierenden Rhythmen von Kinderleben (Ferienzeiten, Erkrankungen und Krisen) und Studium (Praktika, Examina etc.). Ähnliches gilt für Eltern in der Weiterbildung. Familienorientierung der Bildungssysteme darf sich also nicht darauf beschränken, die Voraussetzungen für Bildungsteilhabe der Kinder zu schaffen, sondern muss auch die Eltern als Bildungssubjekte in den Blick nehmen (Fünfter Familienbericht 1995, S. 208-223).

7.2 Das BAföG und seine Alternativen

Bis zur Einführung der staatlichen Ausbildungsförderung 1971 blieb weiterführende Bildung für die Kinder einkommensschwacher Eltern aus wirtschaftlichen Gründen schwer zugänglich, sie war ein Privileg der Schichten mit mittlerem und höherem Einkommen, die es sich leisten konnten, ihre Kinder weit über das 15. Lebensjahr hinaus finanziell zu unterstützen. Die

Kosten von Bildung führten auch dazu, dass in weniger gut situierten Familien häufig nur ein Kind studieren konnte, zumeist ein Sohn und nicht eine Tochter. Diskriminierung hinsichtlich des Zugangs zur Bildung fand also nicht nur nach sozialen, sondern auch nach Geschlechtskriterien statt. Auch der Stadt-Land-Gegensatz war deutlich spürbar: Sobald für den Zugang zu Gymnasial- oder Hochschulbildung auswärtige Unterbringung notwendig war, stiegen die Kosten erheblich an, so dass Stadtkinder leichteren Zugang hatten als Landkinder. Das Bundesausbildungsförderungsgesetz sollte solche Unterschiede ausgleichen und Chancengleichheit bei der Bildung ermöglichen.

Bundesausbildungsförderungsgesetz (BAföG), Stand 2002

für Schülerinnen und Schüler nur bei auswärtiger Unterbringung
für Studierende zur Hälfte als Zuschuss und zur Hälfte als zinsloses Staatsdarlehen

Regelbedarfssatz (seit 1.4.2001 gleich für Ost und West)

Wohnform	*auswärts*	*bei den Eltern*
Grundbedarf	333 €	333 €
Bedarf f. Unterkunft	133 €	44 €

durchlaufende Posten:
Mietkostenzuschuss zusätzl. bis zu 64 €
Krankenversicherung 47 €
Pflegeversicherung 8 €

Maximalfördersatz	585 €	432 €

Aufstiegsfortbildungsförderung („Meister-BAföG")
Bis zu zweijährige (in Teilzeit vierjährige) Fortbildungen zur Vorbereitung auf einen Abschluss oberhalb einer Facharbeiter-, Gesellen- oder Gehilfenprüfung oder eines Berufsfachabschlusses werden gefördert durch:

Darlehen in Höhe der Lehrgangs- und Prüfungsgebühren bis zu einem Höchstbetrag von 10.226 €, Übernahme notwendiger Kinderbetreuungskosten bei Alleinerziehenden von bis zu 102 € monatlich, bei Vollzeitmaßnahmen Unterhaltsbeitrag von bis zu 611 €, davon 229 € als Zuschuss, den Rest als Darlehen. Erhöhung bei Verheirateten um 215 €, je Kind um 128 €.

Berufsausbildungsbeihilfe (Leistung nach dem Arbeitsförderungsgesetz AFG)
Auszubildende haben bei auswärtiger Unterbringung und abhängig von ihrem eigenen sowie dem Einkommen der Eltern und ggf. Ehepartner Anspruch auf Beihilfe zu den Unterhalts- und Ausbildungskosten für eine berufliche Ausbildung oder berufsvorbereitende Bildungsmaßnahme. Höhe bedarfsabhängig.

Schon in der Weimarer Verfassung wurde die Chancengleichheit für alle verankert. Aber erst nach dem zweiten Weltkrieg wurde sie durch unterschiedliche Fördermaßnahmen auch umgesetzt, so durch die Studienförderung nach dem sogenannten „Honnefer" oder dem „Rhöndorfer" Modell, eine Ausbildungszulage nach dem Kindergeldgesetz und durch zahlreiche landesrechtliche Regelungen. Dazu entstanden die Stiftungen (Begabtenförderungswerke) der Kirchen, Gewerkschaften und Parteien. Erst nachdem die Gesetzgebungskompetenz für die Ausbildungsförderung 1969 auf den Bund übergegangen war, konnte eine Vereinheitlichung dieses sehr unübersichtlichen Rechtsgebietes eingeleitet werden. Das Bundesausbildungsförderungsgesetz (BAföG) vom 26.8.1971 löste die unterschiedlichen Regelungen ab. Erstmals begründete es einen Rechtsanspruch auf die Leistung, verzichtete auf den Nachweis überdurchschnittlicher Studienleistungen und machte auch die Förderung von Schülern allgemeinbildender Schulen ab der 11. Klasse möglich (Bethusy-Huc 1987, S. 70-74).

In der Folge ist das BAföG immer wieder in unterschiedliche Richtungen reformiert worden, zum Teil aus finanziellen, zum Teil aber auch aus grundsätzlichen politischen Erwägungen. Schon 1974 wurde es nur noch teilweise als Zuschuss, teilweise als Darlehen gewährt. 1983 wurde die Ausbildung vollständig auf Darlehen umgestellt, und das SchülerBAföG für alle Schüler wurde abgeschafft. Leistungen konnten jetzt nur noch auswärts untergebrachte Schülerinnen und Schüler ab der 11. Klasse und solche im zweiten Bildungsweg erhalten. Bei ihnen wird das Einkommen der Eltern nicht mehr berücksichtigt.

Die Abgrenzung der Leistungsberechtigung erfolgt nach dem Kriterien der beruflichen Ausbildung. D.h. Fachhochschulen, Hochschulen und allgemeinbildende Schulen sind keine Berufsausbildungsstätten, deshalb kann hier nach dem BAföG gefördert werden. Schon seit 1969 gewährt das Arbeitsförderungsgesetz (AFG) Jugendlichen Anspruch auf eine Förderung der beruflichen Ausbildung in Betrieben und überbetrieblichen Einrichtungen sowie der Teilnahme an Lehrgängen. Ein Recht auf staatliche Förderung besteht dann, wenn die Auszubildenden die Mittel nicht selbst aufbringen können und den Unterhaltsverpflichteten ihre Unterstützung nicht zugemutet werden kann. Leistungen nach dem AFG stehen Schülerinnen und Schüler von Berufsfach-, Fach- und Technikerschulen sowie von Höheren Fachschulen zu. Sie werden stets nachrangig gewährt.

Das BAföG ist ein Kernstück sozialdemokratischer Reformpolitik der 70er Jahre gewesen, steht in der Tradition der Studentenbewegung von 1968 und versuchte aktiv, ein Stück Chancengleichheit und Emanzipation durch Bildung zu verwirklichen. Sein Ziel ist, jedem Jugendlichen eine seiner „Neigung, Eignung und Leistung" entsprechende Ausbildung finanziell zu sichern, wenn die zum Lebensunterhalt und zur Ausbildung erforderlichen Mittel ansonsten nicht zur Verfügung stehen. Das BAföG verknüpft einen sozialpolitischen mit einem bildungspolitischen Ansatz. In der Begründung des Gesetzes hieß es 1974: „Der soziale Rechtsstaat, der soziale Unterschiede durch eine differenzierte Sozialordnung auszugleichen hat, ist verpflichtet, durch Gewährung von individueller Ausbildungsförderung auf eine berufliche Chancengleichheit der jungen Menschen hinzuwirken" (Bundestagsdrucksache VI/1975 vom 18. März 1971). Bildungspolitischer Ansatz ist das allgemeine Interesse an einer Aktivierung von Bildungsreserven, um so den Anforderungen einer hochindustrialisierten Gesellschaft gerecht zu werden. Diese Ziele sind auch im neuen Jahrtausend nach wie vor aktuell: In Deutschland nehmen nur 28% der jungen Erwachsenen ein Studium auf, im Durchschnitt aller OECD-Mitgliedstaaten sind es 45%.

Geschichte des BAFöG in Deutschland

1971 Inkrafttreten des Gesetzes. Leistungsberechtigt: Schüler ab der 11. Klasse und Studierende. Höchstsatz 720 DM. Leistungsgewährung zu 100% als nicht rückzahlbarer Zuschuss.

1974 Schrittweise Einführung eines Darlehens-Anteils von zunächst 70, später 150 DM.

1983 Abschaffung des Schüler-BAföG (mit Ausnahme von Schülern im zweiten Bildungsweg). Umstellung der Leistung zu 100% auf ein zinsloses Volldarlehen.

1984 Einführung eines leistungsabhängigen Darlehensteilerlasses.

1990 Umstellung der Förderungsart auf 50% zinsloses Darlehen, 50% Zuschuss. Einführung der Studienabschlussförderung. Unterschiedliche Förderbeträge für Ost- und Westdeutschland.

1995ff Diskussionen über die „große" BAFöG-Reform: Alternative Modelle der Ausbildungsförderung

1996 Verzinsung der nach Ablauf der Regelzeit gegebenen Darlehensanteile

2001 nur eine „kleine" BAFöG-Reform gelingt: Anhebung der Beträge und der Freibeträge für das elterliche Einkommen. Einheitliche Förderbeträge für Studierenden in Ost- und Westdeutschland.

Familienpolitisch relevant wird die Ausbildungsförderung durch ihr Ziel, wirtschaftlich schlechter gestellte Familien zu einem Verzicht auf einen frühen Mitverdienst ihrer Kinder zu bewegen. Sie soll die individuellen Bildungschancen zumindest im Hinblick auf die Finanzierung der Ausbildung von der familialen Herkunft unabhängiger machen (Münch 1990, S. 131). Damit ist seine Zielsetzung in gewisser Weise der Ausbildungsförderung durch Weiterzahlung des Kindergeldes geradezu entgegengesetzt: Diese verlängert die Abhängigkeit der Kinder von der Familie, während jenes sie gerade von der Familie unabhängig machen soll. Gerade in den ersten Jahren nach Einführung resultierte daraus eine spürbare Besserstellung der BAföG-empfangenden Schülerinnen und Schüler gegenüber denjenigen, die auf das kärgliche häusliche Taschengeld angewiesen waren. Wer BAföG bekam, konnte den Konflikt mit den Eltern eher riskieren und sich im Zweifel selbst eine Bude suchen. Auch diese Erfahrungen und nicht nur finanzpolitische Zwänge standen im Hintergrund der Abschaffung des Schüler-BAföG .

Die Einführung der neuen Ausbildungsförderung war allerdings nicht der Auslöser für die Bildungsexpansion, sondern eher eine Reaktion auf mehr Bildungsnachfrage aus neuen Schichten. 1960 waren 14 Prozent der Vierzehnjährigen Gymnasiasten, 1987 29,3 Prozent. Dieser Anstieg begann Mitte der 60er Jahre. Vor allem bis Mitte der 70er Jahre erhöhte sich der Anteil von (Fach-)arbeiterkindern an Gymnasien und Hochschulen, der vorher extrem niedrig gewesen war. Kinder von un- und angelernten Arbeitern nahmen an diesem Bildungsaufschwung kaum teil. Zu einem vollständigen Ausgleich der Bildungschancen kam es trotz BAföG bisher nicht: In Westdeutschland haben Hauptschüler/innen zu 82 Prozent Väter und zu 83 Prozent Mütter, deren höchster Schulabschluss ebenfalls die Hauptschule war; umgekehrt haben nur 6 Prozent der Väter und 2 Prozent der Mütter von Hauptschüler/innen Abitur (Schäfers 1995, S. 158-161). Familienpolitische Maßnahmen, insbesondere vorschulische Erziehung und Hortbetreuung könnten dazu beitragen, solche Ungleichheiten zu verringern. Allerdings stoßen sie dabei an Grenzen, da die Sozialisations- und Vorbildwirkung der Familie in den meisten Fällen ungleich intensiver ist als pädagogische Außenbeeinflussung (Zeiher 1991). Letztlich ist nur bessere Bildung der Eltern der Schlüssel zu besserer Bildung der Kinder, sei es in Form lebenslangen Lernens, sei es - ein besonders wichtiges Handlungsfeld - in Form integrativer Lern- und Bildungsangebote für Eltern nichtdeutscher Herkunft. Ein Beispiel dafür sind die seit einigen Jahren mit Erfolg durchgeführten Deutsch-Sprachkurse für türkische Mütter an Berliner Grundschulen.

Ob das BAföG daneben geradezu bevölkerungspolitische Auswirkungen hatte, darf dagegen bezweifelt werden. Es kann argumentiert werden (Münch 1990, S. 131), Eltern würden ihre Kinderzahl oftmals bewusst beschränken, um den wenigen bzw. dem einzigen Kind eine gute Ausbildung zu ermöglichen. Das Vorhandensein einer bedarfsdeckenden staatlichen Ausbildungsförderung würde daher durch seine langfristige Entlastungswirkung für Familien die Familienplanung beeinflussen. An dieser Überlegung ist richtig, dass die Ausbildung der Kinder in den meisten Familien einen zentralen Stellenwert hat und dafür auch finanzielle Opfer gemacht werden. Auf der anderen Seite liegen Familiengründung und Studienbeginn der Kinder zeitlich so weit auseinander, dass die Finanzplanung der Eltern nur in den seltensten Fällen so weit voraus blicken wird.

Das größte Problem bei der Ausbildungsförderung war die zu selten angepasste Höhe, die häufig hinter der Entwicklung der Lebenshaltungskosten zurückblieb. Zwar wurden zwischen 1971 und 1992 die Höchstsätze um 89 Prozent erhöht, doch reichte dies nicht aus, die inflationsbedingten Kaufkraftverluste aufzufangen, so dass das BAföG effektiv um 13 Prozent sank. Dem Sinn des ursprünglichen Gesetzes zuwiderlaufend war vor allem der starke Rückgang der Gefördertenzahlen. Während bei der Einführung des BAföG noch fast die Hälfte aller Studierenden Zugang zu dieser Leistung hatte, wurde dieser Anteil durch Nichtanpassung der Einkommensgrenzen für die Eltern über die Jahre immer geringer und stieg erst nach der BAföG-Reform 2001 wieder auf immer noch sehr geringe 16,8 Prozent (Schätzwert). Zudem sank der Anteil der Studierenden, welche Vollförderung erhielten, immer mehr ab. Im Jahr 2000 erhielten von den geförderten Studierenden 29 Prozent Vollförderung, 71 Prozent dagegen nur eine Teilförderung. In der politischen Diskussion werden dabei unterschiedliche Zahlen verwendet. Das Deutsche Studentenwerk misst den Anteil der BAföG-geförderten Studierenden an allen Studierenden, während die Bundesregierung von der Gesamtzahl der Studierenden diejenigen außerhalb der Förderungshöchstdauer abzieht und damit auf höhere Gefördertenquoten kommt.

Tab. 4: Von allen Studierenden erhielten Leistungen nach BAföG ...
Quelle: Deutsches Studentenwerk, *vorläufige Schätzung

1972	1974	1976	1978	1980	1982	1987	1989
44,6	42,1	39,2	36,4	34,8	30,3	20,3	18,3
1991	1993	1995	1997	1998	2000	2002	
26,0	22,6	17,0	13,2	12,6	13,3	16,8*	

Die ebenfalls 1983 erfolgte Umstellung des BAföG auf Volldarlehen wurde zwar einige Jahre später wieder teilweise zurückgenommen, wie die vorstehende Tabelle zeigt, aber sie ist ein deutlicher Hinweis nicht nur auf knappe öffentliche Haushalte, sondern auch auf die Frage, wie die Kosten für die Ausbildung am gerechtesten zu verteilen wären. Als Ergänzung zum BAföG wurde jedoch das sogenannte Bildungskreditprogramm aufgelegt, das einen weniger reglementierten, eigenverantwortlichen Weg zur Bildungsfinanzierung eröffnen soll.

Durch das Bildungskreditprogramm wird ein zeitlich befristeter zinsgünstiger Kredit zur Unterstützung von Studierenden sowie Schülerinnen und Schülern in fortgeschrittenen Ausbildungsphasen angeboten, der neben oder zusätzlich zu Leistungen nach dem BAföG zur Verfügung steht. Der Bildungskredit dient bei nicht nach dem BAföG geförderten Auszubildenden der Sicherung und Beschleunigung der Ausbildung, bei BAföG-geförderten Auszubildenden der Finanzierung von außergewöhnlichem, nicht durch das BAföG erfasstem Aufwand, wie z.B. besonderen Studienmaterialien, Exkursionen oder Schulgebühren. Der Bund übernimmt gegenüber der auszahlenden Deutschen Ausgleichsbank eine Ausfallbürgschaft (Bundesgarantie), weil die Zielgruppe dieses Angebots in der Regel noch keine eigenen Sicherheiten stellen kann. Einkommen und Vermögen der Auszubildenden oder ihrer Eltern spielen keine Rolle. Der Bildungskredit wird monatlich im voraus in Raten von 300 € durch die Deutsche Ausgleichsbank ausbezahlt. Innerhalb eines Ausbildungsabschnittes können mindestens 3 und maximal 24 Monatsraten bewilligt werden. Für besondere Aufwendungen können einmalig bis zu 1.800 € als Abschlag im voraus bezahlt werden. Der Kredit ist von der Auszahlung an zu verzinsen, aber die Zinsen, die sich am sogenannten EURIBOR-Zinssatz orientieren, werden erst ab der Rückzahlung fällig. Der Kredit ist für Schüler mit abgeschlossener Berufsausbildung und Studierende frühestens ab Zwischenprüfung/Vordiplom/Bachelor zugänglich. Spätestens nach einer Frist von 4 Jahren muss der Kredit in monatlichen Raten von mindestens 120 € an die Deutsche Ausgleichsbank zurückgezahlt werden.

Alternative Formen der Studienfinanzierung

- Studiengebühren
- Umstellung auf Volldarlehen
- Drei-Körbe-Modell
- elternunabhängige (Sockel-)Förderung
- Grundförderung unabhängig vom Ausbildungsgang und zu einem frei gewählten Zeitpunkt (analog Bürgergeld)
- Abschaffung und gleichzeitig Anspruch auf Sozialhilfe/Arbeitslosengeld auch für Studierende
- leistungsabhängige Förderung/umfassendes Stipendiensystem (analog USA)
- Bildungsgenerationenvertrag

Gerade im Blick auf das Ausland werden alternative Formen der Studienfinanzierung sichtbar. Einige davon sollen nachfolgend unter familienpolitischen und gerechtigkeitstheoretischen Aspekten diskutiert werden.

– *Studiengebühren*

Das stärkste Argument für Studiengebühren zur (Teil-)Finanzierung der Hochschulbildung ist ein neoliberales. Ökonomen unter anderem aus der sogenannten Chicago-Schule, am bekanntesten Milton Friedman, argumentierten wie folgt: Kostenloses Hochschulstudium bedeute Umverteilung zugunsten der Wohlhabenderen, denn deren Kinder besuchen die Hochschule, die von den Steuern aller finanziert wird. Hochschulen sollten Studiengebühren erheben, damit diejenigen die Bildungsinvestition bezahlen, die durch höheres Einkommen später davon profitieren. Hochschulbildung ohne Studiengebühren bedeutet, dass die Nicht-Akademiker den Akademikern und die Armen den Reichen das Studium finanzieren. In verschiedenen Varianten wird dieses Argument immer wieder vorgebracht. Im Blick auf die einzelnen Individuen ist es auch berechtigt.

Blickt man jedoch auf die gesamten Umverteilungswirkungen der Hochschulfinanzierung, so zeigt sich, dass in der Bundesrepublik Haushalte mit hohen Einkommen 45 Prozent der Steuerlast für Hochschulbildung tragen, aber nur 25 Prozent der Studierenden aus dieser Einkommensschicht stammen. Gäbe es Studiengebühren, würde diese Einkommensschicht nur noch 25 Prozent der Bildungskosten tragen. Umverteilung findet also vor allem von hohen zu den mittleren Einkommen statt, weniger zu den armen Haushalten, weil diesen nur 18 Prozent der hochschulbezogenen Leistungen zugute kommen (Sturn/Wohlfahrt 2000).

Familienpolitisch sind Studiengebühren gleichfalls problematisch. Denn de facto würden in den meisten Fällen nicht die Studierenden selbst die Studiengebühren aufbringen, sondern deren Eltern. Friedmans Argument, dass diejenigen für das Studium zahlen sollen, die später davon den größten Vorteil haben, entspricht also nur zum kleineren Teil der familiären Realität. Vor allem würden die Familien zur Finanzierung herangezogen, und zwar proportional zur Kinderzahl. Wenn man dazu bedenkt, dass die Qualifizierung einer möglichst großen Zahl junger Menschen als Investition in das Humankapital der gesamten Gesellschaft nutzt, da diese ökonomisch effizienter sein wird, würden Studiengebühren diese Kosten wiederum privat den Familien zuordnen, während der Nutzen zu einem großen Teil sozialisiert würde. Die Schieflage im Bereich des Familienlastenausgleichs würde sich also noch weiter fortsetzen.

Zudem würden, anders als bei den Unterhaltskosten für kleinere Kinder, bei einer größeren Kinderzahl keine Einsparungseffekte erzielbar sein, d.h. das Studium mehrerer Kinder ist entsprechend der Kinderzahl teurer, während Unterhalts- und Erziehungskosten, insbesondere die Opportunitätskosten, mit steigender Kinderzahl je Kind abnehmen. Folglich würden also Studiengebühren einen ökonomischen Anreiz zur Beschränkung der Kinderzahl ausüben.

Nun haben diese Überlegungen pro und kontra Studiengebühren etwas Akademisches: Die Praxis vieler europäischer Länder zeigt, dass Studiengebühren nicht zwingend eine massive sozialpolitische Schieflage herbeiführen. In der Bundesrepublik jedoch werden sie als Schicksalsfrage mit hohem Symbolwert gehandelt: Das Bundeskabinett hat - ohne Rücksicht auf die zweifelhafte Zuständigkeit des Bundes - noch im April 2002 ausdrücklich beschlossen, Studiengebühren für das Erststudium nicht zuzulassen. Auf der anderen Seite verbinden sich mit der Neugründung von studiengebühren- und wirtschaftsfinanzierten Hochschulen wie etwa dem Projekt einer Elitehochschule ESMT (European School for Management & Technology) neoliberale Heilsvorstellungen. Eine sachliche Diskussion, die auch familienpolitische Zusammenhänge berücksichtigt, findet bisher noch nicht statt.

– *Umstellung auf Volldarlehen*

Der negative familienpolitische Effekt von Studiengebühren für die Eltern der Studierenden tritt bei Volldarlehen zur Studienfinanzierung nicht ein.

Hier würden tatsächlich die Nutznießer der Ausbildungsförderung selbst, sobald sie eigenes Einkommen erzielen, der Gesellschaft diese Kosten rückerstatten. Trotzdem ist auch die Finanzierung des Studiums durch Volldarlehen familienpolitisch keineswegs unproblematisch. Denn die Rückzahlung der Darlehen beginnt genau im Familiengründungsalter. D.h. die Darlehensempfänger würden vermutlich teilweise aus finanziellen Gründen die Familiengründung herauszögern oder, weil sich mit zunehmendem Lebensalter andere Perspektiven in den Vordergrund schieben, zu einem größeren Teil ganz unterlassen. Die derzeitigen BAföG-Regelungen begrenzen wirksam diese negativen familienpolitischen Auswirkungen, indem die Erhöhung der Darlehensschuld durch Kindererziehung während des Studiums und die Belastung durch die monatlich zu leistenden Raten in der Familiengründungsphase vermieden werden.

BAföG, Schwangerschaft und Kindererziehung

Grundsätzlich:

– Förderung nur, solange die Ausbildung tatsächlich betrieben wird (ausgenommen schwangerschaftsbedingte Unterbrechung bis zu drei Monaten)
– Bei längerer Unterbrechung Einstellung der Förderung, Ersatz ggf. durch Sozialhilfebezug. Nach Ende der Unterbrechung Wiederaufnahme der Förderung möglich.

Gleichzeitige Ausbildung und Schwangerschaft/Kindererziehung

– Kein „Kinderzuschlag", aber möglicherweise eigener Anspruch des Kindes auf Sozialhilfe
– Verlängerung der Förderungshöchstdauer:
  für die Schwangerschaft: 1 Semester
  bis zu Vollendung des 5. Lebensjahres des Kindes :
  1 Semester pro Lebensjahr
  für das 6. und 7. Lebensjahr des Kindes: insgesamt 1 Semester
  für das 8. bis 10. Lebensjahr des Kindes: insgesamt 1 Semester
– Maximale Verlängerung: 8 Semester, die Verlängerungszeiten können auf beide studierenden Elternteile verteilt werden.
– In der Verlängerungszeit Leistungen vollständig als Zuschuss gegeben, d.h. keine Erhöhung der rückzahlbaren Schulden
– Bei eigenem Einkommen Berücksichtigung von Freibetrag in Höhe von 424 € je eigenem Kind.
– Während der Rückzahlungsphase: Wenn Kind bis zu 10 Jahren erzogen wird, auf Antrag endgültiger Erlass der jeweiligen monatlichen Rückzahlungsraten; dadurch Minderung der Gesamtdarlehensschuld.

Der Blick auf die Praxis in der ehemaligen DDR zeigt, dass die Vereinbarkeit von Studium und Familiengründung stark politisch beeinflusst werden kann. Vor dem Hintergrund allgemein sehr früher Familiengründung wurden auch Studierende mit Kindern stark staatlich unterstützt: durch die Bereitstellung zeitlich bedarfsdeckender Kita-Plätze auf dem Hochschulgelände und durch familiengeeignete Wohnheimplätze. Die Zeit des Studiums ist in mancher Hinsicht für den Übergang zur Elternschaft geeigneter als die ersten Berufsjahre: zeitliche Flexibilität, jugendliche Nervenkraft und Sorglosigkeit in Bezug auf Karriereeinbußen könnten für Studierende eine ideale Familiengründungssituation schaffen, sofern die Frage der Studienfinanzierung und Betreuung der Kleinkinder geklärt wäre. Wenn die Studienförderung auch die Nutzung als „FamiliengründungsBAföG" zuließe, wäre dies ein wirksamer Beitrag, Kinderhaben und Karriere für viele junge Frauen einfacher zu machen. Denn dann wären die Kinder bei Berufseinstieg schon größer und Vollzeiterwerbstätigkeit in den wichtigsten Karrierejahren zwischen 30 und 40 kein Problem. Diese Form der Verschränkung von Ausbildungs- und Familienpolitik würde möglicherweise mehr konkreten Nutzen bringen als die Kindergeldfortzahlung bis zum 27. Lebensjahr.

– *Drei-Körbe-Modell des Deutschen Studentenwerkes (DSW)*

Im Rahmen der Diskussion über die BAföG-Reform 1995 entwickelte das Deutsche Studentenwerk ein sogenanntes Drei-Körbe-Modell, das darauf abzielte, die Ausbildungsförderung im Rahmen eines einheitlichen Familienlastenausgleichs zu realisieren. Das DSW-Modell sah für Studierende eine bedarfsdeckende Förderung in Höhe des Bedarfs (1994 berechnet mit 1.250 DM monatlich bei auswärtiger Unterbringung) vor. Diese Förderung sollte aber durch ein geschlossenes System kostenneutral aus dem bisherigen Familienlastenausgleich finanziert werden.

Ein erster Korb in Höhe von 400 DM bei auswärtiger Unterbringung (wenn bei Eltern wohnend: 300 DM) sollte die Ausbildungsförderung aus dem Familienlastenausgleich herauslösen. Die bisher den Eltern gewährten ausbildungsbedingten Transferzahlungen Kindergeld und steuerliche Freibeträge sollten als Sockelförderung künftig in einheitlicher Höhe elternunabhängig an alle Studentinnen und Studenten ausgezahlt werden. Ein zweiter Korb in Höhe von weiteren 650 DM bei auswärtiger Unterbringung (wenn bei Eltern wohnend: 500 DM) sollte sich aus dem bisherigen BAföG speisen und bei Anrechnung von eigenem, Eltern- und Ehepartnereinkommen zu 50 Prozent als Zuschuss und zu 50 Prozent als unverzinsliches Darlehen gewährt werden. Ein höherer Zuschussanteil sollte Studierenden gewährt werden, die zu den 30 Prozent Besten der jeweiligen Absolventinnen und Absolventen gehören. Ein dritter Korb in Höhe von 200 DM entsprach unter der Bezeichnung Ergänzungsförderung dem bisherigen verzinslichen Darlehen nach Überschreitung der Förderungshöchstdauer und sollte auch Studierenden zugänglich sein, deren Eltern ihrer Unterhaltspflicht nicht oder nicht vollständig nachkommen.

Ziel dieses Vorschlags war die elternunabhängige Sicherung des Lebensunterhalts für alle Studierenden. Die Überführung der ausbildungsbedingten

Transfers an die Eltern in eine Sockelförderung für die Studierenden sollte anerkennen, dass es sich bei den Studierenden um erwachsene Menschen handelt. Zudem wäre dadurch die Bevorzugung von Eltern mit höheren Einkommen bei der Bemessung der steuerlichen Freibeträge beendet worden.

– *Elternunabhängige (Sockel-)Förderung;*
  dafür Streichung des Kindergeldes ab 16/18 J.

Eine elternunabhängige Studienförderung ließe sich aus der Streichung der Kindergeldfortzahlung und Steuerfreibeträge ohne weiteres finanzieren. Die im Jahr 2001 diskutierte sogenannte „große" BAföG-Reform griff das Drei-Körbe-Modell des Studentenwerks teilweise auf und sah einen elternunabhängigen Sockelbetrag in Höhe von z.B. 400 DM vor. Abhängig vom Einkommen der Eltern sollte bedürftigen Studierenden darüber hinaus ein zusätzlicher Zuschuss nach Bedarf gewährt werden. Wie oben geschildert, hätte eine solche Reform die Ausbildungsförderung weitgehend aus dem Familienlastenausgleich herausgelöst Aus einer theoretischen Perspektive erscheint ein solches Modell unmittelbar einleuchtend. Denn es setzt klare Bildungsanreize bei denen, die letztlich über die Realisierung ihrer eigenen Bildungswünsche entscheiden, den heranwachsenden Kindern. Zugleich entlastet es wirksam die Familien, für die das „dicke Ende" der Kinderkosten, die Finanzierung des Studiums, deutlich und auch psychologisch wirksam erleichtert wird. Aus praktisch-politischen Gründen ist eine solche Reform jedoch bisher gescheitert. Denn selbstverständlich handelt es sich gerade bei dem Kindergeld um einen Besitzstand der Familien, der zum Teil auch für deren langfristige Finanzplanung (z.B. Abzahlung von Bausparkrediten) vorgesehen ist und jedenfalls das Potential birgt, großflächig Wähler zu verärgern. Zugleich passt eine Ausbildungsförderung, die eher die Institution Familie als die Individualrechte der Kinder stärkt, in das deutsche System einer insgesamt eher institutionell ausgerichteten Familienpolitik. Aus bildungspolitischen Gründen wäre eine Reform jedoch angezeigt. Denn der Anteil Studierender in Deutschland ist im Vergleich zum europäischen Ausland zu niedrig; und nur eine direkte Geldzahlung an die Studierenden selbst kann als Anreiz zur Fortführung der Ausbildung dienen; Kindergeldfortzahlungen an die Eltern entbehren jeder bildungspolitischen Steuerungswirkung. In gewisser Weise stellt also das gegenwärtige System der Ausbildungsförderung in Deutschland einen Sieg der (institutionell verstandenen) Familien- über die Bildungspolitik dar.

– *Grundförderung unabhängig vom Ausbildungsgang und*
  zu einem frei gewählten Zeitpunkt (analog Bürgergeld)

Gleiches gilt für den noch weitergehenden Vorschlag einer für alle Bürger zu Bildungszwecken zugänglichen Grundförderung, die also nicht auf Studierende beschränkt ist. Ein solcher Gedanke stärkt das Konzept des lebenslangen Lernens und realisiert besser als eine reine Studienförderung die Gleichbehandlung von studierenden und nicht studierenden Altersgenossen.

Ihre Finanzierung wäre jedoch nur durch deutliche Einschnitte in anderen Bereichen der Sozialen Sicherung, auch der Familienpolitik, möglich. Dafür fehlt in der Bundesrepublik derzeit ein gesellschaftlicher Konsens. Auch familienpolitisch haben Bürgergeld-Modelle Charme - könnten sie doch alle familienpolitischen Sonderleistungen in Form von Erziehungsgeld oder Unterhaltsvorschuss überflüssig machen, weil jedem Bürger, und damit natürlich auch Eltern, eine Grundsicherung qua Bürgerrecht garantiert wäre. Die dadurch entstehende existenzielle Absicherung wäre vermutlich der Entscheidung für eine Familiengründung sehr günstig. Dieses Grundgefühl von Absicherung hat jedenfalls in der ehemaligen DDR die frühzeitige Familiengründung und Entscheidung für Kinder sehr erleichtert.

– Abschaffung und gleichzeitig Anspruch auf Sozialhilfe
  (Hilfe zum Lebensunterhalt) auch für Studierende

Solange Sozialhilfe nicht als Bürgergeld, sondern als nachrangige Leistung bei im Einzelfall nachgewiesener Bedürftigkeit gezahlt wird, d.h. als letztes Sicherungsnetz einer Gesellschaft, würde diese Finanzierungsform die Verantwortung für Bildung komplett an die Familie zurückverweisen. Denn Kinder ohne abgeschlossene Berufsausbildung haben ihren Eltern gegenüber sehr weitreichende Unterhaltsansprüche und würden deshalb nur bei Sozialhilfeberechtigung ihrer Eltern selbst Geldleistungen beziehen können. Ein Anreiz zur Qualifizierung wird nicht dadurch gegeben, dass Abiturienten direkt auf das Sozialamt verwiesen würden, sondern im Gegenteil würde das Streben nach finanzieller Selbstständigkeit und damit Loslösung vom Elternhaus gefördert, was die Studierendenquote eher senken würde.

– Leistungsabhängige Förderung/umfassendes Stipendiensystem
  (analog USA)

Leistungsabhängig war die Studienförderung in Deutschland bis zur Einführung des BAföG. Dadurch konnte eine breite Förderung der Studierwilligkeit ebenso wenig erreicht werden wie eine Entlastung von Eltern mit studierenden Kindern. Allerdings erfüllen die Begabtenförderungswerke eine wichtige Rolle bei der Förderung hochbegabter Studierender, wobei die immateriellen Aspekte der Förderung oft überwiegen. In der deutschen Gesellschaft spielen jedoch wohltätige Stiftungen und privat finanzierte Stipendien eine erheblich geringere Rolle als in den USA; wo sie traditionell sehr wichtig für die Ausbildungsfinanzierung auch von Kindern aus weniger bemittelten Familien sind. In der Regel verfügen die Hochschulen dort über Beratungseinrichtungen, in denen für alle Studierenden eine Ausbildungsfinanzierung individuell aus verzinsten Darlehen, öffentlich zinsbegünstigten Darlehen und privat finanzierten Stipendien zusammengestellt wird. Familienpolitisch ist immerhin bedenkenswert, dass ein hoher Grad an Selbstverantwortung für die Studienfinanzierung in der Regel auch zu kurzen Studienzeiten, niedrigem Berufseinstiegsalter und damit früherer Möglichkeit der Familiengründung führt. Auf der anderen Seite müssen am

Anfang des Berufslebens zunächst einmal die angehäuften Kredite abbezahlt werden, bevor neue z.B. für den Kauf eines Hauses aufgenommen werden können. Für die amerikanischen Familien ist es jedenfalls weniger selbstverständlich, ihren Kindern ein Studium komplett zu finanzieren. Aufgrund hoher Studiengebühren wäre das auch häufig kaum möglich. Die Selbstverantwortung der Studierenden wird durch das System eher gestärkt, und damit auch ihre finanzielle Ablösung von der Herkunftsfamilie.

Auf der anderen Seite bedeutet eine solche Kommerzialisierung des Bildungssystems auch eine Differenzierung schon auf der Stufe der vorschulischen Bildung, die sich mit steigendem Niveau der Bildungseinrichtungen verschärft. Für Geld ist in einer liberalen Bildungslandschaft erstklassige Qualität zu haben, ohne (viel) Geld dagegen sinkt das Ausbildungsniveau auf ein staatlich kaum kontrolliertes, niedriges Niveau. Bildungsqualität und -inhalte für Kinder werden damit in hohem Maße vom Familieneinkommen abhängig gemacht, da nur eine Schulzeit auf guten Schulen überhaupt die Voraussetzungen schaffen kann, anschließend an der Hochschule auf Stipendien zugreifen zu können.

– *Bildungsgenerationenvertrag*

Unter den verschiedenen Formen der privaten Refinanzierung von Ausbildungsleistungen nimmt der „Akademische Generationenvertrag" in unserem Zusammenhang einen besonderen Platz ein, weil er sich explizit auf das familien- und rentenpolitische Prinzip des Generationenvertrages bezieht. Studentische Lebenshaltungskosten als BAföG-Äquivalent oder auch Studiengebühren sollen durch einen elternunabhängigen Quasi-Kredit finanziert werden. Diese Kredite werden aus einem Solidarfonds finanziert, der sich aus Einzahlungen entsprechend der Höhe des späteren Einkommens speist. Als „Bundesausbildungsförderungsfonds (BAFF)" wurde dieser Vorschlag von Bündnis 90/Die Grünen konkretisiert. Der Grundgedanke ist die Überführung der studentischen Ausbildungsförderung in eine Solidargemeinschaft der auf Förderung angewiesenen Studentinnen und Studenten. Die Ausbildungsförderung kann nach freier Wahl elternunabhängig in Anspruch genommen werden. Wer das tut, muss nach Aufnahme einer Erwerbstätigkeit Beiträge an einen solchen Solidarfonds leisten, z.B. in Höhe von 1 Prozent des beitragspflichtigen Einkommens plus je erhaltener 50 DM Förderung 0,0033 Prozentpunkte betragen. Die Beitragspflicht soll nach 25 Jahren erlöschen. Der finanzielle Beitrag des Staates zu diesem Ausbildungsfonds soll ebenfalls aus den bisher den Eltern gewährten Transfers Kindergeld und steuerliche Freibeträge bestehen.

8. Politik für Familien
mit besonderem Unterstützungsbedarf

8.1 Armut von Familien: Ursachen und Auswirkungen

Nicht Armut, sondern zunehmender Wohlstand war das Thema der jungen Bundesrepublik seit den goldenen 50er Jahren. Bis zum Ende der siebziger Jahre herrschte in der Bundesrepublik die Vorstellung, dass Armut ein Phänomen der ersten Nachkriegsjahre und im Wesentlichen überwunden sei. Ein zentraler Grund für den Wunsch nach Anschluss an die westdeutsche Republik war das Verlangen der DDR-Bürger, am bundesrepublikanischen Wohlstand, seinen Möglichkeiten zum Konsum, aber auch zur individuellen Lebensgestaltung und Selbstverwirklichung, teilzuhaben. Einkommenskurven seit den 50er oder seit den 70er Jahren zeigen steil ansteigende Linien für die unterschiedlichen Haushaltsformen und auch für die Familien (Fünfter Familienbericht 1995, S. 119). Armut, gar schon die Armut von Familien, schien jahrzehntelang in der Bundesrepublik kein zentrales Thema der Sozialpolitik.

Das hat sich geändert, faktisch wie politisch. Zum einen haben sich tatsächlich die Einkommensverhältnisse der Menschen in Deutschland stärker differenziert, zum anderen aber ist es nicht mehr nur sozialwissenschaftlich, sondern politisch erlaubt, Armut zum Thema zu machen. Forderungen danach wurden zuerst laut, als die Kommission der Europäischen Gemeinschaften im Rahmen ihres ersten Programms zur Bekämpfung der Armut (1975 bis 1981) für alle Mitgliedstaaten Armutsberichte von unabhängigen Experten erstellen ließ (Hauser 1995). Für Aufsehen sorgte dann die Caritas-Armutsuntersuchung von 1992, die bis dahin größte Klientenerhebung im Bereich der freien Wohlfahrtspflege. In dieser Studie wurde bereits offenbar, dass besonders kinderreiche Familien und Alleinerziehende am Wohlstand der Gesellschaft keinen Teil hatten. Diese Untersuchung gab der „neuen Armut" in der Bundesrepublik Deutschland zum ersten Mal ein Gesicht, und das war häufig ein Kindergesicht (Caritas-Armutsuntersuchung 1992). Aber erst zehn Jahre später war politisch der Weg frei für den ersten offiziellen Armutsbericht der Bundesregierung im Jahr 2000, den die rot-grüne Koalition gleich nach Regierungsantritt in Auftrag gab und damit einer dringenden Forderung der Sozialwissenschaften nachkam, dem sich die christlich-liberale Regierung immer verweigert hatte.

Über Armut zu berichten, setzt eine Definition von Armut voraus. Unterschiedliche Armutsdefinitionen sind in den Sozialwissenschaften seit langem in Gebrauch. Am unstrittigsten ist die sogenannte absolute Armut, d.h. die Gefährdung der Existenz mangels Ressourcen. Diese Form von Armut ist in Mitteleuropa schon seit etwa 1900 erfolgreich bekämpft worden. Abgesehen von Einzelfällen, ist es den europäischen Gesellschaften gelungen, Hunger, Erfrieren und vorzeitigen Tod durch unbehandelte Krankheiten für fast alle ihre Bürger wirksam zu verhindern. Außerhalb der Wohlstandsinseln Europa und Nordamerika ist existenzielle Armut aber immer wieder an der Tagesordnung. Trotzdem ist diese Armutsdefinition für die Bundesrepublik Deutschland wenig tauglich, würde sie doch bedeuten, dass es Armut bei uns praktisch nicht gibt. Dem wird jede erfahrene Sozialarbeiterin widersprechen. Nacktes Überleben ist eben nicht identisch mit einer menschenwürdigen Existenz.

Es liegt daher nahe, Armut relativ zum jeweiligen Wohlstandsniveau der Gesellschaft zu definieren. Dies leisten die weitverbreiteten relativen Armutsschwellen, die sich jedoch nur auf das Einkommen beziehen, also lediglich Einkommensarmut messen, nicht aber soziale Ausgrenzung. Fraglich ist dabei aber stets die Abgrenzung. Soll als Vergleichsmaßstab die Region, der Nationalstaat oder die Europäische Union gelten? So würden z.B. in manchen ostdeutschen städtischen Großsiedlungen mehr als die Hälfte aller Familien unterhalb der bundesdeutschen 50-Prozent-Armutsschwelle einzuordnen sein. Im sozialen Kontext ihres Wohnviertels wäre aber nur ein kleiner Teil dieser Familien wirklich als arm im Sinne von ausgegrenzt anzusehen. Zudem bedeutet ein relativer Armutsbegriff, dass Armut niemals ausgerottet werden kann, denn solange überhaupt Einkommensunterschiede bestehen, wird es auch Menschen unterhalb einer relativ definierten Einkommensschwelle geben.

Politisch am einfachsten zu handhaben ist die Definition von Armut durch das Anrecht auf bestimmte Sozialleistungen, insbesondere die laufende Hilfe zum Lebensunterhalt. Die Quote der Sozialhilfeempfänger ist leicht feststellbar und unmittelbar einleuchtend. Allerdings wurde lange darauf bestanden, dass die Sozialhilfe ja gerade Armut verhindert, indem sie das sozio-kulturelle Existenzminimum sicherstellt. Zudem wäre die Quantität der Armut durch politische Entscheidungen, z.B. die Anrechenbarkeit bestimmter Einkommensarten, jederzeit veränderbar. Trotzdem zeigen sozialwissenschaftliche Untersuchungen, dass ein Leben am Existenzminimum für Kinder eine deutliche Beeinträchtigung ihrer Entwicklungschancen bedeutet. Konsens ist jedoch, dass Armut viele Dimensionen hat, und dass Einkommensarmut nur eine davon ist.

Armutsdefinitionen

absolute Armut

Fehlende Mittel zur Sicherung des Überlebens (fehlende Nahrung, Kleidung, Unterkunft, medizinische Versorgung)

relative (Einkommens-)Armut

- Ein Lebensniveau, das von der Lebensweise ausschließt, die für die Mehrzahl der Bevölkerung des jeweiligen Landes selbstverständlich ist („exclusion").
- Berechnung anhand von Armutsschwellen:
- Armutsschwelle 50%: Ein Einkommen, das unterhalb von 50% des Durchschnittseinkommens der jeweiligen Bevölkerung liegt.
- Armutsschwelle 40% = strenge Armut

bekämpfte Armut

Arm ist, wer auf das letzte Hilfesystem der Gesellschaft (das unterste Netz), in Deutschland z.B. die Sozialhilfe (Hilfe zum Lebensunterhalt), angewiesen ist.

In den Sozialwissenschaften hat sich die Konvention herausgebildet, für Einkommensarmut die relative 50-Prozent-Armutsschwelle zu verwenden. Dabei werden die Einsparungen durch gemeinsames Wirtschaften in einem Mehr-Personen-Haushalt sowie die Bedarfsunterschiede zwischen Kindern und Erwachsenen durch Äquivalenzskalen (vgl. Kap. 4) berücksichtigt. Besonders umstritten ist die Frage, ob die Empfänger von laufender Hilfe zu Lebensunterhalt im Rahmen der Sozialhilfe noch als „arm" einzustufen oder bereits der Armutslage enthoben und damit als „nicht-arm" zu bezeichnen sind. Dahinter steht, ob man die Höhe der Sozialhilfe als ausreichend zur Sicherung eines sozio-kulturellen Existenzminimums ansieht oder ob man die Umstände des Sozialhilfebezugs (scharfe Einkommensüberprüfung, Pflicht zum vorherigen Verbrauch des eigenen Vermögens bis auf einen niedrigen Selbstbehalt) für so stigmatisierend und entwürdigend hält, dass durch sie bereits eine Armutslage bzw. gesellschaftliche Ausgrenzung entsteht (Hauser 1995, S. 4-5).

Wichtigstes Ergebnis der Armutsberichterstattung ist die starke Zunahme von Kinderarmut, während die Altersarmut, die das Bild der Armut in Deutschland lange prägte, erfolgreich durch Rentenerhöhungen bekämpft wurde. Man kann von einer Infantilisierung der Armut sprechen (Diskussionsstand zusammengefasst in Butterwegge 2000). Da Kinder meist in Familien leben, nimmt also auch die Familienarmut seit etlichen Jahren überproportional zu (vgl. Fünfter Familienbericht 1995, S. 128-132). Der Grund für diesen Anstieg ist die Arbeitslosigkeit, die auch bisher von der Armut verschont gebliebene Bevölkerungskreise bis weit in die Mittelschichten hinein in „neue Armut" geraten lässt. Arbeitslosigkeit begann in der Bundesrepublik Deutschland seit der Ölkrise in den späten 70er Jahren zum Problem zu werden. In Ostdeutschland ist sie seit der Wiedervereinigung das beherrschende sozialpolitische Problem. Familien sind in Ostdeutschland von Arbeitslosigkeit überproportional stark betroffen, dies gilt besonders für Alleinerziehende (Fünfter Familienbericht 1995, S. 159).

Kinder mit einem hohen Armutsrisiko
Kinder im Haushalt Alleinerziehender
Kinder in Familien nichtdeutscher Herkunft und ohne deutschen Pass
Kinder mit zwei oder mehr Geschwistern
Junge Kinder und Kinder mit jungen Eltern

Folgen der Armut für Kinder
Gesundheitliche Beeinträchtigungen, Fehlernährung, zu wenig Bewegung
Geringeres Selbstwertgefühl
Depression, Aggression, Devianz
Beeinträchtigung von Schulleistungen und Bildungsmotivation

Die Sozialhilfequote betrug Ende 1998 in Deutschland - wie schon im Vorjahr - 3,5 Prozent der Bevölkerung (im früheren Bundesgebiet 3,7 Prozent, in den neuen Ländern 2,7 Prozent). Ende 1998 bezogen insgesamt 1,1 Mio. Kinder unter 18 Jahren laufende Hilfe zum Lebensunterhalt, das sind 6,8 Prozent der Kinder dieser Altersgruppe. Die Sozialhilfequote von Kindern ist damit fast doppelt so hoch wie im Bevölkerungsdurchschnitt. Gegenüber 1980 (2,1 Prozent) hat sie sich im früheren Bundesgebiet bis 1998 mehr als verdreifacht. Wenn man nach dem Alter der Kinder differenziert, so tragen Kleinkinder das höchste Sozialhilferisiko, fast jedes zehnte (9,5 Prozent) Kind unter 3 Jahren muss von Sozialhilfe leben; von den 15- bis 17-Jährigen dagegen 4,9 Prozent. Diese Abhängigkeit der Armut vom Alter der Kinder lässt sich auch für andere Länder zeigen. Junge Kinder und Kinder junger Eltern tragen ein erhöhtes Armutsrisiko (Qvortrup 1998). Die Sozialhilfequoten von Kindern haben sich seit 1991 deutlich erhöht, bei den Kleinkindern sogar verdoppelt. Die Sozialhilfequote von Kindern ist also überdurchschnittlich hoch, um so höher, je jünger die Kinder sind, und im Zeitverlauf nimmt sie zu.

Tab. 1: Sozialhilfebezug (HLU) von unterschiedlichen Familienformen, 1998
  Quelle: Lebenslagen in Deutschland 2000, S. 109

Familienform	Sozialhilfe-Quote (Anteil der Familien mit HLU an allen Familien dieser Familienform)
kinderlose Ehepaare	0,9%
Familien insgesamt	4,0%
Ehepaare mit 1 Kind	2,2%
Ehepaare mit 2 Kindern	2,2%
Ehepaare mit 3 und mehr Kindern	5,4%
Alleinerziehende Frauen	28,1%

Bemerkenswert ist, dass 56 Prozent der Sozialhilfe beziehenden Kinder in Haushalten von allein Erziehenden und nur 44 Prozent in anderen Familienkonstellationen wohnen. Von den deutschen Kindern mit Sozialhilfebezug wohnen sogar 64 Prozent in Haushalten von allein Erziehenden gegenüber 36 Prozent in anderen Haushalten. Haushalte mit Kindern haben in Deutschland mit 6,1 Prozent eine höhere Sozialhilfequote als alle Haushalte (4%). Dies ist vor allem durch die hohe Quote der allein Erziehenden (18,4%) bedingt, während von den Paarfamilien mit Kindern nur 2,6 Prozent HLU beziehen. Bei den Paarfamilien nimmt der HLU-Bezug erst ab drei Kindern deutlich zu: Paare mit drei oder mehr Kindern sind zu 5,4 Prozent auf HLU angewiesen (Lebenslagen in Deutschland 2000, S. 74-87).

Kinderarmut ist auch ein Indikator dafür, ob das familienpolitische Ziel des Lastenausgleichs wenigstens partiell erreicht wurde. Dies lässt sich besonders gut an der relativen Einkommenssituation kinderreicher Haushalte messen. Bei gleichem Bildungsniveau, Alter und gleichem Familienstand der Eltern tragen Kinder mit zwei oder mehr Geschwistern im Vergleich zu Einzelkindern in Westdeutschland ein mehr als doppelt so hohes Risiko, arm zu sein, in Ostdeutschland sogar ein dreimal so hohes Armutsrisiko. Die relative Armutsquote (50-Prozent-Grenze) lag 1996 bei kinderreichen deutschen Familien mit rund 10 Prozent doppelt so hoch wie bei Familien mit einem oder zwei Kindern. In einer Verlaufsstudie seit 1986 zeigt sich, dass das Armutsrisiko dieser Familien durch Maßnahmen des Familienlastenausgleichs kaum verringerbar war, sondern vor allem von der Erwerbsbeteiligung der Mütter abhing. Allerdings verschlechterte sich die Einkommensposition dieser kinderreichen Familien nicht weiter. Ausländische kinderreiche Familien in Westdeutschland konnten ihr Einkommen durch familienpolitische Transfers spürbar verbessern, da sich die Einkommensentwicklung bei ausländischen Familien auf deutlich niedrigerem Niveau vollzieht als bei deutschen Familien (Büchel/Trappe 2001).

Kinderarmut ist im Unterschied zur Armut der Eltern besonders schwer in Begriffen der Einkommensarmut zu messen. Denn häufig versuchen Eltern, durch eigenen Verzicht ihre Kinder so lange wie möglich vor den materiellen Folgen von Armut zu schützen. Dies kann sogar dazu führen, dass Problemlagen von Familien nach außen sehr lange nicht sichtbar sind (die Kinder kommen gut gekleidet und mit Markenartikeln ausgestattet in die Schule). Die aus Einkommensarmut häufig resultierende soziale Ausgrenzung dagegen kann Kinder sehr belasten. Der mehrdimensionale Lebenslagenansatz in der Armutsforschung, der den (Einkommens-)Ressourcenansatz erweitert, ist deshalb für die Armutsforschung von Kindern und Familien besonders wichtig (Zehnter Kinder- und Jugendbericht 1998, S. 88-95).

Schon Arbeitslosigkeit der Eltern, auch wenn sie nicht mit starker materieller Einschränkung verbunden ist, lässt Kinder nicht unberührt: Langzeitarbeitslose Eltern sind in Gefahr, ihre Selbstachtung zu verlieren und damit auch ihre erzieherische Autorität. Auf die Dauer kommt es zu einem Verlust der Arbeitsorientierung und Auflösung fester Zeitstrukturen, was auch Kindern notwendige Orientierungen entzieht. Arbeitslosigkeit ist ein Stressor für den körperlichen und psychischen Gesundheitszustand der Eltern. Sie kann auch die familialen Beziehungen belasten, u.U. bis hin zur Scheidung (Fünfter Familienbericht 1995, S. 165).

Aufgrund der relativ hohen Mietbelastung kommt es vor allem in Ballungsgebieten zu einer anhaltenden Verdrängung einkommensarmer Familien in schlechtere Wohnverhältnisse. Die Segregation der Wohnviertel in Großstädten, ein lange Zeit vor allem aus den Vereinigten Staaten bekanntes Problem, hat in den letzten Jahren auch Deutschland erreicht. Bestimmte Quartiere (Innenstadtviertel der westdeutschen Großstädte, manche Plattenbau-Großsiedlungen in Ostdeutschland) zeigen Verslumungstendenzen mit einer Häufung sozialer Problemlagen. In Vierteln ohne Eigenheime und Gärten, ohne Sporteinrichtungen und Jugendheime wird der öffentliche Raum zum Spielplatz und Jugendtreff, und Kinder und Jugendliche sind den Problemlagen ihrer Viertel unmittelbar ausgesetzt, ebenso wie in den wohnortnahen Schulen (Lebenslagen 2000, S. 115).

Wie sich Armut und Arbeitslosigkeit der Eltern auf die Entwicklung von Kindern und Jugendlichen auswirken, hängt von einer Reihe individueller, familiärer und sächlicher Rahmenbedingungen ab. Grundlegend ist hierbei, dass Reaktionen der Kinder im Wesentlichen durch die Familie vermittelt werden. Einkommensarmut von Familien, die notwendige Absenkung des Konsumniveaus und die verringerte Teilhabe an sozialen und gesellschaftlichen Aktivitäten (Reisen, Sport, Vereine, Kino, Theater) führen zu sozialer Isolation.

Kinderarmut führt zu Bildungsarmut: Während im Durchschnitt fast 29 Prozent der Zehn- bis Zwölfjährigen das Gymnasium besuchen, sind es unter den armen Zehn-bis Zwölfjährigen nur etwa 16 Prozent, und unter denen im prekären Wohlstand 14 Prozent. Grund dafür ist nicht nur fehlende Unterstützung und mangelnde Überwachung bildungsbezogener Aktivitäten, sondern auch eingeschränkte Zukunftserwartungen für sich und die Kinder. Kinderarmut führt zu Krankheit: Das Risiko einer Totgeburt und der Sterblichkeit kurz nach der Geburt ist um so größer, je geringer die Schulbildung der Mutter ist. Auch die Inanspruchnahme der Vorsorgeuntersuchungen zwischen der vierten Lebenswoche und dem 48. Lebensmonat ist schichtabhängig und wird von Müttern mit Sonder- oder Hauptschulabschluss weitaus weniger genutzt (Holz/Hock 1999). Kinderarmut macht Kinder unglücklich: Kinder und Jugendliche aus sozial schwachen Familien leiden unter einer starken Beeinträchtigung des Selbstwertgefühls, des psychosozialen Wohlbefindens und der Lebensfreude (Palentien/Klocke/Hurrelmann 1999).

8.2 Bekämpfung von Kinderarmut als Aufgabe der Familienpolitik

Für alle Familienformen ist Arbeitslosigkeit der häufigste Auslöser für Verarmung. Aber auch Familien(um)bildungsprozesse bergen ein Armutsrisiko, insbesondere Scheidung und Trennung, aber auch die Familiengründungsphase, wenn sie mit der Aufgabe der Erwerbstätigkeit eines Partners einhergeht. Für die Familienpolitik stellt sich die Frage, welche Maßnahmen die Armut von Familien wirksam bekämpfen können, ohne auf der anderen Seite ungewollte Steuerungswirkungen zu erzielen. Dieser Frage soll nachfolgend nachgegangen werden.

Wichtigstes Instrument der Armutsbekämpfung in der Bundesrepublik Deutschland ist die Sozialhilfe (Hilfe zum Lebensunterhalt). Die Sozialhilfe unterstützt diejenigen, deren Einkommen oder Vermögen zur Deckung des Existenzminimums nicht ausreicht, z.B. weil sie keine Ansprüche aus den vorgelagerten Versicherungs- und Versorgungssystemen erwerben konnten (Nachrangigkeit). Der soziale Rechtsstaat hat für diese Fälle mit der Sozialhilfe ein mit Rechtsansprüchen ausgestattetes Sicherungssystem geschaffen, das vor Armut und sozialer Ausgrenzung schützen soll. Dabei hat sich die Hilfegewährung nach der Besonderheit des Einzelfalles, vor allem nach der Person des Hilfeempfängers, der Art seines Bedarfs und den örtlichen Verhältnissen zu richten (Individualisierung). Mit der Bereitstellung der zum Leben notwendigen Mittel ist die Sozialhilfe ein wirksames Instrument zur Bekämpfung von Einkommensarmut und materiellen Notlagen. Sie beschränkt sich nicht auf das zum physischen Überleben Erforderliche, sondern sichert darüber hinaus auch Beziehungen zur Umwelt und eine Teilnahme am kulturellen Leben (Soziokulturelles Existenzminimum). Aufgabe der Sozialhilfe ist es, dem Empfänger der Hilfe die Führung eines Lebens zu ermöglichen, das der Würde des Menschen entspricht. Gleichzeitig soll durch die Hilfe der Empfänger so weit wie möglich befähigt werden, unabhängig von ihr zu leben; hierbei muss er nach seinen Kräften mitwirken (Hilfe zur Selbsthilfe*).

Prinzipien der Sozialhilfe und ihre Bedeutung für Familien

Nachrangigkeit: Kindergeld (zum größten Teil), Erziehungsgeld, Wohngeld und Unterhalt werden auf den Anspruch angerechnet

Individualisierung: Einzelfallprüfung, aber Pauschalisierung bestimmter Ansprüche z.B. bei Geburt, Einschulung etc.; Bedarfssätze nach Alter der Kinder gestaffelt

Hilfe zur Selbsthilfe (d.h. Verpflichtung zur Erwerbsarbeit): diese Pflicht wird durch alleinige Betreuung eines Kindes eingeschränkt: bis 6. Geburtstag keine Verpflichtung, vom 6.-12. Geburtstag Teilzeitarbeit zumutbar, danach Vollzeittätigkeit)

Abb. 1: Hilfearten der Sozialhilfe im Überblick
Abbildung aus: Wienand 1999, S. 36.

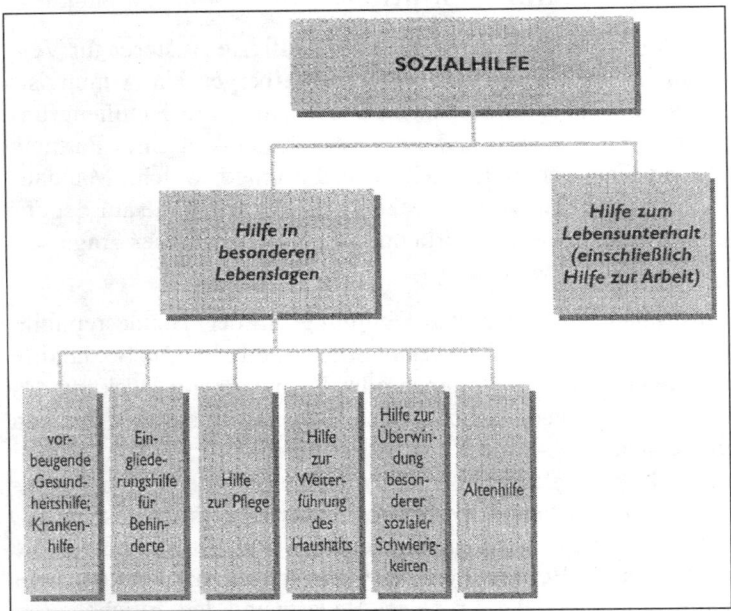

Die Sozialhilfe umfasst zwei Hilfearten: die Hilfe zum Lebensunterhalt und die Hilfe in besonderen Lebenslagen. Hilfe zum Lebensunterhalt erhält, wer „seinen notwendigen Lebensunterhalt nicht oder nicht ausreichend aus eigenen Kräften und Mitteln, vor allem aus seinem Einkommen und Vermögen, beschaffen kann" (BSHG §11, Abs. 1) Sozialhilfe soll ausdrücklich mehr leisten als nur eine Grundsicherung auf der Basis eines physischen Existenzminimums, sondern sie soll einen soziokulturellen Mindeststandard sichern, der die Teilnahme am Leben in der Gesellschaft einschließt. Im Rahmen des Bundessozialhilfegesetzes (BSHG) garantiert die Hilfe zum Lebensunterhalt (HLU) die Deckung des lebensnotwendigen Bedarfs (Bedarfsdeckungsprinzip). Der Bedarf an HLU außerhalb von Einrichtungen setzt sich aus Regelsätzen, einmaligen Leistungen, evtl. Mehrbedarfszuschlägen und Kosten der Unterkunft einschließlich Heizkosten zusammen. Darüber hinaus können auch Beiträge zur Krankenversicherung, Pflegeversicherung und Alterssicherung übernommen werden.

Der notwendige Bedarf für Familien umfasst Ernährung, Unterkunft, Kleidung, Körperpflege, Hausrat, Heizung und persönliche Bedürfnisse des Lebens, zu denen „in vertretbarem Umfang" auch Beziehungen zur Umwelt und eine Teilnahme am kulturellen Leben rechnen. Die auszuzahlende Leistung reduziert sich in dem Maße, in dem vorhandene Einkommen (z.B. Erwerbseinkommen, Leistungen anderer sozialer Sicherungssysteme, Kindergeld, Unterhaltsleistungen) angerechnet werden. Für Familien bedeuten diese Prinzipien, dass Kindergeld und Erziehungsgeld auf die Sozialhilfe angerechnet werden. Als Reaktion auf eine heftige öffentliche Thematisierung von Kinderarmut musste allerdings dieser Grundsatz der punktuell aufgegeben werden. Damit kam die Kindergelderhöhung seit dem 1. Januar 2000 auch Familien zugute, die Sozialhilfe beziehen. Bei einem Kind werden 10,25 €, bei zwei und mehr Kindern werden 20,50 € des Kindergeldes nicht als Einkommen angerechnet.

Tab. 2: Anrechnung familienpolitischer Transfers auf die Sozialhilfe

Familienpolitische Transfers, die auf die Sozialhilfe (HLU) angerechnet werden	Familienpolitische Transfers, die auf die Sozialhilfe (HLU) *nicht* angerechnet werden
Mutterschaftsgeld Entbindungsgeld Kindergeld Unterhaltsvorschuss Wohngeld Pflegeversicherung	Erziehungsgeld anteiliges Kindergeld: 10,25 € pro Kind Pflegegeld Geld für ein Pflegekind vom Jugendamt Geld aus der Bundesstiftung „Mutter und Kind - Schutz des ungeborenen Lebens"

Trotz der im Prinzip individuell zugemessenen Leistung werden die sogenannten Regelsätze der Sozialhilfe pauschal zugewiesen, und zwar entsprechend der Haushaltsgröße und dem Alter. Dabei wird rechnerisch vom sogenannten Eckregelsatz ausgegangen, dem Bedarfssatz für den Haushaltsvorstand. Die Beträge für Kinder und weitere Haushaltsmitglieder leiten sich vom diesem Eckregelsatz ab. Er wird jeweils zum 1. Juli eines Jahres unter Berücksichtigung von Stand und Entwicklung von Nettoeinkommen, Verbraucherverhalten und Lebenshaltungskosten angepasst. Der Eckregelsatz variiert von Bundesland zu Bundesland geringfügig (Variationsbreite um die 10 €) und betrug am 1. Juli 2001 durchschnittlich 186 €.

In Ansätzen nimmt die Gestaltung der Eckregelsätze auf die entwicklungsbedingten Bedürfnisse von Heranwachsenden Rücksicht. Verglichen mit den Äquivalenzskalen zur Berechnung des Haushaltsbedarfs (zumeist 1,0 - 0,7 - 0,5 für Haushaltsvorstand - weiteren Erwachsenen - Kind) stellt die HLU Kinder etwas günstiger, insbesondere die Jugendlichen zwischen 14 und 18 Jahren. Für sie wird ein höherer Bedarf zugrunde gelegt als für Erwachsene, um den besonderen Bedürfnissen dieser Altersstufe annäherungsweise gerecht zu werden.

Eltern können für zusätzliche Aufwendungen, die nicht von den Regelsätzen bestritten werden können, Anträge auf einmalige Leistungen beim Sozialamt stellen. Solche einmaligen Leistungen können nach Bedarfsprüfung gewährt werden u.a. für Beschaffung und Instandsetzung von teuren Kleidungsstücken (z.B. Wintermantel, Kinderschuhe), für besondere Lernmittel für Schüler (z.B. Schulatlas, Wörterbuch) und für Aufwendungen für besondere Anlässe (z.B. Klassenreisen, Einschulung, Erstkommunion oder Konfirmation). Manche Beträge werden auch pauschaliert, jedoch liegt Art und Höhe der Auszahlung im Ermessen der jeweiligen Kommune. Je nach

Tab. 3: Bedarfssätze der Sozialhilfe (Hilfe zum Lebensunterhalt)

	Regelbedarf nach BSHG in Prozent des Eckregelsatzes der HLU	durchschnittliche Höhe in € (Stand 1. Juli 2001)
Haushaltsvorstand	100%	186
Kind unter 7 Jahren	50%	93
Kind von 7 bis unter 14 Jahre	65%	121
Kind von 14 bis unter 18 Jahre	90%	167
Haushaltsangehörige ab 18 Jahre	80%	149
Mehrbedarfszuschlag für Schwangere nach der 12. Schwangerschaftswoche	20%	37
Mehrbedarfszuschlag für Alleinerziehende mit einem Kind unter 7 oder mit zwei oder drei Kindern unter 16 Jahren	40%	74

Praxis des zuständigen Sozialamts kann dies zu kleinen, aber für Kinder schmerzlichen Diskriminierungen führen: Z.B. reicht der übliche Betrag zur Einschulung (meist um die 50 €) nicht für einen Markenschulranzen. Kein Anspruch besteht auch auf Lernmittel für freiwillige Arbeitsgemeinschaften in der Schule, zum Beispiel eine Blockflöten-AG. In der Regel besteht z.B. kein Anspruch auf ein Dreirad oder ein Kinderfahrrad. Spielzeug für die Kinder muss aus den Regelsätzen (für ein Kind bis 7 Jahre 3 € pro Tag) finanziert werden. Für Kindergeburtstage wird ebenfalls keine Beihilfe gewährt, weil sie, so die gerichtliche Begründung, „nicht von derart existenzieller Bedeutung sind, dass sie für die Gewährleistung eines menschenwürdigen Lebens als unabdingbar angesehen werden müssten". Beiträge für Sportvereine werden in der Regel nicht übernommen, da, so die Gerichtsentscheidung, eine sportliche Betätigung menschenwürdig auch außerhalb von Vereinen möglich sei, zum Beispiel beim Laufen (Pyde/Stuke 1999, S. 24). Für Kinder ist die Abhängigkeit von der Hilfe zum Lebensunterhalt also eine spürbare Benachteiligung gegenüber ihren Altersgenossen.

Die Sozialhilfe umfasst neben der Hilfe zum Lebensunterhalt auch Hilfen für bestimmte Personengruppen in besonderen Lebenssituationen. Ein Anspruch auf Hilfe in besonderen Lebenslagen (HbL) besteht unabhängig von der Hilfe zum Lebensunterhalt. Für Familien sind folgende Leistungen im Rahmen der Hilfe in besonderen Lebenslagen wichtig:

– Hilfe bei Sterilisation und zur Familienplanung (§37 a und b BSHG)
– Hilfe für werdende Mütter und Wöchnerinnen (§38 BSHG)
– Eingliederungshilfe für Behinderte (§§39-47 sowie 123-126b BSHG)
– Hilfe zur Weiterführung des Haushalts (§§ 70/71 BSHG)

Somit haben bedürftige Familien Anspruch auf kostenlose Empfängnisverhütungsmittel. Schwangere und Mütter mit Neugeborenen, die nicht in einem Beschäftigungsverhältnis stehen und bedürftig sind, erhalten aus der HbL den Mutterschutzleistungen entsprechende Zahlungen für Entbindung und Erstausstattung. Die Eingliederungshilfe für Behinderte, einer der größten Bereiche der HbL, ist für Eltern mit behinderten Kindern sehr wichtig und finanziert die oft kostspieligen Therapien und Hilfsmittel. Die Hilfe zur Weiterführung des Haushalts wird dann akut, wenn die haushaltsführende Person plötzlich durch Unfall oder Erkrankung ausfüllt und niemand anders die Haushaltsführung übernehmen kann.

Neben der Sozialhilfe müssen jedoch auch weitere familienpolitische Transfers dem Maßnahmenpaket für bedürftige Familien zugerechnet werden. Dies gilt insbesondere für das Erziehungsgeld ab dem 7. Lebensmonat des Kindes. Die sehr eng gefassten Einkommensgrenzen von (2002) 16.470 € Jahreseinkommen bei Paaren und 13.498 € bei Alleinerziehenden (erhöht um 2.797 € je weiterem Kind des Berechtigten) führen dazu, dass faktisch nur gering verdienende Haushalte diese Leistung noch in vollem Umfang erhalten. Damit wirkt auch das Erziehungsgeld als Maßnahme der Armutsbekämpfung in den prekären ersten Jahren nach der Familiengründung, die oft durch Verzicht auf ein zweites Einkommen in der Familie gekennzeichnet ist.

Tabelle 4 bringt die vorhandenen Leistungsformen für bedürftige Familien in der Bundesrepublik Deutschland in Kategorien, um gleichzeitig politische Handlungsspielräume deutlich zu machen. Denn etliche Formen bedarfsabhängiger Transfers sind in der Bundesrepublik nicht realisiert, während sie in anderen Ländern lange eingeführt sind. Internationale Vergleiche sind in einem solchen Zusammenhang unverzichtbar, um den Blick für bisher nicht vorhandene Alternativen zu weiten.

Es besteht ein grundsätzlicher Unterschied, ob bedürftigen Familien geholfen wird, indem die allgemeinen Leistungen der Sozialhilfe familiäre Aspekte bei der Berechnung berücksichtigen, oder ob es spezielle familienbezogene Transfers für diese Familien gibt. Denn die Leistungen der Sozialhilfe sind nach wie vor häufig als Armenhilfe stigmatisiert, sie bleiben niedrig, um einen Anreiz zur Erwerbstätigkeit zu schaffen und das Lohnabstandsgebot einzuhalten, und sie haben für Familien etwas Entwürdigendes. Denn die Prozedur, um Sozialhilfe zu beziehen, ist für kinderreiche Familien oder alleinerziehende Mütter die gleiche wie für alle anderen Bedürftigen. Im Sinne der Gleichbehandlung aller Unterstützungssuchenden ist das vielleicht gerecht, aber im Sinne der Gleichbehandlung von Kinderhabenden und Kinderlosen nicht, denn kinderreiche Familien und alleinerziehende Mütter benötigen ja oft nur deshalb Sozialhilfe, weil sie Kinder haben und der Familienlastenausgleich nicht reicht. Zwar versucht die Wohlfahrtspflege in Deutschland seit den 20er Jahren, die alte Unterscheidung von „verschuldeter" (durch Arbeitsscheu oder unsittlichen Lebenswandel) und „unverschuldeter" (durch Unfall, Krankheit oder Tod des Ehemannes) Armut zu überwinden. Dennoch haftet der Sozialhilfe als letztem Hilfsnetz, das diese Gesellschaft zu bieten hat, der Geruch der „verschuldeten" Armut und damit der Schande weiter an, und die Verfahren der Einzelfallprüfung verstärken den Eindruck der Entwürdigung. Damit trifft diese Sozialleistung auch die Kinder, die unterschwellig Scham und Schuld für ihre Lage empfinden, der sie doch ausgeliefert sind.

Tab. 4:Typen armutsvermeidender Transfers für Familien in Wohlfahrtsstaaten (vgl. Buhr 1997, S. 386)

		umfassend	familienbezogen
armutsgeprüft, d.h. nur bei Einkommen unterhalb eines soziokulturellen Existenzminimums	allgemein	laufende Hilfe zum Lebensunterhalt (HLU) im Rahmen der Sozialhilfe	*Revenu minimum familial/ Familienmindesteinkommen (Frankreich), Aid to Families with Dependent Children (USA)*
	zweckgebunden	*General Housing Assistance (USA)*	Bundesstiftung „Mutter und Kind - Schutz des ungeborenen Lebens" Hilfe in besonderen Lebenslagen (für behinderte Kinder)
einkommensgeprüft, d.h. mit Einkommensgrenzen, die aber deutlich oberhalb eines soziokulturellen Existenzminimums liegen können	allgemein	*Bürgergeld (bedarfsorientierte Grundsicherung deutlich oberhalb des Sozialhilfeniveaus) - noch in keinem Land vorhanden*	*Kindergehalt (bedarfsorientierte Grundsicherung für Kinder) - noch in keinem Land vorhanden aber z.B. bedarfsabhängige Familienleistung „Family Credit" in Großbritannien*
	zweckgebunden	Wohngeld	Erziehungsgeld ab dem 7. Lebensmonat des Kindes

Familienpolitische Maßnahmen, die durch ihre Einkommensabhängigkeit bei niedrigen Einkommensschwellen de facto ausschließlich bedürftigen Familien zugute kommen, tragen nicht dieses Stigma. Keine Mutter würde Scham empfinden darüber, dass sie zwei Jahre lang Erziehungsgeld bezieht, während Sozialhilfebezug ihre Selbstachtung bedroht. Vorteil solcher einkommensabhängigen familienpolitischen Leistungen ist, dass sie mehr oder weniger unabhängig von der Sozialhilfe gewährt werden, dass sie bei anderen Stellen und durch andere Verfahren beantragt werden. Dadurch tragen sie nicht das Stigma der Armenhilfe, sondern gelten eher als Zuschüsse zu Kinder- oder Erziehungsgeld. Eine stark auf vertikale Umverteilung ausgerichtete Familienpolitik würde zwar dem Anspruch des horizontalen Lastenausgleichs nur noch unvollkommen gerecht werden, sie könnte aber einen Beitrag dazu leisten, Kinder und ihre Familien wirksam vor Armut zu schützen (Dienel 1998, Lampert 1996, S. 235f.).

Sozialpolitisch ist problematisch, dass tendenziell Familien mit Kindern in einer Periode wachsender Ungleichheit überproportional leiden, d.h. von Einschnitten des Sozialstaats besonders stark betroffen sind. Für die Bundesrepublik Deutschland, in der trotz einer Tendenz zu Einschränkungen in den Sozialleistungen der Familienlastenausgleich seit 1990 sehr ausgebaut wurde, scheint dies nicht zuzutreffen. Wenn man aber berücksichtigt, wie viele Kinder von Armut betroffen sind bzw. von Sozialhilfe leben müssen, so wird klar, dass Einschnitte bei der Sozialhilfe überproportional stark Kinder treffen und ihre Lage verschlechtern (Qvortrup 1998). Da zudem der größte Teil des Familienlastenausgleichs durch das Kindergeld auf die Sozialhilfe angerechnet wird, profitieren sie auch kaum vom Ausbau des Familienlastenausgleichs. Diese Überlegungen waren auch der Grund dafür, die Kindergelderhöhung des Jahres 2000 von der Anrechnung auf die Sozialhilfe auszunehmen.

Kritisch kann gefragt werden, ob eine solche Umdeutung der Familienpolitik in Sozialpolitik systematisch sinnvoll ist und ob nicht besser familienpolitische und sozialpolitische (Umverteilungs-)Elemente deutlich voneinander geschieden bleiben sollten. Eine „Funktionalisierung" der Familienpolitik zugunsten anderer politischer Ziele wie der Armutsbekämpfung könnte dazu führen, die Förderung der Familien um ihrer selbst willen aus dem Auge zu verlieren (Badelt 1994, S. 182). Dies ist beispielsweise in Italien der Fall gewesen, wo im Laufe der 80er Jahre die Höhe des Kindergelds systematisch nach Einkommen und Kinderzahl gestaffelt wurde. Dadurch ergaben sich erhebliche Entlastungswirkungen für einkommensschwache Familien, aber schon ab einem mittleren Einkommen war kein Familienlastenausgleich mehr spürbar (Dienel 1993a). Es liegt nahe, den extremen Geburtenrückgang Italiens in den 90er Jahren auch mit dieser Entwicklung zu verknüpfen.

Auf der anderen Seite kann eine großzügige Transferpolitik zugunsten einkommensschwacher Familien auch zu unerwünschten Steuerungswirkungen führen. Schon der derzeitig realisierte Familienlastenausgleich zusammen mit den Maßnahmen der Sozialhilfe in der Bundesrepublik Deutschland vermag bei marginalisierten Familien einen Anreiz zur Geburt weiterer Kinder zu geben und verhindert dadurch punktuell das Herauskommen von Frauen oder Familien aus der Sozialhilfebedürftigkeit. Damit wird das Ziel der Sozialhilfe (Hilfe zur Selbsthilfe) konterkariert. Denn grundsätzlich soll zwar die Sozialhilfe das Lohnabstandsgebot einhalten, d.h. der Bezieher von laufender Hilfe zum Lebensunterhalt soll ein geringeres verfügbares Einkommen haben als durchschnittliche Erwerbstätige der niedrigsten Lohnstufen. Dies lässt sich aber wegen der Orientierung der Regelsätze an der Zahl der Haushaltsmitglieder für Familien mit mehreren Kindern nicht realisieren. So hat etwa ein HLU-Empfänger mit nichterwerbstätiger Frau, einem Baby und drei weiteren Kindern zwischen 7 und 14 Jahren ein verfügbares Einkommen aus den Regelsätzen, dem Erziehungsgeld und den nicht anrechenbaren Kindergeldanteilen von rund 1.500 € im Monat, hinzu kommt Wohngeld sowie einmalige Hilfen. Ein nicht qualifizierter Erwerbstätiger in den unteren Lohngruppen wird nur mit Mühe einen ebenso hohen Nettolohn erzielen können. Großzügige Transfers für bedürftige Familien bergen also die Gefahr, dauerhafte Abhängigkeiten von Sozialleistungen zu schaffen und die Verselbstständigung, die Erwerbsneigung und Qualifizierungsanstrengungen der Eltern zu ersticken.

Seitens der Sozialwissenschaften (z.B. Olk/Mierendorff 1998, Olk/Mierendorff 1998a) wird darauf verwiesen, dass die modernen Wohlfahrtsstaaten Kinder systematisch aus den Kernbereichen der Arbeitsgesellschaft ausgliedern und in die kindgemäßen Sonderinstitutionen Schule und Kindheit überführen. Dadurch seien sie aber auch systematisch in den sozialen Verteilungskämpfen benachteiligt, weil sie nur indirekt und vermittelt über ihre Eltern daran teilnehmen können. Nötig sei deshalb „eine Neuverhandlung und Neugestaltung des Generationenvertrages zwischen der älteren, mittleren und jüngeren Generation vor dem Hintergrund prekärer wirtschaftlicher Verhältnisse, einer demographischen Alterung der Bevölkerung und leerer öffentlicher Kassen." (Olk/Mierendorff 1998a, S. 233) Damit wird - diesmal aus der eher links-progressiven Perspektive der Kinderarmutsforschung - die gleiche Forderung erhoben wie seitens der eher konservativen Familienlastenausgleichsforschung. Diese Übereinstimmung erklärt möglicherweise am besten, warum Familien- und Kinderpolitik in der Bundesrepublik Deutschland derzeit auf einen so großen Konsens rechnen kann.

Man kann argumentieren, dass Kindern der gleiche Bürgerrechtsstatus zukommen müsse wie Erwachsenen und dass sie nicht unproduktive, nutzlose Mitglieder der Gesellschaft sind, sondern durch ihre für die Gesellschaft völlig unverzichtbare Schul- und Bildungsarbeit (ihre Selbstqualifikations- und Selbstsozialisationsarbeit) ebenso produktiv wie etwa ein sich fortbildender Manager. Eine Schlussfolgerung aus solchen Überlegungen wäre das Kinderwahlrecht, eine andere ist die Forderung nach einer „kinderbezogenen" Reform des Sozialstaats. Grundstein hierfür stellt die Einführung eines Grundeinkommens für Kinder da. Die Folgen einer solchen eigenständigen Absicherung des Kindes wären vielfältig: auf diese Weise könnte nicht lediglich das Problem der Armut von Kindern sowie der Armut bestimmter Familienkonstellationen mit Kindern reduziert werden, sondern auch die soziale Stellung und finanzielle Handlungsfreiheit von Kindern gestärkt werden. Eine solche eigenständige materielle Absicherung von Kindern würde auch dazu beitragen, gewisse Probleme und Unstimmigkeiten in anderen Zweigen des sozialen Sicherungssystems abzubauen. Dies gilt insbesondere für das Lohnabstandsgebot. Bisher ist der Arbeitslohn ein Individuallohn, die Sozialhilfezahlung dagegen bedarfsorientiert und haushaltsbezogen. Wenn Existenzminimum und Unterhalt von Kindern direkt durch ein Grundeinkommen gewährleistet wären (für alle, Sozialhilfeempfänger und von Erwerbsarbeit lebende Familien), ließe sich das Lohnabstandsgebot leicht und ohne negative Folgen für die Betroffenen einhalten. Und drittens würde dadurch das Ungleichgewicht des derzeitigen Generationenvertrages beseitigt, weil immer alle Erwerbstätigen, auch die ohne Kinder, für die Kindergehälter aller jeweils vorhandenen Kinder gemeinsam aufkämen. Dadurch hätten dann auch Kinderlose einen gerechten Anteil an den Versorgungsleistungen für die ältere Generation erworben (Olk/Mierendorff 1998a, S. 251-257).

Politisch sind solche Kindergrundgehaltsforderungen freilich utopisch und eindeutig nicht finanzierbar. Das hat sich nur zu deutlich im Bundestagswahlkampf 2002 gezeigt. Sowohl der CDU/CSU-Kanzlerkandidat Edmund Stoiber als auch die Grünen waren mit großzügigen Familiengrundgehaltsvorschlägen in den Wahlkampf gestartet. Als dieser jedoch aus der deklamatorischen in die argumentative Phase eintrat, mussten sowohl das CSU-Familiengehalt von 600 € pro Kind und Monat für erwerbstätige und daheim bleibende Mütter als auch die grüne „Kinderversicherung", die Erwerbstätigen während einer 12-monatigen Kinderpause 60 Prozent des letzten Nettolohns zahlen sollte, schnell aus dem Verkehr gezogen werden. Denn die Finanzierung beider Vorschläge war so grotesk unrealistisch, dass die jeweiligen Parteien fürchteten, damit als haushaltspolitisch unfähig aufzufallen.

Kinderarmut ist auch ein Handlungsauftrag für die Soziale Arbeit (Zander 2000). Ihre vielfältigen psychosozialen Folgen bedürfen gezielter pädagogischer Interventionen (Andrä 2000). In unserem familienpolitischen Zusammenhang sollen diese nicht geschildert werden. Bedenkenswert ist aber immerhin, dass sozialpädagogische Interventionsstrategien in großem Umfang an deutschen Fachhochschulen gelehrt werden, dass ihre Methoden erforscht und ihre Ergebnisse empirisch überprüft werden. Demgegenüber nimmt sich die Forschung und Lehre zum Thema der Armutsvermeidung bei Kindern sehr bescheiden aus. Das Bild vom Kinde, das man erst in den Brunnen fallen lässt, um es anschließend methodisch ausgeklügelt wieder herauszufischen, drängt sich da auf.

8.3   Hilfe für Familien in besonderen Lebenslagen

Alleinerziehende

Alleinerziehende Mütter und Väter mit ihren Kindern bilden eine schnell wachsende Familienform. Obwohl sich alle Parteien und gesellschaftlichen Kräfte bemühen, sie neutral als eine von vielen möglichen familiären Lebensweisen darzustellen, ist sie in den seltensten Fällen frei gewählt. Sehr viel häufiger entsteht sie sekundär nach Scheidung oder Trennung, ist also die Folge einer nicht gelingenden, aber ursprünglich auf Dauer angelegten Partnerschaft und Zwei-Eltern-Familie. Aufgrund empirischer Untersuchungen lässt sich sagen, dass die Mehrheit der Ein-Eltern-Familien (ebenso wie die Mehrheit der Singles und der kinderlosen Ehen) ihre jetzige Lebensform nicht als bewusste alternative Lebensform zur traditionellen Familie gewählt haben (Fünfter Familienbericht 1995, S. 71).

Ein-Eltern-Familien haben trotz ihrer grundsätzlichen Gleichrangigkeit gegenüber Paarfamilien ein strukturelles Defizit. Das Fehlen eines Elternteils hat schwerwiegende erzieherische Konsequenzen, insbesondere für das gleichgeschlechtliche Kind, dem ein unmittelbares Rollenvorbild in der Familie fehlt. Noch schwerer wiegt jedoch das Fehlen eines zweiten Erwachsenen beim Einkommenserwerb, bei der Wahrnehmung von Erziehungsaufgaben und Teilung von Verantwortung und auch bei der Ermöglichung von Regenerationszeit und Freiräumen für den Partner. Strukturelle Überforderung von Alleinerziehenden ist die Folge: Sie sind nicht nur Alleinerzieher, sondern auch Alleinernährer, und ihre geringe freie Zeit macht sie darüber hinaus noch zu Einzelkämpfern. Alleinerziehende verfügen durchschnittlich über ein viel weniger dichtes soziales Netz als Paarfamilien, bei denen mehr Kraft für die Pflege sozialer Beziehungen zu Freunden, Nachbarn und Verwandten bleibt. In verschiedenen Untersuchungen zeigte sich, dass sie seltener mit Nachbarn, Freunden, Bekannten und Verwandten zusammen kommen, weniger Veranstaltungen besuchen und unter einem Defizit an Freizeitaktivitäten leiden. Grund dafür ist zum einen die Alleinverantwortung für Kinder, aber auch beengte Wohnverhältnisse, ungünstige Verkehrslage und materielle Beschränkungen (Neubauer 1988, S. 57-65).

Ob Kinder unter der Situation des Alleinerziehens leiden und Entwicklungsrückstände oder Entwicklungsprobleme aufweisen, ist empirisch nicht zweifelsfrei zu belegen. Zudem lassen sich die Folgen des Alleinerziehens nicht von denen der Einkommensarmut und teilweise sozialen Ausgrenzung trennen, mit denen Alleinerziehen häufig verbunden ist. In den 80er Jahren hat man in empirischen Studien eher die Defizite von Kindern aus Familien Alleinerziehender betont (Schulprobleme, Verhaltens- und Persönlichkeitsstörungen) (Lampert 1996, S: 50-53); seit den 90er Jahren steht eher der Einfluss anderer Faktoren für diese Benachteiligungen im Vordergrund (Einkommensarmut, Trennungstrauma), während das Alleinerziehen an sich als gleichwertig betrachtet wird. Das Ausmaß der Betroffenheit von Kindern hängt auch vom Alter zum Zeitpunkt der Trennung ab: Sind die Kinder noch sehr klein oder trennten sich die Eltern schon während der Schwangerschaft, sind die Folgen gering, während ältere Kinder, zumal wenn das Verhältnis zum Vater vorher eng und liebevoll war, auf seinen plötzlichen Verlust durch Trennung ähnlich stark reagieren können wie im Todesfall. Ein solches Trauma kann vorübergehend die Schulleistungen beeinflussen: Kinder verwitweter und geschiedener Elternteile haben nach einer Studie von 1985 zu 41 Prozent bzw. 39 Prozent schon einmal eine Klasse wiederholen müssen, Kinder lediger Mütter lediglich zu 20 Prozent. Gleiches gilt für die Häufigkeit von Verhaltensstörungen, die bei Scheidungskindern zu 52 Prozent auftraten, bei Kindern lediger Mütter nur zu 18 Prozent (Neubauer 1988, S. 102-105).

Im Jahre 2000 lebten 18,6 Prozent aller Kinder in Haushalten von Alleinerziehenden, davon 2,9 Prozent bei ihren Vätern, und 15,7 Prozent bei ihren Müttern (Statistisches Jahrbuch 2001, Tab. 3.19). Ob Alleinerziehende überhaupt einer besonderen Unterstützung seitens der Familienpolitik bedürfen, entscheidet sich an mehreren sozio-demographischen Merkmalen (Stiehler 1997):

– Geschlecht der Alleinerziehenden. Alleinerziehende Väter leben zumeist mit älteren Kindern zusammen, müssen deshalb ihre Erwerbstätigkeit nicht einschränken und haben ein durchschnittlich hohes Familieneinkommen. Anders sieht es bei den alleinerziehenden Müttern aus. Wie oben dargestellt, unterliegen sie einem mehrfachen Armutsrisiko, denn sie sind häufig nicht oder nur eingeschränkt erwerbstätig, weil sie besonders häufig jüngere Kinder betreuen.
– Alter der Alleinerziehenden. Besonders armutsgefährdet sind sehr junge alleinstehende Eltern ohne abgeschlossene Berufsausbildung.
– Zahl und Alter der Kinder. Mit zwei und mehr kleineren Kindern ist Erwerbstätigkeit häufig nicht zu vereinbaren; Sozialhilfebedürftigkeit ist die Folge.
– Ursache der Einelternschaft: Wenn das Alleinerziehen Folge einer Lebenskrise ist (Scheidung oder Trennung), platzen häufig Lebensentwürfe, und die Neuorientierung (z.B. hin zu eigener Berufstätigkeit) nimmt einige Zeit in Anspruch, die mit Sozialleistungen überbrückt werden muss.
– Dauer der Einelternschaft: Alleinerziehen ist für die meisten Eltern eine vorübergehende Lebensphase und wird vom Eingehen neuer Partnerschaft und Begründung von Folgefamilien abgelöst. Ebenso vorübergehend ist dann die Phase von Einkommensarmut.
– Wahlfreiheit der Lebensgestaltung: Viele Alleinerziehende erscheinen nur in der Statistik als solche, leben aber de facto in festen Beziehungen und sogar Wirtschaftsgemeinschaften und nützen Schlupflöcher im sozialen Netz. Wenige haben die Lebensform Alleinerziehen frei für sich geplant und sich in ihrer Berufsgestaltung und Lebenssituation von vornherein darauf eingestellt.

Bestimmte typische Problemlagen von Alleinerziehenden kann die Familienpolitik nicht auffangen: Den Zwang zum Ausfüllen beider Elternrollen, die Alleinverantwortlichkeit und der damit einher gehende chronische Mangel an persönlicher Zeit. Andere Problemlagen dagegen können familienpolitisch beantwortet werden: Die Sicherung eines angemessenen Einkommens, die Gewährleistung umfassender Kinderbetreuung zur Ermöglichung von Erwerbstätigkeit und die Beratung bei Erziehungs- und Sorge-rechtsproblemen. Zur Durchsetzung ihrer Rechte können Alleinerziehende beim Jugendamt eine Beistandschaft beantragen, welche die frühere Amts-vormundschaft für das Kind abgelöst hat.

Alleinerziehende sind besonders häufig von Armut betroffen. Insofern ha-ben sie Anspruch auf die vorhandenen Hilfesysteme für bedürftige Famili-en, insbesondere die Sozialhilfe, in der die höheren Kosten des Wirtschaf-tens in einem Haushalt mit nur einem Erwachsenen durch Zuschläge für al-leinstehende Elternteile berücksichtigt werden. Darüber hinaus gibt es eine familienpolitische Leistung, welche dem Kind gegenüber den Nachteil aus-gleichen soll, der durch den Ausfall eines Elternteils entstehen kann, den Unterhaltsvorschuss. Die Zahl der Väter, die sich ihrer gesetzlichen Unter-haltspflicht entziehen, wird gegenwärtig in Deutschland auf 100.000 ge-schätzt. Auch wenn die Unterhaltpflicht gerichtlich anerkannt ist, erhält nur ein Teil der Mütter tatsächlich regelmäßig Unterhaltszahlungen für sich und die Kinder. Das führt zu einer großen Unsicherheit in der Finanzpla-nung (Wingen 1997, S. 226f.). Wenn die Väter (bzw. auch die Mütter, das ist aber sehr selten) nicht oder nicht genug zahlen, kann aus öffentlichen Mitteln auch ohne Unterhaltsurteil ein Unterhaltsvorschuss gezahlt werden. Dieses Geld gibt es für maximal sechs Jahre bis zum zwölften Geburtstag des Kindes. Der Betrag richtet sich nach dem sogenannten Regelbetrag der Düsseldorfer Tabelle und ihrer Ergänzungen (Berliner Tabelle usw.), d.h. dem untersten Satz des gesetzlichen Unterhalts, den ein unterhaltspflichti-ger Elternteil dem Kind schuldet, wenn er nicht mit ihm zusammen lebt. Die Beträge sind nach dem Alter der Kinder gestaffelt. Von den Beträgen werden die geleisteten Unterhaltszahlungen des zahlungspflichtigen Eltern-teils abgezogen. Das Jugendamt wird sich auf der anderen Seite darum be-mühen, die Unterhaltsvorschusszahlungen vom säumigen Elternteil zurück zu bekommen. Dies gestaltet sich um so schwieriger, je unklarer die Be-schäftigungsverhältnisse des Unterhaltspflichtigen sind. Sofern er abhängig beschäftigt ist, kann direkt beim Arbeitgeber ein Teil des Lohns gepfändet werden. Bei Selbstständigen dagegen ist das Jugendamt auf freiwillige An-gaben angewiesen, und Einkünfte können viel leichter versteckt werden (durch Anmelden von Kfz oder Firma auf Freund oder neue Partnerin, durch Ausweisung sehr großer Verlust bei der selbstständigen Tätigkeit etc.).

Familienpolitisch hat man sich in der Bundesrepublik dafür entschieden, die materiellen Nachteile von Kindern in Ein-Eltern-Familien nach Möglichkeit auszugleichen, aber ihren Eltern keine zusätzlichen Sozialleistungen zu-kommen zu lassen. Sogar der bis zum Jahre 2001 gültige erhöhte Haus-haltsfreibetrag für Alleinerziehende und die Möglichkeit, erwerbsbedingte Betreuungskosten von der Steuer als Werbungskosten abzusetzen, mussten gestrichen werden. Denn das Bundesverfassungsgericht befand in seinem Urteil vom 10. November 1998, Alleinerziehende dürften wegen des durch

Familienpolitische Leistungen für Alleinerziehende

gleicher Anspruch wie alle Familien bei

- Mutterschutz
- Erziehungsgeld (in Härtefällen auch bei Vollzeiterwerbstätigkeit)
- Kindergeld (steht nur einem Partner zu)

besondere Leistungen

Kinderfreibetrag und Betreuungsfreibetrag stehen der Alleinerziehenden ganz zu, wenn der andere Elternteil seine Unterhaltsverpflichtung zu weniger als 75% erfüllt oder nicht unterhaltspflichtig ist.

Unterhaltsvorschuss

Alle Alleinerziehenden, die vom unterhaltsverpflichteten anderen Elternteil keinen oder nicht mindestens Unterhalt in Höhe des Regelbedarfs nach der Regelunterhalt-Verordnung für ihre Kinder bekommen, erhalten Unterhaltsvorschuss (auch bei ungeklärter Vaterschaft). Unterhaltsvorschuss gibt es längstens für 72 Monate bis zum Kindesalter von 12 Jahren. Zuständig: Jugendamt, Sozialamt (Beträge Stand 1.1.2002).

Alter des Kindes	Unterhaltsvorschuss in den neuen Ländern	Unterhaltsvorschuss in den alten Ländern
bis unter 6 Jahre	97 € monatlich	111 € monatlich
6 bis 12 Jahre	134 € monatlich	151 € monatlich

Sozialhilfe

Alleinerziehende mit Anspruch auf Sozialhilfe erhalten einen Mehrbedarfszuschlag zum Sozialhilfe-Regelsatz:

- 40% mit einem Kind unter 7 Jahren oder mit 2 oder 3 Kindern unter 16 Jahren
- 60% mit 4 und mehr Kindern unter 16 Jahren

das Grundgesetz gebotenen Förderung der Ehe nicht besser behandelt werden als Paarfamilien. Die Leistungen für Alleinerziehende beschränken sich deshalb darauf, dem Kind den Unterhalt des nicht mit ihm zusammenlebenden Elternteils zu sichern, den durch das Kind entstehenden Haushaltsmehrbedarf in der Sozialhilfe auszugleichen und - auf kommunaler Ebene - auf den erleichterten Zugang zu Kinderbetreuungseinrichtungen, um Erwerbstätigkeit zu ermöglichen.

Im europäischen Vergleich nimmt sich die familienpolitische Unterstützung Alleinerziehender vergleichsweise bescheiden aus. Dies ist auch beabsichtigt, denn eine exklusive Förderung dieser Familienform würde - eine Befürchtung, die schon Gary S. Becker äußerte - zu einem weiteren Anstieg der Ein-Eltern-Familien führen (Becker 1981, S. 97f.). Zugangsregeln zu bestimmten bedarfsgeprüften Sozialleistungen können Mütter, vor allem junge, gering qualifizierte, von der Erwerbstätigkeit und/oder der Heirat abhalten. Letzteres tritt vor allem dann ein, wenn die in Frage kommenden Partner über geringe oder unsichere Einkommen verfügen. Leistungen für bestimmte, als verwundbar geltende Gruppen, sogenannte kategoriale Leistungen (z.B. an Kinder oder an Alleinerziehende) führen auf diese Weise zu Armutsfallen. Dies zeigt sich deutlich am britischen und am US-amerikanischen Sozialsystem, das ja überwiegend als Armutsvermeidung auf niedrigem Niveau fungiert. Sowohl in Großbritannien wie in den Vereinigten Staaten finden sich in großer Zahl junge, unqualifizierte alleinerziehende Mütter, für die Heirat oder Erwerbstätigkeit keine Verbesserung gegenüber dem Bezug von staatlichen Transfers darstellen (Ostner 1997).

Für solche ungewollten Steuerungswirkungen großzügiger armutsbekämpfender Familienförderung gibt es aber auch in Sozialversicherungsstaaten plastische Beispiele: In Luxemburg wurde 1975 im Zusammenhang mit der dortigen Abtreibungsdebatte beschlossen, das garantierte Mindesteinkommen (RMG) auch für Frauen zu zahlen, die ein Kind erwarten, um sie bei der Entscheidung für das Kind vor materieller Not zu schützen. Alleinerziehende Mütter mit Kindern unter fünf Jahren sind in Luxemburg ohne Altersgrenze nach unten (RMG kann sonst erst ab 25 Jahren bezogen werden) und ohne Arbeitsverpflichtung anspruchsberechtigt. Dadurch hat sich das Verhalten alleinerziehender Mütter in prekärer Lage in Luxemburg stark verändert. Kamen diese Frauen vor Einführung des RMG ins Frauenhaus, um dort Hilfestellung bei der Weiterqualifizierung und Reintegration in den Arbeitsmarkt zu erhalten und so ihre Autonomie als alleinstehende Frauen zu sichern, änderte sich das nach Einführung der Anspruchsberechtigung: Die Frauen blieben von da an nur noch so lange im Frauenhaus, wie für die Beantragung des RMG erforderlich war. Danach lebten sie mehrere Jahre lang ohne eigene Qualifizierungsanstrengung von diesem großzügigen Transfer und entschieden sich nicht selten kurz vor Ablauf der 5-Jahres-Frist für ein weiteres Kind (Dienel 1993b).

Ein anderes Beispiel für die unbeabsichtigten Steuerungswirkungen solcher Maßnahmen berichtet Schultheis (1999, S. 158-160). Zum Zeitpunkt der Berichterstattung 1981 wurde in Frankreich alleinstehenden werdenden Müttern eine monatliche Unterstützung gezahlt (Allocation de parent isolé „API"), nach der Geburt wurde sie für jedes zu versorgende Kind um einen zusätzlichen Betrag erhöht. Die Maßnahme war einkommensabhängig und ersetzte für alleinstehende Mütter de facto das Mindesteinkommen, das in Frankreich ebenfalls erst ab dem 25. Lebensjahr gezahlt wurde. Die teilnehmende Beobachtung auf einem Sozialamt zeigte nun eindeutig, dass diese Maßnahme die Eheschließung verzögerte. Sehr häufig wurde unmittelbar nach Fristende geheiratet, bis dahin aber gegenüber dem Sozialamt die Fiktion des Getrenntlebens aufrechterhalten (bei Zusammenleben wäre das Einkommen des Partners berücksichtigt worden). Ebenso häufig stellten sich zum Fristende des API weitere Geburten ein. „Gerade bei Frauen ohne

nennenswerte schulische und/oder berufliche Qualifikation und - damit einher gehend - geringen Chancen auf dem Arbeitsmarkt, ist immer wieder zu
beobachten, dass eine weitere Geburt quasi einen bruchlosen Übergang von
einer Drei-Jahres-Frist als staatlich alimentierte Alleinerziehende zur nächsten Drei-Jahres-Periode ermöglicht."

In Dänemark sind umfassende Hilfen für alleinerziehende Mütter begleitet
von einem dichten Netz sozialer Dienstleistungen, angefangen von Schulen
für Teenager-Mütter über umfassende Kinderbetreuung bis hin zu Fortbil-
dungsmaßnahmen speziell für ledige Mütter. Dreißig Prozent der dänischen
alleinerziehenden Mütter sind erwerbslos, und fast die Hälfte aller dänischen
Kinder wird nichtehelich geboren. Ähnlich hohe Nichtehelichenraten gab es
auch in der ehemaligen DDR, weil dort die frühe Geburt von Kindern die
Möglichkeit einer Verselbstständigung vom Elternhaus durch Zuteilung einer
eigenen Wohnung ermöglichte und ansonsten das ausgebaute Kinderbetreu-
ungssystem das Aufziehen des Kindes unproblematisch machte. Allerdings
galt in der DDR ein de-facto-Arbeitszwang, so dass zwar die Heirat sozialpolitisch kaum Vorteile bot, aber die Qualifizierung der jungen Mütter nicht litt.

Bedenkt man, dass in der Bundesrepublik Deutschland der größte Teil familiärer Armut in Familien von Alleinerziehenden vorkommt, so sollten bei
der Reform von armutsbekämpfenden Maßnahmen für Familien diese Erfahrungen einbezogen werden. Schon jetzt ist auch im deutschen System
das Prinzip der Nachrangigkeit der Sozialhilfe in Bezug auf alleinerziehende Mütter verletzt. So wird das Erziehungsgeld nicht auf die Sozialhilfe angerechnet; und die Eltern einer alleinerziehenden Mutter sind von der Unterhaltspflicht ausgenommen. Solche Abweichungen von der Sozialhilfelo-
gik garantieren sozialhilfeberechtigten alleinerziehenden Frauen für mindestens drei Jahre eine Art Kindergehalt (Ostner 1997, S. 94).

Familien mit behinderten Kindern

Behinderung eines Familienmitglieds stellt für das gesamte Familiensystem
eine Herausforderung dar, die vor allem von den Müttern praktisch gemeis-
tert werden muss. Pflege von Angehörigen ist Frauensache, unabhängig davon, ob es sich um die alternden Eltern oder Schwiegereltern, den Ehemann
oder ein behindertes Kind handelt. Dies bedeutet unter Umständen die Umstellung des Lebensentwurfes, Verzicht auf oder Einschränkung von Erwerbstätigkeit und eine kontinuierliche psychische und physische Überlas-
tung, an der - im Falle eines behinderten Kindes - manche Ehen zerbrechen
(Rühling 2000). Trotzdem zeigen Studien über die Stressfaktoren in Famili-
en mit einem behinderten Kind auch, dass viele Familien die zusätzliche
Belastung erfolgreich bewältigen (Fünfter Familienbericht 1995, S. 262f.).
Insofern ist es nicht gerechtfertigt, von „behinderten Familien" zu sprechen,
wie dies lange in der Forschung behauptet wurde (dazu Hohmeier 1997).

Behinderung ist kein eindeutig objektivierbarer Tatbestand, sondern eine Frage der Wahrnehmung, Einschätzung und Definition. Insbesondere angeborene oder frühkindlich erworbene Behinderungen werden von Eltern nicht immer wahrgenommen, so dass den Vorsorgeuntersuchungen eine zentrale Rolle bei der Früherkennung zukommt. Die Zahl der Kinder mit angeborenen oder früh erworbenen Behinderungen ist nicht leicht zu messen, da von unterschiedlichen Einrichtungen unterschiedliche Maßstäbe für Behinderung verwendet werden. Nach den Daten der Versorgungsämter waren z.B. in Nordrhein-Westfalen im Jahre 1989 0,47 Prozent aller Kinder im Alter bis zu vier Jahren schwerbehindert, bei Vier- bis Sechsjährigen 0,97 Prozent und bei den Sechs- bis Fünfzehnjährigen 1,12 Prozent. Hier erscheinen aber nur Kinder, deren Eltern für sie einen Schwerbehindertenausweis beantragt haben. Nach Angaben der Sozialhilfeträger lässt sich für Vorschulkinder eine Behinderungsquote von 2 Prozent berechnen. Andere Schätzungen gehen von nahe an 3 Prozent sowohl für Westdeutschland wie für die ehemalige DDR aus.

Die Definition von Behinderung ist eine politische Frage. So ergaben sich im Vergleich der ehemaligen DDR zur BRD praktisch gleiche Werte für den Anteil Körperbehinderter, während der Anteil Geistig- und Mehrfachbehinderter erheblich niedriger lag. Denn diese Kinder wurden durch frühe Selektionsmechanismen als „förderungsunfähig" oder „bildungsunfähig" klassifiziert und fielen damit weitgehend aus der Statistik z.B. des Schulwesens heraus. In der Bundesrepublik wurde das lange vorherrschende und noch heute oft dominante sonderpädagogisch-rehabilitative Leitbild zunehmend durch ein neues „integratives" Leitbild abgelöst. Damit wird die therapeutisch-rehabilitative Zielperspektive nicht aufgegeben, aber ergänzt durch einen Blick auf Behinderte und ihre Angehörigen als Subjekte, die ihre eigentlichen Bedürfnisse selbst formulieren und politisch einfordern. Deutlichster Hinweis auf diese Veränderung ist die größere Vernetzung von Eltern behinderter Kinder. Nach einer Untersuchung von 1988 verfügen 53 Prozent dieser Eltern über Kontakte zu Selbsthilfegruppen. Der dadurch mögliche Austausch mit anderen betroffenen Eltern verbessert die Fähigkeit, Ärzten, Therapeuten und Sozialpädagogen als kompetenter, gleichberechtigter Partner gegenüber zu treten und eigene Bedürfnisse zu formulieren (Hohmeier 1997).

Für die Fachleute und das System sozialer Dienstleistungen bedeutet das einen Rollenwandel und die Bereitschaft, sich als Familienergänzung zu verstehen. Soziale Dienstleistungen für behinderte Kinder umfassen Frühförderung, besondere Betreuung in integrativer Tagespflege oder in Einrichtungen für Kinder mit besonderem Förderbedarf oder auch in Heimen. 1990 gab es in den alten Bundesländern ca. 680 dezentrale Frühförderstellen, die bei Hausbesuchen oder in eigenen Räumen in Zusammenarbeit mit den Eltern Frühtherapie und Früherziehung durchführen (Fünfter Familienbericht 1995, S. 263). Nach der Wende sind in den neuen Ländern rasch ebenfalls entsprechende Einrichtungen geschaffen worden, die jedoch häufig notorisch unterfinanziert sind. Für behinderte und entwicklungsgefährdete Kinder im Alter von drei bis sechs Jahren gibt es sonder- bzw. heilpädagogische Kindergärten und Kindertagesstätten. Aber die Tendenz geht hin zu einer Öffnung von Regelkindergärten durch integrative Maßnahmen. Im Schulalter ist ebenfalls je nach Art der Behinderung die Integration in eine Regelklasse bzw. besondere Integrationsklasse oder der Besuch einer spezialisierten Sonderschule möglich. Die dauerhafte Unterbringung behinderter Kinder in Heimen ist heute die Ausnahme und kommt nur bei schwersten Behinderungen oder aber bei starker Überforderung der Familien vor.

In der DDR war das Fördersystem für behinderte Kinder einerseits durch frühe Aussonderung und wenig Mitbestimmungsmöglichkeiten der Eltern, andererseits aber durch deren starke Entlastung gekennzeichnet. Dagegen gibt es in der Bundesrepublik heute ein vielfältiges und räumlich differenziertes Angebotsspektrum von grundsätzlich leistungsfähigen, aber untereinander schlecht koordinierten Hilfen, für deren Finanzierung und Inanspruchnahme die Eltern Eigeninitiative entwickeln müssen. Die Vielfalt der zumeist ambulanten Angebote bringt eine erhebliche zeitliche Beanspruchung vor allem der Mütter mit sich. Sie werden als unentgeltliche Ko-Therapeuten ihrer Kinder herangezogen. Für die in einem anderen System aufgewachsenen Eltern in Ostdeutschland bedeutet dies eine große Umstellung (Fünfter Familienbericht 1995, S. 263-265).

Nahezu alle Leistungen für Menschen mit Behinderungen setzen voraus, dass die Behinderung klassifiziert und definiert wird. Dabei unterscheiden sich die Zugangskriterien der Hilfeinstitutionen teilweise deutlich voneinander. Hilfesuchende Eltern können nicht wissen, wie die einzelnen Hilfeinstitutionen auf das Problem zugreifen, denn das gegliederte System der Sozialen Sicherung, die hohe Spezialisierung vieler Angebote und regionale Unausgewogenheiten machen das Leistungsspektrum undurchsichtig und damit auch teilweise unzugänglich. Der Wunsch und die Erwartung, das eigene Kind möglichst optimal zu fördern, wird Eltern behinderter Kinder außerdem dazu bringen, Probleme und Kosten der Inanspruchnahme von Hilfen (z.B. lange Anfahrtswege, unangemessener Umgang mit den Eltern, Kosten- und Zeitaufwand) in Kauf zu nehmen (Engelbrecht 1998, S. 260-263).

Finanziell werden Familien mit einem behinderten Mitglied vor allem seit Einführung der sozialen Pflegeversicherung (Elftes Buch des Sozialgesetzbuches) 1994 wirksam entlastet. Die Einführung dieses jüngsten Zweiges der Sozialversicherung sollte das Risiko der Pflegebedürftigkeit besser absichern und die Träger der Sozialhilfe (Kommunen und Länder) von den stark gestiegenen Kosten der Hilfe zur Pflege im Rahmen der Sozialhilfe (Hilfe in besonderen Lebenslagen) entlasten. Die Pflegeversicherung „folgt der Krankenversicherung", d.h. alle gesetzlich Krankenversicherten, auch die kostenlos mitversicherten Kinder der Krankenversicherten, können Leistungen der Pflegeversicherung in Anspruch nehmen, wenn sie einen bestimmten Grad der Pflegebedürftigkeit erreichen. Pflegebedürftig ist, wer wegen einer körperlichen, geistigen oder seelischen Krankheit oder Behinderung für die gewöhnlichen und regelmäßig wiederkehrenden Verrichtungen des täglichen Lebens auf Dauer der Hilfe bedarf, also bei Körperpflege, Ernährung, Mobilität und hauswirtschaftlicher Versorgung. Der Schweregrad der Pflegebedürftigkeit wird in drei Stufen erfasst.

- Pflegestufe I - erhebliche Pflegebedürftigkeit - setzt voraus, dass einmal täglich bei wenigsten zwei Verrichtungen Hilfe geleistet werden muss (Zeitmaß 90 Minuten).

- Pflegestufe II - Schwerpflegebedürftigkeit - bedeutet, dass dreimal täglich pflegerische Hilfe erforderlich ist (Zeitmaß mindestens drei Stunden).

- Pflegestufe III - Schwerstpflegebedürftigkeit - bedeutet Pflege rund um die Uhr, auch nachts (Zeitmaß mindestens fünf Stunden).

Für Kinder wird die Pflegebedürftigkeit als Mehraufwand im Vergleich zu gesunden Kindern der gleichen Alters bemessen. Für Kinder im Alter bis zu einem Jahr wird deshalb in der Regel noch keine Pflegestufe anerkannt, weil auch normal entwickelte Säuglinge dieses Alters einer Rundumpflege bedürfen. Die Leistungen in der häuslichen Pflege werden nach dem Schweregrad der Pflegebedürftigkeit gestaffelt und als Sach- oder Geldleistungen gewährt. Eltern, die zuhause ihr behindertes Kind betreuen, können deshalb Geldleistungen (Pflegegeld) erhalten und zusätzlich die Finanzierung flankierender Maßnahmen, etwa Pflegehilfsmittel, Anpassungen oder Umbau der Wohnung und Pflegekurse zur eigenen Schulung. Pflegende Elternteile erhalten durch diese Tätigkeit eine eigenständige Absicherung in der Sozialversicherung, d.h. für sie werden die Beiträge zur gesetzlichen Rentenversicherung übernommen und sie sind unfallversichert. Zusätzlich ist stationäre Kurzzeitpflege möglich, damit die pflegenden Eltern zeitweilig, z.B. für einen Erholungsurlaub, entlastet werden.

Wenn die Leistungen der Pflegeversicherung nicht ausreichen, können zusätzlich Mittel der Sozialhilfe (Hilfe in besonderen Lebenslagen) in Anspruch genommen werden, insbesondere die Eingliederungshilfe für behinderte Menschen. Dies ist für behinderte Kinder besonders wichtig, denn sie haben keinen Anspruch auf Rentenversicherungsleistungen. Zur Eingliederungshilfe gehören ärztliche Maßnahmen zur Verhütung, Beseitigung oder Milderung einer Behinderung, Versorgung mit Prothesen, Rollstühlen und anderen Hilfsmitteln, Hilfe zu einer angemessenen Schulbildung, wenn sie nicht von der Schulverwaltung sichergestellt wird sowie Hilfe zur Ausbildung in einem angemessenen Beruf, Hilfe zur Erlangung eines geeigneten Arbeitsplatzes, eventuell in einer Werkstatt für Behinderte. Auch heilpädagogische Maßnahmen für Kinder, die noch nicht zur Schule gehen, gehören zur Eingliederungshilfe.

Familienpolitische Leistungen für Familien mit einem behinderten Mitglied

Steuerrechtliche Regelungen

– Behinderte können ohne Einzelnachweis den nach Grad der Behinderung gestaffelten Behinderten-Pauschbetrag geltend machen
– Kfz-Steuerfreibetrag oder -ermäßigung steht bestimmten schwerbehinderten Fahrzeughaltern zu
– Eltern behinderter Kinder können für das Kind den Pauschbetrag oder die höheren Aufwendungen steuermindernd geltend machen, außerdem Aufwendungen für eine Haushaltshilfe oder für eigene Pflegeleistungen bis 920 € jährlich, wenn das Kind schwerbehindert ist (Grad der Behinderung von mindestens 45%)

Rehabilitation

– Behinderte können Leistungen zur medizinischen, beruflichen und sozialen Rehabilitation erhalten (Medizinische Leistungen: z.B. ärztliche Behandlung, Therapien, Hilfen zu einer angemessenen Schul- und Berufsausbildung usw.)

Leistungen der Pflegeversicherung

– Häusliche Pflege: Sach- und Geldleistungen in der sozialen Pflegeversicherung werden nach dem Grad der Pflegebedürftigkeit gestaffelt (Stufe I: bis 383 €, Stufe II bis 920 €, Stufe III bis 1.432 €, in Härtefällen bis 1.917 €).
– Das Pflegegeld, das anstelle der Sachleistungen erbracht werden kann, beträgt monatlich für erheblich Pflegebedürftige 205 €, für Schwerpflegebedürftige 410 € und für Schwerstpflegebedürftige 665 €.
– Pflegende werden in den Schutz der gesetzlichen Unfallversicherung einbezogen.

Bedarfsabhängige Leistungen der Sozialhilfe bei Pflege

– Werden nur gewährt, wenn die begrenzten Leistungen der Pflegeversicherung zur Sicherstellung der Pflege nicht ausreichen oder eine Pflegeversicherung nicht besteht.

Auch behinderte Kinder tragen ein erhöhtes Armutsrisiko. Materiell gesehen, liegt dies an einem behinderungsbedingten Mehrbedarf, der durch die bestehenden Hilfssysteme nicht zu 100 Prozent ausgeglichen wird, bei gleichzeitig erschwerten Möglichkeiten einer Erwerbsbeteiligung der Eltern. Besonders deutlich wird das Armutsrisiko behinderter Kinder aber im Lichte eines lebenslageorientierten Ansatzes, der auch die (drohende) Unterversorgung in nicht-materiellen Lebensbereichen, wie z.B. der Versorgung mit sozialen und gesundheitlichen Diensten, Kommunikation und Mobilität berücksichtigt. Grund dafür müssen gar nicht immer ungenügende Angebote des Wohlfahrtsstaats sein. Soziale Ungleichheit zeigt sich auch darin, dass Eltern behinderter Kinder in unterschiedlichem Ausmaß in der Lage sind, vielfältige und womöglich unübersichtliche Ansprüche zu beantragen und wahrzunehmen, denn die wenigsten sozialpolitischen Leistungen für behinderte Kinder fließen automatisch (Engelbert 1998). Aus diesen Ergebnissen ist die Forderung abzuleiten, gerade die Leistungen für die besonders belasteten Familien mit einem behinderten Mitglied so zu gestalten, dass der Zugang einfach und transparent ist („one-stop-one shop"-Modell). Die Verwaltung durch das Sozialamt, also eine Institution, deren Aufgabe zu großem Teil auch die Verhinderung des Missbrauchs von Sozialleistungen ist, kann dies nicht immer garantieren.

Familien nichtdeutscher Herkunft

Eine große und wachsende Zielgruppe der Familienpolitik stellen Familien ausländischer Herkunft dar. Da viele von ihnen zumindest in der ersten, abgeschwächt auch noch in der zweiten Generation das generative Verhalten ihrer Herkunftsländer fortführen, also nach großen Familien streben, wächst der Anteil von Kindern nichtdeutscher Herkunft in der Bundesrepublik rasch. Alles deutet aber darauf hin, dass mit der Einbürgerung und Integration auch eine Assimiliation des Fortpflanzungsverhaltens eintritt, dass also spätestens die dritte Generation von Einwanderern sich in ihren Kinderzahlen nicht mehr von deutschstämmigen Familien unterscheiden wird. In unserem Zusammenhang kann die familienpolitische Bedeutung der Zuwanderung nur ganz knapp umrissen werden. Grundsätzlich gilt: Alle Ausländer, die sich mit Aufenthaltsgenehmigung in Deutschland aufhalten, haben Anspruch auf alle familienpolitischen Leistungen. Sofern sie eine Arbeitserlaubnis haben und sozialversicherungspflichtig beschäftigt sind, gelten für sie auch alle Regelungen betreffend Elternurlaub, Mutterschutz usw. Dagegen haben Ausländer mit Duldung, Aufenthaltsbefugnis oder illegalem Aufenthaltsstatus keinen Anspruch auf Familienleistungen. Die Regelungen bei den unterschiedlichen denkbaren Familienkonstellationen und Wohnformen (Eltern arbeiten in Deutschland, Kinder leben im Ausland oder umgekehrt) sind außerordentlich komplex. Im Bereich der Europäischen Union sind sie durch Übereinkommen über die Soziale Sicherheit der Wanderarbeitnehmer im Einzelnen geregelt.

> Je niedriger das Familieneinkommen und je mehr Kinder vorhanden sind, desto stärker wirken die familienpolitischen Transfers auf den Lebensstandard der Familie.

Für die mit gesichertem Aufenthaltsstatus hier lebenden Familien ausländischer Herkunft führen unterschiedliche Bewältigungsstrategien der Zuwanderung auch zu unterschiedlichen familienpolitischen Bedarfslagen:

Assimilierung: Der Bezug zur Herkunftskultur wird praktisch aufgegeben, die Sprache und Kultur des Gastlandes übernommen. Bei gelungener Assimilierung unterscheiden sich familienpolitisch die Zuwandererfamilien in keiner Weise mehr von deutschen Familien.

Herkunftsorientierung: Wenn die ethnische Zugehörigkeit stark betont wird und die Orientierung an tradierten kulturellen und sozialen Werten der Herkunftsgesellschaft bzw. ethnischen Gruppe Priorität erhält, bleibt der Bezug zur aufnehmenden Gesellschaft nur auf bestimmte Bereiche beschränkt. Daraus können sich Probleme ergeben: Verzögertes Deutschlernen, geringer Schulerfolg der Kinder, eingeschränkte Möglichkeiten auf dem Arbeitsmarkt, hohe Arbeitslosigkeit, geringere Qualifizierungschancen für Mädchen und in der Folge Einkommensarmut und soziale Isolation außerhalb der eigenen ethnischen Gruppe.

Duale Orientierung: Einwandererfamilien mit hohem Bildungs- und Kulturniveau sind oft in der Lage, ihre Herkunft bewusst anzuerkennen und ihre Traditionen zu pflegen und dabei gleichzeitig offen zu sein für Normen und Werte der Aufnahmegesellschaft. Familienpolitisch führt eine solche Haltung tendenziell zur völligen Unabhängigkeit von Sozialleistungen und größtmöglichen wirtschaftlichen Selbstständigkeit, die auch bei Familiengründung nicht aufgegeben wird, um gegenüber dem Gastland nicht in eine abhängige Situation zu geraten (Gemende 1997).

Der Sechste Familienbericht, der am 18. Oktober 2000 von der Bundesregierung verabschiedet wurde, widmete sich ausschließlich der Lebenssituation ausländischer Familien in Deutschland. Er stellt fest, dass für die überwiegende Mehrheit der ausländischen Familien die Integration in die deutsche Gesellschaft erfolgreich verlaufen ist. Dazu hat wesentlich die Einbeziehung in sozialstaatliche Regelungen beigetragen. Als Familien erbringen sie erhebliche Integrationsleistungen, wobei die Frauen eine Schlüsselposition einnehmen. Die Sachverständigenkommission weist in dem Bericht darauf hin, dass Migration ein Familienprojekt, das nicht in einer Generation abgeschlossen ist, sondern mehrere Generationen umfasst. Familien ausländischer Herkunft tragen erheblich - auch in quantitativer Hinsicht - zum Aufbau und zur Pflege von Humanvermögen bei. Für eine erfolgreiche Integration der Kinder in die deutschen Bildungssysteme, aber auch für die Inanspruchnahme sozialer Beratungen, die Vernetzung mit der deutschen Nachbarschaft und die Möglichkeit zur Selbsthilfe hat die Beherrschung der deutschen Sprache eine Schlüsselfunktion (Sechster Familienbericht 2000).

Tab 5: Laufende Hilfen der Kinder und Jugendhilfe 1999
Tabelle aus: 11. Kinder- und Jugendbericht 2002, S. 131

Laufende Hilfen (Bestand am 31. Dezember) und beendete Hilfen einzelner organisierter sozialer Netzwerke der Kinder- und Jugendhilfe nach Geschlecht und Staatsangehörigkeit (Deutschland, westliche und östliche Bundesländer; 1999; absolut und pro 10 000 der Bevölkerung)

Unter 21- Jährige nach Art der Hilfe	Insgesamt	Geschlecht		Nationalität		Bundesgebiete	
		Weib-lich	Männ-lich	Deutsch	andere	Westl.	Östl.
	abs.	pro 10.000 der Bevölkerung[1]					
Institutionelle Beratung	266.952	144,8	162,3	126,3	150,2	81,4	110,6	143,1
Sozialpäd. Fam.hilfe (SPFH)	27.933	17,9	/	/	18,0	13,5	15,5	29,0
Kinder in SPFH	67.238	43,0	/	/	/	/	37,6	68,5
Tagesgruppenerziehung	24.988	16,0	9,2	22,4	16,5	11,8	15,9	16,5
Vollzeitpflege	64.963	35,2	34,6	35,9	37,4	17,7	34,8	37,2
Heimerziehung	111.547	60,5	66,6	54,1	61,5	52,7	55,4	79,8
Erziehungsbeistandschaft	18.325	9,9	7,4	12,3	10,1	8,3	9,3	13,0
Betreuungshelfer	9.564	5,2	2,9	7,4	4,9	7,1	4,7	7,2
Intensive sozialpädagogische Einzelbetreuung (ISE)	4.521	2,5	2,4	2,5	2,4	2,6	2,7	1,5
Soziale Gruppenarbeit	12.177	6,6	3,3	9,8	5,8	12,9	6,4	7,7

[1] Bei der SPFH und der Tagesgruppenerziehung wurde die Quote auf die unter 18-Jährigen bezogen.
Quelle: Statistisches Bundesamt (2001 c und 2001 d): Fachserie 13, Reihe 6.1.1: Institutionelle Beratung, Einzelbetreuung und sozialpädagogische Familienhilfe und 6.1.2: Erzieherische Hilfen außerhalb des Elternhauses 1998; Berechnungen der Dortmunder Arbeitsstelle Kinder- und Jugendhilfestatistik

8.4 Familienberatung und Familienbildung

Wie man Familie leben soll, wird in Familien gelernt, in der eigenen Herkunftsfamilie, aber auch in den Familien der größeren Verwandtschaft und Nachbarschaft. Erzieherische und hauswirtschaftliche Kenntnisse erwerben die meisten Menschen informell. Zwar vermitteln auch die allgemeinbildenden Schulen Grundkenntnisse in Sexualkunde, Säuglingspflege, Pädagogik und Hauswirtschaft, stärker aber wirkt das traditionelle Lernen durch Nachahmen. Durch die kleiner werdenden familialen Strukturen sind dem freilich Grenzen gesetzt. Viele Kinder wachsen auf, ohne je in ihrem Umfeld einem Säugling zu begegnen und die Chance zu haben, ihn zu wickeln. Ebenso viele Kinder erleben selten oder nie, dass zuhause etwas anderes als Fertignahrung zubereitet wird. Kinder berufstätiger Eltern lernen im Hort vielleicht Kochen, aber nicht, wie ein Wocheneinkaufszettel und ein Hausarbeitsplan erstellt werden kann.

Der Rückgang traditioneller Lernformen für familiäres Leben wird heute ersetzt durch eine große Vielfalt an Medien. Schon seit 1870 gibt es einen großen Markt für Ratgeberliteratur. Angefangen mit Kochbüchern, die auch Hinweise über Haushaltsführung und sparsames Wirtschaften geben, über Ehebücher, welche den ganzen Lebenszirkel von Sexualität, Verhütung,

Schwangerschaft, Geburt, Erziehung bis zum Leben als älteres Ehepaar abschreiten, bis hin zu Ratgebern über hygienische Kinderaufzucht und Erziehung, werden alle familiären Lebensbereiche von Experten für Laien verständlich dargestellt. Solche Bücher dienten in früheren Zeiten als Brautgeschenk (Dienel 1995, S. 162-169), heute überreichen Freundinnen sie sich gegenseitig bei Geburtstag, Hochzeit oder Schwangerschaft.

Ergänzt wird diese Form der gedruckten Familienbildung durch ein breites Spektrum an Publikationen. Alle großen Kommunen in Deutschland versenden an frischgebackene Eltern regelmäßige „Elternbriefe" und später auch „Schulbriefe", in denen jeweils angepasst an das Entwicklungsalter des Kindes allgemeine und auf die Region abgestimmte Ratschläge gegeben werden. Vielgelesen unter Schwangeren und Eltern kleinerer Kinder sind Publikumszeitschriften wie z.B. „Eltern" (Zielgruppe Schwangere und Eltern mit Kleinkindern) und „Eltern for family" (Zielgruppe Eltern mit Schulkindern) oder auch christliche Magazine wie „Family" (Zielgruppe christliche Familien).

Alle diese Zeitschriften erfüllen eine bei weitem unterschätzte Rolle in der Familienberatung. Sie erreichen einen sehr breiten Leserinnenkreis, da sie schon in der Frauenarzt-Praxis durch kostenlose Sonderhefte zum Thema Schwangerschaft ihre Kundinnen werben. Ihr inhaltliches Angebot deckt alle Aspekte des modernen Mittelstands-Familienlebens ab: Schwangerschaft und Geburt, Gesundheit und Fitness, Kind und Beruf, Familie und Erziehung, Partnerschaft und Psychologie, Allein mit Kind, Vorsorge und Geld, Reisen, Mode und Schönheit, Kochen, Schulfragen. Da sich diese freifinanzierten Zeitschriften am Leserinteresse orientieren müssen, bilden sie so etwas wie den aktuellen Minimalkonsens der Gesellschaft über Erziehung, Mutterrolle und gutes Familienleben ab. Zugleich stellen sie keine unerreichbaren Ideale vor, sondern sind gespickt mit praktischer Lebenshilfe. Eine wichtige, wenn auch weniger nachhaltige Rolle spielt demgegenüber das Fernsehen. Da es sich an breitere Zielgruppen richten muss, sind die Sendungen meist nicht konkret genug, um für junge Familien Lebensberatungsfunktion zu übernehmen. Seitens der Familienforschung werden diese Beratungsangebote der Medien sehr häufig kritisch gesehen und der Vorwurf erhoben, sie förderten die Erziehungsunsicherheit der Eltern (Textor 1991, S. 110). Demgegenüber ist hervorzuheben, dass Angebote der traditionellen Familienbildung in der Regel auch nur eine bestimmte Sichtweise auf eine Frage (Bedeutung des Stillens, der natürlichen Ernährung etc.) betonen, dabei aber noch viel ausgeprägter mit der Autorität des Expertentums wirken und die Autonomie von Eltern beschränken. Populäre Medien hingegen können von den Müttern selbst relativiert und kommentiert werden, bestimmte Artikel werden im Freundinnenkreis empfohlen und weitergereicht, aber auch kritisiert. Dadurch können Eltern ihren eigenen Erziehungsstil entwickeln.

Noch direkter findet Familienbildung als Austausch unter Müttern statt. Die meisten Schwangeren und Eltern von Neugeborenen streben erfolgreich danach, andere Familien in gleicher Lebenslage kennen zu lernen. Das kann informell passieren, als Austausch unter Verwandten, Freundinnen, Nachbarn. Sehr häufig aber ist ein institutionalisiertes Angebot der Familienberatung Ausgangspunkt für das Entstehen von Mütternetzen und Freundschaftskreisen, die sich gegenseitig beraten. Die Mutter eines neun Monate alten Babies berät Mütter von sechs Monate alten über das Zahnen, die Mutter eines Gymnasiasten über die Wahl der weiterführenden Schule. Stillgruppen, Krabbelstuben, Eltern-Kind- bzw. Mutter-Kind-Gruppen, Kinderläden, Spielkreise, Miniclubs, Mütterzentren und ähnliche Einrichtungen erfüllen für Familien denselben Zweck. Sie ermöglichen Kindern frühe Sozialkontakte und führen Eltern aus der Isolation in die Vernetzung (Textor 1991, S. 112f.). Es ist sicher, dass diese Form des freundschaftlichen Austausches das bei weitem wichtigste Medium für die Weitergabe von Know-How über Familie und Kinder ist.

Vermutlich liegt die wichtigste Funktion aller Art von Familienbildung darin, solche Freundschaften und Kreise entstehen zu lassen, während die vermittelten Inhalte eher irrelevant sind und auf das konkrete Verhalten der Eltern wenig Einfluss haben. Das beste Beispiel sind Geburtsvorbereitungskurse: Der Inhalt des Kurses ist spätestens drei Monate nach der Geburt uninteressant geworden, aber das entstandene Netzwerk von Müttern hilft sich noch bei Zahnspangen-Verordnung und College-Year in den USA weiter. Gleiches gilt für die PEKiP-Kurse (Prager Eltern-Kind-Programm) von Eltern Neugeborener, die sich ein Jahr lang einmal in der Woche treffen. Ob den Kindern das nackte Strampeln viel nützt, mag dahin gestellt sein, aber das Setting des Kurses - regelmäßiges offenes Beisammensein mit ganz lockerer Moderation - ist ideal zum Knüpfen von tragfähigen Elternnetzwerken. Auch öffentliche Institutionen der Kinderbetreuung, von der Krippe bis zur Schule, dienen als Motor der Vernetzung von Eltern. Nicht umsonst wird die Qualität der Arbeit einer Betreuungseinrichtung auch am Maß der Elternbeteiligung gemessen. Oft wird dabei übersehen, dass die Elternbeteiligung nicht nur auf die pädagogische Arbeit in der Einrichtung wirkt, sondern oft noch stärker als Vernetzung der Eltern untereinander. Krippeneltern tauschen sich über Sauberkeitserziehung und Sprachentwicklung aus, Kindergarteneltern beraten sich gegenseitig über Schulreife und Auswahl der Schule, Schulkindereltern über Hausaufgaben, Nachhilfe und Schülerreisen. Manche Einrichtungen nutzen dieses starke Interesse der Eltern gezielt, indem sie z.B. Vorträge zu bestimmten Erziehungsproblemen in ihrer Einrichtung anbieten.

Seit etwa 1995 hat sich sehr schnell ein weiteres Forum des Austausches und der gegenseitigen Weiterbildung entwickelt: das Internet. In einer großen Anzahl von eltern- und familienorientierten Webseiten, die mit interaktiven Foren ausgestattet sind, tauschen sich täglich unzählige Eltern in

212

Deutschland aus. Das Themenspektrum ist sehr weit gefasst und deckt vor allem diejenigen Themen ab, die in realen Netzwerken mit Nachbarn nicht behandelt werden können, sei es, weil sie tabuisiert sind und ungern offen besprochen werden (Unerfüllter Kinderwunsch: www.wunschkinder.de, www.kinderwunschtreff.de und viele mehr), sei es, weil sie sehr speziell sind (seltene Behinderungen und Syndrome bei Kindern, z.B. www.besondere-kinder.de). Aber es gibt auch zahlreiche allgemeine Foren (www.9-monate.de; www.elternnetz.de; www.eltern.de; www.urbia.de; usw.). Gute Foren werden von Fachleuten moderiert, die auch Expertenrat geben (z.B. elternnetz.de von einer Endokrinologin, einer Hebamme, einer Familienberaterin und einer vierfachen Mutter). Das Maß an Fachwissen in diesen Foren ist oft erstaunlich hoch, nicht selten sind sie Ausgangspunkt für gelegentliche Treffen von Surfern in der gleichen Region. Möglicherweise ist das Internet bald neben den Zeitschriften das wichtigste Medium für Familienbildung. Noch nutzt nur eine starke Minderheit von Eltern aktiv einen Internet-Anschluss, aber das ändert sich mit rasanter Geschwindigkeit - Anfang 2002 war bereits rund die Hälfte aller deutschen Haushalte an das weltweite Netz angeschlossen. Interessant an diesem Medium ist, dass seine Nutzung sich nicht auf bestimmte soziale Schichten beschränkt. Auch Jugendliche aus einkommensschwachen Familien streben nach guter technischer Ausstattung und Online-Zugang, um zu chatten, SMS zu senden und per RealPlayer kostenlos Musik zu hören. In wenigen Jahren werden sie Familien gründen und voraussichtlich immer noch online sein. Seitens der Politik wurde das noch kaum erkannt, geschweige denn gezielt genutzt. Dagegen bietet der Deutsche Caritasverband seit 2002 eine Schwangerschaftskonfliktberatung online in geschlossenen Chatrooms an (www.caritas.de).

Die Schlussfolgerung aus diesen Überlegungen: Familienbildung ist dann gut, wenn sie Familien aus der Isolation in die Vernetzung führt. Das ist der wichtigste Maßstab, an dem die Angebote gemessen werden können. Folglich sind wohnortnahe Angebote und inhaltliche Leichtgewichte zentral organisierten und mit inhaltlichen Ansprüchen belasteten Veranstaltungen vorzuziehen. Offizielle Beratungsangebote haben gegenüber diesen eng gestrickten informellen Möglichkeiten viele Nachteile. Sie werden häufig „von Amts wegen" angeboten und tragen deshalb den ambivalenten Charakter von Hilfe und Kontrolle in sich. Am deutlichsten wird das bei der Schwangerschaftskonfliktberatung, die von Frauen, die einen Schwangerschaftsabbruch wünschen, aufgesucht werden muss. Auch Schuldnerberatung kann als von außen an Familien herangetragenes, unfreiwilliges Angebot wirken. Andere Beratungsformen, insbesondere die klassische Familienbildung, die Eheberatung und die Erziehungsberatung sind relativ voraussetzungsreich: Man muss über das entsprechende Angebot informiert sein, einen Termin reservieren, pünktlich erscheinen und möglicherweise eine Gebühr zahlen. Deshalb werden solche Angebote überwiegend von Mittelschicht-Eltern wahrgenommen, kaum von Familien in prekärer Lage, die eigentlich noch dringender der Beratung bedürften. Die nachstehende Übersicht zeigt, welche klassischen familienbezogenen Bildungs- und Beratungsdienste für die verschiedenen Lebensphasen vorhanden sind.

Abb. 2: Familienbezogene Bildungs- und Beratungsdienste in phasenspezifischer Sicht
Abbildung aus Wingen 1997, S. 280.

Entwicklungsphasen von Ehe und Familie / Handlungsfelder	voreheliche Phase	(noch) kinderlose Ehe	Zusammenleben mit Kindern	»nachelterliche Gefährtenschaft«
Bildungshilfen	Ehevorbereitung – z. B. Partnerschaftserziehung	ehebegleitende Bildung	ehebegleitende Bildung	ehebegleitende Bildung
			Eltern- und Familienbildung	Eltern- und Familienbildung
		demographische Information und Bildung	demographische Information und Bildung	
Beratungshilfen	Ehevorbereitung – z. B. Sexual- und Partnerschaftsberatung		Eltern- und Familienberatung	Eltern- und Familienberatung
		Eheberatung	Eheberatung	Eheberatung
	– Schwangerschafts(konflikt-)beratung	Familienplanungsberatung	Familienplanungsberatung	
		Beratung bei Trennung und Scheidung	Beratung bei Trennung und Scheidung	Beratung bei Trennung und Scheidung
		Schwangerschafts(konflikt-)beratung	Schwangerschafts(konflikt-)beratung	
			Erziehungsberatung	Erziehungsberatung
		Verbraucher- und Wohnberatung	Verbraucher- und Wohnberatung	Verbraucher- und Wohnberatung
		Gesundheitsberatung, Schuldnerberatung	Gesundheitsberatung, Schuldnerberatung	Gesundheitsberatung, Schuldnerberatung
			Berufsberatung	

Die Träger der Familienberatungs- und Familienbildungsarbeit sind sehr vielfältig. Es gibt ein breites Spektrum staatlicher und freier Angebote. Träger sind Kommunen, Kirchen, Verbände der freien Wohlfahrtspflege, Vereine wie Pro Familia, Selbsthilfegruppen, hochschulgebundene Projekte, kommerzielle Dienstleister und Freiberufler wie Ärzte und Rechtsanwälte. Die Inhalte der Familienberatung und –Bildung umfassen allgemeine Angebote, aber auch solche für spezielle Problemlagen wie Krankheit und Sucht, Gewalt und sexuellen Missbrauch, Schwangerschaftskonflikte, Überschuldung, Erziehungskonflikte, Unterhaltsfragen, Scheidung und Trennung, Behinderung und vieles mehr. Einige Beratungsstellen gibt es seit den 1920er Jahren; ein großer Boom an Neugründungen erfolgte von 1970-1980 sowie nach 1990 in Ostdeutschland. Im Jahre 2002 gab es in der Bundesrepublik rund 1.900 Erziehungs- und Familienberatungsstellen. Die wichtigsten Typen sollen nachfolgend kurz skizziert werden (nach Textor 1991, S. 105-134):

Familienbildung: Es gibt in Deutschland etwa 350 Familienbildungsstätten, die überwiegend von konfessionellen Trägern, aber auch von Kommunen unterhalten werden. Daneben übernehmen auch Volkshochschulen und Bildungswerke sowie Familienzentren und Einrichtungen der Jugendhilfe Aufgaben der Familienbildung. Das dort angebotene Programm umfasst in der Regel Ehevorbereitungs- und Geburtsvorbereitungskurse, Säuglingspflegekurse, Kurse für Eltern mit Klein- und Schulkindern sowie Angebote für bestimmte Zielgruppen wie Alleinerziehende, Väter oder ausländische Familien. Angebote der Familienbildung werden weit überwiegend von Mittelschicht-Familien genutzt, Familien in prekärer Lage werden so nur selten erreicht, weil sie das Öffentlichmachen ihrer Problemlagen scheuen und aus organisatorischen Gründen solche Angebote auch nicht wahrnehmen können.

Erziehungsberatung: Anfang der 90er Jahre bestanden in Deutschland ca. 1.000 Erziehungsberatungsstellen, davon mehr als vier Fünftel in den alten Ländern. Sie waren zu 58 Prozent in freier Trägerschaft und zu 42 Prozent in öffentlicher. Das KJHG hat neue Instrumente der Familienberatung möglich gemacht, insbesondere die Sozialpädagogische Familienhilfe, aber auch (§16 KJHG) vielfältige Formen der Familienbildung- und beratung sowie Familienfreizeit und Familienerholung. Die Sicherung eines bedarfsorientierten Angebots an Familienbildung und Familienberatung ist eine Pflichtaufgabe der öffentlichen Jugendhilfe (umfassend Wingen 1997, S. 277-304). Ihren Freiwilligkeitscharakter verliert die Erziehungsberatung dann, wenn sie gerichtlich angeordnet wird, z.B. durch das Jugendgericht zur Vermeidung weitergehender strafrechtlicher Sanktionen. Als Erziehungsbeistandschaft hat der Berater zwar keine eigenen Entscheidungskompetenzen, aber Eltern, Lehrer und Arbeitgeber der Minderjährigen sind ihm auskunftspflichtig. Familiengerichtshilfe als Aufgabe nach dem KJHG sichert die Vertretung der Kinder in Scheidungsverfahren und gutachtet in Sorgerechtsfragen. Die Jugendgerichtshilfe übernimmt Ermittlungs-, Beratungs- und Resozialisierungsaufgaben gegenüber dem Gericht und den Jugendlichen selbst.

Eltern- und Selbsthilfegruppen: Auf die Bedeutung dieser Gruppen für die Vernetzung von Eltern wurde schon hingewiesen. Besonders wichtig sind Selbsthilfegruppen für spezifische Zielgruppen (Eltern von Kindern mit spezifischen Behinderungen, bei Gewalt oder sexuellem Missbrauch in der Familie, bei Suchtproblematiken). Das Deutsche Jugendinstitut in München hat in den 80er Jahren mit dem Projekt „Mütterzentren" versucht, Ansatzpunkte für Selbsthilfegruppen von Frauen ohne spezifische Problemlagen zu bilden. Ein Mütterzentrum bietet einen Raum des Austausches und der Akzeptanz für Mütter mit Säuglingen und Kleinkindern. Offene Café-Phasen wechseln mit spezifischen, teilweise moderierten Angeboten (Stillgruppen, Krabbelgruppen, Babymassage), wobei Autonomie und Selbstverwaltung und die Chance für jede einzelne Mutter, sich mit ihren Stärken einzubringen und die eigene Kompetenz zu erleben, im Mittelpunkt stehen. Ziel ist, die Isolation und negative Selbsteinschätzung vor allem von Nur-Müttern zu überwinden. Insofern handelt es sich um eine spezifisch westdeutsche Konzeption, die in dem Maße weniger Bedeutung hat, wie die Erwerbstätigkeit von Müttern zunimmt.

Eine besondere Form der Elternselbsthilfe stellen die sogenannten Elterninitiativkindergärten („Eikitas") dar. Als die 1968-er Studenten Eltern wurden, versuchten sie auch für die Sozialisation ihrer Kinder neue Formen zu finden, denen die staatlichen oder kirchlichen Angebote oft nicht genügten. „Kinderläden" und „Eikitas" vor allem in Berlin sollten ein neues Modell für herrschaftsfreie, antiautoritäre Erziehung schaffen. Grundsätze waren Mithilfe und Mitbestimmung der Eltern und der Versuch, den Bedürfnissen von Kindern nach freiheitlichem Aufwachsen möglichst weitgehend und unter Berücksichtigung demokratischer Prinzipien zu entsprechen. Die Eikita-Bewegung hat dauerhafte Spuren in der Kinderbetreuungslandschaft Westdeutschlands und Westberlins hinterlassen (Negt 1999).

Allgemeiner Sozialdienst: Die Familie ist eine klassische Zielgruppe der aufsuchenden sozialpädagogischen Arbeit. Bis in die 70er Jahre hinein wurde dieses Arbeitsfeld direkt als „Familienfürsorge" bezeichnet. Sozialpädagog/inn/en des Allgemeinen Sozialdienstes sind (meistens) den Jugendämtern, oder aber den Sozialämtern oder Gesundheitsämtern zugeordnet. Sie werden im Auftrag von Behörden oder Gerichten, aus eigener Initiative oder aufgrund der Hinweise von Dritten (Lehrer, Nachbarn usw.) tätig; etwa zu zwei Dritteln bitten jedoch die Familien selbst um Unterstützung. Der aufsuchende Ansatz der Arbeit ermöglicht auch einen Zugang zu Zielgruppen, die durch Angebote der Familienberatung anders nicht erreicht würden. Bei der Tätigkeit kann es sich um Notfallinterventionen („Feuerwehreinsatz", z.B. Inobhutnahme oder Fremdunterbringung von Kindern), langfristige Stützung und Beratung (wie bei der sozialpädagogischen Familienhilfe) oder die Vermittlung weiterer Angebote (wie z.B. Selbsthilfegruppen, Kindergruppen) handeln. Im Gegensatz zu anderen Formen der Familienberatung ist das Verhältnis zwischen Helfer und Familie nicht gleichrangig, sondern durch Hierarchie und Kontrolle beeinträchtigt.

Schwangeren- und Schwangerschaftskonfliktberatung: Aufgaben der Schwangerenberatungsstellen sind Aufklärung in Fragen der Sexualität und Familienplanung, Unterstützung bei der Umstellung auf die neue Lebenssituation, Schutz des ungeborenen Lebens, aber auch die Ausstellung von Beratungsscheinen als Voraussetzung für einen straffreien Abbruch der Schwangerschaft.

Ehe- und Lebensberatung: Eheberatung gehört seit Ende des 19. Jahrhunderts zu den Angeboten fortschrittlicher Wohlfahrtspflege. Sie trug lange Zeit einen überwiegend gesundheitspolitischen Charakter, hat sich aber immer mehr zu einem allgemeinpsychologischen Beratungsangebot gewandelt. Heute bieten Eheberatungsstellen in unterschiedlicher Trägerschaft Hilfestellung zur Weiterführung oder zur versöhnlichen Trennung von Ehen, und bei der partnerschaftlichen Lösung von Konflikten um Kinder und Besitzstand. Daneben sind sie eine vergleichsweise niedrigschwellige Anlaufstelle bei schwerwiegenderen psychischen Problemen von Menschen. Die Beratung in Ehe- und Lebensberatungsstellen ist freiwillig und in der Regel kostenlos.

Schuldnerberatung: Arbeitslosigkeit und neue Armut bergen für Familien die Gefahr der Verschuldung, wenn z.B. langfristige Verpflichtungen für einen Baukredit eingegangen wurden. Aber auch das Konsumentenverhalten hat sich gewandelt. Verbraucherkredite für Autos und teure Haushalts- und Kommunikationsgeräte sind überall leicht erhältlich, Mobiltelefon-Verträge können gleichfalls zu Schuldenfallen werden, vor allem für Jugendliche. Schuldnerberatungen sichten und ordnen Rechnungen und Korrespondenz, stellen einen Budgetplan für den Haushalt der Ratsuchenden auf, helfen bei der Schuldenregulierung und versuchen, mit den Gläubigern Vereinbarungen über Schuldenerlass, Stundung oder Ratenzahlung zu treffen.

Familienerholung: In der Bundesrepublik gibt es um die 200 gemeinnützige Familienferienstätten, in denen sozial schwache Familien, Alleinerziehende, kinderreiche Familien und Familien im Rahmen von Veranstaltungen gemeinnütziger Träger (z.B. Kirchengemeinden) preiswert familiengerecht Urlaub machen können. Die Anlagen bieten in der Regel Vollpension, um die tägliche Hausarbeit zu ersparen, und ein Beschäftigungsprogramm für Kinder. Eine Sonderrolle nimmt die Müttergenesung ein. Zahlreiche Müttergenesungsheime bieten seit den 50er Jahren Kuren für Mütter (mit und ohne Begleitung ihrer Kinder) an. Diese drei- (früher vier-)wöchigen, von der gesetzlichen Krankenversicherung für Mütter mit Erschöpfungszuständen bezahlten, Kuren umfassen stets auch Beratung und gruppentherapeutische Sitzungen.

9. Familienpolitik als Prozess

9.1 Familienpolitische Akteure

Wie Politik inhaltlich gestaltet werden soll, wird in der Regel durch Interessen und in Konflikten bestimmt. Diese prozessuale Dimension (englisch „politics"), der ständige Prozess politischer Willensbildung, über den wir regelmäßig in der Tageszeitung lesen folgt bestimmten Regeln. Im Rahmen des „politologischen Dreiecks" (siehe Kapitel 2.2), das natürlich weiter entwickelt und problematisiert wurde, war in diesem Buch bisher überwiegend von der zweiten Ebene die Rede, von den familienpolitischen Inhalten. Diesen Überlegungen soll nun ein Rahmen gegeben werden, indem die erste und die dritte Ebene mit einbezogen werden. Die Frage dahinter ist: Wie, durch wen und warum wird Familienpolitik „gemacht"? Wer sind die Akteure, und was sind ihre Interessen? Dies zu verstehen, bedeutet zugleich zu lernen, wo mögliche eigene Interessen sozialpolitischer Akteure am effektivsten eingebracht und durchgesetzt werden können.

Auf der Ebene der familienpolitischen Akteure lassen sich Träger der Familienpolitik von den familienpolitischen Vordenkern nicht sauber scheiden. Die wichtigsten Träger der Familienpolitik auf Bundes-, Landes- und lokaler Ebene sind immer auch Interessenwalter der Familie und formulieren programmatische Ansprüche an die Weiterentwicklung von Fördermaßnahmen. Auf der anderen Seite finden wir Interessenvertretungen der Familien, etwa die Familienverbände, die zugleich praktische familienpolitische Aufgaben im Bereich der Beratung und Unterstützung übernehmen. Dies gilt mit Einschränkungen sogar für die Parteien. Zwar beschränkt sich ihre familienpolitische Tätigkeit überwiegend auf den programmatischen Willensbildungsprozess, aber bestimmte Beratungs- und Serviceleistungen für Familien übernehmen auch die Parteien (z.B. Druck von Informationsbroschüren, Beratungs-Hotlines, Kinderfeste, Reiseangebote für sozial schwache Kinder in den Jugendorganisationen).

Auf den ersten Blick scheint es offensichtlich, dass Familienpolitik im Bundesfamilienministerium gemacht wird. Dieses Ressort entstand 1953 aus dem „Bundesministerium für Familienfragen", das zunächst keinen eigenen Apparat hatte, sondern praktisch nur aus einer Leitungsstruktur bestand. 1957 kam die Zuständigkeit für Jugendpolitik hinzu, seit 1969 gelegentlich auch die für Gesundheit. Frauenpolitik ist seit Mitte der 80er Jahre fester Bestandteil des Hauses. Wie alle Ministerien hat es eine Organisationsstruktur, aus der die Zuständigkeiten des Ressorts deutlich ablesbar sind: Neben der Leitungsebene, bestehend aus Ministerin, Staatssekretär und Parlamentarischer Staatssekretärin sowie den zugeordneten Büros, verfügte das Ministerium im Jahre 2002 über eine Zentralabteilung und weiterhin je eine Abteilung für Familie, Ältere Menschen und Wohlfahrtspflege, Gleichstellung sowie Kinder und Jugend. In der Abteilung Familie befassten sich die eigentlichen Arbeitseinheiten des Ministeriums, d.h. die Referate, mit Grundsatz- und Rechtsfragen, Familienberatung, -bildung und internationalen Angelegenheiten, Einkommens- und Vermögensentwicklung, Bundeserziehungsgeld- und Mutterschutzgesetz, Kindergeldgesetz und Unterhaltsvorschussgesetz, Forschung und Statistik sowie mit Freiwilligenarbeit und Partizipation. In der Abteilung Kinder und Jugend liegen die Zuständigkeiten für Kindertagesbetreuung und Kinder- und Jugendhilfe. In der Abteilung Gleichstellung ist ein Referat für die Gleichstellung von Frauen und Männern, die Vereinbarkeit von Familie und Erwerbstätigkeit und Arbeitsmarktpolitik angesiedelt.

Damit scheinen zwar die wichtigsten Bereiche familienpolitischen Handelns abgedeckt, aber Probleme ergeben sich schon daraus, dass zentrale familienpolitische Handlungsfelder auf unterschiedliche Abteilungen verteilt sind. Andere, wichtige Themenfelder sind gar nicht in diesem Ministerium vertreten, z.B. die Wohnungspolitik und die Ausbildungsförderung. Eine koordinierte, umfassende Gestaltung der Familienpolitik wird dadurch erschwert. Ein weiteres kommt hinzu: In der inoffiziellen Hierarchie der Ressorts innerhalb der Bundesregierung gibt es Schwer- und Leichtgewichte. Dies bemisst sich an der Höhe der Haushalte, über die bestimmt wird, aber auch am politischen Gewicht. In beiden Hinsichten spielt das Familienministerium eine Schlusslicht-Rolle. Denn die großen finanziellen Transfers im Bereich des Kindergelds werden steuerlich abgewickelt und gehören mithin zum Zuständigkeitsbereich des Bundesfinanzministeriums. Daraus ergibt sich das Bild, dass zwar die Initiative zu vielen familienpolitisch relevanten Gesetzen aus dem zuständigen Fachressort kommt, aber die verantwortliche Bearbeitung dieser Gesetzentwürfe durch andere Ministerien zu leisten ist. Die sogenannte Federführung bei der Erarbeitung einer Gesetzesvorlage hat z.B. beim Kindergeld mehrfach gewechselt: Zunächst wurde es als Teil der Sicherung des Familieneinkommens gesehen und deshalb vom Bundesministerium für Arbeit und Sozialordnung bearbeitet. Als es dann stärker in den Zusammenhang der Einkommenssteuerreform geriet, wurde die Federführung dem Bundesfinanzministerium übertragen, um es anschließend im Rahmen des Familienlastenausgleichs wiederum dem Bundesfamilienministerium zuzuordnen (Bethusy-Huc 1987, S. 158-161). Heute liegt die Federführung für das Kindergeld wiederum im Bundesfinanzministerium. Dieser „die mehr als vierzig Jahre seiner Existenz überdauernde, chronische Kompetenzmangel" des Familienministeriums beschränkt seine Handlungsfähigkeit erheblich. Zwischen 1953 und 1994 wurde das Familienministerium sechsmal umbenannt, zehnmal wurden ihm Zuständigkeitsbereiche übertragen oder abgezogen (Bleses 1998, S. 138, Gerlach 1996, S. 212, Anm. 47).

Bundesministerinnen und Bundesminister für Familie

1953-1962	Franz Josef Wuermeling, CDU
1962-1968	Dr. Bruno Heck, CDU
1968-1969	Käthe Strobel, SPD
1969-1972	Dr. Katharina Focke, SPD
1976-1982	Antje Huber, SPD
1982	Anke Fuchs, SPD
1982-1985	Dr. Heiner Geissler, CDU
1985-1988	Prof. Dr. Rita Süssmuth, CDU
1988-1991	Prof. Dr. Ursula Lehr, CDU
1991-1994	Hannelore Rönsch, CDU
1994-1998	Claudia Nolte, CDU
1998-	Christine Bergmann, SPD

Leider deutet auch die Tatsache, dass dieser Ministerposten wenn irgend möglich mit einer Frau besetzt wird, auf ein vergleichsweise geringes Gewicht am Kabinettstisch hin, verglichen etwa mit politischen Schwergewichten wie den vier klassischen Häusern: Finanz-, Außen-, Innen- und Justizministerium. Das Ministerium diente, wenn notwendig, auch als Steinbruch, um mehr Posten für Frauen zu schaffen. So wurde 1991 die Zuständigkeit für Familie und Senioren von der für Frauen und Jugend getrennt. Dass politische Neulinge und Quereinsteiger (z.B. Rita Süssmuth, Ursula Lehr, Claudia Nolte) sich zuerst in der Rolle der Bundesfamilienministerin ausprobieren sollten, bevor sie - bei Bewährung - verantwortungsvollere Positionen erreichen konnten, macht die geringe politische Bedeutung des Hauses deutlich.

Tab. 1: Trägerstruktur der Familienpolitik

staatliche Ebene		*kommunale Ebene*
Bund	Länder	Kommunale Gebietskörperschaften (kreisfreie Städte, Landkreise und Gemeindeverbände)
Familienrecht Familienpolitische Leistungen	Vollzug staatlicher Aufgaben, z.B. BAFöG, Wohngeld	Vollzug staatlicher Aufgaben, z.B. Bauleitplanung, KJHG (Jugendhilfe, Familienhilfe)
gesetzliche Auflagen an andere Träger der Familienpolitik, z.B. Länder, Kommunen, freie Träger	Länderkompetenzen: z.B. Bildung, Schule	kommunale Aufgaben, z.B. Kinderbetreuungseinrichtungen
Internationale/Europäische Familienpolitik (Meinungsaustausch und Koordination)	Landes-Familienpolitik, z.B. Landeserziehungsgeld	lokale Familienförderung

In der föderal organisierten Bundesrepublik verteilen sich die familienpolitischen Zuständigkeiten auf die drei Ebenen Bund, Länder und Gemeinden, wobei die vierte Ebene, die Europäische Union, bisher nur begrenzte Einwirkungsmöglichkeiten auf diesen Teil der Sozialpolitik hat. Davon soll im zehnten Kapitel die Rede sein. Die nachfolgende Übersicht zeigt die wichtigsten Zuständigkeiten jeder Ebene in der Familienpolitik.

Über die Handlungsspielräume lokaler Familienpolitik wurde im vorhergehenden Kapitel bereits ausführlich gesprochen. Auch die Bundesländer verfügen über gewisse familienpolitische Gestaltungsmöglichkeiten. Dies gilt vor allem für die Bereiche ausschließlicher Gesetzgebungskompetenz der Länder, also im Bildungswesen und Schulrecht. Ob Schule als Ganztagsschule ausgestaltet wird, ob ein Vorschuljahr angeboten wird und in welcher Weise das Bildungssystem auch familienentlastende Funktionen übernimmt, ist weitgehend Ländersache.

Die Verflechtung kommunaler, Bundes- und Landeszuständigkeiten am Beispiel Kindergarten

Der Deutsche Bundestag hat allgemeine gesetzgeberische Funktionen im Bereich der Jugendhilfe. In den letzten Jahren hat er vor allem durch zwei gesetzliche Regelungen Eckpunkte für den Kindergartenbereich festgelegt: Zum einen wurde das Kinder- und Jugendhilfegesetz (SGB VIII) verabschiedet, das sich u.a. in den §§ 22 ff. explizit mit Kindertageseinrichtungen befasst. In § 22 SGB VIII wird als Erziehungsziel bestimmt, dass Kindergärten und andere Kindertageseinrichtungen die Entwicklung des Kindes zu einer eigenverantwortlichen und gemeinschaftsfähigen Persönlichkeit fördern sollen.

Die Kompetenzen des Bundesministeriums für Familie, Senioren, Frauen und Jugend sind sehr begrenzt und beschränken sich auf die Förderung von länderübergreifenden Modellprojekten und Forschungsvorhaben zur vorschulischen Erziehung. Die eigentliche Zuständigkeit für den Tagespflegebereich liegt bei den Ländern, die in ihren Haushalten die finanziellen Zuschüsse ausweisen (Personalkostenzuschüsse und Bau-/Investitionskostenzuschüsse). Die Sozial- oder Familienministerien der Länder üben die Fachaufsicht über die Jugendämter aus, stellen den Haushalt auf und sind bei Ausbildungsfragen beratend tätig.

Je nach kommunaler Verwaltungsstruktur (ein- oder zweistufig) unterscheidet sich die Zuständigkeit für die Aufsicht über Kindergärten in Trägerschaft kreisfreier Städte und Landkreise. Die Kommunen sind als öffentliche Träger der Jugendhilfe verpflichtet, Kindergartenplätze zur Verfügung zu stellen und müssen zwei Drittel der förderfähigen Baukosten übernehmen. Hinsichtlich der Trägerschaft der Einrichtungen haben sie das Subsidiaritätsprinzip zu wahren. Die Jugendämter (bzw. Kreisverwaltungsbehörden) sind zuständig für die staatliche Anerkennung von

Kindergärten und üben die Aufsicht aus. Der Träger eines anerkannten Kindergartens - freigemeinnützig, kommunal oder Dritter - hat die Gesamtverantwortung für seine Einrichtung in organisatorischer, personeller und pädagogischer Hinsicht (Textor 1998).

In allen Bereichen, in denen eine Zuständigkeit sowohl des Bundes wie der Länder gegeben ist (konkurrierende Gesetzgebung), haben die Länder das Recht zur Gesetzgebung nur, wenn und solange der Bund von seinen Kompetenzen keinen Gebrauch macht. Im Bereich der Familienpolitik hat aber der Bund die meisten Bereiche besetzt, so dass wenig Raum für eigenständige familienpolitische Landesgesetzgebung bleibt, die sich in jedem Fall nach der Zielrichtung des jeweils einschlägigen Bundesgesetzes zu richten hat. Typische Beispiele für Landesregelungen im Bereich der Familienpolitik sind: Ausbildungsförderung für Schüler, finanzielle Unterstützung des Schülertransports, Landeserziehungsgeldregelungen nach Auslaufen des Anspruchs auf Bundeserziehungsgeld und Förderung des Wohneigentums und des familiengerechten Wohnungsbaus (Wingen 1997, S. 317-319).

Der Bund regelt in alleiniger Zuständigkeit das Familienrecht. In konkurrierender Gesetzgebungskompetenz bestimmt er vor allem die Ausgestaltung des Familienlastenausgleichs und setzt damit wichtige Rahmenbedingungen für die Wirtschafts- und Einkommenssituation von Familien (Wingen 1997, S. 319f.).

Grundformen der familienpolitischen Tätigkeit des Bundes

– Schaffung gesetzlicher und sonstiger rechtlicher Grundlagen für Familien (z.B. Sorgerechtsreform)
– familienpolitische Maßnahmen und Leistungen der Familienförderung (z.B. Kindergelderhöhung, Flexibilisierung der Elternzeit)
– gesetzliche Auflagen an andere Träger der Familienpolitik (z.B. Recht auf einen Kindergartenplatz, umzusetzen durch Länder und Kommunen)
– Anregung von familienbezogenen Maßnahmen nichtöffentlicher Träger (z.B. Modellprojekt „Tagesmütter" des Deutschen Jugendinstituts)
– Hinwirken auf ein familienfreundliches öffentliches Bewusstsein (z.B. Anzeigenkampagnen)
– Vertretung der Bundesrepublik in supranationalen Gremien, die sich mit Familienpolitik befassen (z.B. Sozialministerrat der Europäischen Union bei der Befassung mit der Elternurlaubsrichtlinie)

Familienpolitik ist demnach zum einen eine Querschnittaufgabe, die in unterschiedliche inhaltliche Politikbereiche hineinreicht, und auf der anderen Seite eine Mehrebenenpolitik, für die im Prinzip eine sorgfältige Abstimmung und Koordinierung möglich wäre. Da aber Familienpolitik im politischen Prozess sehr häufig eine Nebenrolle spielt, kann es auch zu wenig abgestimmten Maßnahmebündeln kommen. Ein Beispiel für verhältnismäßig gut koordinierte Maßnahmen auf unterschiedlichen Ebenen stellt das Maßnahmebündel für Eltern von Kindern bis zu drei Jahren dar. Elternzeit, Bundeserziehungsgeld und daran anschließendes Landeserziehungsgeld oder sogar kommunales Erziehungsgeld bilden eine gleichgerichtete Maßnahme. Diese wird ergänzt durch den anschließenden bundesgesetzlichen Rechtsanspruch auf einen Kindergartenplatz, der auf Ebene der Kommunen umgesetzt wird. Dazu kommt die rentenversicherungspflichtige Absicherung der Erziehungsjahre für den betreffenden Elternteil, eine arbeitsrechtliche Absicherung des Arbeitsplatzes sowie zusätzlich u.U. betriebliche Beurlaubungs- und Weiterqualifizierungsregelungen (Wingen 1997, S. 332f.). Auf mangelnde Abstimmung zwischen den Ebenen weisen Probleme hin wie z.B. das Ende der Elternzeit am 3. Geburtstag des Kindes, während gleichzeitig in Betreuungseinrichtungen eine Stichtagsregelung gilt bzw. alle Dreijährigen nur einmal jährlich im Herbst neu aufgenommen werden.

Neben der staatlichen und kommunalen Familienpolitik sind auch nichtöffentliche Träger familienpolitisch tätig. Hierzu gehören die Sozialpartner, d.h. Arbeitgeber und Arbeitnehmer und ihre Vertretungen. Arbeitgeber können Maßnahmen der Vereinbarkeit von Familie und Beruf auf betrieblicher Ebene initiieren und fördern; die Gewerkschaften können Anregungen zur familienfreundlichen Gestaltung der Beschäftigungsbedingungen entwickeln und in die Tarifverhandlungen einbringen. Beide Bereiche sind jedoch bisher vergleichsweise unterentwickelt - zu sehr haben sowohl Arbeitgeber wie Arbeitnehmer das Leitbild des Normalarbeitsverhältnisses und des erwerbsarbeitszentrierten Lebens vor Augen, auch wenn z.B. die Hans-Böckler-Stiftung und die Otto-Brenner-Stiftung versucht haben, sozialpolitische Herausforderungen und den Wandel der Familie in den Zukunftsdiskurs der Gewerkschaften einzuspeisen (Hans Böckler Stiftung 2001a und b). Die Verbände der Freien Wohlfahrtspflege haben dagegen eine lange Tradition in der aktiven Gestaltung von Familienpolitik vor Ort. Als Träger von Einrichtungen der Kinderbetreuung und Familienhilfe wirken sie an der Weiterentwicklung pädagogischer und ethischer Standards mit, und als Interessenvertretung der Schwächeren im Sozialstaat nehmen sie aktiv Partei. In seinem 1997 verabschiedeten Leitbild hatte beispielsweise der Deutsche Caritasverband seine Aufgabe als „Anwaltschaft" definiert und setzte dies zum ersten Mal 1998 am Beispiel der Familie um. Ein Jahr lang brachten alle Gliederungen der Caritas das Thema „Arme Familie - Arme Gesellschaft" in die Öffentlichkeit und knüpften dabei an eigene Armutsberichte von 1992/93 und 1997/98 an. Diese Armutsberichterstattung der Caritas hat den Weg für den ersten nationalen Armuts- und Reichtumsbericht bereitet (Puschmann 2000).

**Verbände der Freien Wohlfahrtspflege
in der Bundesrepublik Deutschland**

1. Arbeiterwohlfahrt
2. Deutscher Caritasverband
3. Paritätischer Wohlfahrtsverband
4. Deutsches Rotes Kreuz
5. Diakonisches Werk der EKD
6. Zentralwohlfahrtsstelle der Juden in Deutschland

Einrichtungen der Freien Wohlfahrtspflege für Familien

Heime und Wohngemeinschaften für Kinder und Jugendliche, Kindergärten, Tagesstätten für Kinder und Jugendliche, Spielgruppen für Kleinkinder, Schwangeren-, Still- und Elterngruppen, PEKiP-Kurse, Familienbildung, Auskunfts- und Beratungsstellen für Familien, Schwangere, Jugendliche, Ehepaare, ambulante und sozialpflegerische Dienste, Werkstätten für Behinderte, Familienfreizeitstätten, Mütter-Kind-Kurhäuser, Frauenhäuser, Krankenhäuser, Jugendclubs, Selbsthilfegruppen, Familienpflegedienste

Die politischen Parteien haben in der Bundesrepublik Deutschland den grundgesetzlich gesicherten Auftrag, „an der politischen Willensbildung mitzuwirken" (Art. 21 GG). Sie gehören daher auch zu den wichtigsten Katalysatoren für die Bestimmung eines familienpolitischen Leitbildes. Seit 1949 haben die Übereinstimmungen zwischen den beiden größten Parteien, CDU/CSU und SPD, zugenommen. Verbliebene Differenzen sind für die Wähler häufig nicht mehr als Grundsatzkonflikte wahrnehmbar (Schäfers 1995, S. 81). Das gilt auch für die Familienpolitik: Alle Parteien setzen sich für solche allgemein gefassten Ziele wie eine „familienfreundliche" oder „kinderfreundliche" Gesellschaft ein, alle plädieren gleichermaßen für die bessere Vereinbarkeit von Familie und Erwerbsleben und für die Freiheit der Bürger, über die gewählte Familienform und -größe selbst zu bestimmen. Unterschiede erscheinen eher als Nuancierungen dieser Leitvorstellungen.

Das familienpolitische Leitbild der *SPD* hat sich im Jahrzehnt seit 1990 erheblich verändert. Im Berliner Programm, das am 20. Dezember 1989 in Berlin beschlossen wurde, hat Familienpolitik keinen eigenen Stellenwert, sondern tritt hinter einer dezidierten Familienmitgliederpolitik, d.h. einer Politik für Frauen und einer Politik für Kinder, zurück. Reformen des Arbeitslebens, insbesondere die Arbeitszeitverkürzung, sollten die gerechte Verteilung von Erwerbs-, Haus-, Familien- und Eigenarbeit voranbringen. Wörtlich heißt es im Berliner Programm: „Mutterschutz, Ausfallzeiten für Elternurlaub und Krankenpflege müssen über einen Familienlastenausgleich finanziert werden, damit nicht Sonderlasten für Einzelbetriebe zum Arbeitsplatzrisiko für Frauen werden. (...) Öffentliche Kindertagesstätten und Ganztagsschulen gehören zu den Voraussetzungen dafür, dass Erwerbs- und Familienarbeit für Männer und Frauen vereinbar werden. Neue Wohnformen, dezentrale soziale Dienste für Kinder und Alte, Kranke und Behinderte sollen helfen, Familienarbeit aus ihrer Isolierung zu lösen." Aus diesen Formulierungen wird deutlich, dass Politik für Familien als Selbstzweck für die SPD keine Rolle spielt, sondern als Mittel zur Durchsetzung gerechter Arbeits- und Machtverteilung zwischen Männern und Frauen. Dem Staat als Erbringer sozialer Dienstleistungen wird eine zentrale Rolle zugewiesen, um Familien zur Gesellschaft hin zu öffnen. Ehe und Familie werden als Lebensformen neben anderen gewertet. Trotz ihres verfassungsmäßigen besonderen Schutzes haben für die SPD „alle Formen von Lebensgemeinschaften Anspruch auf Schutz und Rechtssicherheit. Keine darf diskriminiert werden, auch die gleichgeschlechtliche nicht." Trotz dieses Bekenntnisses zu einer Pluralität von Lebensformen hält jedoch auch die SPD beharrlich am Ehegattensplitting fest, das allenfalls umgestaltet werden soll. Die Produktion von Solidarität ist nicht Aufgabe der Familie, sondern des Sozialstaats: „Dem Solidarverband Familie darf nicht aufgebürdet werden, was Aufgabe des Sozialstaats ist.", Familien und andere Lebensgemeinschaften sollen nur den Raum für die persönliche Entfaltung jedes Menschen bieten und deshalb teilweise auch materiell entlastet werden.

Demgegenüber hat das Familienleitbild der *CDU/CSU* eine erkennbar andere Färbung. Im Grundsatzprogramm der CDU, beschlossen auf dem 5. Parteitag am 21.-23. Februar 1994 in Hamburg, lautet der Titel gleich des zweiten Kapitels programmatisch: „Die Familie - Fundament der Gesellschaft". Ausdrücklich wird Familie gegenüber allen anderen Formen menschlichen Zusammenlebens hervorgehoben, in Familien „können am besten die Eigenschaften und Fähigkeiten entwickelt werden, die Voraussetzung und Grundbestandteil einer freien und verantwortlichen Gesellschaft sind: Liebe und Vertrauen, Toleranz und Rücksichtnahme, Opferbereitschaft und Mitverantwortung, Selbstständigkeit und Mündigkeit." Ebenso dezidiert wird an der Institution Ehe festgehalten, sie sei „die beste Grundlage für die gemeinsame Verantwortung von Mutter und Vater in der Erziehung der Kinder". Nichteheliche Partnerschaften und die bewusste Entscheidung, ohne die rechtlichen Bindungen einer Ehe zu leben, sollen mit der Ehe rechtlich nicht gleichgestellt werden. Das Elternrecht auf Erziehung wird ebenso betont wie der „unersetzliche Beitrag für das Gemeinwohl und den Fortbestand unserer Gemeinschaft", den Eltern durch Erziehungsarbeit leisten. Den Familien gegenüber hat der Sozialstaat eine strikt nachrangige Rolle der „Entlastung und Begleitung, der Unterstützung und Ermutigung". Familienleistungsausgleich soll in Form eines Familiensplittings realisiert werden. Hinsichtlich der Vereinbarkeit von Familie und Beruf wird die positive Rolle häuslicher Erziehungsarbeit betont, sie bedeute „Sicherheit und Geborgenheit für Kinder", und diese Leistung müsse stärker anerkannt werden. Kernziel ist also nicht Ausbau der Kinderbetreuung, sondern „soziale Anerkennung und Absicherung von Familienarbeit".

Tab. 2: Familienpolitische Ausrichtung der Parteien in der BRD

	CDU	SPD	FDP	Bündnis 90/Grüne	PDS
Rolle der Familien-politik	groß	mittel	gering	wachsend	gering
Familien-politik als Thema	seit den 50er Jahren	seit den 70er Jahren	?	seit 2000	?
Schwer-punkt	Familie als Institution	Familien-mitglieder-politik	Desinteresse an priv. Lebens-formen	emanzipato-risches Zusammen-leben	Gleichstel-lung und soziale Si-cherung
Rolle des Staates ge-genüber der Familie	subsidiär	sinnvolle Ergänzung	zurück-haltend	sinnvolle Ergänzung	Verpflich-tung des Staates zur Unterstüt-zung

Gegenüber den beiden großen Volksparteien bleibt das familienpolitische Leitbild der *FDP* bewusst konturenlos. Das auf dem FDP-Bundesparteitag in Wiesbaden am 24. Mai 1997 beschlossene Parteiprogramm fordert die gleiche gesellschaftliche Anerkennung für Familienarbeit und Erwerbsarbeit und besondere Förderung für Familien im Namen der Gerechtigkeit, „um die bisherigen Benachteiligungen auszuräumen". Familienpolitische Leistungen seien keine „soziale Wohltaten", sondern eine „ Investition in unsere Zukunft". Die Gleichrangigkeit aller Lebensformen wird betont: „Für Liberale sind alle Lebensgemeinschaften wertvoll, in denen Menschen Verantwortung füreinander übernehmen." Die größte Rolle im FDP-Programm spielt aber nicht die Familienpolitik selbst, sondern die Ausgestaltung des Generationenvertrages. Durch mehr Eigenverantwortung innerhalb und außerhalb der gesetzlichen Sozialversicherung und eine kapitalgedeckte Umgestaltung der Alterssicherung soll die Generationenbilanz gerechter gestaltet werden.

Hierin nähert sich das FDP-Programm den familienpolitischen Konzepten der *Grünen*, die gleichfalls den Begriff der Generationengerechtigkeit in den Mittelpunkt ihres Grundsatzprogramms vom 17. März 2002 stellen. Familienpolitik als Frauen- und Kinderpolitik soll die Zukunftsorientierung der Politik sicherstellen. Konkrete Schritte dazu sind die Einführung einer bedarfsorientierten Grundsicherung (Bürgergehalt) für alle, auch für Kinder, um deren Eltern vor Armut zu bewahren. Die Einführung einer Kindergrundsicherung soll die Armut von Kindern bekämpfen. Die Vereinbarkeit von Familie und Beruf wird allerdings eher aus der Frauen- als aus der Kinderperspektive angestrebt. Selbstverständlich betonen auch die Grünen die Gleichwertigkeit aller Lebensformen, stärker als andere aber die Partizipationsnotwendigkeiten für Frauen und Kinder. Angesichts dieser Positionierung von Grünen, SPD und FDP ist die eigenständige familienpolitische Positionierung der *PDS* nicht leicht und erfolgt auch nicht - wie bei SPD und Grünen - im Versuch umfassender familienpolitischer Entwürfe. Existenzsicherndes Kindergeld für alle bedürftigen Kinder und die Bereitstellung eines bedarfsgerechten und öffentlich geförderten Angebots an Betreuungseinrichtungen für Kinder aller Altersgruppen sind Elemente eines wenig elaborierten familienpolitischen Profils. Aber die PDS ist die einzige Partei, welche eindeutig die Abschaffung des Ehegattensplittings fordert.

In demokratischen Systemen beschränken sich die Einflussmöglichkeiten der Bürger und ihrer Interessenvertreter nicht ausschließlich auf die Abgabe von Stimmzetteln oder das Engagement in Parteien. In der pluralistischen Gesellschaft der Bundesrepublik existiert daneben ein System von Interessengruppen (Lobbies), die im politischen Prozess als Akteure auftreten, die Interessen ihrer Mitglieder oder der durch sie vertretenen Bevölkerungsgruppen wahrnehmen und durch Mitwirkung in und Einwirkung auf Regierung, Parlament, Parteien und Öffentlichkeit zur Geltung bringen. Dadurch unterscheiden sie sich von Parteien, die programmatisch die Übernahme von Regierungsverantwortung anstreben, und von Vereinigungen, deren Hauptziel nicht die Einflussnahme auf die politische Willensbildung ist, etwa Selbsthilfegruppen oder kulturellen Vereinigungen. Verbände organisieren gesellschaftliche Interessen und bringen sie im politischen Prozess zur Geltung. Einige gesellschaftliche Gruppen verfügen über schlagkräftig organisierte Interessenvertretungen, z.B. die Arbeitnehmer in den Gewerkschaften, die Bauern in den Bauernverbänden. Demgegenüber sind die Familien in der Bundesrepublik nur sehr schwach organisiert.

Familienverbände in Deutschland

Deutscher Familienverband (DFV)
Familienbund der Katholiken (FDK)
Evangelische Aktionsgemeinschaft für Familienfragen (EAF)
Verband Alleinerziehender Mütter und Väter (VAMV)

Dachverband:

Arbeitsgemeinschaft der Deutschen Familienorganisationen (AGF)

Die Familienverbände wirken in Deutschland als eine nur wenig einflussreiche, eher randständige Lobby der Familien, weil sie weder über beeindruckende Mitgliederzahlen noch über charismatische Leiter und vor allem nicht über die sehr wichtige Verflechtung mit politischen Strukturen verfügen, die für das effektive Arbeiten einer Interessenvertretung wichtig ist. Auf der anderen Seite nehmen einige Familienverbände, wie viele andere Interessengruppen, Aufgaben der Selbsthilfe und Information für Familien wahr. Die Familienverbände dienen dennoch als institutionalisierter Ansprechpartner für die Politik, d.h. sie werden zu wichtigen familienpolitischen Reformen seitens des Ministeriums um Stellungnahmen gebeten und entsenden Vertreter in den Wissenschaftlichen Beirat des Bundesfamilienministeriums.

Der Deutsche Familienverband (DFV) ist ein parteipolitisch und konfessionell nicht gebundener Zusammenschluss von Familien, der aus dem 1921 gegründeten Reichsbund der Kinderreichen Deutschlands hervorging. Der Reichsbund war eine überkonfessionelle und parteipolitisch unabhängige Organisation, die sich für die stärkere wirtschaftliche Stützung der kinderreichen Familien durch Steuerbegünstigungen, Gebührenermäßigung und ähnliches einsetzte. 1933 wurde der Reichsbund der NSDAP unterstellt und 1936 in „Reichsbund Deutsche Familie" umbenannt. Nach 1945 haben ehemalige Mitglieder, ermutigt durch den Kontakt mit den einflussreichen französischen Familienorganisationen, den Verband als Deutschen Familienverband neu begründet. Im Jahre 2002 waren im DFV immerhin 12.000 Familien organisiert. Der DFV nimmt als Lobby für Familie insbesondere auf die Entwicklung des Familienlastenausgleichs, der Wohnsituation, der Absicherung im Alter und der Vereinbarkeit von Familien- und Erwerbsleben Einfluss. Der Verband gibt eine Zeitschrift heraus, die sechsmal jährlich in einer Auflage von rund 100.000 Exemplaren erscheint („DFV-Familie") und führt in 16 Landesverbänden und vielen Orts- und Kreisverbänden Aktionen vor Ort durch, wozu auch Beratungs- und Hilfsangebote sowie die Durchführung von Familienerholung und Familienbildungsseminaren, zum Teil in eigenen Häusern gehören.

Der Familienbund der Katholiken (FDK) ist die einzige Massenorganisation unter den deutschen Familienverbänden. Er wurde am 8. April 1953 in Würzburg als Aktionsgemeinschaft zur Durchsetzung der Interessen der katholischen Familien gegründet, durchaus auch als Gegengründung zum als zu weltlich empfundenen Deutschen Familienverband und als Reaktion auf den Beginn staatlicher Familienpolitik (Wingen 1993, S. 23). Lange Zeit währte die Auseinandersetzung innerhalb des katholischen Lagers, ob man sich dem bereits gegründeten DFV anschließen oder eine eigene Organisation gründen sollte. Die Basis, d.h. der Kolpingverband, die Katholischen Männerwerke und die katholischen Arbeiterverbände, überzeugten aber schließlich die Bischofskonferenz von der Notwendigkeit einer eigenen Gründung. Der anschließende Aufruf der deutschen Bischöfe zur Unterstützung des neuen Verbandes fand ein starkes Echo. Mehr als eine Million katholischer Familien erklärten sich 1953 und 1954 mit den Zielen des Familienbundes solidarisch und wollten seine Aktivitäten mittragen und unterstützen. Nach dem Vorbild des französischen „mouvement familial" gelang es den Bischöfen, eine breite Familienbewegung im Katholizismus anzustoßen. Eine tragfähige Einbindung in die Arbeit der Diözesen und Laienorganisationen misslang jedoch letztlich. Katholische Einrichtungen und Verbände, die für Familien und in der Familienarbeit tätig waren und sind, wurden Mitglied im Familienbund (Rölli-Alkemper 2000, S. 416-487). Diese Zahl hat sich mittlerweile auf 15 große katholische Verbände erhöht.

Dank guter Beziehungen zum ersten Familienminister Franz-Joseph Wuermeling, der demselben katholischen Milieu entstammte, gewann der Familienbund einen starken Einfluss auf die Ausgestaltung der Familienlastenausgleichspolitik. Zugleich verlor er aber seine Massenbasis und geriet in finanzielle Abhängigkeit der Bischofskonferenz. Die Einzelmitgliedschaft von Familien und Familienkreisen in den einzelnen Diözesanverbänden spielt demgegenüber heute eine viel geringere Rolle als zur Gründungszeit. Nach wie vor tritt der Familienbund für die menschlichen und christlichen Werte von Ehe und Familie in Staat, Gesellschaft und Kirche ein, wobei er heute nicht als Sprachrohr der deutschen Bischöfe oder gar des Vatikans agiert, sondern eher als engagierte katholische Laienvertretung. Dies wurde vor allem in der Haltung zur Fortführung der katholischen Schwangerschaftskonfliktberatung deutlich. Hier unterstützte der Familienbund explizit die Fortsetzung der Beratung mit Ausstellung von Beratungsscheinen und stellte sich damit in Gegensatz zum Papst. Als einziger der deutschen Familienverbände verfügt der Familienbund der Katholiken über eine gewisse Vernetzung in politische Entscheidungsgremien hinein und kann deshalb effektive Interessenpolitik betreiben.

Die Evangelische Aktionsgemeinschaft für Familienfragen e.V. (EAF) ist ein Zusammenschluss evangelischer Einrichtungen, Werke und Verbände (23) und Landesarbeitskreise (15), die sich mit ethischen, sozialen, wirtschaftlichen, rechtlichen und pädagogischen Fragen in der Familienpolitik befassen und selbst Maßnahmen der Familienberatung, -bildung und – erholung durchführen. Anders als die anderen Familienverbände ist die EAF keine Basisorganisation, der Familien beitreten können, sondern eher ein Dachverband familienpolitisch engagierter Institutionen, der durch die Arbeit von Fachausschüssen inhaltliche Positionen auf Basis der evangelischen Kirche in den familienpolitischen Diskussionsprozess einbringt. Die Zeitschrift „Familienpolitische Information" erscheint sechsmal jährlich mit einer Auflage von ca. 3.500 Exemplaren.

Der Verband alleinerziehender Mütter und Väter (VAMV) wurde 1967 im schwäbischen Herrenberg von Luise Schöffel als „Verband lediger Mütter" gegründet. Er vertritt heute mit rund 9.000 Mitgliedern bundesweit die Interessen von über 2 Millionen Einelternfamilien, von Familien also, in welchen ledige, getrennte, geschiedene oder verwitwete Eltern mit ihren Kindern leben. Er kümmert sich auch um die Ansprüche von Kindern in neu zusammengesetzten Familien, solange sie unterhaltsberechtigt gegenüber ihren Vätern bzw. Müttern sind. Im Gegensatz zu den drei anderen Familienverbänden spielt im VAMV die Selbsthilfe und Beratung eine ebenso große Rolle wie die politische Interessenvertretung. Die Landes-, Regional- und Ortsverbände leisten neben der Lobby-Arbeit in großem Umfang praktische Lebenshilfe und Beratung, während der Bundesverband die Interessen Alleinerziehender auf politischer Ebene vertritt.

Neben diesen vier großen Verbänden gibt es eine Reihe von Interessengruppen, die jeweils Teile der Familie vertreten, z.B. der Deutsche Hausfrauen-Bund, die Deutsche Hausfrauengewerkschaft, zahlreiche Väter-Organisationen, die sich vor allem für Sorge- und Besuchsrecht von Vätern, die nicht mit ihren Kindern zusammenleben, einsetzen, und die Vertretungen für Kinder, insbesondere den Kinderschutzbund. Der Deutsche Kinderschutzbund wurde 1953 in Hamburg gegründet und ist mit rund 50.000 Einzelmitgliedern der größte Kinderschutzverband in Deutschland. Bundesverband, Landesverbände und 420 Ortsverbände leisten praktische Kinderschutzarbeit und artikulieren politische Interessen. Etwas anders ausgerichtet ist die Deutsche Liga für das Kind in Familie und Gesellschaft. Sie wurde 1977 - ursprünglich als Kampforganisation gegen Krippenbetreuung - gegründet und ist ein Zusammenschluss von Verbänden, die sich für gesundheitliche, pädagogische und politische Belange der Kinder in den ersten Lebensjahren einsetzen. Das Deutsche Kinderhilfswerk ist eine Gründung von Münchner Unternehmern. Ziel des 1972 gegründeten Vereins war zunächst die Verbesserung der Spielplatz-Situation in Deutschland. Spendendosen des Kinderhilfswerks (besonders die Aktion „Ein Herz für Kinder") waren zeitweise in der Bundesrepublik allgegenwärtig. In der Wendezeit vereinigte sich das DKHW mit dem Deutschen Kinderhilfswerk der DDR und wandte sich vor allem dem Themenfeld Kinderbeteiligung/Partizipation von Kindern an der Gestaltung ihrer Umwelt zu und bietet zahlreiche Informations- und Serviceleistungen für Kinder und Kinderpolitiker.

Im Blick auf Frankreich und das übrige Westeuropa kann man der Auffassung sein, dass ein Zusammenhang besteht zwischen der Existenz starker Familienorganisationen und der familienpolitischen Entwicklung dieser Länder. Gleichzeitig ist aber zu fragen, welches „Drohpotential" denn Familienverbände gegenüber dem Staat haben können. Die Gewerkschaften drohen mit Streik, die Bauern mit blockierten Straßen und verkommender Kulturlandschaft. In den 20er Jahren haben deutsche Sozialistinnen einmal mit dem „Gebärstreik" drohen wollen, eine punktuelle Aktion, die über einige Massenversammlungen nicht hinaus kam. In der Bundesrepublik jedenfalls gibt es bisher keine Familienverbände, die legitimiert wären, die Interessen der Familien maßgeblich zu artikulieren oder gar zu definieren. Die bestehenden Verbände, so wird kritisiert, beschäftigen sich auf der Basis einer beruhigenden staatlichen Grundfinanzierung im Wesentlichen mit sich selbst. Für den familienpolitischen Prozess in der Bundesrepublik spielen die Familienverbände jedenfalls keine wesentliche Rolle (Mayer 2000).

Familienorganisationen könnten theoretisch ein mögliches Gegengewicht bilden, um die strukturelle Unterrepräsentation von Kindern im politischen Prozess auszugleichen. Das grundsätzliche Dilemma bleibt jedoch bestehen: Die wichtigsten Entscheidungsprozesse in Demokratien werden über Wahlen vermittelt, und ein großer Teil der Familienmitglieder, nämlich die

Kinder, verfügt nicht über das Wahlrecht. Damit sind Familien zwangsläufig in demokratischen Entscheidungsverfahren benachteiligt. Es hat deshalb immer wieder Bewegungen gegeben, Familien mit mehreren Kindern ein größeres Gewicht durch ein „qualifiziertes" oder Mehrfachstimmrecht zu geben (Hattenhauer 1998). Aus verschiedensten Richtungen, von der katholischen Kirche bis zur Sozialdemokratie, wurde die Forderung nach dem Familienwahlrecht immer wieder aufgegriffen. Sie wird wohl keine Realisierungschancen haben, aber ist immerhin geeignet, die Notwendigkeit einer Anwaltsfunktion für Kinder und Familien ins öffentliche Bewusstsein zu tragen (Wingen 1993, S. 25f.). Auch eine Absenkung des Wahlalters könnte einen Impuls für eine familien- oder zumindest kinder- und jugendgerechtere Politik geben. Schon in den 1970er Jahren wurde das Wahlalter um drei Jahre von 21 auf 18 Jahre gesenkt; eine Absenkung auf 16 Jahre erscheint vielen denkbar.

Als letzte denkbare „pressure group" für die Belange der Familien ist die Wissenschaft zu nennen. Familienpolitik ist kein zentraler Gegenstand sozialpolitischer Forschung gewesen, sondern führte eher ein wissenschaftliches Mauerblümchen-Dasein im schweren Schlagschatten der Politik. Der Grund für die theoretisch wenig ambitionierte und auch wenig kontroverse wissenschaftliche Debatte um Familienpolitik ist sicherlich darin zu suchen, dass dieses Politikfeld als traditionell „verstaubt" (Bleses/Seeleib-Kaiser 1999, S. 123), „rechts" und konservativ die Neugier kritischer Sozialwissenschaftler nur selten zu wecken vermochte und daher bei den großen sozialpolitischen Debatten oft außen vor bleibt. Eine Ausnahme macht nur der feministische Zugang zu familienpolitischen Gegenständen, zumeist unter der Fragestellung, inwieweit die Organisationsform von Familienpolitik in der Bundesrepublik Emanzipation und gleiche Lebenschancen für Frauen - mit Blick auf alternative Lösungen in Europa - vergleichsweise erschwert (vgl. die Publikationen von Ilona Ostner, besonders Ostner/Lewis 1998).

Was der familienpolitischen Forschung an Renommee innerhalb der Sozialwissenschaften vielleicht abgeht, kann sie aber kompensieren durch eine vergleichsweise große Einflussmöglichkeit auf die konkrete Gestaltung der Familienpolitik Ein wichtiger Ort der Forschung ist das Deutsche Jugendinstitut (DJI), ein außeruniversitäres sozialwissenschaftliches Forschungsinstitut in München, dessen Grundfinanzierung vom Bundesfamilienministerium stammt. Im DJI werden familiäre Lebenslagen erforscht, u.a. in der großen empirischen Längsschnittbefragung „Familiensurvey", und es berät Politik und Praxis der Kinder-, Jugend- und Familienhilfe. Insbesondere die Abteilungen Familie und Familienpolitik und Kinder und Kinderbetreuung befassen sich regelmäßig mit familienpolitischen Themen. Charakteristisch für das DJI ist die Balance zwischen Forschung und Intervention, auch in Modellprojekten, sowie der hohe Praxisanteil der Ergebnisse, z.B. in Form von Handbüchern für Tagesmütter oder Begleitforschung von Elterninitiativen. Neben dem DJI gibt es noch einige weitere spezialisierte Forschungsstellen und Institute für Familienpolitik. Zu nennen ist insbesondere der Forschungsschwerpunkt Familienforschung der Universität Bamberg, die Familienwissenschaftliche Forschungsstelle beim Statistischen Landesamt Baden-Württemberg, nicht zu vergessen das Statistische Bundesamt. Generell lässt sich sagen, dass die Lebenslagen von Familien besser erforscht sind als die Auswirkungen familienpolitischer Leistungen, dass also Familienforschung weitaus häufiger soziologisch oder psychologisch ausgerichtet ist als politikwissenschaftlich. Dies wird auch an den Artikeln der seit 1998 vierteljährlich erscheinenden Zeitschrift für Familienforschung deutlich. Wichtigste Vertreter der Familienpolitik-Forschung in Deutschland sind zum einen der Altmeister der Sozialpolitik Heinz Lampert sowie der ehemalige Abteilungsleiter im Bundesfamilienministerium Max Wingen, dessen Publikationsliste zum Thema Familienpolitik umfassend ist und der schon in seiner Biographie die große Politiknähe dieses Forschungsfeldes erkennen lässt. Darüber hinaus verfügt das Bundesfamilienministerium über einen wissenschaftlichen Beirat, der zu aktuellen familienpolitischen Fragen Gutachten erstellt und aus Vertretern unterschiedlicher Fachdisziplinen (Volkswirtschaftslehre, Politologie, Soziologie, Psychologie, Pädagogik, Theologie/Ethik) zusammengesetzt ist. Allerdings lässt sich ein tatsächlicher Einfluss dieser Beratungstätigkeit nur selten erkennen - was allerdings für fast alle Politikberatung gilt. Die Forderungen der Familienberichte wurden in der Regel nur dort aufgegriffen, wo sie der ohnehin geplanten Familienpolitik der jeweiligen Regierung entsprachen. Insofern lässt sich auch kritisch sagen, dass die umfangreiche politikberatende Tätigkeit der Familienpolitik-Forschung überwiegend eine Alibifunktion hat (Bethusy-Huc 1987, S. 172f.).

9.2 Familienpolitische Tendenzen seit den 80er Jahren

Familienpolitik findet nicht im luftleeren Raum statt, sondern sie muss sich in Konkurrenz zu anderen Politikbereichen durchsetzen und entfalten. Diese Konkurrenz spiegelt sich, wie wir gesehen haben, häufig in der Konkurrenz der Ressorts. In jedem Fall ist der Status von Familienpolitik in den einzelnen nationalen Kontexten eng mit der jeweiligen politischen Kultur verbunden. Familienpolitik ist ein Prozess, der flexibel auf den sozialen und kulturellen Wandel reagiert und ihn spiegelt. Insofern ist Familienpolitik kein unveränderlicher Monolith, sondern ein sich stetig änderndes Politikfeld. Nachfolgend soll versucht werden, die Veränderungstendenzen von Familienpolitik in der Bundesrepublik Deutschland zu bestimmen.

Was familienpolitisch gedacht werden darf und möglich ist, bestimmt sich entlang verschiedener Dimensionen, die vor allem im Vergleich deutlich werden. Schultheis (1999) hat es unternommen, für das Feld Familienpolitik im deutsch-französischen Vergleich einen theoretischen Bezugsrahmen abzustecken. Die von ihm entwickelten Kriterien können dafür benutzt werden, das relative Gewicht und die Veränderung familienpolitischen Handelns als Prozess in der Bundesrepublik Deutschland zu bestimmen (Schultheis 1999, S. 39-72). Entlang dieser Leitfragen soll versucht werden, die Richtung familienpolitischer Veränderungen in der Bundesrepublik Deutschland seit den 80er Jahren zu skizzieren:

1. Es kann gefragt werden, welches volkswirtschaftliche Gewicht familienpolitische Tranfers gegenüber anderen staatlichen Leistungen haben. In Deutschland spielten sie bis in die 80er Jahre eine vergleichsweise geringe Rolle, sind aber seither immer weiter angestiegen. Die Ausgaben für Kindergeld etwa lagen 1980-1990 stets um die 15 Mrd. DM, seit 1997 aber bei um die 50 Mrd. DM, 2001 um die 60 Mrd. DM, selbst abzüglich der dann wegfallenden Kinderfreibeträge (ca. 16-17 Mrd. DM) mehr als eine Verdoppelung in kurzer Zeit (Angaben BMFSFJ). Ein Ergebnis des familienpolitischen Prozesses ist also offenbar eine deutlich zunehmende finanzielle Relevanz. Doch nach wie vor sind die gesellschaftlichen Ausgaben für Altersversorgung erheblich höher.

2. Es kann gefragt werden, ob Familienpolitik „explizit und kohärent" oder „implizit und fragmentarisch" vollzogen wird. Seit der Gründung des Bundesfamilienministeriums 1953 kann man in Deutschland prinzipiell von einer expliziten Familienpolitik reden. Von Kohärenz ist sie jedoch weit entfernt, weil es bisher nicht gelungen ist, dem Querschnittcharakter der Familienpolitik angemessene Koordinierungsmechanismen zu installieren. Das Ministerium selbst ist zu schwach, um eine solche Funktion gegenüber den anderen Häusern auszuüben, zudem zentrale familienpolitische Kompetenzen ausgelagert sind.

3. Es kann unterschieden werden, ob Familienpolitik offenkundig bevölkerungspolitische Interessen verfolgt, oder bewusst neutral gegenüber dem Geburtenverhalten der Bevölkerung ist. Trotz der Einfügung demographischer Formeln in die Rentenreform muss sich alle Familienpolitik in der Bundesrepublik bisher dem Postulat der demographischen Neutralität unterwerfen. Zu stark wirkt immer noch das abschreckende Beispiel der nationalsozialistischen Bevölkerungspolitik, wird deshalb Geburtenförderung zu einem Tabu in der Tagespolitik, was bisher sachgerechte politische Reaktionen auf die immer weiter auseinanderklaffende Schere zwischen Kinderwünschen und realisierten Kinderzahlen in der Bevölkerung verhindert hat.

4. Es kann nach der Arbeitsteilung zwischen den verschiedenen größeren und kleineren Gebietskörperschaften, zwischen staatlichen und nichtstaatlichen Institutionen gefragt werden. Offensichtlich nimmt Deutschland mit seiner sehr weit getriebenen Subsidiarität öffentlicher Sozialpolitik in Europa eine Sonderstellung ein, die sich auch in der Familienpolitik zeigt. Zwar sind in Deutschland die familienpolitischen Transfers überwiegend zentralisiert, aber die sozialpolitischen Dienstleistungen für Familien, insbesondere die Kinderbetreuung, aber auch die Bildungsangebote, sind einer schwer oder nicht kontrollierbaren Vielfalt von Trägern und damit Philosophien überantwortet, die zwar zum allergrößten Teil steuerfinanziert sind, deshalb aber nicht als Werkzeuge einer koordinierten Politik taugen. Das Zurückfallen Deutschlands hinter europäische Standards im Bereich Kinderbetreuung und im Bereich Bildung - man denke nur an internationale Bildungsvergleiche wie die PISA-Studie -, findet seine Ursache teilweise in diesem Grundprinzip sozialpolitischen Handelns in Deutschland. Auf der anderen Seite hat der Zuwachs partizipatorischer Formen von sozialer Politik zu einer bemerkenswerten Fülle von Selbsthilfeorganisationen und selbstbestimmten Sozialdienstleistungen geführt, die in Deutschland das familienpolitische Serviceangebot bereichern (von der Elterninitiativ-Kita bis zur Privatschule).

5. Es kann nach der dem politischen Handeln zugrunde liegenden Definition von Familie gefragt werden. Diese ist in Deutschland in zunehmendem Maße nicht mehr normativ und an der Institution der Ehe orientiert, sondern soziologisch-flexibel, an sich ändernden gesellschaftlichen Lebensbedingungen und -verhältnissen ausgerichtet. Damit ergeben sich Verwerfungen gegenüber früheren, aus einer eher institutional orientierten Familienpolitik stammenden Maßnahmen, vor allem dem Ehegattensplitting und dem Unterhaltsrecht. Traditionell war Familienpolitik in Deutschland in hohem Maße institutionenorientiert, aber in den 90er Jahren hat ein Aufholprozess begonnen, der sich an Elementen wie der Sorgerechtsreform, der rechtlichen Behandlung gleichgeschlechtlicher Lebenspartnerschaften und auch an der Gleichbehandlung Alleinerziehender mit Zwei-Eltern-Familien zeigt. Diese Modernisierung des familienpolitischen Feldes ist jedoch noch nicht vollständig gelungen und wird die Familienpolitik voraussichtlich noch einige Jahre lang beschäftigen.

6. Es kann nach der vorherrschenden Finanzierungsform für familienpolitische Leistungen gefragt werden, entweder eher steuerfinanziert und für alle Bürger gleich oder beitragsbezogen nach dem Sozialversicherungsprinzip. Familienpolitische Leistungen waren in Deutschland immer steuerfinanziert. Die anfängliche Idee einer arbeitgeberfinanzierten Kinderversicherung wurde sehr schnell fallengelassen. Damit nimmt aber die Familienpolitik gegenüber den großen Sozialversicherungen eine besondere und letztlich schwächere Stellung ein, denn sie ist stärker als andere Bereiche des Sozialsystems von tagespolitisch und haushaltstechnisch dominierten Entscheidungen abhängig. Der Umbau der Systeme sozialer Sicherung hin zu mehr Eigenverantwortung, z.B. in der Rentenversicherung, führt aber nicht automatisch zu einer Ausdehnung des Sozialversicherungsprinzips auf die Familienkosten. Wenn man bisher von einer Sozialisierung des Altersrisikos, aber einer Privatisierung des Kinderrisikos sprechen kann, so folgt aus der Reprivatisierung des Altersrisikos keinesfalls zwingend eine zunehmende Sozialisierung der Kinderkosten.

7. Es kann nach der überwiegenden Richtung familienpolitischer Transfers gefragt werden: horizontal gemäß dem Prinzip des Familienlastenausgleichs zwischen Kinderhabenden und Kinderlosen, oder vertikal nach dem Prinzip der Bedarfsgerechtigkeit und Armutsbekämpfung. Familienpolitik befindet sich immer in diesem Spannungsfeld, und in der Bundesrepublik setzen sich starke gesellschaftliche Kräfte für beide Richtungen ein. Horizontaler Familienlastenausgleich wurde seit den 90er Jahren mit Macht seitens des Bundesverfassungsgerichts und der Familienverbände gefordert, teilweise auch unterstützt von der wissenschaftlichen Diskussion, die sich in den Familien- und Kinder- und Jugendberichten äußerte. Dieses Lobbying ist letztlich sehr erfolgreich gewesen. Auf der anderen Seite haben sich die Wohlfahrtsverbände und manche Parteien ebenso kontinuierlich für die Bekämpfung familiärer Armut eingesetzt, flankiert von einer wissenschaftlichen Armutsberichterstattung und immer genaueren Erforschung der Auswirkungen von Armutslagen auf Kinder und Jugendliche. Die politischen Konsequenzen dieses Engagements lassen bisher noch auf sich warten. Es ist aber nicht unwahrscheinlich, dass die derzeitige Phase des Ausbaus horizontaler familienpolitischer Umverteilung wieder abgelöst wird durch verstärkte vertikale, armutsbekämpfende Transfers.

8. Es kann nach der den familienpolitischen Maßnahmebündeln zugrunde liegenden Leitvorstellung der Vereinbarkeit von Familien- und Erwerbstätigkeit gefragt werden, entweder als eher geschlechtsneutrale Harmonisierung, oder aber als Fortschreibung geschlechtsspezifischer Rollenmuster und Arbeitsverteilungen. Seitens der feministischen Forschung wird der Familienpolitik in der Bundesrepublik Deutschland seit Jahrzehnten vorgeworfen, eine traditionelle Rollenverteilung und ein Dreiphasenmodell weiblicher Erwerbstätigkeit staatlich festzuschreiben. Verglichen mit der Situation vor 20 Jahren, hat sich einiges bewegt, aber doch nur in langsamem Tempo. Das gilt sowohl für die staatliche Seite, wo das Ehegattensplitting sich als resistent gegenüber wissenschaftlicher oder politischer Kritik erweist und der Ausbau der Kinderbetreuung nur quälend langsam vorankommt, aber genauso für die private Seite, die Erwerbsneigung von Müttern kleiner Kinder. Diese hat zwar - langsam - zugenommen, aber als Idealbild der Arbeitsverteilung in der Ehe schwebt den meisten Paaren ein längerer Berufsausstieg und Rückkehr in Teilzeit für die Mütter vor. Insofern kann man die politische Entwicklung auf diesem Gebiet als angemessene Reaktion auf die Wünsche der Mehrheit der Bevölkerung bewerten, auch wenn dies gleichstellungspolitisch problematisch ist und im europäischen Vergleich aus dem Rahmen fällt.

Vom Erkennen familienpolitischer Defizite bis zur Umsteuerung scheint es nur ein Schritt zu sein, aber die politische Praxis verfügt nur über begrenzte Handlungsinstrumente, deren Wirkungen voneinander abhängen und neben den beabsichtigten auch ungewünschte Steuerungswirkungen ausüben. Am Beispiel der Unterstützungsleistungen für alleinerziehende Mütter wurde das in diesem Buch bereits erläutert. Auf keinen Fall kann staatliche Familienpolitik als ein Prozess verstanden werden, der nur in einer Richtung abläuft, d.h. bei bestimmten familiären Lebenssituationen oder Defiziten ansetzt, im Blick auf zuvor definierte Ziele einen Maßnahmenkatalog einsetzt und schließlich die gewünschte Veränderung des familiären Zustandes erreicht. Stärker als die meisten anderen Politiken ist die Sozial- und auch die Familienpolitik in die Paradoxie von Wollen und Wirkung gestellt, und es kann davon ausgegangen werden, dass das Resultat politischen Handelns „... regelmäßig in völlig unadäquatem, oft in geradezu paradoxem Verhältnis zu seinem ursprünglichen Sinn" steht (Max Weber, zitiert nach Gerlach 1996, S. 157). Eine rationalere Gestaltung der Familienpolitik, wie sie Max Wingen oder Heinz Lampert immer gefordert haben, scheitert oft schon an der Operationalisierbarkeit der Zielsetzungen. Denn die Formulierung eines Leitbildes erstrebenswerter Familienverhältnisse ist ausgesprochen schwierig, sobald sie über absolute ökonomische Mindeststandards hinausgeht. Zusammensetzungen von Familien, Sozialisationserträge oder Rolleninhalte einzelner Familienmitglieder entziehen sich politischen Zielsetzungen (Gerlach 1996, S. 157).

Vier familienpolitische Interventionsmöglichkeiten

1. Recht: Familienrechts-, Eherechts-, Sorgerechtsreform, Verbot von Gewalt in der Erziehung
2. Geld: Familienlastenausgleich, monetäre Transfers und Steuererleichterungen für familiäre Sachverhalte
3. Umwelt: Gestaltung von Rahmenbedingungen für Familie wie Wohnen, Verkehr, Stadtplanung, Kinderbetreuung, familienbezogene Beratungs- und Dienstleistungen
4. Kommunikation: Beeinflussung der öffentlichen Meinungsbildung durch Kampagnen und gezielte Eingriffe in den politischen Diskurs

---

Grundsätzlich lassen sich (Münch 1990, S. 146ff., Gerlach 1996, S. 158ff.) vier familienpolitische Interventionsmöglichkeiten unterscheiden: Recht, Geld, Umwelt und Kommunikation. Das *Interventionsinstrument Recht* spielte im Ausbau des Familienlastenausgleichs seit 1990 eine erhebliche Rolle, und zwar in Form der Bundesverfassungsgerichtsurteile. Bei anderen rechtlichen Interventionen, insbesondere der Reform des Ehe- und Familienrechts und der Sorgerechtsreform, ist es häufig nicht ganz leicht auszumachen, was zuerst da war: Die rechtliche Veränderung oder die gesellschaftliche? Folgte die rechtliche Festschreibung einer partnerschaftlichen Aufgabenverteilung in der Ehe den tatsächlichen Veränderungen in Partnerschaften, oder setzte sie einen normativen Impuls für entsprechende Veränderungen? Gibt es schon die „neuen Väter" mit einem neu erwachten Interesse an ihren unehelichen Kindern, oder sollen sie mittels der Sorgerechtsreform herbeigelockt werden? Ähnliche Probleme in der Einschätzung ergeben sich bei der Bewertung der monetären Transfers, also des *Interventi-*

onsinstruments Geld. Der Familienlastenausgleich wurde zwar seit 1990 erheblich ausgebaut, aber dadurch weder Geburten gefördert noch Armut in größerem Umfang bekämpft. Das *Interventionsinstrument der Gestaltung einer familiengerechten Umwelt* wurde bisher in der Familienpolitik nur selten genutzt. Auf der Mikroebene ließe sich sicher zeigen, dass z.B. die Schaffung familiengerechten Wohnraums an einer Spielstraße mit guten Kinderbetreuungseinrichtungen die Wahrscheinlichkeit weiterer Geburten und gelingender Sozialisation für die anwohnenden Familien steigert. Nicht umsonst streben ja alle Familien, die es können, nach möglichst familienfreundlichen Wohn- und Lebensverhältnissen. Ebenso hat die leichte Vereinbarkeit von Familie und Beruf einen deutlichen Einfluss auf die Bereitschaft zur Familiengründung. Es scheint sich seit 2002 ein gewisses Umschwenken der familienpolitischen Ausrichtung weg vom Interventionsinstrument Geld und hin zum Interventionsinstrument Umwelt anzudeuten. *Kommunikation* schließlich ist ein zwar notwendiger Teil des politischen Instrumentariums, aber familienpolitisch von äußerst zweifelhafter Wirkung. So viele Plakat-Kampagnen zu Kinder- und Familienfreundlichkeit, Gewaltfreiheit, Väterengagement und Gleichstellung haben die deutschen Familien an sich vorüber ziehen sehen, ohne dass eine einzige dieser Maßnahmen irgendeine messbare Wirkung gehabt hätte. Der größte Vorzug gezielter Kommunikation besteht wohl darin, Engagement für bestimmte, in Programmen festgeschriebene Ziele aktenkundig zu machen. Dagegen können die nur begrenzt steuerbaren Entwicklungen der öffentlichen Meinung als „vierte Gewalt" im demokratischen Gefüge erheblichen Einfluss auf die Gestaltung der Familienpolitik nehmen. Ein Beispiel dafür ist die Anerkennung von Erziehungszeiten in der Rentenversicherung. Ursprünglich geplant nur für Frauen, die noch nicht in Rente waren, hat die öffentliche Meinung im Bundestagswahlkampf 1987 den Respekt vor der Lebensleistung der „Trümmerfrauen" so stark hervor gehoben, dass eine nachträgliche Anrechnung eines Babyjahrs auch für die Mütter aus dem sogenannten Rentenbestand unumgänglich wurde. Ein anderes Beispiel sind die Kindergelderhöhungen seit 1999. Sie sollten systemgerecht auf die stets nachrangig zu gewährende Sozialhilfe angerechnet werden. Die Mobilisierung der öffentlichen Meinung zugunsten bedürftiger Familien hat jedoch dazu geführt, dass die zweite dieser Kindergelderhöhungen - völlig systemwidrig - von der Anrechnung auf die Sozialhilfe ausgenommen wurde.

Blickt man auf die familienpolitischen Entwicklungen in der Bundesrepublik seit der Wiedervereinigung, so kann nicht nur in finanzieller Hinsicht von einem wachsenden Gewicht familienpolitischer Strategien gesprochen werden, während bis dahin die westdeutsche Familienpolitik häufig gegenüber divergierenden Interessen anderer Politikbereiche (Wirtschaft, Finanzen, Arbeitsmarkt) zurücktreten musste. Ein möglicher Grund für diese neue Betonung familienpolitischer Aspekte in den Programmen aller Parteien ist der emotionale Charakter familienpolitischer Maßnahmen. Sie betreffen, mehr als die meisten anderen staatlichen Maßnahmen, einen existenziellen Bereich menschlichen Lebens: Ehe, Partnerschaft, Abtreibung, Elternschaft, Verantwortung, Liebe, Zärtlichkeit. Dieser „Jedermanncharakter" der Familienpolitik bedeutet einen Nachteil für die Zuspitzung argumentativer Positionen im politischen Lagerkampf (alle sind für die Familie ...), aber einen Vorteil für die Kommunizierbarkeit des politischen Anliegens. Selbst weniger leicht politisierbare Gruppen (Schwangere, Mütter, eher privat orientierte Menschen) können bei familienpolitischen Themen mitreden und lassen sich von der Emotionalität des Gegenstandes packen.

Tab. 3: Haushaltswirkungen (Ausgaben bzw. Steuermindereinnahmen) familienbezogener Transferleistungen in der Bundesrepublik, 2001, in Mrd. DM
Zahlen: Bundesministerium für Familie, Senioren, Frauen und Jugend, eigene Berechnungen

Familienbezogene Leistung	Haushaltswirkung 2001 in Mrd. DM	Anteil an den gesamten familienbezogenen Transferleistungen in Prozent
Bundeserziehungsgeld	6,925	4,8%
Unterhaltsvorschuss	1,665	1,2%
Haushaltsfreibetrag für Alleinerziehende	1,7	1,2%
Bundeskindergeld	61,0	42,6%
Kinderfreibetrag	1,4	1,0%
Kinderkomponente der Eigenheimzulage (inkl. Baukindergeld)	6,381	4,5%
BAföG	3,577	2,5%
Ausbildungsfreibeträge für Kinder	1,240	0,9%
Anerkennung der Kindererziehungszeiten in der gesetzlichen Rentenversicherung	11,275	7,9%
Ehegattensplitting (inkl. Realsplitting)	45,19	31,5%
Sonstiges	2,92	2,0%
Summe DM/€	143,273 Mrd. DM/ 73,25 Mrd. €	100,1%

Die Verteilung der familienpolitischen Transfers auf die verschiedenen Bereiche der Familienpolitik zeigt ein charakteristisches Bild. Bei weitem am stärksten zu Buche schlägt der durch das Kindergeld realisierte Familienlastenausgleich. Nächstgrößter Posten ist nach wie vor das Ehegattensplitting. Ebenfalls bedeutsam, wenn auch nicht rein bundes-, sondern teilweise versicherungsfinanziert, ist die rentenrechtliche Anerkennung von Erziehungszeiten. Alle anderen Bereiche der Familienpolitik erscheinen dagegen als kleinere Posten, unter denen aber das Bundeserziehungsgeld und die Familienkomponenten der Eigenheimförderung herausstechen. Die Übersicht macht sehr klar, wo noch finanzpolitische Spielräume in der Familienpolitik sind: im Ehegattensplitting. Und natürlich können Bundesleistungen zur Verbesserung der Kinderinfrastrukturen hier nicht dargestellt werden, da sie über Verschiebungen im Länderfinanzausgleich geregelt wurden. Vor allem Kindergeld und Wohngeld haben sich seit den 80er Jahren erheblich erhöht. Die nachfolgende Übersicht zeigt dies an einigen Eckwerten:

Tab. 4: Steigerung der Ausgaben für ausgewählte familienpolitische Leistungen, 1981 bis 2001 (in Prozent)
Zahlen: Bundesministerium für Familie, Senioren, Frauen und Jugend

	1981 (=100)	1991	2001
Erziehungsgeld (1991=100)	-	100	117
Kindergeld	100	114	318
Wohngeld	100	189	323
BAföG	100	106	97

Eine eingehende vergleichende Analyse der familienpolitischen und der arbeitsmarktpolitischen Debatte im Deutschen Bundestag (Bleses 1998) zeigt die hohen normativen Voraussetzungen und den hohen moralischen Druck, dem Redner unterliegen, um zumindest verbal ihre Familienfreundlichkeit zu beteuern. Im politischen Diskurs der Bundesrepublik ist es für einen Redner disqualifizierend, Familien eine missbräuchliche Inanspruchnahme sozialer Leistungen vorzuwerfen, während dies Arbeitslosen oder Sozialhilfeempfängern argumentativ unterstellt werden kann (a.a.O. S. 246-248). Dies erschwert natürlich eine offene Debatte z.B. über ungewünschte Nebenwirkungen einer armutsbekämpfenden Politik für Familien (vgl. Kap. 8).

In dem Maße, in dem die politische Auseinandersetzung in Deutschland sich von einer programmatischen auf die Ebene der Massenkommunikation, der Medien und der Kandidatenkämpfe verlegt hat, bieten familienpolitische Themen den Zugang zu starken und archaischen Gefühlen der Wählerinnen und Wähler, bieten ein anschauliches Objekt für Wahlversprechen und einen extrem konsensbetonten Gegenstand. Diese Chance mag sich keine Partei entgehen lassen, und so gerät familienpolitische Programmatik in die Gefahr der Konturlosigkeit. Wenn alle für die Familie sind, für den Lastenausgleich, für die Frauengleichstellung, für die freie Wahl der Lebensform und für die Vereinbarkeit von Familie und Erwerbsleben, ist es schwer, Akzente zu setzen, aber es wird auch unmöglich, Familienfreundlichkeit als Kriterium gelingender Sozialpolitik aus dem Diskussionsprozess wieder heraus zu drängen.

Es ist, auf der Basis ausführlicher quantitativer und qualitativer Analysen des politischen Diskurses, sogar argumentiert worden, dass sich der deutsche Wohlfahrtsstaat in einem Wandel befinde von seinem ehemaligen, zunehmend problematischer werdenden Modell der Lohnarbeitszentriertheit hin zu einem familienorientierten Wohlfahrtsstaat, dessen Politik vorrangig auf die Unterstützung familialer Gemeinschaften gerichtet sei (Bleses/Seeleib-Kaiser 1999, S. 115). Laut Bleses/Seeleib-Kaiser sei also nicht von einem Abbau des Wohlfahrtsstaats in der Bundesrepublik zu sprechen, sondern von seiner Transformation in einen familienorientierten Wohlfahrtsstaat. Die großen sozialpolitischen Reformen seit 1990, insbesondere die Pflegeversicherung und die „Riester"-Rente, d.h. staatliche Förderung für eine zusätzliche private Altersvorsorge bei Absenkung des gesetzlichen Rentenniveaus, sind jedoch nicht familienbezogen, sondern setzen nach wie vor am Erwerbseinkommen an.

Tab. 5: Lohnarbeitszentrierung und Familienorientierung des Wohlfahrtsstaats

Lohnarbeitszentrierter Sozialversicherungsstaat	Auf dem Weg zum familienorientierten Wohlfahrtsstaat? (Bleses/Seeleib-Kaiser 1999)
über die Arbeitsmarktteilnahme vermittelte Selektivität sozialer Sicherungen vergleichsweise strenge Trennung zwischen Produktion und Reproduktion, bzw. zwischen den Geschlechterrollen unterschiedliche Formen der sozialrechtlichen Regelungen (Versicherungsleistungen oder Fürsorgeleistungen oder private Unterhaltsansprüche) für die verschiedenen gesellschaftlichen Gruppen (Erwerbstätige, Frauen, Kinder, Rentner etc.)	Schaffung neuer Sicherungspositionen, die von Familientätigkeiten abhängig sind (Anerkennung von Erziehungszeiten in der Rentenversicherung und Krankenversicherung) Definition von Bedürftigkeit nach dem Familienstand und Ausbau des Familienlastenausgleichs: unterschiedliche steuerrechtliche Regelungen in Abhängigkeit von familialen Lebensformen neue Formen der Absicherung auf einheitlichem, knapp bedarfsdeckendem Niveau für Familientätigkeit (Erziehungsgeld)

Jedenfalls deutet sich, so scheint es, in Deutschland eine Verallgemeinerung des Eintretens für Familienbelange in allen politischen Lagern an. Dies erinnert an die französische Situation nach dem ersten Weltkrieg. Angesichts der im Vergleich zu allen anderen europäischen Ländern so niedrigen französischen Geburtenraten entstand damals ein großer nationaler Konsens über die Notwendigkeit gezielter Bevölkerungs- und Familienpolitik, der von der extremen Rechten bis zur extremen Linken reichte. Dieser Konsens war die politische Grundlage für den bemerkenswerten Ausbau familienpolitischer Leistungen in Frankreich seit den 1920er Jahren und möglicherweise auch für die noch heute im europäischen Vergleich erstaunlich hohen Geburtenraten. Es ist nicht ausgeschlossen, dass sich die Bundesrepublik Deutschland zur Zeit in einer ganz ähnlichen Situation befindet, in der familienpolitische Belange in den Status einer „conditio sine qua non" der Sozialpolitik gelangen und für Regierungen aller Couleur unausweichliches Pflichtprogramm werden.

10. Familienpolitik
im europäischen Kontext

10.1 Nationale Familienpolitiken
im europäischen Vergleich

Erst wenn die bundesrepublikanische Familienpolitik in einen europäischen Rahmen eingeordnet wird, lassen sich Sonderentwicklungen, aber auch Handlungsspielräume wirklich ermessen. Der europäische Vergleich ist eines der wenigen Instrumente, mit dem die Effektivität sozialpolitischer Maßnahmen gemessen werden kann. Zahlreiche Formen europäischer Kooperation streben genau das an: Lernen durch internationalen Vergleich, durch die Frage danach, wie im Prinzip ähnliche wirtschaftliche, soziale, technische Aufgabenstellungen unterschiedlich identifiziert, definiert und gelöst werden. Dafür werden im Kontext der europäischen Politik zwei Methoden verwandt, zum einen das sogenannte „Benchmarking", d.h. die Kategorienbildung für Erfolgsfaktoren, die Definition von Indikatoren, mit denen sich der Erfolg einer bestimmten Politik messen lässt. Der zweite Schritt ist dann die Identifizierung von „Best Practice", d.h. von nationalen Praktiken, die sich als besonders effektiv erwiesen haben. Best Practice ist ein praktischer Zugang zum Gesellschaftsvergleich, der aber gerade in der Familienpolitik häufig recht unreflektiert benutzt wird. Denn festzustellen, dass in diesem oder jenem Land das Kindergeld höher oder die Öffnungszeiten der Kitas länger sind, sagt nicht viel aus, wenn nicht gleichzeitig der sozialpolitische Rahmen, das Geflecht aller familienbezogenen Maßnahmen und die Besonderheiten nationaler Stile berücksichtigt werden. So bedeutet z.B. das vergleichsweise niedrige Kindergeld in den skandinavischen Staaten nicht, dass dort die Familienpolitik versagt; und morgendliche Öffnungszeiten der Kitas ab 6 Uhr früh in der DDR sind kein Beweis für besondere Kinderfreundlichkeit, sondern für einen insgesamt anderen, normierteren Rhythmus des öffentlichen und Erwerbslebens.

Trotz dieser Einschränkungen kann man den internationalen (oder den intergesellschaftlichen oder interkulturellen) Vergleich als sozialwissenschaftliches Pendant zum Experiment in den Naturwissenschaften betrachten. Hier bietet sich die seltene Chance, tatsächlich in realen Versuchsanordnungen die Folgen bestimmter Politiken zu bestimmen (Antal/Dierkes 1992, S. 587-594). Naturgemäß ist ein solcher Vergleich um so aussagekräftiger, je vergleichbarer die jeweiligen wohlfahrtsstaatlichen Systeme sind. Vergleiche sind kontextabhängig, d.h. die Rahmenbedingungen des Experiments müssen möglichst kontrolliert werden. Deshalb sind Vergleiche innerhalb der relativ homogenen, historisch gemeinsam gewachsenen europäischen Wohlfahrtsstaaten besonders wertvoll. Europäische Vergleiche wohlfahrtsstaatlicher Leistungen und Effekte können Grundlagenwissen für politische Entscheidungsprozesse bereitstellen (Immerfall 1994, S. 22-27). Vergleiche können auf diese Weise vor allem zwei Funktionen erfüllen: Sie können erstens aufklären über die Partikularität des uns Selbstverständlichen, können einen unmittelbar einleuchtenden Beweis liefern dafür, dass bestimmte sozialpolitische Regelungen nicht zwangsläufig so sein müssen, wie sie uns im nationalen Kontext begegnen. Zweitens und vor allem können Vergleiche Alternativen aufzeigen, sie können andere Lösungen für gleichgelagerte Probleme zeigen. Damit sind Vergleiche eine Quelle sozialpolitischer Innovationen, denn der größte Teil aller Innovationen sind - das zeigt die Innovationsforschung - Übertragungsinnovationen.

Für einen ersten groben Überblick lassen sich folgende Ländergruppen unterscheiden: *Frankreich* als Pionierland einer expliziten Familienpolitik mit deutlichen Einflüssen auf *Belgien* und *Luxemburg* - typisch ist eine ausgebaute zentralstaatliche Familienpolitik mit langer Tradition; *Skandinavien* mit einer gleichheitsorientierten Sozialpolitik, welche familiale Belange als Politik für Geschlechter, Klassen, Lebenslagen berücksichtigt, ohne sie explizit als Familienpolitik zu thematisieren; die *deutschsprachigen Länder* mit einem verfassungsmäßig festgeschriebenen Familienschutz im Kontext einer auf den Alleinernährer ausgerichteten Sozialpolitik und schließlich die *angelsächsischen Länder*, in denen eine große Zurückhaltung des Staates gegenüber allen Eingriffen in die Privatsphäre kombiniert ist mit der Garantie eines Existenzminimums für benachteiligte Bevölkerungsgruppen (Kaufmann 1993, S. 154).

Nachfolgend sollen die zwei großen Themen der Familienpolitik: Lastenausgleich und Vereinbarkeit von Familie und Erwerbsleben - in europäisch vergleichender Perspektive betrachtet werden, um Gestaltungsmöglichkeiten und Innovationspotentiale für die deutsche Familienpolitik sichtbar werden zu lassen.

Das Thema *Familienlastenausgleich* war bereits Gegenstand intensiver europäisch vergleichender Forschung. Solche Vergleiche im Bereich Familienpolitik wurden fast ausschließlich durch das Europäische Observatorium für nationale Familienpolitik durchgeführt, ein 1989 gegründeter, von der EU finanzierter Forscherverbund, der zunächst vom Institut de l'Enfance et de la Famille in Paris koordiniert wurde. Von 1990 bis 1994 hatte das Observatorium seinen Sitz an der Katholischen Universität Leuven, und von 1994 bis 1998 an der University of York. Danach gab es einigen Streit über die familienpolitischen Zuständigkeiten der Europäischen Kommission, und seit dem Jahr 2000 betreut das Österreichische Institut für Familienforschung die umbenannte „Europäische Beobachtungsstelle für Familienangelegenheiten". Die Arbeitsweise dieses Observatoriums beruht im Wesentlichen auf jährlichen Berichten von nationalen Experten über die familienpolitischen Tendenzen ihrer Herkunftsländer.

Das Thema Familienlastenausgleich wurde insbesondere von der University of York (Leitung John Ditch) ausführlich untersucht. Die Entlastungswirkung der Familienpolitik in allen EU-Ländern wurde sehr differenziert verglichen und Ranglisten der „am besten entlastenden" EU-Mitgliedstaaten für diverse Familienformen (Besserverdienende, Geringverdienende, Alleinerziehende, Kinderreiche usw.) aufgestellt. Ähnliches wurde einige Jahre zuvor schon von der GeFam Gesellschaft für Familienforschung im Auftrag des Bundesministeriums für Familie und Senioren unternommen (Neubauer/Dienel/Lohkamp-Himmighofen 1993). Blicken wir kurz auf die Ergebnisse dieser Studien: Über wieviel Einkommen verfügen Familien im Vergleich zu Kinderlosen, wenn Steuern, Transfers des Staates (Kindergeld, Erziehungsgeld usw.) und Wohnungskosten berücksichtigt werden? Welche Mitgliedstaaten der Europäischen Union zeichnen sich durch den effektivsten Lastenausgleich aus?

In der GeFam-Studie von 1993 erwies sich, dass Belgien und Frankreich hinsichtlich des Familienlastenausgleichs einsame Spitzenreiter waren. Das Familieneinkommen eines Arbeiters erhöhte sich allein durch das Familienleistungspaket (die finanziellen Transfers) bei drei Kindern um 63 Prozent gegenüber dem Einkommen eines Alleinstehenden bei gleichem Lohn. Bei Angestellten stieg das Einkommen sogar um 75 Prozent gegenüber Kinderlosen. In Belgien lauteten die entsprechende Werte 71 Prozent für Arbeiter und 49 Prozent für Angestellte. Demgegenüber erhöhte sich z.B. das Familieneinkommen des deutschen Arbeiters bei drei Kindern um 23 Prozent, das war damals in Europa immerhin der fünfte Platz von zwölf Mitgliedstaaten (Neubauer/Dienel/Lohkamp-Himmighofen 1993, S. 304). Bei allen Rankings der GeFam-Studie zeichnete sich eine klare Spitzengruppe, bestehend aus Frankreich, Belgien, Dänemark und Luxemburg ab; bei keinem Indikator zur Leistungsfähigkeit des Familienlastenausgleichs erreichte ein anderer Staat das Niveau dieser vier Systeme.

Mit einem ganz anders strukturierten Indikatorensystem kamen die britischen Forscher unter John Ditch an der University of York zu ganz ähnlichen Ergebnissen. In der nachstehenden Tabelle wird der Wert des so genannten „Kinderbeihilfepakets", bestehend aus Kindergeld und allen weiteren familienbezogenen Transfers, berechnet für 20 verschiedene Familientypen, kumuliert und als Abweichung vom europäischen Mittelwert (=0) dargestellt:

Tab. 1: Wert des Kinderbeihilfepakets für 20 verschiedene Familien mit zwei Elternteilen, Mai 1996 (Ditch u.a. 1998, S. 65, Tabelle 3.7 und 3.8.)

Land	Unterschied als prozentualer Anteil vom Mittelwert aller Länder, vor Wohnungskosten	Unterschied als prozentualer Anteil vom Mittelwert aller Länder, nach Wohnungskosten
Luxemburg	249	841
Belgien	137	238
Frankreich	122	254
Finnland	108	-57
Österreich	70	42
Deutschland	51	115
Schweden	34	-13
Großbritannien	-9	27
Dänemark	-12	15
Irland	-69	-75
Portugal	-87	-81
Niederlande	-102	-135
Spanien	-107	-245
Italien	-111	-327
Griechenland	-272	-600

Der Wert und die Problematik solcher vergleichender Darstellungen wird an der Tabelle deutlich: Ebenso wie die Studie von 1993 ermittelt auch die von 1996 die Spitzengruppe von Belgien, Frankreich, Luxemburg. Dänemark schneidet hier aber wesentlich ungünstiger ab, weil zahlreiche Erziehungs- und Betreuungsdienstleistungen des sehr dienstleistungsorientierten dänischen Systems sozialer Sicherung bei den Berechnungen in York nicht berücksichtigt werden konnten. Stabil ist auch die Negativliste von Spanien, Italien und Griechenland, den südeuropäischen EU-Mitgliedern, deren soziale Sicherung noch im Aufbau ist. Die extrem ungünstigen bzw. unglaubwürdigen Werte für Griechenland in den Tabellen des Observatoriums zeigen aber auch die Problematik solcher Darstellungen - alle Wertungen hängen davon ab, wie die Kinderkosten eingeschätzt werden (vgl. Kapitel 4.1).

Die britische Forschergruppe schlussfolgert, Luxemburg, Frankreich, Belgien und Deutschland gehörten zur Spitzengruppe mit den großzügigsten Kinderbeihilfepaketen. Das liegt auf der Hand. Aber im Sinne des Benchmarking ist auch zu fragen: Ist das nun ein Beweis für gelungene Familienpolitik? Das Beispiel Dänemark, das bei solchen Berechnungen eher ungünstig abschneidet, wirft Fragen auf. Welche Kriterien können denn die Familien- oder Kinderfreundlichkeit einer Gesellschaft belegen?

Traditionellerweise spielte die Geburtenzahl die größte Rolle bei der Beurteilung der Familienpolitik. Familienpolitik entstand - in Frankreich nach dem Ersten Weltkrieg - überhaupt erst aus dem Bemühen, die gegenüber Deutschland niedrigere Geburtenrate anzuheben (Dienel 1995). Ein anderes, vergleichbares Kriterium ist möglicherweise der Anteil von Familien, die sich für drei und mehr Kinder entschieden haben.

Tab. 2: Geburtenziffer und Kinderreichtum im europäischen Vergleich
Quelle: Sozialporträt Europas 1998, S. 35, Tabelle 3.

	Zusammengefasste Geburtenziffer pro Frau 1996	Prozentsatz von Familien mit drei und mehr Kindern 1995
EU 15	1,44	-
Belgien	1,55	16,9%
Dänemark	1,75	11,6%
Deutschland	1,30	15,3%
Griechenland	1,31	11,3%
Spanien	1,15	10,5%
Frankreich	1,72	17,8%
Irland	1,91	39,8%
Italien	1,22	14,8%
Luxemburg	1,76	18,1%
Niederlande	1,52	20,2%
Österreich	1,42	-
Portugal	1,44	13,1%
Finnland	1,76	-
Schweden	1,61	-
Großbritannien	1,70	18,7%

Der Blick auf dieses Zahlen zeigt jedoch ein außerordentlich disparates Ergebnis. Zwar ist die Geburtenziffer tatsächlich in den Staaten mit wirksamem Familienlastenausgleich vergleichsweise höher (Frankreich, Belgien, Luxemburg), aber auch in den skandinavischen Wohlfahrtsstaaten mit umfangreichen sozialen Dienstleistungen (Dänemark, Schweden, Finnland), doch auch die Geburtenraten in Großbritannien und Irland sind gleich hoch oder höher, obwohl es dort weder nennenswerten Familienlastenausgleich noch soziale Dienstleistungen für Familien in besonderem Umfang gibt. Der Anteil von Familien mit drei und mehr Kindern ist sogar in den angelsächsischen Ländern und den Niederlanden am höchsten, danach folgt wieder die Gruppe Belgien, Frankreich, Luxemburg.

Tab. 3: Länder mit der niedrigsten Kinderarmut, nach unterschiedlichen Armutsindikatoren (Ditch u.a. 1998, S. 35-38)

Einkommen	Wohnungsgröße	Kindersterblichkeit	subjektiv erlebte Armut	
Platz 1:	Dänemark	Niederlande	Luxemburg	Finnland/ Schweden
Platz 2:	Frankreich	Luxemburg	Deutschland	Dänemark, Deutschland, Irland, Österreich, Großbritannien
Platz 3:	Deutschland	Belgien	Niederlande	
Platz 4:	Belgien	Deutschland	Belgien	
Platz 5:	Niederlande	Frankreich	Dänemark	

Ein mögliches anderes Kriterium zur Bewertung der Leistungsfähigkeit familienpolitischer Systeme könnte die Armut von Kindern sein. Nach diversen, hier nicht näher zu erläuternden Armutsindikatoren-Rangordnungen bei Ditch gibt es eine Spitzengruppe von Ländern, in denen Familienarmut wirksam bekämpft wird (siehe Tabelle 3).

Hier ist deutlich zu erkennen, dass die hohe Frauenerwerbsquote in Dänemark hinsichtlich der Einkommensarmut deutlich wirksamer ist als ein noch so hoher Familienlastenausgleich, der - am Beispiel Frankreich zu sehen - nicht dazu geeignet scheint, das subjektive Erlebnis von Armut und Ausgrenzung bedürftiger Familien zu verhindern. Der Indikator Kindersterblichkeit macht wiederum klar, dass ein so essentieller Wert wie die gesundheitliche Lage von Familien auch in liberal geprägten Systemen ohne Familienlastenausgleich wirksam gesichert werden kann. Weitere Indikatoren wären denkbar, so z.B. die Selbstmordquote von Kindern und Jugendlichen und anderes mehr.

Diese Überlegungen zeigen, dass die Wirkung von Familienpolitik sich nicht allein am Familienlastenausgleich bemessen lässt, sondern im Wirkungszusammenhang des gesamten sozialen Sicherungssystems und der sozioökonomischen Lage beurteilt werden muss. Zu wenig diskutiert werden dabei die Steuerungsmöglichkeiten unterschiedlicher Gestaltungen dieses Familienlastengleichs: er kann vertikal umverteilen und vordringlich die Armut von Familien bekämpfen (Beispiel Finnland, Schweden, Irland, Großbritannien), er kann durch besondere Förderung 'zweiter und dritter Kinder auf die Geburtenrate einzuwirken versuchen (Frankreich), er kann aber auch jedem einzelnen Kind unabhängig von der Lage der Eltern und der Zahl der Geschwister das gleiche Anrecht auf Transfers geben (Dänemark), er kann vordringlich Steuergerechtigkeit realisieren (Luxemburg, vielleicht bald auch Deutschland).

Vor allem aber darf nicht vergessen werden, dass das Kinderleistungspaket in Konkurrenz zu anderen Einkommensquellen steht, insbesondere zum zweiten Haushaltseinkommen. Möglicherweise verstellt deshalb die in der Bundesrepublik vehement geführte Diskussion zum Familienlastenausgleich den Blick auf andere Bereiche der Familienpolitik, mit denen ein wirksamerer Beitrag zu einer familienfreundlichen Gesellschaft geleistet werden kann.

Im zweiten großen Bereich der Familienpolitik, der *Vereinbarkeit von Familie und Beruf,* finden wir im europäischen Vergleich eher noch größere Unterschiede als in der Gestaltung des Familienlastenausgleichs. Die Maßnahmen, die hier betrachtet werden sollen, sind die Gestaltung von Mutterschaftsurlaub, Vaterschaftsurlaub, Elternurlaub und Freistellung aus familiären Gründen. Hier bietet sich in Europa ein sehr heterogenes Bild, das sich sehr gut spiegelt im innerdeutschen Ost-West-Vergleich.

Tab. 4: Aus Mitteln der öffentlichen Hand finanzierte Kinderbetreuungsdienste
Family Observer 1999, S. 20.

Land	Pflichtschulbeginn im Alter von	Bereitstellung öffentlich finanzierter Betreuungsplätze für Kinder im Alter von		
		0–3 Jahren	3–6 Jahren	6–10 Jahren*
Belgien	6	30%	95%+	??
Dänemark	7	48%	82%	62% + alle 6jährigen in Vorschuleinrichtungen
Deutschland	6	2% (W) 50% (O)	78% (W) 100% (O)	5% (W) 88% (O)
Finnland	7	21%	53%	5%+60% der 6jährigen in Wohlfahrts- und Bildungseinrichtungen
Frankreich	6	23%	99%	?30%
Griechenland	6	#3%	#70% (a)	?<5%
Großbritannien	5	2%	#60% (a)	??<5%
Irland	6	2%	55%	?<5%
Italien	6	6%	91%	??
Niederlande	5	#8% (a)	#71% (a)	?<5%
Österreich	6	3%	75%	6%
Portugal	6	12%	48%	10%
Schweden	7	33%	72%	64% + einige 6jährige in Vorschuleinrichtungen
Spanien	6	?2%	84%	??

Quelle: European Commission Network on Childcare and Other Measures to Reconcile Employment and Family Responsibilities (Hrsg.) (1996): A Review of Services For Young Children in the European Union 1990 – 1995. Luxemburg: Europäische Kommission GD V. (Anmerkung: Die Originaltabelle enthält keine Angaben über Luxemburg.)

Erläuterungen:

*   Die Zahlen in dieser Spalte beziehen sich auf Dienste, die Betreuung und Freizeitaktivitäten für Kinder im schulpflichtigen Alter anbieten. Kinder in Pflichtschulen sind nicht inkludiert.

(a)   Inkl. einige Kinder in Pflichtschulen (z.B. wenn das Pflichtschulalter unter 6 Jahren liegt).

??   Es liegen keine Daten vor.

?<5%   Es liegen keine Daten vor, jedoch weniger als 5 Prozent.

?   Näherungswert

\#   In Griechenland, den Niederlanden und im Vereinigten Königreich von Großbritannien und Nordirland gibt es keine statistischen Angaben für Kinder in den Altersgruppen 0–3 und 3–6: In Griechenland liegen Statistiken für die Altersgruppen 0–2,5–5 Jahre vor, in den Niederlanden für Kinder im Alter von 0–4 Jahren und im Vereinigten Königreich für die Gruppe der 0–5jährigen.

„Aus Mitteln der öffentlichen Hand finanziert" bedeutet in fast allen Fällen, daß mehr als die Hälfte (für gewöhnlich zwischen 75 Prozent und 100 Prozent) der Gesamtkosten aus öffentlichen Mitteln gedeckt werden. Die markanteste Ausnahme findet sich in den Niederlanden, wo üblicherweise weniger als die Hälfte der Kosten aus öffentlichen Mitteln gedeckt wird.

Tab. 5: Das Bildungssystem der EU-Länder. Ditch 1996, S. 52.

Land	Beginn der Schulpflicht	Schulpflicht bis	Normale Schulstunden	Bemerkungen
Belgien	6 Jahre	16 Jahre	32 pW	Teilzeitschulpflicht von 16-18 die meisten beginnen mit 3
Dänemark	7 Jahre	16 Jahre	20-28 Std pW, je nach Alter	die meisten beginnen mit 5
Deutschland	6 Jahre	15 Jahre	8 - 13.10	die meisten beginnen mit 3
Griechenland	5 Jahre	-	8 - 13.30 oder 13.45 - 19	die meisten beginnen mit 3
Spanien	6 Jahre	16 Jahre	9 - 16.30	die meisten beginnen mit 4
Frankreich	6 Jahre	16 Jahre	8.30-12 14 - 17 (nicht Mi) + Sa vorm.	die meisten beginnen mit 3
Irland	6 Jahre	15 Jahre	p-5, 40 min s- 6 Std	die meisten beginnen mit 5
Italien	6 Jahre	15 Jahre	25-30 Std pW je nach Alter	die meisten beginnen mit 3
Luxemburg	6 Jahre	15 Jahre	30 pW in der Grundschule 25 pW in der Sekundarschule	die meisten beginnen mit 4
Niederlande	5 Jahre	16 Jahre	8.30 - 12.00 13.00 - 15.00	die meisten beginnen mit 4
Österreich	6 Jahre	15 Jahre	8 - 14.00	
Portugal	6 Jahre	15 Jahre	8/9.30 - 15.30/ 16.00, in Schichten	
Finnland	7 Jahre	16 Jahre	8/9.00 - 14/16.00	19-30 Std pW, je nach Alter
Schweden	7 Jahre	16 Jahre	p-5/6 Std s- 6/7 Std	freiwillig ab 6
Großbritannien	5 Jahre	16 Jahre	8.45/9.00 - 15.30/16.00	die meisten beginnen mit 4

Die Betreuungssituation ist in den meisten Ländern Europas für die 3-6-Jährigen am besten, lediglich in Irland, Finnland und Portugal ist noch ein erheblicher Nachholbedarf erkennbar. Freilich sagen diese europäisch vergleichbaren Zahlen nichts aus über die durchschnittliche Länge eines Betreuungstages im Kindergarten. Hingegen differenziert sich das Bild für die Kleinstkinder im Krippenalter ganz erheblich. Allerdings wünschen bei weitem nicht alle Eltern von Unter-Dreijährigen einen Betreuungsplatz, viele bevorzugen die Betreuung in der Familie oder durch Verwandte. Es ist jedoch zu vermuten, dass ein Angebot für weniger als 10 Prozent der Kinder dieser Altersgruppe nicht nachfragegerecht ist und bei etwa 30 Prozent von Bedarfsdeckung gesprochen werden kann. In diesem Sinne besteht ein bedarfsdeckendes Angebot an Krippenplätzen nur in Belgien, Dänemark, Ostdeutschland und Schweden, mit Einschränkungen auch in Frankreich und Finnland. Noch schwieriger sind die Zahlen für die nachschulische Betreuung der Schulkinder zu interpretieren, denn der Bedarf hängt in hohem Maße von der durchschnittlichen Dauer des Schultages ab. Hierzu gibt Tabelle 5 Auskunft.

Im Zusammenhang der beiden Tabellen ergibt sich eine prekäre Betreuungssituation für Schulkinder vor allem in Deutschland (West), Österreich und Italien, denn in diesen Ländern ist Halbtagsschule die Regel und eine Hortbetreuung nur für einen sehr kleinen Prozentsatz dieser Altersgruppe verfügbar. Als Leitnationen hinsichtlich der Kinderbetreuung können also Dänemark, Schweden und Frankreich gelten, sie geben im Sinne eines Benchmarking die Messlatte vor, an der man die bundesdeutsche Familienpolitik messen darf. Daraus ergeben sich die bekannten Defizite vor allem in zwei Bereichen: 1. Betreuung der Unter-Dreijährigen, 2. Ganztagsbetreuung von Grundschulkindern.

Seit Einführung des Erziehungsurlaubs 1986 lag der politische Schwerpunkt in der Bundesrepublik auf der Förderung der Nichterwerbstätigkeit der Mütter von 0-3-Jährigen, und zwar mit großem Erfolg. 99 Prozent der Eltern nehmen Erziehungsurlaub, davon weniger als 2 Prozent Männer, und ca. 90 Prozent der Frauen nehmen die vollen drei Jahre Berufsunterbrechung in Anspruch. Im Blick auf die europäischen Nachbarn stellt sich die Frage: Muss ein großzügiges Angebot an Betreuung von Unter-Dreijährigen gleichzeitig den Verzicht auf großzügigen Elternurlaub bedeuten, oder ist auch die Realisierung einer vollen Wahlfreiheit zwischen häuslicher und außerhäuslicher Betreuung der Kleinstkinder realisierbar?

Tab. 6: Vergleich der verfügbaren Betreuungsplätze und der Dauer des Elternurlaubs in Europa
Quelle: Übersicht über die gesetzlichen Maßnahmen in den EU-Ländern 1998.

	% Betreuungsplätze 0-3 J.	Dauer des Eltern/ Erziehungsurlaubs
Dänemark	48%	8-14 Monate + Vater: weitere 6 Monate
Finnland	21%	3 Jahre
Schweden	33%	12 Monate
Frankreich	23%	3 Jahre (seit 1994 ab 1. Kind)
Belgien	30%	kein gesetzl. Anspruch, max. 12 Monate
DDR	80%	12 Monate

Ein gewisser Zusammenhang ist also durchaus zu erkennen: Umfassende Kinderbetreuung für die Unter-Dreijährigen korreliert häufig mit kürzerem Erziehungsurlaub. Aber eine Tendenz, die Länge dieses Urlaubes auszudehnen, ist gleichfalls sichtbar. Dass lange Erwerbsunterbrechungen zu einer geringeren Rückkehrquote führen, wurde in verschiedenen Untersuchungen immer wieder deutlich.

Wichtiger als diese formalen Betrachtungen ist jedoch der Vergleich der Philosophie vorschulischer Betreuung. Sie kann, so wie in der Bundesrepublik üblich, als Elternrecht oder Serviceleistung an Familien betrachtet werden. Im Artikel 18 der UN-Kinderrechtskonvention ist dieses Anrecht deshalb auf die Kinder berufstätiger Eltern beschränkt. Dies ist häufig auch Praxis in deutschen Kommunen, d.h. der Betreuungsbedarf im Krippenbereich wird an der Berufstätigkeit der Eltern gemessen; Alleinerziehende und voll berufstätige Eltern haben deshalb gegenüber nicht oder eingeschränkt Erwerbstätigen höhere Priorität bei der Platzvergabe. Die Länge der elterlichen Berufstätigkeit bestimmt, auf wieviel Stunden tägliche Betreuung das Kind Anspruch hat.

Kinderbetreuung kann aber auch als Kinderrecht betrachtet werden. Wenn vorschulische Betreuung als Bildungseinrichtung begriffen wird, haben alle Kinder unabhängig vom Erwerbsstatus der Eltern darauf ein Recht, ebenso wie auf Grundschulbildung. Ob und wieviele Stunden Schulunterricht ein Kind erhält, wird ja auch nicht von der Erwerbstätigkeit der Eltern abhängig gemacht. Tagesbetreuung von Kindern ist in Deutschland traditionell eine kompensatorische Hilfe gewesen, wenn die Familie versagt. Der Blick auf andere europäische Länder zeigt jedoch, dass auch ganz andere Philosophien vorschulischer und außerfamiliärer Betreuung möglich sind:

Beispiel Großbritannien: In den angelsächsischen Ländern ist die im Mittelalter überall gültige Tradition der außerfamiliären Erziehung von Kindern nie ganz durchbrochen worden. So wie Knappe oder Lehrling in frühem Alter die Familie verließ, gehört noch heute zum Leitbild der vollendeten bürgerlichen und adligen Erziehung die Public School/Boarding School, also das Internat ab dem siebten Lebensjahr, jedenfalls aber eine frühe Ablösung aus dem Elternhaus zum Wohle des Kindes. In dieses Modell passt auch die Tendenz der Labour-Regierung unter Tony Blair seit 2000, größeren Wert auf frühe Alphabetisierung bereits in der Vorschule zu legen. Schon Vierjährigen müssen nach den britischen Rahmenplänen Buchstaben und Zahlen altersgemäß vermittelt werden. Kinderbetreuung als Service ist dem angelsächsischen, liberalen Beveridge-System fremd. Kinderbetreuung ist ein Bildungsangebot und Recht der Kinder; Bedenken gegen die Herauslösung aus der Familie und gegen lange Schultage haben in einer solchen Philosophie der Kinderbetreuung keinen Platz.

Beispiel Frankreich: Der Ausgangspunkt des französischen Bildungssystems war die Revolution. Die Schulpolitik Jules Ferrys in der Dritten Republik hatte das eindeutige Ziel, die Kinder möglichst lange aus den Familien heraus und von den katholischen Müttern entfernt zu halten. Dahinter stand die Überzeugung: Nur die staatliche Schule kann gute Republikaner erziehen; je früher die Schulbildung einsetzt und je länger der Schultag ist, desto besser kann der (reaktionäre) Einfluss der Familie reduziert werden. Ihr blieben lediglich die (für etwaigen Religionsunterricht freigehaltenen)

Mittwochnachmittage und die langen Sommerferien (Veil 1997, S. 31f.). In Frankreich spielt die Familie auch kulturell als nach außen abgeschlossener Raum eine geringere Rolle. Freunde trifft man im Restaurant, größere Teile des Lebens sind öffentlich. Aus französischer Sicht erscheinen die engen Bindungen deutscher Mütter an ihre Babys befremdlich, sogar leicht inzestuös. Schon die französische Vorschulerziehung ab dem Krippenalter hat zum Schwerpunkt den „éveil", d.h. die intellektuelle Förderung der Kinder und ähnelt in der zentralen Festlegung von Erziehungszielen dem DDR-System. Das Ergebnis einer solchen kulturellen Konstruktion vorschulischer und schulischer Bildung ist verlässliche, ganztägige Betreuung der Kinder, aber auch umfassende Förderung für Kinder z.B. aus Immigrantenfamilien. Nicht überraschend gelingt die sprachliche Integration von Immigranten in Frankreich erheblich besser als in Deutschland. Der Entwicklung des französischen Systems lag aber nicht ein Elternrecht auf Betreuung der Kinder zugrunde, sondern ein politisch verstandener Bildungsauftrag. Dass französische Mütter in hohem Maße zeitliche Flexibilität für eigene Berufstätigkeit genießen, ist nicht der Ausgangspunkt dieser Entwicklung gewesen, sondern ihre Folge (Letablier 2002, Ehmann 1999).

Vorschulische Betreuung als Bildungschance zu erkennen, ist in Deutschland noch sehr neu. Diese Sichtweise wurde zwar durch die fatalen Ergebnisse der international vergleichenden Bildungsstudie PISA, bei der deutsche Schüler im Jahre 2001 nur im unteren Mittelfeld abschnitten, stark befördert. Sie steht aber in starkem Gegensatz zu deutschen Traditionen der elterlichen Erziehungsverantwortung und subsidiären Unterstützung des Staates. Kernpunkt einer möglichen Veränderung ist dabei weniger die Quantität als die Qualität der Kinderbetreuung. Wenn diese Kindern Chancen, bietet, die außerhalb von Einrichtungen kaum zu haben sind, kann vorschulische Bildung als Kinderrecht vielleicht auch in Deutschland mehr Akzeptanz finden.

Ein neues Thema auf der europäischen Ebene ist die Bevölkerungspolitik. Aus deutscher Perspektive ist das besonders interessant, weil es die Möglichkeit eröffnet, ein national tabuisiertes Thema supranational wieder aufzugreifen. Deutschland steht mit seinen niedrigen Geburtenraten in Europa keineswegs allein. Trotz ihrer Konvergenz in Bezug auf die niedrigen Geburtenraten unterscheiden sich die EU-Mitgliedstaaten hinsichtlich der Abfolge und Ausprägung dieser Entwicklung. In den südlichen Ländern (Spanien, Italien, Griechenland und Portugal) ist die Geburtenzahl viel später, aber dafür viel stärker und auf ein bisher unerreicht niedriges Niveau gesunken, während gleichzeitig die Eheschließungsraten hoch blieben. In den skandinavischen Ländern hingegen (Dänemark, Finnland, Schweden) stiegen die Geburtenzahlen gegen Ende der 80er Jahre an und gehören seitdem zu den höchsten in der Europäischen Union. In Frankreich, Belgien, den Niederlanden und Großbritannien liegt die Fertilitätsrate dagegen unter bzw. nahe an der Schwelle zur Erhaltung des Bevölkerungsstands (2,1 Kinder/Frau). Deutschland, Österreich und teilweise auch Luxemburg weisen bereits seit 20 Jahren konstant niedrige Geburtenziffern auf. Irland, das jahrzehntelang fruchtbarstes EU-Mitglied war, bewegt sich nun rapide auf ein Niveau zu, das deutlich unter 2,1 Kindern pro Frau liegt (Bagavos/Martin 2001).

Tab. 7: Zusammengefasste Geburtenziffer (Kinderzahl pro Frau) in Europa, 1960-1999
   Quelle: Eurostat

	BE	DK	DE	FIN	FR	GR	GB	IRL
1999	1,5	1,7	1,4	1,7	1,8	1,3	1,7	1,9
1980	1,7	1,6	1,6	1,6	2,0	2,2	1,9	3,3
1960	2,6	2,6	2,4	2,7	2,7	2,3	2,7	3,8

	IT	LX	NL	ÖS	PO	SW	SP	EU
1999	1,2	1,7	1,6	1,3	1,5	1,5	1,2	1,4
1980	1,6	1,5	1,6	1,6	2,2	1,7	2,2	1,8
1960	2,4	2,3	3,1	2,7	3,1	2,2	2,9	2,6

Familienpolitisch sind die meisten Debatten allerdings bisher eher fruchtlos geblieben. Denn die meisten Studien haben zeigen können, dass sozialpolitische Maßnahmen praktisch keine Auswirkungen auf die Kinderzahl haben, sondern dass die ausschlaggebenden Determinanten in Bereichen wie z.B. persönlicher Religiosität, Partnerschaft oder auch ethnischer Rivalität angesiedelt sind. Es gibt nur wenige Gegenbeispiele: die pronatalistische Politik der Nationalsozialisten, die zu einem gewissen zeitlichen Vorziehen ohnehin geplanter Geburten führte und die Familienpolitik in der DDR ab 1976 bei verknapptem Wohnraum, wo nur über Kinder der eigene Haushalt zu erlangen war, die in einem Geburtenplus von um die 0,4 Kinder pro Frau resultierte. Solche Effekte sind jedoch am ehesten auf begrenzte Zeit und in geschlossenen Gesellschaften zu beobachten. Nur selten lassen sich Maßnahmen und Folgen direkt korrelieren. So wurde z.B. in Österreich jahrelang für jede Geburt ein Betrag von 15.000 ÖS gewährt (gut 1.000 €). Dies wurde ab 1.1.1997 abgeschafft, die Medien berichteten ausführlich darüber. Die monatliche Geburtenraten blieben bis August/September 1997 stabil und sanken dann um ca. 10 Prozent. Seither bewegen sie sich auf diesem niedrigeren Niveau. Eine ausführliche vergleichende Studie (Gauthier/Hatzius) über Familienbeihilfen in Westeuropa. 1970 bis 1990 (22 untersuchte Industrieländer) scheint nachzuweisen, dass die Erhöhung der Familienbeihilfe um 25 Prozent eine Zunahme der Fertilität um durchschnittlich vier Prozent bzw. 0,07 Kinder pro Frau bewirken würde. Dies steht in gutem Bezug zur beobachteten Realität und verweist wieder auf die problematischen Steuerungswirkungen hoher Geburtenprämien oder anderer finanzieller Anreize zum Kinderkriegen. Der Vergleich der zusammengefassten Geburtenziffer in den EU-Mitgliedstaaten legt einen familienpolitischen Spielraum von ungefähr 0,3 bis 0,4 Kindern pro Frau nahe, denn die nordischen Länder sowie Frankreich und Belgien liegen um diesen Bereich oberhalb des europäischen Durchschnitts, die südeuropäischen Länder im gleichen Abstand darunter.

Die Besorgnis über die niedrige Fertilität ist schon seit langem in der Europäischen Union ein Thema - sowohl auf höchster Ebene als auch in den Mitgliedstaaten. In den 80er Jahren gab es allerdings keinen Zusammenhang zwischen der Höhe der Geburtenrate und dem Grad der Besorgnis (Frankreich sorgte sich am meisten, obwohl dort die Geburtenraten hoch waren - in Deutschland war Demographie trotz niedriger Geburtenraten kein Thema). Heute dagegen gibt es eine Gruppe von Mitgliedstaaten, angeführt von Griechenland (das sich in einer Konkurrenzsituation zur Türkei erlebt), die intensiv über den Geburtenrückgang nachdenken: Griechenland, Italien, Spanien, Portugal; während in Großbritannien, Irland und den skandinavischen Ländern weniger Besorgnis herrscht und dort auch die Geburtenraten höher liegen. Irritierend dabei ist freilich, dass relativ hohe Geburtenraten in Europa weder mit einem bestimmten Politik- oder Wohlfahrtsstil noch mit einem bestimmten Rollenmuster noch mit einem bestimmten Familienleitbild korrelieren.

Tab. 8: EU-Mitgliedstaaten mit relativ hoher Geburtenrate und ...

Wohlfahrtsstaatliches Modell	Bismarck-Typus: Frankreich	Sozialdemokratischer Typus: Schweden, Finnland	Beveridge-Typus: Großbritannien, Irland
Angebot an Kinderbetreuung	Umfassende Kinderbetreuung: Frankreich, Schweden	Wenig öffentliche Kinderbetreuung: Großbritannien, Irland	
Intensität des Familienlastenausgleichs	Starke Entlastung: Frankreich, Luxemburg	Geringe Entlastung: Großbritannien, Dänemark	
Geschlechtsrollenmodell	egalitäre Rollenteilung: Schweden, Dänemark	traditionelle Rollenteilung: Niederlande, Irland	

Der europäische Vergleich erlaubt also die Aussage über verschiedene familienpolitische Stile, aber nicht die zwingende Schlussfolgerung, welcher dieser Stile bestimmte demographische Effekte auslöst. Allerdings scheint das Maß gesellschaftlicher Akzeptanz und Unterstützung für Erwerbstätigkeit von Müttern sich förderlich auf die Geburtenrate auszuwirken. Über den Einfluss der Wohnform (hohe Eigenheimquote z.B. in Großbritannien und den USA) auf die Kinderzahl von Familien wurde bereits in Kapitel 6 spekuliert. Die Beeinflussung des Geburtenverhaltens ist auch aus diesem Grund möglicherweise kein sinnvolles Ziel der Familienpolitik.

Unterschiedliche familienpolitische Stile in Europa unterscheiden sich nicht nur hinsichtlich ihrer typischen Maßnahmen, sondern auch in dem Grad der Institutionalisierung von Familienpolitik. Wenn Familienpolitik in dieser

Bezeichnung Teil der politischen Agenda ist, wenn sie z.B. in einem Familienministerium zu einer Institution geronnen ist, spricht man von expliziter Familienpolitik. Dies gilt z.B. für die deutschsprachigen Länder, Frankreich, Belgien und Luxemburg. Familienpolitische Belange können aber auch im Rahmen allgemeiner Sozialpolitik mit berücksichtigt werden, ohne als solche benannt zu werden. Dieser implizite Stil der Familienpolitik findet sich z.B. in den angelsächsischen und den skandinavischen Ländern (Ostner 1997).

Familienpolitik ist in allen Mitgliedstaaten eingebettet in den Kontext real existierender Sozialstaatstypen, von denen sich nach Esping-Anderson drei (oder vier) Typen unterscheiden lassen. 1. Der kontinentaleuropäische korporatistische Wohlfahrtsstaat, charakterisiert durch klassische Sozialversicherungssysteme und beitragsfinanzierte Sozialleistungssysteme (Bismarck-Modell). 2. Der liberale Wohlfahrtsstaat angelsächsischen Typs mit beitragsfinanzierten Sozialversicherungen und universellen Transferleistungen für Bedürftige auf niedrigem Niveau (Beveridge-Modell). 3. Der skandinavische sozialdemokratische Wohlfahrtsstaat mit gehobener Regelsicherung für jedermann auf egalitärer Grundlage. 4. die südeuropäischen nachholenden Wohlfahrtsstaaten mit einer Mischung aus Bismarck'scher Sicherung der Altersversorgung und Einkommenssicherung und zunehmender Gesundheitsvorsorge nach dem Beveridge-Typ (Kowalsky 1999, S. 338). Auch die EU-Kommission hat sich diese weit verbreitete und vielfach modifizierte Klassifizierung im Wesentlichen zu Eigen gemacht (Heise 1998, S. 16).

Familienpolitisch muss man diese Einteilung jedoch modifizieren. So irritiert am französischen Wohlfahrtsstaat, dass er zwar großzügige Familienpolitik und einen frauenfreundlichen öffentlichen Sektor aufweist, dabei aber keine emanzipatorischen Tendenzen erkennen lässt. Historisch kann man dies auf die frühe Ausbildung einer familien- und bevölkerungspolitisch motivierten Sozialpolitik seit dem Ancien Régime zurückführen, während die Sozialversicherungspolitik dieses System erst viel später ergänzte (Veil 1997, S. 29-31). Dagegen zeichnet sich der skandinavische, insbesondere der schwedische Wohlfahrtsstaat dadurch aus, dass er von der Frauenbewegung der 30er Jahre entscheidend beeinflusst wurde. Auch hier wurde der Ausbau der Kinderbetreuungseinrichtungen in einem pronatalistischen Kontext vorangetrieben und sollte Auswanderungen und eine sinkende Geburtenrate bekämpfen. Gleichzeitig zielte die Familienpolitik seit den 60er Jahren auch auf eine systematische Erhöhung der Frauenerwerbsbeteiligung (Veil 1997, S. 32-34). Das Familienrollen-Modell in der ehemaligen DDR näherte sich dabei dem skandinavischen an (Matthies 1998).

Wendet man diese Typisierung auf die Maßnahmen zur Vereinbarkeit von Familie und Erwerbsleben verbunden mit dem System von Familienlastenausgleich an, so lässt sich das skandinavische Modell eines weniger langen,

Drei Modelle für Familienpolitik in Europa

1. Luxemburg-Modell: Traditionelles Familienleitbild, relativ hohes Lohnniveau, das Alleinverdienerfamilien ermöglicht, große Bedeutung der Ehe, Drei-Phasen-Modell weiblicher Erwerbstätigkeit.

Typische Maßnahmen:

- hoher Familienlastenausgleich, auch über Steuervorteile
- Ehegattensplitting
- Langer (z.B. dreijähriger oder längerer) Erziehungsurlaub mit mäßig hohen finanziellen Unterstützungen.

2. Frankreich-Modell: Kinderbetreuung als Bildungsangebot, deutlicher politischer Schwerpunkt auf der demographischen Entwicklung, Gleichstellung der Geschlechter als Nebeneffekt bei hoher weiblicher Erwerbstätigkeit. Wahlmöglichkeit zwischen Berufstätigkeit und ein bis zwei Kindern oder Familienarbeit mit zwei und mehr Kindern. Wirksame Bekämpfung der Armut kinderreicher Familien.

Typische Maßnahmen:

- Erziehungsurlaub erst ab dem 2./3. Kind
- kein Erziehungsgeld beim 1. und/oder 2. Kind
- starke Staffelung des Kindergelds nach Geburtsrang
- kein Ehegatten-, sondern Familien-Splitting
- umfassende Kinderbetreuung und Einbeziehung in das Bildungssystem (Pflicht-Vorschuljahre, Ganztagsschule)

3. Dänemark-Modell

Umfassende staatliche Verantwortung für die Sozialisation der Kinder, starke Angleichung der Geschlechterrollen, Bedeutungsverlust der Ehe, Vermeidung von Familienarmut durch zwei Einkommen pro Familie.

Typische Maßnahmen:

- kurzer Erziehungsurlaub, maximal ein Jahr
- davon eine gewisse Zeitspanne, z.B. 6 Monate nur für Väter, die ansonsten verfallen
- kein Ehegattensplitting, sondern Individualbesteuerung
- keine Hinterbliebenenrente
- qualitativ und quantitativ gutes Angebot an Kinderbetreuung

aber voll bezahlten Elternurlaubs und eines eher dienstleistungs- als lastenausgleichsorientierten Familienpakets vom angelsächsischen Modell eines u.U. nicht vorhandenen, in jedem Falle aber unbezahlten und wenig abgesicherten Elternurlaubs bei nicht vorhandene Lastenausgleich ebenso unterscheiden wie vom korporatistischen Modell eines langen, aber relativ gut abgesicherten Elternurlaubs, der indirekt traditionelle Rollenteilungen festschreibt und auch die geschlechtsspezifische Segregation des Arbeitsmarktes stabilisiert und unterstützt wird durch ein entwickeltes System von Familienzulagen und Steuererleichterungen für Ehe und Familie. Dänemark und Schweden erscheinen dann als Vertreter einer Konzeption der Vereinbarkeit von Beruf und Familie zum Zwecke der Chancengleichheit, während die in Frankreich und Belgien ebenfalls politisch geförderte Berufstätigkeit von Müttern nicht der Chancengleichheit, sondern vielmehr der Stärkung des familiären Systems und auch demographischen Interessen dient. Österreich, Deutschland, Italien, Luxemburg und die Niederlande sind demgegenüber Vertreter eines Nacheinander von Beruf und Familie. Politisch unterstützt wird in erster Linie ein Mehrphasenmodell der weiblichen Berufstätigkeit, in dem das Leitbild einer nicht berufstätigen Mutter von kleinen Kindern durchscheint und das politisch stark gestützt wird auf der einen Seite durch die Nichtverfügbarkeit von Betreuungseinrichtungen für Kinder unter drei oder fünf Jahren, auf der anderen Seite entweder durch langen, bezahlten Elternurlaub (Deutschland, Österreich, auch Italien) oder durch die Verfügbarkeit von Teilzeitstellen (Niederlande) oder aber durch ein sehr hohes Lohn- und Kindergeldniveau (Luxemburg) Ein „nichtinterventionistischer" Ansatz, d.h. kaum Maßnahmen für Elternurlaub oder Betreuungseinrichtungen für Kleinkinder, kann entweder Ergebnis einer liberalen, angelsächsisch geprägten Sozialpolitik sein (Vereinigtes Königreich, Irland). Nichtinterventionismus kann aber ebenso Resultat finanzieller Zwänge sein, die staatliche Förderung der Vereinbarkeit von Familie und Beruf unmöglich machen (Griechenland, Spanien., Portugal) (Hantrais/Letablier 1996, S. 126-135).

10.2 Familienpolitik der Europäischen Union

Europäische Sozialpolitik gilt nicht nur in den Augen der Bürger, sondern durchaus auch in der Sicht der Experten als vergleichsweise wirkungs- und deshalb bedeutungsarm, und die Familienpolitik ist von diesem Befund nicht ausgenommen. Zwar werden schon im EWG-Vertrag von 1957 sozialpolitische Handlungsfelder eindeutig benannt: die Angleichung der Sozialversicherungssysteme (Artikel 51), die Verbesserung der Arbeits- und Lebensbedingungen (Artikel 117), die Förderung der Zusammenarbeit in sozialpolitischen Fragen (Artikel 118), die soziale Sicherheit der Wanderarbeitnehmer (Artikel 51) und die Förderung der beruflichen und räumlichen Mobilität durch Hilfen des Europäischen Sozialfonds (ESF; Artikel 123 bis 127). Doch diese sozialpolitischen Handlungsfelder dienen im Wesentlichen der Herstellung von Wettbewerbsgleichheit auf dem Binnenmarkt. Von der Harmonisierung der sozialen Sicherungssysteme ist die Europäische Union deshalb weit entfernt, sie wird von den Mitgliedstaaten auch nicht angestrebt und politisch für nicht notwendig gehalten. Deshalb ist die Sozialpolitik weiterhin ein „Stiefkind der bisherigen Integration" (Platzer 1992, S. 117).

Für die Familienpolitik gilt dies noch mehr, sie scheint auf europäischer Ebene praktisch nicht zu existieren (Neubauer/Dienel/Lohkamp-Himmighofen 1993, S. 537), und formell darf sie auch gar nicht existieren (Schunter-Kleemann 1994, S. 157). In den Europäischen Verträgen von 1957 ist sie nicht einmal als Bezugspunkt genannt. Auch im Sozialpolitischen Aktionsplan von 1974 wurde auf die Familie lediglich zweimal indirekt Bezug genommen. Das Europäische Parlament jedoch hat 1983 einen ersten familienpolitischen Beschluss gefasst, der allerdings erst 1989 - zudem mehr unter demographischen Zielsetzungen - zu einer ersten Aktion der Kommission führte, der Einsetzung der oben bereits erwähnten Europäischen Beobachtungsstelle für Nationale Familienpolitik, die seither zu einer Plattform des europäischen Austausches über familienpolitische Fragen wurde (Hantrais/Letablier 1996, S. 139-143, Wingen 1996). Die familienpolitischen Aktivitäten der Gemeinschaft bestehen also vor allem aus einem kontinuierlichen Informationsaustausch. 1998 allerdings wurden, auf Grundlage der restriktiven Auslegung eines EuGH-Urteils vom 12. Mai 1998 zum Programm der sozialen Ausgrenzung, 40 Budgetlinien im Bereich der Sozialpolitik, für die keine spezifische Rechtsgrundlage vorliegt, darunter auch diejenige für familienpolitische Aktionen und zur Finanzierung dieser Europäischen Beobachtungsstelle für Nationale Familienpolitik, eingefroren. Die familienpolitische Beobachtungsstelle wird seither aus Mitteln zur Statistik der Gemeinschaft finanziert und widmet sich daher zunehmend demographischen Fragen.

Anders ist es mit der Gleichstellung der Geschlechter. Das Gender-Mainstreaming hat sich organisch aus dem vom Europäischen Gerichtshof immer wieder aktiv vertretenen Grundsatz „Gleicher Lohn für gleiche Arbeit" entwickelt, und frauenpolitische Ansätze, z.B. zur besseren Vereinbarkeit von Familie und Beruf, haben selbstverständlich auch familienpolitische Auswirkungen. Die erste Phase der Gleichstellungspolitik der Europäischen Union folgte dem Grundsatz der „Gleichbehandlung". Ziel war, durch gleichen Lohn und Gleichbehandlung für Frauen möglichst identische Arbeitsbedingungen wie für Männer zu schaffen. In den 1980er Jahren wurden die Grenzen dieser Strategie deutlich, und sie wurde ergänzt durch das Konzept der „positive action", d.h. einer Politik aktiver Schritte zur Verwirklichung von Chancengleichheit. Seit Mitte der 90er Jahre wurde das „Gender Mainstreaming" Teil der offiziellen EU-Strategie, allerdings beschränkt auf die vertraglichen Zuständigkeitsbereiche der Union, d.h. insbesondere auf den Arbeitsmarkt und die Beschäftigungsverhältnisse. Gesellschaftliche Arbeitsverteilung im privaten Bereich und familienpolitische Fragen wurden dagegen kaum thematisiert (Schunter-Kleemann 2000). Erst seit den 80er Jahren lässt die EU-Politik erkennen, dass Elternschaft für Frauen (und Männer) ein Bereich war, der sich nicht durch einfache Gleichstellung aus dem Arbeitsleben verbannen ließ. Das neue Vereinbarkeits-Modell zeigte sich z.B. in der Empfehlung des Rates zu Kinderbetreuung von 1992 (92/241/EEC) (Laufer 1996). Trotzdem änderte sich nichts daran, dass die Union über keinerlei familienpolitische Kompetenzen aus den Verträgen verfügt, die ihr erlauben würden, gemeinschaftliche Regelungen z.B. zur Kinderbetreuung zu erlassen.

Es gibt aber Ausnahmen von dieser generellen Tendenz. Zum einen hat sich das Europäische Parlament immer wieder mit - rechtlich nicht bindenden - Entschließungen zu familienpolitischen Themen in den Willensbildungsprozess eingebracht. Seit 1987 gibt es im Europäischen Parlament eine interfraktionelle Arbeitsgruppe der Familie und des Rechts des Kindes. Sie arbeitet eng mit dem europäischen Dachverband der Familienorganisationen zusammen (COFACE: Confédération des Organisations Familiales de l'Union Européenne). In verschiedenen Entschließungen des Jahres 1994 forderte das Parlament die Berücksichtigung der Familienbelange der Arbeitnehmer und sogar ein Familien-Mainstreaming (Lenz 2000). Zum anderen wurden in den 1990er Jahren zwei verbindliche familienpolitische Richtlinien verabschiedet, und zwar die EU-Richtlinien zum Elternurlaub und zum Mutterschutz. Diese beiden Richtlinien greifen in den Bereich der Familienpolitik ein, dessen Regelungen sich von Mitgliedstaat zu Mitgliedstaat besonders stark unterscheiden, und damit in einen traditionellerweise als nicht harmonisierbar geltenden Bereich der Sozialpolitik und zeigen die konkreten Auswirkungen des Gender-Mainstreaming-Ansatzes (Dienel 1999).

Die Mutterschutzrichtlinie (Richtlinie 92/85/EWG des Rates vom 19. Oktober 1992 über die Durchführung von Maßnahmen zur Verbesserung der Sicherheit und des Gesundheitsschutzes von schwangeren Arbeitnehmerinnen, Wöchnerinnen und stillenden Arbeitnehmerinnen am Arbeitsplatz) stand am Ende einer Epoche europäischer Stagnation. Sie ist ein Beispiel für den nivellierenden Charakter europäischer Politik. In dem 1990 von der Kommission vorgelegten Entwurf wurde als Mindeststandard ein Beschäftigungsverbot für Schwangere und Wöchnerinnen an gesundheitsgefährdenden Arbeitsplätzen gefordert, mindestens 14 Wochen Mutterschutzurlaub und Bewahrung aller mit der Arbeit verbundenen Rechte und Ansprüche. Das Europaparlament ging darüber hinaus und forderte 16 Wochen Urlaub (Schunter-Kleemann 1994). Der Rat entschloss sich aber, dem Kommissionsvorschlag von 14 Wochen zu folgen. Ausdrücklich heißt es im Einleitungsteil der Richtlinie, dass sie nicht zum Anlass genommen werden darf, das in den Mitgliedstaaten bereits erreichte Schutzniveau einzuschränken, Ziel sei „eine Harmonisierung bei gleichzeitigem Fortschritt". Trotzdem hat diese Richtlinie nur in Portugal und Großbritannien einen tatsächlichen Fortschritt erbracht, weil in allen anderen Mitgliedstaaten bereits weitergehendere Mutterschutzrechte bestanden.

Die Richtlinie des Rates 96/34/EG vom 3. Juni 1996 zum Elternurlaub (veröffentlicht im Amtsblatt Nr. L 145 vom 19/06/1996 S. 4 - 9) macht die

Rahmenvereinbarung der europäischen Sozialpartner zum Elternurlaub vom 14. Dezember 1995 verbindlich. Sie gibt Arbeitnehmern und Arbeitnehmerinnen die Möglichkeit, bei Geburt oder Adoption eines Kindes einen Elternurlaub von mindestens drei Monaten zu nehmen. Während dieser Zeit besteht Kündigungsschutz und anschließend das Recht auf die Rückkehr an den selben oder einen gleichwertigen Arbeitsplatz. Außerdem haben Arbeitnehmerinnen und Arbeitnehmer das Recht, sich bei Unfall oder Krankheit in der Familie von der Arbeit befreien zu lassen. Die Mitgliedstaaten können bei der Umsetzung - durch eine gesetzliche oder tarifliche Regelung - günstigere Bedingungen anwenden als die in der Vereinbarung vorgesehenen, aber nicht das bestehende Leistungsniveau senken. In Deutschland wurde die Richtlinie erst verspätet durch die Reform der Elternzeit zum 1.1.2001 umgesetzt.

Die Richtlinie legt damit lediglich Mindestanforderungen fest, um die Vereinbarkeit von Berufs- und Familienleben erwerbstätiger Eltern zu erleichtern. Beiden Elternteilen wird ein individuelles Recht auf Elternurlaub im Umfang von mindestens drei Monaten im Fall der Geburt oder Adoption eines Kinder zugesprochen, der bis zum Alter des Kindes von acht Jahren genommen werden muss. Um die Chancengleichheit und Gleichbehandlung von Männern und Frauen zu fördern, ist dieses Recht auf Elternurlaub prinzipiell nicht übertragbar. Die genauen Bestimmungen sind von den Mitgliedstaaten und/oder Sozialpartnern festzulegen, so etwa, ob der Elternurlaub auf Vollzeit- oder Teilzeitbasis, in Teilen oder in Form von „Kreditstunden" gewährt wird; ob das Recht von einer bestimmten Beschäftigungsdauer und/oder Betriebszugehörigkeit (höchstens ein Jahr) abhängig gemacht wird; und in welchen Fristen der Arbeitgeber von der Inanspruchnahme unterrichtet werden muss; vor allem aber, wie der Kündigungsschutz für Arbeitnehmer im Elternurlaub zu gewähren ist.

Für einige Mitgliedstaaten haben die EU-Richtlinien zum Mutterschutz und zum Elternurlaub einen erheblichen familienpolitischen Fortschritt gebracht. 1990 gab es im Vereinigten Königreich und in Irland nicht einmal einen gesetzlich garantierten bezahlten Mutterschaftsurlaub für alle Arbeitnehmerinnen. Bis zum Inkrafttreten der Mutterschutzrichtlinie von 1992 war Großbritannien der einzige EU-Mitgliedstaat, in dem nicht einmal gesetzlicher Mutterschutz für alle schwangeren Arbeitnehmerinnen bestand, der in fast allen europäischen Staaten während oder kurz nach dem Ersten Weltkrieg eingeführt wurde. Elternurlaub zur Unterstützung der Erziehung von Kindern gab es 1990 noch nicht oder nur für bestimmte Gruppen von Beschäftigten (z.B. Beamte) in Belgien, Griechenland, Irland, Luxemburg, den Niederlanden und dem Vereinigten Königreich. Auch in den anderen Mitgliedstaaten war er in der Regel unbezahlt (bezahlter Elternurlaub nur in Dänemark, Deutschland, Frankreich) (Neubauer/Dienel/Lohkamp-Himmighofen 1993, S. 330-339). Mittlerweile wurde die EU-Richtlinie überall umgesetzt, Elternurlaub ist nunmehr in der Mehrheit der Mitgliedstaaten die

Regel, allerdings in sehr unterschiedlicher Ausgestaltung. Der Elternurlaub bietet damit im europäischen Vergleich ein gutes Beispiel für die außergewöhnlich großen Unterschiede im familienpolitischen Leistungsspektrum der Mitgliedstaaten. Die Länge des Elternurlaubs variiert von drei Monaten (z.B. Niederlande) bis zu drei Jahren (Bundesrepublik Deutschland), Teilzeitarbeit während dieser Periode ist in etlichen Mitgliedstaaten nicht möglich, in anderen aber bis zum Umfang von 19 oder 20 Stunden oder sogar bei 80 Prozent der regelmäßigen Wochenarbeitszeit (in Frankreich). Die Voraussetzungen für die Inanspruchnahme sind häufig einfach durch ein Arbeitsverhältnis begründet, teilweise aber erst nach einjähriger (Frankreich) oder zweijähriger (Vereinigtes Königreich) Tätigkeit beim gleichen Arbeitgeber oder aber nur in Betrieben mit mehr als 100 Beschäftigten (Griechenland). Auch der Kündigungsschutz weist große Unterschiede auf. Zwar gewähren die meisten Mitgliedstaaten für Beschäftigte im Elternurlaub vollen Kündigungsschutz, in Frankreich und Griechenland aber wird das Arbeitsverhältnis aufgelöst und es besteht lediglich eine Wiedereinstellungsgarantie; in Spanien besteht Kündigungsschutz nur für das erste der drei möglichen Erziehungsurlaubsjahre, in Großbritannien gibt es keine Wiedereinstellungsgarantie in Betrieben mit weniger als 50 Beschäftigten (Übersicht über die gesetzlichen Maßnahmen 1998, S. 87-95).

Die EU-Elternurlaubsrichtlinie hat in einigen Mitgliedstaaten unmittelbar dazu geführt, Regelungen über Elternurlaub einzuführen bzw. zu modifizieren. So wurden die österreichischen Bestimmungen über den Elternurlaub geändert, um auch Männer anzuregen, ihn zu nehmen. Der Zeitraum der Beurlaubung wurde von zwei auf anderthalb Jahre gekürzt. Volle zwei Jahre können nur noch dann beansprucht werden, wenn der Partner (de facto der Vater) mindestens drei Monate Urlaub nimmt. In Belgien wurde die bisher schon bestehende Möglichkeit der 3-12monatigen Vollzeit- oder Teilzeitunterbrechung zum 1. Januar 1998 so umgestaltet, dass Männer und Frauen einen individuellen Anspruch auf drei Monate Erziehungsurlaub besitzen. In Griechenland, wo es zuvor keine Beurlaubungsmöglichkeiten gab, wurde die EU-Richtlinie eins zu eins umgesetzt, so dass dort jetzt Mütter und Väter einen individuellen Anspruch auf drei Monate (unbezahlten) Elternurlaub besitzen. Ebenso ist in den Niederlanden die EU-Richtlinie bereits umgesetzt worden (drei Monate je Elternteil bzw. sechs Monate je Elternteil bei Teilzeitarbeit).

Aus Schweden stammt die in der Richtlinie vorgesehene Möglichkeit, den Zeitpunkt der Beurlaubung flexibel bis zum achten Lebensjahr des Kindes wählen zu können. Eine entsprechende Regelung gab es in Schweden bereits zuvor. In den übrigen Mitgliedstaaten bestanden schon vorher Elternurlaubsregelungen, welche die Vorgaben der Richtlinie z.T. erheblich übertrafen (Übersicht über die gesetzlichen Maßnahmen 1998, S. 87-95, Chancengleichheit 1998, S. 83). Auch die Wandlung des deutschen Erziehungsurlaubs in die Elternzeit zum 1.1.2001 bedeutet eine direkte Reaktion auf die EU-Elternurlaubsrichtlinie. Insbesondere die flexible Inanspruchnahme bis zum achten Lebensjahr des Kindes zeigt unmittelbar den europäischen Einfluss. Regelungen zum „Papamonat", d.h. anteilige individuelle Ansprüche an Elternzeit, die nur vom Vater genommen werden können, hat man allerdings nicht eingefügt, obwohl auch dazu die europäische Vorlage Anregungen gab.

Die Vorgeschichte dieser Richtlinie ist lang. Bereits im Jahre 1983 hatte die Kommission dem Rat einen Vorschlag für eine Richtlinie über Elternurlaub und Urlaub aus familiären Gründen unterbreitet (EU-Amtsblatt Nr. C 333, 09/12/1983), der bis 1994 immer wieder überarbeitet und erneut eingebracht wurde. Dieser Richtlinienvorschlag wurde jedoch vom Rat - nicht zuletzt aufgrund des konstanten britischen und teilweise auch deutschen Widerstands gegen gemeinsame Aktionen im Bereich der Sozialpolitik - nicht angenommen. Nur mit Hilfe des neuen sozialpolitischen Instruments des Sozialen Dialogs (im engeren Sinne), d.h. der verbindlichen Vereinbarungen zwischen Sozialpartnern auf europäischer Ebene, konnte die Richtlinie schließlich verabschiedet werden. Großbritannien agierte in den 1980er und frühen 1990er Jahren konstant als Blockierer von Fortschritten im Bereich der europäischen Sozialpolitik (Hantrais/Letablier 1996, S. 132). Durch diesen jahrelangen Verhinderungskurs zermürbt, hatten sich die damaligen elf anderen Mitgliedstaaten in Maastricht jedoch darauf geeinigt, den gewünschten Fortschritt im Bereich der Sozialpolitik nicht innerhalb des Vertrages, sondern durch ein gesondertes Sozialprotokoll zu erzielen, dem Großbritannien fernblieb (vgl. Kowalsky 1999, S. 152-157). In Anlage III wurde dem Maastrichter Vertrag eine Protokollnotiz beigefügt sowie sieben Artikel zur Sozialpolitik, die von elf Mitgliedstaaten anstelle der Artikel 117 bis 121 EG-Vertrag für verbindlich erachtet wurden. Damit wurden neue Bereiche der legislativen Regelung mit qualifizierter Mehrheit erschlossen, u.a. auch die Chancengleichheit von Männern und Frauen auf dem Arbeitsmarkt und Gleichbehandlung am Arbeitsplatz. Auf dieser inhaltlichen Grundlage konnte die Elternurlaubsrichtlinie erarbeitet werden. Verabschiedet wurde sie jedoch durch eine freiwillige Rahmenvereinbarung der Arbeitgeber- und Arbeitnehmervertreter auf europäischer Ebene.

Im Rahmen der Verhandlungen zum Amsterdamer Vertrag trat schließlich auch Großbritannien dem Sozialprotokoll bei und damit auch der Elternurlaubsrichtlinie. Der Vertrag von Amsterdam hat ansonsten familienpolitisch kaum Fortschritte gebracht. „Familie" und „Familienpolitik" kommen als Begriffe im gesamten Vertragswerk nicht vor. Nur mittelbar wird auf Familien Bezug genommen, weil in der Präambel und in Art. 117 des EG-Vertrages die sozialen Grundrechte der Europäischen Sozialcharta angesprochen werden, zu denen auch ein Recht der Familien auf gesetzlichen, sozialen und wirtschaftlichen Schutz gehört (Wingen 1998). Einen entscheidenden Schritt nach vorn, zumindest auf der Ebene der familienpolitischen Rhetorik, brachte jedoch der Europäische Rat von Nizza, auf dem die

Charta der Grundrechte der Europäischen Union verabschiedet wurde. Diese Charta, die vor allem auf deutsche Initiative zurückgeht, gibt der Familie erheblichen Raum und damit erstmals einen Status auf der Ebene europäischer Politik. In Art. 7 wird festgelegt, dass jede Person das Recht auf Achtung ihres Privat- und Familienlebens hat, in Art. 9 das Recht auf Eheschließung und Familiengründung. Art. 14 enthält das Elternrecht auf Erziehung und Bildungsentscheidungen für die Kinder. Der gesamte Art. 24 widmet sich den Kinderrechten: Anspruch auf Schutz und Fürsorge, Anspruch auf Mitsprache in eigenen Angelegenheiten, Berücksichtigung des Kindeswohls bei allen staatlichen und privaten Maßnahmen, Recht des Kindes auf Umgang mit beiden Elternteilen. Die Charta belässt es aber interessanterweise nicht bei diesen Regelungen, d.h. bei einer familienmitgliederorientierten Konzeption von Familienpolitik, sondern enthält darüber hinaus einen eigenen Artikel zur Familienpolitik in rechtlicher, wirtschaftlicher und sozialer Hinsicht. Hier werden die Erfolge der Mutterschutz- und Elternurlaubsrichtlinien aufgegriffen und der Anspruch auf europäische Familienpolitik formuliert. Es bleibt abzuwarten, ob diesem erheblichen deklaratorischen Fortschritt auch praktisch-politische Maßnahmen folgen werden.

Charta der Grundrechte der Europäischen Union, verabschiedet auf dem Rat von Nizza am 7. Dezember 2000

Art. 33: Familien- und Berufsleben

(1)   Der rechtliche, wirtschaftliche und soziale Schutz der Familie wird gewährleistet.

(2)   Um Familien- und Berufsleben miteinander in Einklang bringen zu können, hat jede Person das Recht auf Schutz vor Entlassung aus einem mit der Mutterschaft zusammenhängenden Grund sowie den Anspruch auf einen bezahlten Mutterschaftsurlaub und auf einen Elternurlaub nach der Geburt oder Adoption eines Kindes.

EU-Antidiskriminierungspolitik muss (so Ostner/Lewis 1995) stets das Nadelöhr der Implementierung angesichts unterschiedlicher nationaler sozialer Sicherungsnetze passieren. Der Elternurlaubsrichtlinie ist dies dank zweier Faktoren gelungen: Zum einen setzt sie ausdrücklich nur Mindeststandards fest und rüttelt dem Prinzip nach nicht an höherwertigen nationalen Regelungen. Zum anderen profitiert sie vom politischen Rückenwind der EU-Beschäftigungspolitik, innerhalb derer die Vereinbarkeit von Familie und Beruf eine zentrale Rolle spielt. Im Blick auf die großen nationalen Unterschiede im Niveau familienpolitischer Leistungen ist kritisch zu fragen, inwieweit die Festlegung von Mindeststandards zu dem im Zusammenhang der europäischen Sozialpolitik oft befürchteten Sozialdumping führen könnte, d.h. zur Absenkung des Niveaus in der Bundesrepublik in Richtung auf einen niedrigeren europäisches Einheitslevel. In der Rahmenvereinbarung über den Elternurlaub wird deshalb (§ 4 Nr. 2) ausdrücklich betont, dass die Umsetzung der Richtlinie eine Verringerung des allgemeinen Schutzniveaus der Arbeitnehmer in dem unter diese Vereinbarung fallenden Bereich nicht rechtfertige und dass dies das Recht der Mitgliedstaaten und/oder der Sozialpartner nicht berühre, ganz unterschiedliche Rechts- und Verwaltungsvorschriften oder tarifvertragliche Regelungen zu entwickeln, vorausgesetzt, die in dieser Vereinbarung vorgesehenen Mindestanforderungen werden eingehalten. Soweit ersichtlich, hat die Umsetzung der Richtlinie bisher in keinem EU-Staat zu einer Absenkung bestehender Standards geführt, wohl aber in einigen Mitgliedstaaten einen Elternurlaub überhaupt erst herbeigeführt. Aus gleichstellungspolitischer Sicht wurde ein besonders langer Erziehungsurlaub seitens der Kommission allerdings eher abgelehnt. So warnt der Ratgeber der Kommission zur adäquaten Umsetzungspraxis hinsichtlich Beruf und Kinderbetreuung, lange Freistellungszeiten könnten sich negativ auf die Bemühungen um Chancengleichheit auf dem Arbeitsmarkt auswirken, denn sie können die Ursache dafür sein, dass sich Frauen aus dem Arbeitsleben zurückziehen - zum Schaden für ihre langfristigen Beschäftigungs- und Einkommensaussichten (Beruf und Kinderbetreuung 1996, S. 25).

Mit einigem guten Willen kann man die Elternurlaubsrichtlinie auch als Einstieg in eine aktivere europäische Familienpolitik betrachten. Denn zu Beginn des Jahre 1999 hat das Europäische Parlament erneut einen Beschluss zum Schutz der Familie und des Kindes gefasst (Bericht Hermange über den Schutz der Familie und des Kindes, Dok. A4-4/99, Debatte 14.1.1999, Abstimmung 28.1.1999). In dieser von allen Fraktionen unterstützten Entschließung wurde gefordert, „die Leitlinien einer umfassenden Familienpolitik festzulegen, die der Unterschiedlichkeit der Familienmodelle Rechnung trägt, den rein wirtschaftlichen Ansatz einer bloßen Leistungspolitik überwindet und den Grundsatz der Chancengleichheit von Männern und Frauen fördert" und sogar „die Ausarbeitung einer geschlossenen und abgestimmten Familienpolitik, die das Kind in den Mittelpunkt der europäischen Diskussion stellt, seine Rechte anerkennt und seinen wesentlichen Bedürfnissen Rechnung trägt". Zu diesem Zweck wird ein europäischer Sondergipfel zur Familienpolitik ebenso gefordert wie die Einrichtung eines für Familienpolitik zuständigen Referats in der GD V und letztlich ein Familien-Mainstreaming, indem „allen Vorschlägen für gemeinschaftliche Rechtsakte eine Bewertung der Auswirkungen auf die Familie unter dem Aspekt des Wohlergehens des Kindes beigefügt wird". Dieser sehr ehrgeizige Beschluss wurde zu Ende der letzten Legislaturperiode gefasst, Umsetzungsschritte blieben allerdings bisher aus.

Die zunehmende Integration der europäischen Sozialpolitik führt dazu, dass Schritt für Schritt auch bisher europaferne Politikbereiche wie die Familienpolitik zunehmend in den Sog der Vergemeinschaftung kommen, zunächst durch Koordinierung, aber schließlich auch im Sinne einer Harmonisierung, selbst wenn dies weder beabsichtigt noch von den Mitgliedstaaten unmittelbar gewollt ist. Die Elternurlaubsrichtlinie ist dafür nur ein Beispiel. Ebenso ließe sich aber auch auf die familienpolitischen Implikationen der sozialen Sicherung der Wanderarbeiter verweisen. Die Verordnungen 1.612/68 zur Freizügigkeit der Arbeitnehmer und ihrer Familienangehörigen und die Verordnung 1.408/71 zur Koordinierung der verschiedenen Sozialsysteme bilden hierfür die rechtliche Grundlage. Insbesondere letztere Verordnung hat nicht die Harmonisierung der Sozial- und Familienleistungen zum Ziel, wohl aber deren Koordinierung (Hillbrand 1998).

Das zur Zeit spannendste Beispiel für die schrittweise Entwicklung einer gemeinschaftlichen Familienpolitik bietet die europäische Beschäftigungspolitik. Im Vergleich der ersten beschäftigungspolitischen Leitlinien 1998 mit den beschäftigungspolitischen Leitlinien 1999ff. lässt sich eine familienpolitische Wendung mit deutlich verbindlicheren Vorgaben insbesondere im Bereich der Vereinbarkeit von Familie und Beruf und hinsichtlich der Kinderbetreuung feststellen. Am 15./16. März 2002 hat der Europäische Rat von Barcelona zum ersten Mal konkrete familienpolitische Ziele im Bereich der Beschäftigungspolitik formuliert: Bereits im Jahr 2000 war auf dem Europäischen Rat von Lissabon die Anhebung der Frauenerwerbsquote auf über 60 Prozent vereinbart worden. Der Rat von Barcelona stellte nun fest, dass Frauen in der Regel die Familien- und Erziehungsverantwortung in der Hauptsache tragen und damit dem Arbeitsmarkt nur zur Verfügung stehen, wenn Kinderbetreuungseinrichtungen vorhanden und zugänglich sind. Bis 2010, so die Selbstverpflichtung der europäischen Regierungschefs von Barcelona, sollen ausreichend Kinderbetreuungseinrichtungen in der ganzen EU für mindestens 90 Prozent der Kinder zwischen 3 Jahren und dem Grundschulalter und für mindestens 33 Prozent der unter Dreijährigen zur Verfügung stehen. Diese Verpflichtung bedeutet für die Bundesrepublik Deutschland im Krippenbereich eine große Herausforderung und vor allem ein klares Bekenntnis zur gesellschaftlichen Verantwortung für die Sozialisation der Unter-Dreijährigen.

Die Verflechtung der Politikbereiche bietet große Chancen für neue Ansätze der EU-Sozialpolitik, nicht nur hinsichtlich der Politik für Familien. Diese Politik ist aber eher prozesshaft als konzeptionell. Konzeptionelle Entwürfe der EU-Kommission stoßen häufig auf starken politischen Widerstand, während sozialpolitische Begleiteffekte gemeinschaftlich beschlossener Politikbereiche langsam und schrittweise auch Ansätze einer familienpolitischen Harmonisierung auf den Weg bringen könnten.

Die oft gestellte Frage nach der Konvergenz oder Harmonisierung in Europa ist für die Familienpolitik trotzdem noch zurückhaltender zu beantworten als für die Sozialpolitik im Allgemeinen. Zwar ist eine Konvergenz familialer Problemlagen in Europa deutlich zu erkennen. Praktisch alle Staaten in Europa verzeichnen eine größere Vielfalt von Familienformen, die auch krisenhafte Züge haben (Scheidung, Patchwork-Familien), in sehr vielen Staaten stellen (viele) Kinder ein Armutsrisiko dar, haben Alleinerziehende weniger Chancen, am gesellschaftlichen Wohlstand zu partizipieren, und liegen die Geburtenraten unterhalb des Levels der Bestandserhaltung. Die familienpolitischen Antworten folgen sehr unterschiedlichen nationalen Stilen, und Familienpolitik als Querschnittsaufgabe ragt in zahlreiche unterschiedliche Politikbereiche hinein, die sich einer Europäisierung entziehen, ja sogar lokalen und regionalen Charakter tragen. Insofern wird voraussichtlich auch in der mittelfristigen Zukunft der wichtigste Beitrag der europäischen Familienpolitik sein, einerseits den Kenntnisstand über unterschiedliche nationale Antworten auf familiale Problemlagen zu verbessern und im Sinne von Benchmarking und Best Practice voneinander zu lernen und andererseits bisher noch „familienpolitikfreie" Bereiche wie Beschäftigungspolitik, Forschungsförderung und Strukturpolitik im Sinne eines Familien-Mainstreaming weiterzuentwickeln (Neubauer/Dienel 2000).

11. Fragen an eine zukünftige Familienpolitik

Am Ende dieses Überblicks über Handlungsfelder und Probleme der Familienpolitik in der Bundesrepublik Deutschland und in Europa steht keine Zusammenfassung, auch kein Ausblick auf zukünftige Entwicklungen. Im Bundestagswahlkampf 2002, zu dessen Beginn das Manuskript fertiggestellt wurde, haben praktisch alle beteiligten Parteien sich darum bemüht, eine familienpolitische Schwerpunktsetzung in ihre Programme aufzunehmen und damit eine mögliche Antwort zu geben. Dies wurde im Kapitel 9 skizziert; im Wesentlichen handelte es sich um Variationen zum Thema Vereinbarkeit von Familie und Beruf. In den einzelnen Kapiteln dieses Buches werden zahlreiche detaillierte Hinweise für politische Handlungsspielräume in den wichtigsten Feldern der Familienpolitik gegeben. Hier soll nicht wiederholt werden, welcher Handlungsbedarf im Bereich Kinderbetreuung, Familienlastenausgleich oder Wohnungsbau besteht. Am Ende der hier versuchten Gesamtdarstellung von Familienpolitik soll grundsätzlicher - und in großer Unvollständigkeit - gefragt werden nach Ort und Aufgabe der Familienpolitik in der Bundesrepublik Deutschland am Anfang des neuen Jahrtausends.

– Niedrige Geburtenraten - darf Familienpolitik demographische Zielsetzungen verfolgen?

Bevölkerungspolitische Überlegungen sind in der Bundesrepublik aus historischen Gründen tabuisiert. Auf der anderen Seite ist mittlerweile unbestritten, dass eine so niedrige Geburtenrate wie derzeit sozialpolitisch Probleme schafft. Die starke Zurückhaltung gegenüber der Beeinflussung der Geburtenrate hat aber vor allem damit zu tun, dass Kinderhaben als Privatsache gegenüber staatlicher Beeinflussung geschützt werden soll. Doch auch wenn Fortpflanzung eine höchstpersönliche Entscheidung ist, wird sie von zahlreichen politisch verantworteten äußeren Rahmenbedingungen beeinflusst. Problematisch dabei ist, wie unreflektiert dies geschieht. Möglicherweise ist ein offeneres, rationaler geprägtes und weniger ideologiebelastetes Verhältnis zur mittelbaren Beeinflussung des demographischen Prozesses notwendig (Wingen 1997, S. 353). Damit ist natürlich noch nicht gesagt, welche Maßnahmen denn tatsächlich die Geburt gewünschter Kinder befördern können. Ein „Instrumentarium zur Hebung der Fertilität", das 2001 von der Europäischen Beobachtungsstelle für Familienangelegenheiten aufgelistet wurde, benennt die ganze Bandbreite der Familienpolitik: Regelmäßige finanzielle Leistungen, Steuernachlässe, unentgeltliche oder subventionierte Dienstleistungen, Wohnbeihilfen, Elternzeit, Kinderbetreuung, flexible Arbeitszeit, Gleichbehandlung der Geschlechter, kinderfreundliches Umfeld, Förderung einer positiven Einstellung der Gesellschaft zu Kindern und Elternschaft (Bagavos/Martin 2001, S. 24f.). Demnach wäre also gelungene Familienpolitik insgesamt auch geburtenfördernd, und wäre die Geburtrate der beste Indikator für ihre Effektivität. Europäische Vergleiche haben uns gezeigt, dass der Zusammenhang zwischen Familienpolitik und Geburtenrate leider nicht ganz so einfach und direkt ist. Möglicherweise wirkt die wirtschaftliche Konjunktur oder die Arbeitslosenquote erheblich stärker auf die Geburtenziffer als jede einzelne familienpolitische Maßnahme. Die stärkste demographische Wirkung, allerdings in negativer Richtung, hat in jüngerer Vergangenheit die deutsche Wiedervereinigung gehabt, die zur Halbierung der Geburtenzahlen in Ostdeutschland führte. Auf der anderen Seite haben vermutlich bestimmte familienpolitische Maßnahmen, insbesondere im Bereich der Wohnungspolitik und im Bereich der Vereinbarkeit von Familie und Beruf, unmittelbar geburtenfördernde Wirkungen. Die demographische Entwicklung ist kein unabänderlicher, schicksalhafter Prozess, sondern genau so politischen Entscheidungen unterworfen wie etwa die Umweltverschmutzung oder die Verstädterung, beides Prozesse, die durch höchstpersönliche Entscheidungen von Individuen ausgelöst werden, aber trotzdem mit großer Selbstverständlichkeit politisch gesteuert werden sollen. Insofern soll dafür plädiert werden, bevölkerungspolitische Überlegungen offen und rational in den familienpolitischen Prozess einzubeziehen. Erfolgsgarantien können freilich nicht gegeben werden.

– *Globalisierung contra Familienpolitik - hindert aktive Familienförderung die Wettbewerbsfähigkeit des Standorts Deutschland?*

Die ausführliche wissenschaftliche Diskussion über den Familienlastenund Familienleistungsausgleich (zusammenfassend: Gerechtigkeit für Familien 2001) hat das Bewusstsein für die Familie als „Leistungsträger" auch im ökonomischen Sinne erheblich geschärft. Der hohe Wert des gesellschaftlichen Inputs von Familien, ihr unverzichtbarer Beitrag zur Bildung von Humanvermögen und ihre Rolle bei der Erstellung von Sozialdienstleistungen (von Erziehung über Quartiersentwicklung bis zur Pflege) lassen die Diskussion über Standortnachteile aufgrund hoher Ausgaben für Familienleistungen als hoffnungslos vorgestrig erscheinen. Noch dem überzeugtesten Neoliberalen sollte einleuchten, dass Familie keine „Privatsache" ist, dass die Einkommensverwendung des Einzelnen für das Aufziehen von Kindern eine andere gesellschaftliche Bedeutung hat als andere Arten der Einkommensverwendung. Es ist unbestritten, dass die wichtigsten Standortfaktoren der Bundesrepublik nicht Bodenschätze und natürliche Ressourcen sind, sondern gesellschaftliche Stabilität und Qualifikation und Innovation der hier lebenden Menschen. Diese beiden Faktoren werden in hohem Maße von Familien produziert und sind ohne funktionierende Familien von

Erosion bedroht. Insofern kann Familienpolitik offensiv als positiver Standortfaktor in die politische Arena getragen werden und braucht die Globalisierungsdebatte nicht zu scheuen. Fraglich ist natürlich, inwieweit Verteilungskonflikte zwischen allgemeiner Sozialpolitik einerseits und Familienpolitik andererseits lösbar sind. Hinsichtlich der Produktion gesellschaftlicher Stabilität sind beide Bereiche kaum voneinander zu trennen, während hinsichtlich der Humankapitalbildung Familienpolitik eine erheblich produktivere Rolle reklamieren kann als die meisten anderen Bereiche der Sozialpolitik. Ob man dieses Argument aber im politischen Prozess auf Kosten anderer sozialpolitischer Handlungsfelder einsetzen will, ist eine Wertentscheidung.

– *Familienpolitik als Minderheitenpolitik - kann die Stimme der Familien im politischen Prozess hörbar gemacht werden?*

Tendenzen einer neuen Polarisierung in der Gesellschaft zwischen einem „Familiensektor" und einem „Nicht-Familiensektor" zeichnen sich ab. Auch aus demographischen Gründen wird Familie zu einer Minderheits-Lebensform. Familienpolitik erscheint deshalb zunehmend als Bereich, in dem es um die Verteilung von Geld an Gruppen geht, die innerhalb der Gesellschaft wenig Einfluss haben. Aufgabe der Politik ist deshalb auch, Familien alternative Mitbestimmungsmöglichkeiten zu geben. Dabei wird es kaum um die Verstärkung traditioneller Verbandsarbeit gehen. Auch für die Einführung eines Familienwahlrechts ist nicht mit Mehrheiten zu rechnen. Ein Dilemma der Familienpolitik ist, dass sie tendenziell auf die Stabilisierung gesellschaftlicher Verhältnisse und nicht auf deren Veränderung hinwirft und damit nicht für das gesamte politische Spektrum interessant war. Denn indem sie das Subsystem Familie stärkt, mindert sie Verteilungskonflikte und stärkt insgesamt traditionelle Orientierungen (Wingen 1997, S. 363f.). Dieser Zusammenhang hat sich aber seit einigen Jahren gelöst. Nicht zufällig haben auch SPD und Grüne das Thema Familie entdeckt. Auch gilt nicht mehr, dass Menschen mit Kindern zuhause bleiben, statt sich politisch zu engagieren. Im Gegenteil ist gerade Elternschaft häufig ein Moment politischer Bewusstwerdung, z.B. für Fragen der Umweltgefährdung oder Bildungspolitik. Junge Eltern gehen mittlerweile sogar öfter zu Demonstrationen als Singles. Elternschaft bedeutet heute eher ein „Aussteigen" aus vorgegebenen Berufslaufbahnen und ununterbrochenem Stress und schafft erst den für potentiell gesellschaftsverändernde Reflexion nötigen geistigen Freiraum. Bisher stand der Nutzung politischer Potentiale von Eltern vor allem entgegen, dass ihnen der zeitliche Freiraum zum zeitraubenden Politisieren in Hinterzimmern, Rathäusern und Sitzungssälen fehlte. Im Zeitalter des Internets muss sich das ändern lassen. Politische Partizipationsmöglichkeiten könnten gezielt zeit- und raumunabhängig gestaltet werden. Damit können praktizierende Eltern mehr als bisher zu Motoren politischer Veränderung und Trägern politischer Verantwortung werden. Ganz unabhängig von der parteipolitischen Richtung ließe sich so die Familiengerechtigkeit der Politik durch Partizipation verbessern, und zwar auf der lokalen und regionalen Ebene ebenso wie in der Bundespolitik.

– *Räume und Zeiten für Familien - kann die strukturelle Rücksichtslosigkeit der gesellschaftlichen Verhältnisse gegenüber der Familie überwunden werden?*

Seit dem Fünften Familienbericht (1994) ist die These von der „strukturellen Rücksichtslosigkeit" der Gesellschaft gegenüber der Familie zum Standard familienpolitischer Überlegungen geworden. Gemeint ist damit, dass die herrschenden gesellschaftlichen Normen und Strukturen in der Regel keine Rücksicht darauf nehmen, ob Menschen Kinder haben oder nicht. Kinderhaben ist im Wesentlichen Privatsache geblieben. Eltern bekommen nicht mehr Lohn als Kinderlose, sie haben keinen längeren Urlaub, müssen die gleichen Preise für Konsumgüter zahlen und haben auch dann nur eine Wählerstimme, wenn sie für drei oder fünf weitere, nicht volljährige Bürger die Verantwortung tragen (vgl. Fell/Jans 1996). Kinderlärm wird mit gleichen Skalen bewertet wie Autolärm. Wir haben gesehen, in welchem Maße familienpolitische Leistungen diese strukturelle Rücksichtslosigkeit partiell modifizieren können. Dies geschah in der BRD bisher vorwiegend durch geldwerte Leistungen. Geld ist aber nicht mehr der limitierende Faktor bei der Realisierung von Kinderwünschen in der reichen Bundesrepublik. Die Konzentration familienpolitischer Maßnahmen auf monetäre Transfers vernachlässigt die politischen Chancen sachwerter und zeitwerter Leistungen (Thenner 2000). Die Dimension Zeit muss - gleichwertig neben der monetären Dimension - in die Familien- und Sozialpolitik Eingang finden. Gewerkschaften könnten statt einem Prozent Lohnerhöhung zwei Monate zusätzlichen betrieblichen Elternurlaub fordern (Schmidt 2002). Die Möglichkeiten der modernen Kommunikationstechnologien als Zeitsparer für Eltern könnten systematisch erforscht und genutzt werden (vom virtuellen Ämterbesuch zu Arzneibestellung, vom Teleworking bis zum Babysitter- und Einkaufsservice). Zu einer kinderfreundlichen Gesellschaft gehören auch Räume für Familien - wenn es möglich ist, großflächig Naturschutzgebiete auszuweisen, müsste das selbe auch für Familien und Kinder im städtischen Raum gelten. Flächenmäßige Gleichbehandlung mit Pkws wäre hier eine Minimalforderung.

– *Baustelle Biographie - kann Familienpolitik mit den Brüchen moderner Lebensentwürfe Schritt halten?*

Lebenslagen werden beweglicher, durchlässiger und brüchiger. Das Leben ist eine Baustelle, die Normalbiographie wird zur Bastelbiographie. Das kennzeichnet auch die moderne Familie (Beck-Gernsheim 1998, S. 56f.) Insofern muss auch die Familienpolitik diesen verflüssigten Strukturen folgen, muss - wie in der Neuordnung des Sorgerechts - Vorkehrungen für schmerzfreie Übergänge in neue familiale Lebenslagen schaffen. Dies ist ein starkes Argument dafür, familienpolitische Leistungen auf Kinder zu konzentrieren und nicht auf Eltern. Familienpolitik ist - wie Sozialpolitik generell - mit Interventionen in soziale Zusammenhänge verbunden, die auf die politischen Maßnahmen unerwartet reagieren können. Um so wichtiger ist die enge Vernetzung von Forschung und Politik, um die Lebenslagen von Familien, ihre Konstanz und ihre Veränderung, zu kennen. Vermutlich wird sich die Familienpolitik mittelfristig völlig von der Orientierung an bestimmten institutionalisierten Lebensformen wie der Ehe lösen müssen und die Kinder als Ziel familienpolitischer Maßnahmen ernst nehmen. So wie jetzt schon die Alleinerziehenden auf gesonderte Freibeträge verzichten müssen, werden in nicht allzu ferner Zukunft auch Verheiratete auf die Splitting-Vorteile verzichten müssen und vielleicht auch irgendwann Mütter auf drei Jahre erwerbsarbeitsfreien Erziehungsurlaub, damit die Gesellschaft ihren Kindern das Notwendige an Zeit, Raum, Sozialisation, Bildung und Geld bieten kann.

Die Querschnittaufgabe Familienpolitik ist ein träger Tanker, aber die lebendige Wirklichkeit von Familien in ihren verschiedenen Lebensformen wird seinen Kurs verändern, im langsamen, aber unwiderstehlichen Rhythmus der Generationenfolge.

Literatur

40 Jahre Familienpolitik in der Bundesrepublik Deutschland (1993). Rückblick/Ausblick. Festschrift. Bonn: Bundesministerium für Familie und Senioren.

Ahnert, Lieselotte (1998): Tagesbetreuung für Kinder unter drei Jahren. Theorien und Tatsachen. Bern.

Albers, Willi (1986): Auf die Familie kommt es an. Familienpolitik als zentrale Aufgabe. Bonn.

Allmendinger, Jutta (1999): Bildungsarmut. Zur Verschränkung von Bildungs- und Sozialpolitik. In: Soziale Welt 50, H. 1. S. 35-50.

Althammer, Jörg: Familienbesteuerung im Spannungsfeld zwischen horizontaler und vertikaler Verteilungsgerechtigkeit. In: Familienwissenschaftliche und familienpolitische Signale. Hrsg. v. Jans, Bernhard/Habisch, André/Stutzer, Erich. S. 215-224.

Andrä, Helgard (2000): Begleiterscheinungen und psychosoziale Folgen von Kinderarmut: Möglichkeiten pädagogischer Intervention. In: Butterwegge, Christoph (Hrsg.): Kinderarmut in Deutschland. Ursachen, Erscheinungsformen und Gegenmaßnahmen. Frankfurt a. M., New York. S. 270-285.

Antal, Ariane/Dierkes, Meinolf (1992): Internationally Comparative Research in Europe: The Underutilized Resource. In: Dierkes, Meinolf/Biervert, B. (Hrsg.): European Social Science in Transition. Frankfurt am Main/Boulder, Colorado, S. 585-610.

Ariès, Philippe (1978): Geschichte der Kindheit. München.

Badelt, Christoph (1994): Gerechtigkeitsideale und Familienpolitik. In: Badelt, Christoph (Hrsg.): Familien zwischen Gerechtigkeitsidealen und Benachteiligungen. Wien, Köln, Weimar: Sozialpolitische Schriften Bd. 3. S. 177-194.

Bagavos, Christos/Martin, Claude (2001): Wie entwickelt sich die europäische Familie? In: Family Observer 3. S. 20-27.

Bahle, Thomas (1995): Familienpolitik in Westeuropa. Ursprünge und Wandel im internationalen Vergleich. Frankfurt/M./New York.

Barabas, Friedrich K./Erler, Michael (1994): Die Familie. Einführung in Soziologie und Recht. Weinheim und München.

Bebel, August (1889): Die Frau und der Sozialismus. Stuttgart.

Beck-Gernsheim, Elisabeth (1998): Was kommt nach der Familie? Einblicke in neue Lebensformen. München.

Bellers, Anni (1993): Politik für die Familie. Eine vergleichende Analyse familienpolitischer Maßnahmen auf Bundes-, Landes- und kommunaler Ebene in der Bundesrepublik Deutschland. Münster.

Beruf und Kinderbetreuung (1996). Ratgeber für eine adäquate Umsetzungspraxis. Luxemburg: Europäische Kommission, GD V. (=Soziales Europa. Beiheft 5/96)

Bethusy-Huc, Viola von (1987): Familienpolitik. Aktuelle Bestandsaufnahme der familienpolitischen Leistungen und Reformvorschläge. Tübingen.

Behning, Ute (1996): Zum Wandel des Bildes „der Familie" und der enthaltenen Konstruktionen von „Geschlecht" in den Familienberichten 1968 bis 1993. In: Zeitschrift für Frauenforschung 14, Heft 3/96, S. 146-156.

Bernstein, Anne C. (1990): Die Patchwork-Familie. Wenn Väter oder Mütter in neuen Ehen weitere Kinder bekommen. Zürich.

Blank-Mathieu, Margarete (1998): Alte Bundesländer - Neue Bundesländer. Aus: Handbuch für ErzieherInnen, 23. Lieferung 1998.

Bleses, Peter (1998): Deutungswandel der Sozialpolitik. Frankfurt a. M./New York.

Bleses, Peter/Seeleib-Kaiser, Martin (1999): Zum Wandel wohlfahrtsstaatlicher Sicherung in der Bundesrepublik Deutschland: Zwischen Lohnarbeit und Familie. In: Zeitschrift für Soziologie Jg. 28, S. 114-135.

Bock, Gisela (1997): Nationalsozialistische Geschlechterpolitik und die Geschichte der Frauen. In: Duby, George/Perrot, Michelle (Hg.): Geschichte der Frauen. 20. Jahrhundert. Frankfurt a.M.

Böhnisch, Lothar/Lenz, Karl (Hrsg.) (1999): Familien. Eine interdisziplinäre Einführung. 2. Auflage. Weinheim und München.

Bosch, Gerhard (1999): Arbeitszeit. Differenzierung und Flexibilisierung der Arbeitszeit. Die schwierige Suche nach einem neuen Arbeitszeitparadigma. In: Der Sozialstaat des 21. Jahrhunderts 41. Forskningsstiftelsen Fafo.

Bourdieu, Pierre/Passeron, Jean-Claude (1977): Reproduction in education, society, and culture. Beverly Hills.

Büchel, Felix/Trappe, Heike (2001): Die Entwicklung der Einkommensposition kinderreicher Familien in Deutschland. In: Zeitschrift für Familienforschung 1/2001. S. 5-28.

Buhr, Petra (1997): Sozialhilfe im internationalen Vergleich. Ein Rezensionsessay. In: NDV Heft 12/1997, S. 384-390.

Bundesministerium für Familie und Senioren (Hg.) (1993): 40 Jahre Familienpolitik in der Bundesrepublik Deutschland. Rückblick/Ausblick. Neuwied/Berlin.

Butterwegge, Christoph (Hrsg.)(2000): Kinderarmut in Deutschland. Ursachen, Erscheinungsformen und Gegenmaßnahmen. Frankfurt a. M., New York.

Caritas-Armutsuntersuchung (1992). Ergebnisse und Position. In: Zeitschrift für Caritasarbeit und Caritaswissenschaft. Heft 10. 93. Jahrgang.

Chancengleichheit für Frauen und Männer in der Europäischen Union (1998). Jahresbericht 1997. Europäische Kommission. Generaldirektion Beschäftigung, Arbeitsbeziehungen und soziale Angelegenheiten. Luxemburg: Amt für amtliche Veröffentlichungen der Europäischen Gemeinschaften.

Cramer, Alfons (1993): Zur staatlichen Stützung von Familie: Konturen und Konjunkturen der Familienpolitik in der Bundesrepublik Deutschland. In: Reichwein, Roland/Cramer, Alfons/Buer, Ferdinand: Umbrüche in der Privatsphäre. Familie und Haushalt zwischen Politik, Ökonomie und sozialen Netzen. Bielefeld. S. 11-67.

Cyprian, Gudrun/Franger, Gaby (1995): Familie und Erziehung in Deutschland. Kritische Bestandsaufnahme der sozialwissenschaftlichen Forschung. Bonn: Schriftenreihe des Bundesministeriums für Familie, Senioren, Frauen und Jugend, Bd. 177.

Dienel, Christiane (1993a): Italien. In: Neubauer, Erika/Dienel, Christiane/Lohkamp-Himmighofen, Marlene: Zwölf Wege der Familienpolitik in der

Europäischen Gemeinschaft. Eigenständige Systeme und vergleichbare Qualitäten? Stuttgart, Berlin, Köln: Schriftenreihe des Bundesministeriums für Familie und Senioren. Bd. 22.2: Länderberichte. S. 243-268

Dienel, Christiane (1993b): Luxemburg. In: Neubauer, Erika/Dienel, Christiane/Lohkamp-Himmighofen, Marlene: Zwölf Wege der Familienpolitik in der Europäischen Gemeinschaft. Eigenständige Systeme und vergleichbare Qualitäten? Stuttgart, Berlin, Köln: Schriftenreihe des Bundesministeriums für Familie und Senioren. Bd. 22.2: Länderberichte. S. 269-289.

Dienel, Christiane (1995): Kinderzahl und Staatsräson. Empfängnisverhütung und Bevölkerungspolitik in Deutschland und Frankreich bis 1918. Münster.

Dienel, Christiane (1996): Frauen in Führungspositionen in Europa.München: DJI. (=Internationale Texte, Bd. 6)

Dienel, Christiane (1998): Armut von Kindern im europäischen Vergleich. Strategien zu ihrer Bekämpfung. In: Mansel, Jürgen/Neubauer, Georg (Hrsg.): Armut und soziale Ungleichheit bei Kindern. Opladen. S. 200-213.

Dienel, Christiane (1999): Europäische Sozialpolitik durch Sozialen Dialog - das Beispiel der EU-Elternurlaubsrichtlinie. In: WeltTrends. Zeitschrift für internationale Politik und Vergleichende Studien. Nummer 24. S. 117-130.

Ditch, John u.a. (1998): Eine Synthese nationaler Familienpolitiken 1996. Europäische Beobachtungsstelle für nationale Familienpolitiken. York: Kommission der Europäischen Gemeinschaften.

DIW Wochenbericht 47/00: Wohnungs-, Bildungs- und Familienpolitik sollten im Sinne eines „sozialen Risikomanagements" verändert werden. Berlin: Deutsches Institut für Wirtschaftsforschung.

Donzelot, Jacques (1980): The Policing of Families: Welfare versus the State. London.

Eeckhoff, Johannes (1993): Wohnungspolitik. Tübingen.

Ehmann, Sandra (1999): Familienpolitik in Frankreich und Deutschland. Frankfurt a. M.

Engelbert, Angelika (1998): Wer wird erreicht und wem geholfen? Bedingungen der Inanspruchnahme sozialpolitischer Leistungen am Beispiel von Familien mit behinderten Kindern. In: Mansel, Jürgen/Neubauer, Georg (Hrsg.): Armut und soziale Ungleichheit bei Kindern. Opladen. S. 258-273.

Engelbrech, Gerhard (2002): Transferzahlungen an Familien - demografische Entwicklung und Chancengleichheit. In: WSI Mitteilungen 03/2002, S. 139-146.

EU Transport in Figures (2000). Statistical Pocketbook. Brussels: European Commission/Eurostat.

Familie heute (1994) - ausgewählte Aufsätze zur Situation der Familien in Baden-Württemberg. Stuttgart: Ministerium für Familie, Frauen, Weiterbildung und Kunst.

Familie und Arbeitswelt (1986). Kolloquium. München 3.-5.3.1986. Köln: Veröffentlichungen der Walter-Raymond-Stiftung Bd. 25.

Familienberichte der Bundesregierung:
- Erster Familienbericht (1968): Bericht der Bundesregierung über die Lage der Familien in der Bundesrepublik Deutschland. BT-Drucks. 5/2532 v. 25.1.1968.
- Zweiter Familienbericht (1975): Familie und Sozialisation. Leistungen und Leistungsgrenzen der Familie hinsichtlich der Erziehungs- und Bil-

dungsprozesse der jungen Generation. Erster Teil: Stellungnahme der Bundesregierung. Zweiter Teil: Bericht der Sachverständigenkommission. BT-Druchs. 7/3502 v. 15.4.1975.

- Dritter Familienbericht (1979): Die Lage der Familien in der Bundesrepublik Deutschland. Bericht der Sachverständigenkommission der Bundesregierung. Zuammenfassender Bericht. BT-Drucks. 8/1120 v. 20.8.1979.
- Vierter Familienbericht (1986): Die Situation der älteren Menschen in der Familie. Erster Teil: Stellungnahme der Bundesregierung. Zweiter Teil: Bericht der Sachverständigenkommission. BT-Drucksache 10/6145 v. 13.10.1986.
- Fünfter Familienbericht (1995): Familien und Familienpolitik im geeinten Deutschland - Zukunft des Humanvermögens. Erster Teil: Stellungnahme der Bundesregierung. Zweiter Teil: Bericht der Sachverständigenkommission. BT-Drucks. 12/7560 v. 15.6.1994. Bonn.
- Sechster Familienbericht (2000): Familien ausländischer Herkunft in Deutschland. Leistungen - Belastungen - Herausforderungen. Bericht der Sachverständigenkommission der Bundesregierung. BT-Drucks. 14/4357 vom 18. Oktober 2000.

Fell, Karl H./Jans, Bernhard (Hrsg.) (1996): Familienwahlrecht - pro und contra. Grafschaft.

Frommel, Monika (1993): Zum Gebären verpflichtet? In: Unter anderen Umständen. Zur Geschichte der Abtreibung. Dresden: Deutsches Hygiene-Museum. S. 114-119.

Fthenakis, Wassilios E./Textor, Martin R. (Hrsg.) (1998): Qualität von Kinderbetreuung. Konzepte, Forschungsergebnisse, internationaler Vergleich. Weinheim.

Galler, Heinz P.: Opportunitätskosten der Entscheidung für Familie und Haushalt. In: Gräbe, Sylvia: Der private Haushalt als Wirtschaftsfaktor. Frankfurt a. M., New York, S. 118-152.

Funk, Heide (1997): Familie und Gewalt - Gewalt in Familien. In: Böhnisch, Lothar/Lenz, Karl (Hrsg.): Familien. Eine interdisziplinäre Einführung. Weinheim und München. S. 251-263.

Geisler, Hans (2000): Erziehungsgehalt - ein Weg zur besseren Anerkennung von Erziehungsleistungen. In: Familienwissenschaftliche und familienpolitische Signale. Hrsg. v. Jans, Bernhard/Habisch, André/Stutzer, Erich. Grafschaft. S. 255-262.

Gemeinnützige Hertie-Stiftung (Hrsg.): Unternehmensziel: Familienbewusste Personalpolitik. Köln.

Gemende, Marion (1997): Familien ausländischer Herkunft - im Spannungsfeld zwischen Assimilation und Ethnizität. In: Böhnisch, Lothar/Lenz, Karl (Hrsg.): Familien. Eine interdisziplinäre Einführung. Weinheim und München. S. 283-298.

Gerechtigkeit für Familien (2001). Zur Begründung und Weiterentwicklung des Familienlasten- und Familienleistungsausgleichs. Wissenschaftlicher Beirat für Familienfragen. Stuttgart: Schriftenreihe des Bundesministeriums für Familie, Senioren, Frauen und Jugend Bd. 202.

Gerlach, Irene (2000): Politikgestaltung durch das Bundesverfassungsgericht am Beispiel der Familienpolitik. In: Aus Politik und Zeitgeschichte B 3-4/2000. S. 21-31.

Gerlach, Irene (1996): Familie und staatliches Handeln. Ideologie und politische Praxis in Deutschland. Opladen.

Handbuch der örtlichen und regionalen Familienpolitik (1996). Erarbeitet vom Institut für Entwicklungsplanung und Strukturforschung GmbH an der Universität Hannover (IES). Bonn: Bundesministerium für Familie, Senioren, Frauen und Jugend.

Hans Böckler Stiftung (Hrsg.) (2001): a) Arbeitspapier 48: Zukunft der Gesellschaft. Maihofer, Andrea/Böhnisch, Tomke/Wolf, Anne: Wandel der Familie. b) Arbeitspapier 49: Zukunft der Politik. Ostner, Ilona/Leitner, Sigrid/Lessenich, Stephan: Sozialpolitische Herausforderungen. Düsseldorf.

Hantrais, Linda/Letablier, Marie-Thérèse (1996): Families and Family Policies in Europe. London, New York.

Hattenhauer, Hans (1998): Über das Minderjährigenwahlrecht. In: Palentien, Christian/Hurrelmann, Klaus (Hrsg.): Jugend und Politik - Ein Handbuch für Forschung, Lehre und Praxis. Neuwied. S. 238-259.

Hauser, Richard (1995): Das empirische Bild der Armut in der Bundesrepublik Deutschland - ein Überblick. In: Aus Politik und Zeitgeschichte B 31-32/95. S.3-13.

Heise, Arne (1998): Europäische Sozialpolitik - eine Einschätzung aus gewerkschaftlicher Sicht. Bonn: Forschungsinstitut der Friedrich-Ebert-Stiftung. Abteilung Arbeits- und Sozialforschung.

Helwig, Gisela (1987): Frau und Familie. Bundesrepublik Deutschland - DDR. Köln.

Herzog, Roman (1993): Familie und Familienpolitik in der Rechtsprechung des Bundesverfassungsgerichts. In: 40 Jahre Familienpolitik in der Bundesrepublik Deutschland. Rückblick/Ausblick. Festschrift. Bonn: Bundesministerium für Familie. und Senioren. S. 54-64.

Hillbrand, Ursula (1998): Familien und Mobilität in Europa. In: Sozialtransferleistungen und die Familie. Vergleiche, Unterschiede und Wirkungen. Akte des Kolloquiums Luxemburg 17./18. November 1997. Hrsg. v. Michel Neyens. Luxemburg. S. 88-92.

Höltershinken, Dieter/Hoffmann, Hilmar/Prüfer, Gudrun (1997): Kindergarten und Kindergärtnerin in der DDR. Bd. I-II. Berlin.

Hohmeier, Jürgen (1997): Familien mit behinderten Kindern - ihre Situation, ihr Unterstützungsbedarf. In: Vaskovics, Laszlo A. (Hrsg.): Familienleitbilder und Familienrealitäten. Opladen. S. 347-352.

Holz, Gerda/Hock, Beate (1999): Armutslagen von Kindern und Jugendlichen in Deutschland am Ende des 20. Jahrhunderts. In: Kinderarmut in Deutschland. SOSDialog. Fachmagazin des SOS-Kinderdorf e.V. München. S. 10-15.

Hufton, Olwen (1997): Arbeit und Familie. In: Geschichte der Frauen. Bd. 3: Frühe Neuzeit. Hrsg. v. Georges Duby und Michelle Perrot. Frankfurt a.M. S. 27-59.

Immerfall, Stefan (1994): Einführung in den Europäischen Gesellschaftsvergleich. Ansätze - Problemstellungen - Befunde. Passau.

Irskens, Beate/Vogt, Herbert (Hrsg.) (2000): Qualität und Evaluation. Eine Orientierung - nicht nur für Kindertageseinrichtungen. Frankfurt/Main: Deutscher Verein für öffentliche und private Fürsorge.

Kaufmann, Franz-Xaver (1993): Familienpolitik in Europa. In: 40 Jahre Familienpolitik in der Bundesrepublik Deutschland. Rückblick/Ausblick. Hrsg. v. Bundesministerium für Familie und Senioren. Neuwied. S. 141-167.

Keddi, Barbara/Pfeil, Patricia/Strehmel, Petra/Wittmann, Svendy (1999): Lebensthemen junger Frauen - die andere Vielfalt weiblicher Lebensentwürfe: eine Längsschnittuntersuchung in Bayern und Sachsen. Opladen.

Keil, Siegfried (1993): Elterliches Erziehungsrecht und ergänzende Erziehungshilfen im Wandel der letzten 40 Jahre. In: 40 Jahre Familienpolitik in der Bundesrepublik Deutschland. Rückblick/Ausblick. Neuwied, Kriftel, Berlin: Bundesministerium für Familie und Senioren. S. 117-134.

Kinder- und Jugendberichte der Bundesregierung:
- Zehnter Kinder- und Jugendbericht (1998). Bericht über die Lebenssituation von Kindern und die Leistungen der Kinderhilfen in Deutschland. Bonn: Bundesministerium für Familie, Senioren, Frauen und Jugend.
- Elfter Kinder- und Jugendbericht (2002). Bericht über die Lebenssituation junger Menschen und die Leistungen der Kinder- und Jugendhilfe in Deutschland. Bonn: Deutscher Bundestag Drucksache 14/8181.

Klammer, Ute (2001): Managerin gesucht. Erwerbstätige Mütter in Europa zwischen Sozialpolitik und sozialer Praxis. In: WSI Mitteilungen 5/2001, S. 329-336.

König, René (1974): Die Familie der Gegenwart. München.

Kohli, Martin (1997): Beziehungen und Transfers zwischen den Generationen. In: Vaskovics, Laszlo A. (Hrsg.): Familienleitbilder und Familienrealitäten. Opladen. S. 278-288.

Konzept des Familienbundes (2001) der Katholiken zur 2. Stufe der Umsetzung der Bundesverfassungsgerichtsentscheidungen zur Familienbesteuerung (ab 1.1.2002). Freiburg/Berlin: Familienbund der Katholiken.

Kowalsky, Wolfgang (1999): Europäische Sozialpolitik: Ausgangsbedingungen, Antriebskräfte und Entwicklungspotentiale. Opladen.

Kronberger Kreis (Hrsg.) (1998): Qualität im Dialog entwickeln.

Krüsselberg, Hans-Günter/Auge, Michael/Hilzenbecher, Manfred (1986): Verhaltenshypothesen und Familienzeitbudgets - Die Ansatzpunkte der „Neuen Haushaltsökonomik" für Familienpolitik. Stuttgart: Schriftenreihe des BMJFG Bd. 182.

Krüsselberg, Hans-Günter (1986): Ökonomik der Familien. In: Heinemann, Klaus (Hrsg.): Soziologie wirtschaftlichen Handelns. Opladen. S. 169-192.

Kurz, Karin (1998): Das Erwerbsverhalten von Frauen in der intensiven Familienphase. Ein Vergleich zwischen Müttern in der Bundesrepublik und in den USA. Opladen.

Lampert, Heinz (1996): Priorität für die Familie - Plädoyer für eine rationale Familienpolitik. Berlin.

Lampert, Heinz (1986): Ordnungspolitische und verteilungspolitische Aspekte der Familienpolitik in der Bundesrepublik Deutschland. In: ders./Max Wingen (Hrsg.): Familie und Familienpolitik. Bestandsaufnahme und Perspektiven. Köln.

Lampert, Heinz (1994): Die Rechtsprechung des Bundesverfassungsgerichtes zur Familienpolitik aus familienpolitischer Sicht. In: Bottke, Wilfried (Hrsg.): Familie als zentraler Grundwert demokratischer Gesellschaften. Interdisziplinäre gesellschaftspolitische Gespräche an der Universität Augsburg. Bd. 3. St. Ottilien. S. 65-100.

Lampert, Heinz (1995): Der familiale Beitrag zur Humanvermögensbildung und seine Konsequenzen für einen Familienleistungsausgleich. In: Vom Familienlastenausgleich zum Familienleistungsausgleich. Grundlagen - Eckwerte - Ausgestaltung. Bonn: Arbeitsgemeinschaft der Deutschen Familienorganisationen. S. 16-35.

Lampert, Heinz (1996): Zur Lage der Familien und den Aufgaben der Familienpolitik in den neuen Bundesländern. In: Hauser, Richard (Hg.): Familienpolitik, Lohnpolitik und Verteilung. Berlin. (=Sozialpolitik im vereinten Deutschland III) S. 11-52.

Lampert, Heinz (1998): Lehrbuch der Sozialpolitik. 5. Auflage. Berlin, Heidelberg.

Landenberger, Margarete (1991): Erziehungsurlaub: Arbeitsmarktpolitisches Instrument zur selektiven Ausgliederung und Wiedereingliederung von Frauen. In: Mayer, Karl-Ulrich/Allmendinger, Jutta/Huinink, Johannes (Hrsg.): Vom Regen in die Traufe. Frauen zwischen Beruf und Familie. Frankfurt a.M., New York. S. 262-288.

Laufer, Jacqueline (1996): Women's Employment and Equal Opportunities: from Equality to Reconciliation. In: Comparing Families and Family Policies in Europe. Hrsg. v. Hantrais, Linda/Letablier, Marie-Thérèse. Loughborough: Cross-national Research Papers. S. 57-63.

Lebenslagen in Deutschland (2000). Der erste Armuts- und Reichtumsbericht der Bundesregierung. Berlin.

Lebenslagen in Deutschland (2000a). Daten und Fakten. Materialband zum ersten Armuts- und Reichtumsbericht der Bundesregierung. Berlin.

Lee, Jin-Sook (1999): Familie und staatliche Familienpolitik in Deutschland im Lichte der sozialwissenschaftlichen Diskussion. Rekapitulation und kritische Analyse. Würzburg.

Leitsätze und Empfehlungen zur Familienpolitik im vereinigten Deutschland (1991). Schriftenreihe des BMFuS. Bd. 1. Stuttgart.

Lenz, Marlene: Frauen- und Familienpolitik in der Europäischen Union. In: Familienwissenschaftliche und familienpolitische Signale. Hrsg. v. Bernhard Jans/André Habisch/Erich Stutzer. Grafschaft. S. 571-578.

Letablier, Marie-Thérèse (2002): Kinderbetreuungspolitik in Frankreich und ihre Rechtfertigung. In: WSI Mitteilungen 03/2002. S. 169-175.

Lüdeke, Reinar (2000): Familienbesteuerung in Deutschland. Der besondere grundgesetzliche Schutz der Ehe, das Ehegattensplitting und die Kinderfreibeträge. In: Familienwissenschaftliche und familienpolitische Signale. Hrsg. v. Jans, Bernhard/Habisch, André/Stutzer, Erich. Grafschaft. S. 155-172.

Lüscher, Kurt/Schultheis, Franz/Wehrspaun, Michael (Hrsg.) (1988): Die „postmoderne" Familie. Familiale Strategien und Familienpolitik in einer Übergangszeit. Konstanz: Konstanzer Beiträge zur sozialwissenschaftlichen Forschung, hrsg. von R. Fisch und K. Lüscher.

Martin, Claude (2000): Familienpolitische Reformen in Frankreich zwischen den Jahren 1981 und 1997: Kontinuität oder Pfadwechsel? In: Zeitschrift für Familienforschung 3/2000. S. 5-20.

Matthies, Aila-Leena (1998): Geschlechtermodell im Wandel? Finnland und Neue Bundesländer im Vergleich. In: Zeitschrift für Sozialreform 44. Jg. S. 193-214.

Matzner, Michael (1998): Vaterschaft heute. Klischees und soziale Wirklichkeit. Frankfurt/M.

Mayer, Tilman (2000): Organisationsschwache Interessen. In: Familienwissenschaftliche und familienpolitische Signale. Hrsg. v. Jans, Bernhard/Habisch, André/Stutzer, Erich. Grafschaft. S. 509-516.

Mitterauer, Michael/Sieder, Reinhard (Hrsg.) (1982): Historische Familienforschung.

Moeller, Robert G. (1997): Geschützte Mütter. Frauen und Familien in der westdeutschen Nachkriegspolitik. München.

Münch, Ursula (1990): Familienpolitik in der Bundesrepublik Deutschland. Maßnahmen, Defizite, Organisation familienpolitischer Staatstätigkeit. Freiburg.

Napp-Peters, Anneke (1985): Ein-Elternteil-Familien. Soziale Randgruppe oder neues familiales Selbstverständnis?. Weinheim/München.

Negt, Oskar (1999): Kindheit und Schule in einer Welt der Umbrüche. Göttingen.

Neubauer, Erika (1988): Alleinerziehende Mütter und Väter - Eine Analyse der Gesamtsituation. Bonn: Schriftenreihe des Bundesministers für Jugend, Familie, Frauen und Gesundheit, Bd. 219.

Neubauer, Erika/Dienel, Christiane/Lohkamp-Himmighofen, Marlene (1993): Zwölf Wege der Familienpolitik in der Europäischen Gemeinschaft. Eigenständige Systeme und vergleichbare Qualitäten? Stuttgart, Berlin, Köln: Schriftenreihe des Bundesministeriums für Familie und Senioren Band 22.1 und 22.2.

Neubauer, Erika/Dienel, Christiane (2000): Mehr Solidarität für Familien - Anspruch mit unterschiedlicher Ausprägung in Europa. In: Familienwissenschaftliche und familienpolitische Signale. Hrsg. v. Jans, Bernhard/Habisch, André/Stutzer, Erich. Grafschaft. S. 551-558.

Olk, Thomas, Mierendorff, Johanna (1998): Existenzsicherung für Kinder - Zur sozialpolitischen Regulierung von Kindheit im bundesdeutschen Sozialstaat. In: Zeitschrift für Soziologie der Erziehung und Sozialisation 1/1998. S. 38-52.

Olk, Thomas/Mierendorff, Johanna (1998a): Kinderarmut und Sozialpolitik. Zur politischen Regulierung von Kindheit im modernen Wohlfahrtsstaat. In: Mansel, Jürgen, Neubauer, Georg (Hrsg.): Armut und soziale Ungleichheit bei Kindern. Opladen. S. 230-257.

Ostner, Ilona (1995): Arm ohne Ehemann? Sozialpolitische Regulierung von Lebenschancen für Frauen im internationalen Vergleich. In: Aus Politik und Zeitgeschichte 36/37, 1995. S. 3-12.

Ostner, Ilona (1997): Soziale Sicherung für Alleinerziehende im europäischen Vergleich. In: Zeitschrift für Frauenforschung. 15. Jg. Heft 1. S. 90-97.

Ostner, Ilona/Lessenich, Stephan (1996): Die institutionelle Dynamik, 'dritter Wege' Zur Entwicklung der Familienpolitik in ‚katholischen' Wohlfahrts-

staaten am Beispiel Deutschlands und Frankreichs, in: Zeitschrift für Sozialreform, 41 (11/12), S. 780-803.

Ostner, Ilona/Lewis, Jane (1995): Gender and the Evolution of European Social
Policies. In: European Social Policy between fragmentation and integration.
Hg. v. Stephan Leibfried und Paul Pierson. Washington: Brookings Institu-
tions. S. 159-193.

Ostner, Ilona/Lewis, Jane (1998): Geschlechterpolitik zwischen europäischer
und nationalstaatlicher Regelung. In: Leibfried, Stephan/Pierson, Paul
(Hrsg.): Standort Europa, Sozialpolitik zwischen Nationalstaat und europäischer Integration, Frankfurt a. M. S. 196-239.

Ott, Notburga: Ökonomische Effizienz und Familienlastenausgleich - eine kon-
zeptionelle Klärung. In: Familienwissenschaftliche und familienpolitische
Signale. Hrsg. v. Jans, Bernhard/Habisch, André/Stutzer, Erich. Grafschaft.
S. 185-200.

Palentien, Christian/Klocke, Andreas/Hurrelmann, Klaus (1999): Armut im
Kindes- und Jugendalter. In: Aus Politik und Zeitgeschichte B 18/99. S. 33-
38.

Pateman, Carole (1988). The sexual contract. Stanford, CA: Stanford University Press.

Pechstein, Matthias (1994): Familiengerechtigkeit als Gestaltungsgebot für die
staatliche Ordnung: Zur Abgrenzung von Eingriff und Leistung bei Maßnahmen des sogenannten Familienlastenausgleichs. Baden-Baden 1994.

Pettinger, Rudolf (2000): Erziehungsgeld und Erziehungsurlaub. Anspruch und
Wirklichkeit zweier zentraler familienpolitischer Leistungen für junge Fami-
lien. In: Familienwissenschaftliche und familienpolitische Signale. Hrsg. v.
Jans, Bernhard/Habisch, André/Stutzer, Erich. Grafschaft. S. 243-254.

Peuckert, Rüdiger (1999): Familienformen im sozialen Wandel. 3. Auflage.
Opladen.

Pfau-Effinger, Birgit (1998): Der soziologische Mythos von der Hausfauenehe.
In: Soziale Welt 49, 1998. H. 1. S. 167-182.

Platzer, Hans-Wolfgang (1992): Lernprozess Europa. Bonn.

Puschmann, Hellmut (2000): Anwaltschaftliches Handeln und Familienpolitik.
In: Familienwissenschaftliche und familienpolitische Signale. Hrsg. v. Jans,
Bernhard/Habisch, André/Stutzer, Erich. Grafschaft. S. 531-537.

Pyde, Beate/Stuke, Bärbel (1999): Kinder, die von Sozialhilfe leben - Auswir-
kungen und Anforderungen an die pädagogische Praxis. In: Kinderarmut in
Deutschland. SOSDialog. Fachmagazin des SOS-Kinderdorf e.V. München.
S.21-26.

Qvortrup, Jens (1998): Kinder in der intergenerationalen Ressourcenverteilung.
In: Mansel, Jürgen/Neubauer, Georg (Hrsg.): Armut und soziale Ungleichheit bei Kindern. Opladen. S. 214-229.

Ramelow, Ursula (1998): Familienpolitik in der Kommune - Anmerkungen aus
der lokalen Praxis. In: Die Zukunft der Familie. Aufgaben und Perspektiven
moderner Familienpolitik. St. Augustin: Konrad-Adenauer-Stiftung. Interne
Studie Nr. 168. S. 31-37.

Regelungen zur familienbedingten Arbeitsbefreiung für Arbeitnehmer mit Kindern (1994). Ein Überblick über die Urlaubsregelungen in den Mitgliedstaaten der Europäischen Gemeinschaft sowie in Finnland, Norwegen, Schweden und Österreich. Netzwerk der Europäischen Kommission für Kinder-

betreuung und andere Maßnahmen zur Förderung der Vereinbarkeit von Beruf und Familie. Brüssel: Europäische Kommission.

Roellecke, Ines Sabine (2001): Verfassungsrechtliche Vorgaben für den Familienlastenausgleich (FLA). Zusammenfassung von sechs Gutachten zu VberfGE 99, 216 ff; 99; 246ff. Erstellt im Auftrag des Bundesministeriums für Familie, Senioren, Frauen und Jugend.

Rölli-Alkemper, Lukas (2000): Familie im Wiederaufbau. Katholizismus und bürgerliches Familienideal in der Bundesrepublik Deutschland 1945 - 1965. Paderborn.

Ronsin, Francis (1990): Le contrat sentimental. Débats sur le mariage, l'amour, le divorce, de l'Ancien Régime à la Restauration. Paris.

Rosenbaum, Heidi (1982): Formen der Familie. Untersuchungen zum Zusammenhang von Familienverhältnissen, Sozialstruktur und sozialem Wandel in der deutschen Gesellschaft des 19. Jahrhunderts. Frankfurt a. M.

Rühling, Helga (2000): Mütter entwicklungsauffälliger Kinder - Ressourcenorientierte Müttergruppen in einer Erziehungsberatungsstelle. In: Verhaltenstherapie und Psychosoziale Praxis 4/2000. S. 593-603.

Schäfers, Bernhard (1995): Gesellschaftlicher Wandel in Deutschland. Ein Studienbuch zur Sozialstruktur und Sozialgeschichte der Bundesrepublik. 6. Auflage. Stuttgart.

Schattovits, Helmuth (2000): Kinderbetreuungsscheck - eine Innovation in der Unterstützung der Betreuung von Vorschulkindern. Wahlfreiheit ermöglichen versus Verhalten regeln. In: Familienwissenschaftliche und familienpolitische Signale. Hrsg. v. Jans, Bernhard/Habisch, André/Stutzer, Erich. Grafschaft. S. 263-280.

Segalen, Martine (1998): Die industrielle Revolution: Vom Proletarier zum Bürger. In: André Burguière u.a. (Hg.): Geschichte der Familie. 20. Jahrhundert. Frankfurt/M., S. 13-58.

Schäfers, Bernhard (1995): Gesellschaftlicher Wandel in Deutschland. Ein Studienbuch zur Sozialstruktur und Sozialgeschichte der Bundesrepublik. München.

Schlüter, Wilfried (1998): BGB-Familienrecht. 8., völlig neu bearbeitete Auflage. Heidelberg.

Schmähl, Winfried (1999): Die Solidarität zwischen den Generationen in einer alternden Bevölkerung. In: WSI Mitteilungen 1/1999. S. 2-8.

Schmidt, Heike (2000): Sprachwirrwarr. Die Begriffe Familienbesteuerung, Familienlastenausgleich und Familienleistungsausgleich. In: Familienwissenschaftliche und familienpolitische Signale. Hrsg. v. Jans, Bernhard/Habisch, André/Stutzer, Erich. Grafschaft. S. 201-206.

Schmitz, Heike/Schmidt-Denter, Ulrich (1999): Die Nachscheidungsfamilie sechs Jahre nach der elterlichen Trennung. In: Zeitschrift für Familienforschung, 11. Jg, Heftr 3/1999, S. 28-55.

Schneewind, Klaus A./Vaskovics, Laszlo A. u.a.(1998): Optionen der Lebensgestaltung junger Ehen und Kinderwunsch. Verbundstudie - Endbericht. 2. Auflage. Bonn: Schriftenreihe des Bundesministeriums für Familie, Senioren, Frauen und Jugend Bd. 128.1.

Schneider, Norbert F. (1994): Familie und private Lebensführung in West- und Ostdeutschland. Eine vergleichende Analyse des Familienlebens 1970-1992. Stuttgart.

Schultheis, Franz (1999): Familien und Politik. Formen wohlfahrtsstaatlicher Regulierung von Familie im deutsch-französischen Gesellschaftsvergleich. Konstanz.

Schulze Buschoff, Karin (1995): Familie und Erwerbsarbeit in der Bundesrepublik. Rückblick, Stand der Forschung und Design einer Lebensformentypologie. WZB FS III 95 - 402.

Schunter-Kleemann, Susanne (1994): Die Familienpolitik der Europäischen Union - zwischen Markt- und Mütterfallen. In: Badelt, Christoph (Hrsg.): Familien zwischen Gerechtigkeitsidealen und Benachteiligungen. Wien, Köln, Weimar. S. 157-173.

Schunter-Kleemann, Susanne (2000): Gender mainstreaming as a strategy for modernising gender relations? In: Family issues beween gender and generations. Seminar report. European Observatory on Family Matters. Luxemburg: Amt für amtliche Veröffentlichungen der Europäischen Gemeinschaften. S. 79-85.

Schwab, Dieter (1993): Entwicklungen und Perspektiven des Familienrechts. In: 40 Jahre Familienpolitik in der Bundesrepublik Deutschland. Rückblick/Ausblick. Festschrift. Bonn: Bundesministerium für Familie und Senioren. S. 63-89.

Schweitzer, Rosemarie von (1991): Haushaltsproduktion und Aufwendungen der Haushalte für die nachwachsende Generation. In: Gräbe, Sylvia: Der private Haushalt als Wirtschaftsfaktor. Frankfurt a. M., New York, S. 107-117.

Sell, Stefan (2002): Neue Finanzierungsgrundlagen für Kindertageseinrichtungen und ihre Auswirkungen auf das KiTa-Management. In: Rieder-Aigner, H. (Hrsg.): Zukunfts-Handbuch Kindertageseinrichtungen. Regensburg, Berlin, IV.8, S. 1-20.

Sell, Stefan (2002a): „Bedarfsorientierte" Modernisierung der Kinderbetreuungsinfrastruktur in Deutschland. In: WSI Mitteilungen 3/2002. S. 147-153.

Sozialporträt Europas (1998): Luxemburg: Amt für amtliche Veröffentlichungen der Europäischen Gemeinschaften.

Statistisches Bundesamt (Hrsg.) (Mai 2001). Bevölkerung und Erwerbstätigkeit. Fachserie 1. Reihe 3. Haushalte und Familien 2000. Ergebnisse des Mikrozensus. Wiesbaden.

Statistisches Kompendium Mobilität (2000). Berlin: Forum Zukunft Bauen.

Stiehler, Sabine (1997): Allein mit Kind(ern) - Probleme und Chancen einer verbreiteten Familienform. In: Böhnisch, Lothar/Lenz, Karl (Hrsg.): Familien. Eine interdisziplinäre Einführung. Weinheim und München. S. 199-211.

Strohmeier, Klaus Peter (1995): Familienpolitik und familiale Lebensformen - ein handlungstheoretischer Bezugsrahmen. In: Familie im Brennpunkt von Wissenschaft und Forschung. Rosemarie Nave-Herz zum 60. Geburtstag. Neuwied, Kriftel, Berlin. S. 17-36.

Sturzbecher, Dietmar (Hrsg.) (1998): Kindertagesbetreuung in Deutschland - Bilanzen und Perspektiven. Ein Beitrag zur Qualitätsdiskussion. Freiburg im Breisgau.

Stutzer, Erich (1994): Zur Einkommenslage junger Familien. In: Familie heute - ausgewählte Aufsätze zur Situation der Familien in Baden-Württemberg. Stuttgart: Ministerium für Familie, Frauen, Weiterbildung und Kunst. S. 75-87.

Sturm, Richard/Wohlfahrt, Gerhard (2000): Umverteilungswirkungen der öffentlichen Hochschulfinanzierung in Deutschland. Zusammenfassung eines Gutachtens im Auftrag des Deutschen Studentenwerkes. Graz.

Textor, Martin (1991): Familienpolitik. Probleme, Maßnahmen, Forderungen. Bonn

Textor, Martin R. (1998): Der Kindergarten - ein Feld für viele Spieler. In: KinderTageseinrichtungen aktuell, KiTa BY 1998, 10, S. 229-231.

Textor, Martin R. (2000): Eine gute Kita muss 52 Kriterien erfüllen! Das autralische Akkreditierungsprogramm. In: KinderTageseinrichtungen aktuell, KiTa BY 2000, 12, S. 182-184.

Thenner, Monika (2000): Familienpolitik als Politik zur Vereinbarkeit von Familie und Beruf - Geldwerte Leistungen, zeitwerte Anrechte, familienunterstützende Infrastruktur und ihre Auswirkungen auf das Familienverhalten. In: Dingeldey, Irene (Hrsg.): Erwerbstätigkeit und Familie in Steuer- und Sozialversicherungssystemen. Opladen. S. 95-129.

Throta, Trutz von (1999): Kind und Familie. Von der sozialen und kulturellen Unbeständigkeit der elterlichen Kindesliebe. In: Zeitschrift für Soziologie der Erziehung und Sozialisation. 19. Jg. S. 227-242.

Übersicht über die gesetzlichen Maßnahmen in den EU-Ländern bei Erziehung von Kleinkindern (1998). Bearbeitung: GeFam Gesellschaft für Familienforschung e.V. Stuttgart, Berlin, Köln: Schriftenreihe des Bundesministeriums für Familie, Senioren, Frauen und Jugend. Bd. 158.

Usborne, Cornelie: Frauenkörper - Volkskörper. Geburtenkontrolle und Bevölkerungspolitik in der Weimarer Republik. Münster.

Vaskovics, Laszlo A. (Hg.) (1994): Familie. Soziologie familialer Lebenswelten. Soziologische Revue, Sonderheft 3, Oldenburg.

Vaskovics, Laszlo A. (2000): Erziehungsurlaub - Akzeptanz und Inanspruchnahme. In: Familienwissenschaftliche und familienpolitische Signale. Hrsg. v. Jans, Bernhard/Habisch, André/Stutzer, Erich. Grafschaft. S. 233-242.

Vaskovics, Laszlo/Rost, Harald (1999): Väter und Erziehungsurlaub. Bonn: Schriftenreihe des BMFSFJ Bd. 179.

Veil, Mechthild (1994): Anforderungen an den Familienlastenausgleich aus frauenpolitischer Sicht. In: Familie heute - ausgewählte Aufsätze zur Situation der Familien in Baden-Württemberg. Stuttgart: Ministerium für Familie, Frauen, Weiterbildung und Kunst. S. 236-246.

Veil, Mechthild (1997): Zwischen Wunsch und Wirklichkeit: Frauen im Sozialstaat. Ein Ländervergleich zwischen Frankreich, Schweden und Deutschland. In: Aus Politik und Zeitgeschichte B 52/97. S. 29-38.

Walper, Sabine (1997): Wenn Kinder arm sind - Familienarmut und ihre Betroffenen. In: Böhnisch, Lothar/Lenz, Karl (Hrsg.): Familien. Eine interdisziplinäre Einführung. Weinheim und München. S. 265-282.

Weihsmann, Helmut (1985): Das Rote Wien. Sozialdemokratische Architektur und Kommunalpolitik 1919 - 1934. Wien.

Wendt, Hartmut (1993): Familienbildung und Familienpolitik in der ehemaligen DDR. Materialien zur Bevölkerungswissenschaft, Sonderheft 22. Wiesbaden: Bundesinstitut für Bevölkerungswissenschaften.

Wettbewerbsstärke und bessere Vereinbarkeit von Familie und Beruf - kein Widerspruch (1998). Flexible Arbeitszeiten in Klein- und Mittelbetrieben. Bonn: Schriftenreihe des BMFSFJ Bd. 152.

Wienand, Manfred (1999): Sozialsystem und soziale Arbeit in der Bundesrepublik Deutschland. Frankfurt a. Main: Deutscher Verein für öffentliche und private Fürsorge. 2. aktualisierte Auflage.

Wilk, Liselotte/Beham, Martina (1990): Familie als kindliche Lebenswelt, in: R. Gisser/L. Reiter/H. Schattovits/L. Wilk (Hrsg.): Lebenswelt Familie. Wien. S. 355-409.

Wingen, Max (1984): Nichteheliche Lebensgemeinschaften. Formen - Motive - Folgen. Osnabrück/Zürich.

Wingen, Max (1990): Familienorientierung der Erwerbsarbeitswelt - eine neue Herausforderung an die betriebliche Sozialpolitik. Köln.

Wingen, Max (1993): Vierzig Jahre Familienpolitik in Deutschland. Momentaufnahmen und Entwicklungslinien. Zugleich ein Beitrag zu 40 Jahren Bundesfamilienministerium. Grafschaft bei Bonn.

Wingen, Max (1996): Familienpolitik in der Europäischen Union. Sozialökonomische Befunde und gesellschaftsordnungspolitische Probleme. In: Kleinhenz, Gerhard (Hrsg.): Soziale Integration in Europa II. Berlin: Schriften des Vereins für Socialpolitik, NF Bd. 222/II. S. 139-187.

Wingen, Max (1997): Familienpolitik: Grundlagen und aktuelle Probleme. Bonn.

Wingen, Max (1998): Familienpolitik in Europa - oder: Europäische Familienpolitik? In: Sozialtransferleistungen und die Familie. Vergleiche, Unterschiede und Wirkungen. Akte des Kolloquiums Luxemburg 17./18. November 1997. Hrsg. v. Michel Neyens. Luxemburg. S. 106-126.

Wingen, Max (1998a): Europäische Familienpolitik als Aufgabe. Köln: Kirche und Gesellschaft Nr. 249.

Wingen, Max (1999): Zukunftsperspektiven der Familienpolitik. In: Zeitschrift für Familienforschung 2/1999. S. 88-107.

Wissenschaftlicher Beirat für Familienfragen beim Bundesministerium für Familie, Senioren, Frauen und Jugend (1995): Zur Weiterentwicklung des Familienlastenausgleichs nach den Entscheidungen des Bundesverfassungsgerichts seit 1990. Stellungnahme. Stuttgart, Berlin, Köln: Schriftenreihe des Bundesministeriums für Familien, Senioren, Frauen und Jugend Bd. 104.

Wissenschaftlicher Beirat für Familienfragen (1999): Kinder und ihre Kindheit in Deutschland. Eine Politik für Kinder im Kontext von Familienpolitik. Bonn: Schriftenreihe des Bundesministeriums für Familie, Senioren, Frauen und Jugend, Bd. 154.

Wunder, Heide (1992): „Er ist die Sonn`, sie ist der Mond". Frauen in der Frühen Neuzeit. München.

Zander, Margherita (2000): (Kinder-)Armut als Handlungsauftrag für die Soziale Arbeit. In: Butterwegge, Christoph (Hrsg.): Kinderarmut in Deutschland. Ursachen, Erscheinungsformen und Gegenmaßnahmen. Frankfurt a. M., New York. S. 286-308.

Zeiher, Helga (1991): Eigenes Leben der Mütter - eigenes Leben der Kinder? In: Mayer, Karl-Ulrich/Allmendinger, Jutta/Huinink, Johannes (Hrsg.): Vom Regen in die Traufe. Frauen zwischen Beruf und Familie. Frankfurt am Main, New York. S. 341-358.

Internet-Ressourcen

http://www.bmfsfj.de
Homepage des Bundesministeriums für Familie, Senioren, Frauen und Jugend. Hier sind knappe Hinweise zu allen familienpolitischen Maßnahmen und die aktuellen Förderbeträge abrufbar. Außerdem sind dort die Namen, Adressen und Telefonnummern der Fachabteilungen und Leitungsebene zugänglich.

http://www.bma.de
Homepage des Bundesministeriums für Arbeit und Sozialordnung. Hier sind die aktuell gültigen Sätze für Arbeitslosengeld, Arbeitslosenhilfe und Sozialhilfe (Hilfe zum Lebensunterhalt) zu finden.

http://www.tagesmuetter-bundesverband.de/
Tagesmütter Bundesverband für Kinderbetreuung in Tagespflege e.V.

http://www.eaf-bund.de
Evangelische Aktionsgemeinschaft für Familienfragen

http://www.deutscher-familienverband.de/
Deutscher Familienverband

http://vamv-bundesverband.de/
Verband alleinerziehender Mütter und Väter e.V. (Bundesverband)

http://www.dksb.de/
Deutscher Kinderschutzbund

http://www.liga-kind.de
Deutsche Liga für das Kind in Familie und Gesellschaft

http://www.dkhw.de/
Deutsches Kinderhilfswerk

http://www.hausfrauenbund.de/
Deutscher Hausfrauen-Bund

http://www.dhg-frauen.de/
Deutsche Hausfrauen-Gewerkschaft

http://cgi.dji.de/
Deutsches Jugendinstitut

http://www.destatis.de/
Statistisches Bundesamt - wichtig für allgemeine statistische Informationen, insbesondere für den Mikrozensus, die wichtigste Erhebung über die wirt-

schaftliche Lage der Privathaushalte und Familien, teilweise kostenpflichtige Angebote.

http://www.europa.eu.int/comm/eurostat
Eurostat - Statistisches Amt der Europäischen Union, bietet vergleichende Statistiken zu allen EU-Mitgliedstaaten, teilweise kostenpflichtig.

http://www.bib-demographie.de/
Bundesinstitut für Bevölkerungsforschung Wiesbaden - wichtigste deutsche Forschungseinrichtung für alle demographischen Fragen, erarbeitet fortlaufend umfangreiche Studien und Statistiken über Eheschließung und –scheidung, Lebensformen von Familien, Geburtenzahlen und andere Aspekte familienbezogener Demographie.

http://www.kindergartenpaedagogik.de/
Online-Handbuch zur Kindergartenpädagogik, betreut vom Kindergartenpädagogen und Familienforscher Martin Textor. Umfassende und aktuelle Faktenquelle zu allen Bereichen der Kindergartenpädagogik und -politik.

Register